olds III.,
ch

gnes
n Saarbrücken
Tochter Friedrichs,
Grafen von Saarbrücken
Hochz. um 1135

Rhein
95
195

Konrad III.
1093 (1094?) – 1152
reg. 1138 – 1152

Gertrud
1116 – 1146
Hochz. vor 1134

Heinrich
deutscher König
um 1136 – 1150
designiert 1146

Konrad
Herzog von Rothenburg,
Herzog von Schwaben
um 1170 – 1196 ermord.
reg. in S. 1191 – 1196

Otto
Pfalzgraf
in Burgund
um 1166 – 1200
Pfalzgraf 1184

Philipp
Herzog von Schwaben,
deutscher König
um 1180 – 1208 ermord.
reg. 1198 – 1208, Krönung 1205

. Jolante (Isabella)
Tochter Johanns v. Brienne,
— Königs von Jerusalem
gest. 1227
Hochz. 1225

Elisabeth
Hochzeit 1246

(Konrad)
Schwaben
hinger.

ERNST W. WIES

Friedrich II.
von Hohenstaufen

ERNST W. WIES

Friedrich II.
von Hohenstaufen

Messias oder Antichrist

Bechtle

3. Auflage 1998
© 1994 by Bechtle Verlag München · Esslingen
Alle Rechte vorbehalten
Schutzumschlaggestaltung: Bernd und Christel Kaselow,
München
Schutzumschlagmotiv: Friedrich II., Detail des Karlsschreins,
1215 vollendet; Foto: Ann Münchow, Aachen,
© Domkapitel Aachen
Satz: Fotosatz Völkl, Puchheim
Druck: Jos. C. Huber KG, Dießen
Binden: R. Oldenbourg, München
Printed in Germany
ISBN 3-7628-0527-X

Für Marielene

Es ist die Absicht dieses Werkes,
die Dinge, die sind,
so darzustellen wie sie sind.

Friedrich II. (1194–1250)
Einleitung zu seinem Falkenbuch:
»De arte venandi cum avibus«
(Die Kunst mit Vögeln zu jagen)

Frieden, Gerechtigkeit und Gleichheit aller Menschen vor dem Gesetz wird es in Zukunft und Gegenwart nicht geben, solange wir die Taten der Helden der Vergangenheit nicht am Maßstab der Humanität und der Gerechtigkeit messen, oder an der jahrtausendealten Moralordnung der »Zehn Gebote«.

Ja, wir werden zu rückwärts gewandten Mittätern am Leiden der Menschheit, wenn wir den Wahn ihrer Helden verklären mit dem Zauberglanz der Größe, der Einmaligkeit, dem Stigma des Übermenschen.

Ernst Wilhelm Wies

INHALT

Das vereinsamte ICH 13

Die Ahnen 15
Normannische Tat und staufischer Traum 15
Konrad III., der erste Staufer als deutscher König 21
Der Erb- und Weltreichplan Kaiser Heinrichs VI. 25

Spielball des Schicksals 33
Papst Innocenz III. – der Richter des Abendlandes 36
Der verwaiste König – oder das Mündel des Papstes 45
Charakterbilder 53
Heiratspläne 55

Der junge König 59
Kaiser Otto IV. und die Hybris 62
Zwei Männer auf dem Prüfstand der Geschichte 67
Auf den Flügeln des Glücks 69
Die deutsche Krone und ihr Preis 75
Der Sieg von Bouvines 78
Bouvines und die Folgen 80
Die Krönung in Aachen und das erste Kreuzzugsgelübde . . 82

Der Tag des Papstes 85

Die Diplomatie eines Wortbruchs 89
Das Fiasko von Damiette 90
Das Abenteuer der Kaiserkrönung 93
Sizilien – das Land der Verheißung 100

Die Waffe der Gesetze 103
Die Ausschaltung der Seemächte 105
Flotten- und Wirtschaftspolitik 107
Die Sarazenen 109
Minarette in Italien 110
Die Gründung der Universität Neapel 112
Die Judengesetzgebung 114

Friedrich II. und die Ketzer 117
Der Vertrag von San Germano 119

Die Braut mit der Krone Jerusalems 125
Die Lombardei und das Spiel mit der Zeit 127
Papst Gregor IX. und die erste Bannung
    Kaiser Friedrichs II. 131
Der Kreuzzug unter Bann und Fluch 139
Die Selbstkrönung 146
Das Königreich in Flammen 152
Sieger und Besiegter 155
Die Konstitutionen von Melfi 158

Deutsche Querelen und lombardischer Freiheitswille . . . 165
Der Sohn des Kaisers 166
Der Aufstand des Sohnes 169
Der Absturz 171
Kaiser – Richter – Vater 175

Die englische Heirat 181
Friedrich II. und seine Frauen 184

Der Mainzer Reichslandfrieden von 1235 191
Das zerbrechliche Bündnis mit den Reichsfürsten 195
Der Zug nach Italien 195
Die Wahl König Konrads IV. zu Wien im Jahre 1236 197

Die Schlacht von Cortenuova und das Übermaß
    des Triumphes 199
Die Zusammenfassung aller Kräfte 204
Der Papst – die Seele des Widerstandes 207
Die zweite Bannung Kaiser Friedrichs II. 209
Die Ruhe vor dem Sturm 213
Der Angriff auf den Kirchenstaat 215
Das Wunder von Rom 217

Orientierungen – Desorientierungen 221
Ein Konzil, das ins Wasser fiel 223
Der Mongolensturm 228
Der Pyrrhus-Sieg 232

Das Konklave des Schreckens 233
Blickpunkt Deutschland 236

Innocenz IV. – Papst und Überwinder 239
Die Rochade 242
Das Konzil von Lyon 246
Die Atempause 246
Der Tag des Zorns 250
Die Erosion der Macht 253
Der Gegenkönig 257
Das Attentat 258
Friedensillusionen 261
Italien – der totale Staat 264
Die Niederlage von Parma 266

Die Neige der Zeit 275
Der Cäsar und sein Tod 277
Das Testament des Kaisers 279
Rottet aus Namen und Leib, Samen und Sproß
  dieses Babyloniers 281

Ein staufischer Abgesang 285

In Summa 287
Das Falkenbuch 293

Anhang 295
Zeitstenogramm 296
Anmerkungen 306
Bemerkungen zu den Literaturhinweisen 319
Literaturhinweise 320
Personenregister 332

DAS VEREINSAMTE ICH

Friedrich II., vom Papst verdammt als »die Bestie voller Namen der Lästerungen, die mit den Tatzen des Bären und dem Löwenmaul wütend, an den übrigen Gliedern von Pardels Gestalt, ihren Mund zu Lästerungen des göttlichen Namens öffnet ...« Und weiter präzisiert der Heilige Vater, damit kein Zweifel bleibt: »... blicket Haupt, Mitte und Ende dieser Bestie Friedrich, des sogenannten Kaisers, an.«[1]

Friedrich II. selbst sieht sich so: »Jesi (seine Geburtsstadt), die adelige Stadt der Mark, unseres Ursprungs erlauchten Anbeginn, wo unsere göttliche Mutter uns zum Licht gebracht ... und unser Bethlehem, des Cäsars Land und Ursprung ... So bist du, Bethlehem, Stadt der Marken, nicht die kleinste unter unseres Geschlechtes Fürsten: denn aus dir ist der Herzog gekommen, des römischen Reiches Fürst ...«[2]

Sein größter Lobredner, Nikolaus von Bari, preist ihn: »O wunderbarer Herr, demütig und erhaben, o Herr, immer zu verkünden und unaussprechlich, o Freude der Fürsten, o Jubel der Völker, niemand wird erhabener, niemand demütiger als er empfunden! Er ist erhabener Adel, Beispiel des Erdkreises, Zierde der Menschen, Leuchte im Umgang und aller Gerechtigkeit Anfang ... Gewinnend von Ansehen, heilig von Geist, kurz – in allem der Gesalbte. Wer wird mir gewähren, sein engelgleiches Antlitz zu schauen, wer wird mir gewähren, seine Weisheit zu hören, die alle Vernunft übersteigt ...?«[3]

Was geschieht im Innern eines Menschen, der für die einen zur höchsten Verdammnis, für die anderen zum höchsten Lobpreis wird?

Was wird aus einem, wenn man sich selbst als Sohn einer göttlichen Mutter und seine Geburtsstadt als Bethlehem feiert?

Die Antwort finden wir in Friedrichs II. Jugend.

Was vollzieht sich in der Seele eines Knaben, der bei Erreichung der Bewußtseinsschwelle von Prophetien und Sibyllensprüchen hört, »er sei der Endkaiser oder gar der Antichrist«, die Summe aller Unvorstellbarkeiten im christlichen Abendland?

Wußte er von dem Traum seiner Mutter, sie werde den feurigen Brand, die Fackel des Abendlandes gebären? Sicher hatte er die Weissagung des Abtes Joachim von Fiore gehört, seine Mutter, die Kaiserin Constanze, »sei von einem Dämonen geschwängert«.

Was geschieht in der Seele eines Knaben, wenn die eigene Mutter das wenige Wochen alte Kind einer fremden Frau übergibt? Wenn er dann, mit drei Jahren, überstürzt ins ferne Palermo verbracht wird, wo er in feierlichem Zeremoniell zum König von Sizilien gekrönt und geweiht wird?

Wenig später stirbt die Mutter, die Kaiserin, die nie Zeit fand, ihrem Kinde Liebe zu vermitteln. Den Vater, Kaiser Heinrich VI., der den Knaben nur zweimal – bei Geburt und Taufe – sah, wird er wohl nie wahrgenommen haben, wohl aber hatte er dessen Weltreichpläne geerbt.

Was geschieht in der Seele eines Knaben, wenn er erkennt, daß es für ihn keine Liebe gibt, sondern nur die Begierde der Mächtigen, in seinem Namen zu regieren, zu verdammen und sich selbst in maßlosem Egoismus zu bereichern; wenn er erkennt, daß es sein Schicksal ist, nur ein Objekt zu sein?

Wem solches widerfährt, der kann keine Bindungen zu Menschen entwickeln. Er ist auf sich selbst bezogen, ins eigene ICH verbannt. Sein Ego wird zu seinem Universum, nur dem eigenen Selbst verpflichtet. Aus dieser Ichbezogenheit heraus bricht er seine eigenen »heiligen Gesetze« und weist seine Beamten an, nach seinem »Vorteil und Nützlichkeit« zu verfahren. »Commodum et utilitas« ist der wahre Sinn- und Wappenspruch dieses Kaisers, der noch immer als der größte Herrscher des Mittelalters angesehen wird.

Friedrich Nietzsche ordnet ihn ein unter »jene zauberhaften Unfaßbaren und Unausdenklichen, jene zum Siege und zur Verführung bestimmten Rätselmenschen«, wie er sie in Alkibiades, Cäsar und Leonardo da Vinci, aber auch in Friedrich II. verkörpert sieht.

In der Tat, der reine, kompromißlos gelebte Egoismus ist ein düsteres, aber dennoch faszinierendes Drama, dessen Akte und Auftritte wir miterleben wollen.

DIE AHNEN

Normannische Tat und staufischer Traum

Friedrich II., Italiener von Geburt, Normanne und Deutscher durch Abstammung, so definiert ihn Gunther Wolf in der Einleitung des Sammelwerks »Stupor mundi«. Dies stimmt aber nur unter den nationalstaatlichen Perspektiven des 18. oder 19. Jahrhunderts. Der Mensch des Mittelalters empfand sich primär nicht als Deutscher, Italiener, Franzose oder Engländer. Er lebte nicht für seine Nation, sondern für den Ruhm seines Namens, seines Geschlechts. Die Ehepolitik des hohen Adels Europas war zu vielschichtig, um ihre Nachkommen in die Schablone einer Nation einstanzen zu können.

Friedrichs II. Großvater, der heldenhafte und geniale Normanne König Roger II. (1130–1154), war in dritter Ehe mit der Gräfin Beatrix von Rethel (1130/5–1185) verehelicht, einer Frau aus lothringischem Hochadel. Ihrer beider Tochter Constanze (†1198) heiratete den deutschen Kaisersohn Heinrich VI. (1169–1197), der der Ehe Kaiser Friedrichs I. Barbarossa (1152–1190) mit der Burgunderin Beatrix (1144–1184) entstammte. Als Kaiser Heinrich VI. die Normannin Constanze heiratete, flossen in ihrem einzigen Sohne Friedrich II. normannische, schwäbische, lothringische und burgundische Blutströme zusammen – ein vielfältiges Erbe von Anlagen, Temperamenten und Lastern. Allerdings, bei aller Verschiedenheit des Stammeserbes haben alle diese Menschen eines gemeinsam, sie sind exemplarische Angehörige der germanischen Erobererkaste, die die Herrschaft im Abendland errang.

Mit Erstaunen erlebte Europa die staatenbildende Kraft der ehemaligen wikingischen Seeräuber, die vom Westfrankenkönig Rudolf (923–936) an der Nordküste des Westfrankenreiches einen eigenen Siedlungsraum zugewiesen bekamen.

Diese kriegerischen Nordmänner, bald Normannen genannt, schufen unter ihrem Führer Herzog Rollo (†927) und seinen Nachfolgern ein diszipliniertes und verwaltungsmäßig gut durchgebildetes Machtgefüge: das Herzogtum Normandie.

Von hier aus setzte Herzog Wilhelm der Eroberer (1066–1087) nach England über, besiegte in der Schlacht von Hastings im Jahre 1066 seinen Rivalen und wurde noch am Weihnachtstage zum Kö-

nig von England gekrönt. Er mußte seine Herrschaft gegen viele
Aufstände, die er mit harter Gewalt niederschlug, durchsetzen. Im
Jahre 1086 nahm er eine umfangreiche Landbeschreibung in Angriff. Königliche Kommissare stellten in den Grafschaften den
Landbesitz und seine Ertragskraft fest, zeichneten Häuser, Mühlen, Forsten, Viehbestand usw. auf und schufen in dem zwei Bände umfassenden »Domesday Book« eine umfassende Bestandsauf-
nahme des insularen Königreiches. Ein überzeugender Beweis normannischer Staats- und Verwaltungskunst.

Neben dem Herzogtum Normandie und dem normannischen
Königreich England bewiesen sich die Normannen in Süditalien
und Sizilien ebenso als heldenhafte Einzelkämpfer wie als rational
planende Staatengründer. Und das in einer völlig fremden Welt,
deren Kultur und Sprache sie nicht verstanden. Um so erstaunli-
cher ihre Fähigkeit der Übernahme und Assimilation des Fremden
und ihre naive Bereitschaft, fremde, für gut befundene Strukturen
zu übernehmen.

Zwar sind die Kämpfe der normannischen Söldnergruppen, die
in Apulien für den Papst, für die langobardischen Fürsten, kurz,
für und gegen jeden, der zahlte, noch ohne politische Stoßrichtung.
Das änderte sich mit dem Erscheinen der Söhne des Tancred de
Hauteville, Wilhelm Eisenarm († 1045), Drogo und Humfried, die
zunächst in byzantinischem Sold standen, dann aber auch nach
eigener Herrschaft strebten. Bereits nach sechs Jahren wurde Wilhelm Eisenarm von seinen Normannen in Melfi zum Kriegsherzog
gewählt. Nach seinem Tode gingen Titel und Stellung an seine beiden Brüder Drogo († 1051) und Humfried († 1056) über.

Mitte der vierziger Jahre des Jahrhunderts betrat ein neuer de
Hauteville Süditalien und damit eine Geschichtslandschaft, in der
sich byzantinische, langobardische und päpstliche Interessen ge-
genüberstanden.

Robert Guiscard (Schlaukopf), Herzog von Apulien (1059–1085),
der sich bald den Namen »Terror Mundi« (Schrecken der Welt)
erwarb, übernahm die Führung im Kampf der Normannen um
eigene Staatlichkeit. Anna Komnene (*1083–1148), byzantinische
Kaisertochter, stellt uns in ihrem fünfzehnbändigen Geschichts-
werk »der Alexias«, worin sie die Taten ihres Vaters verherrlichte,
den Normannenführer so vor: »Sein ganzes Streben war darauf
gerichtet, es den Mächtigen dieser Erde gleichzutun. Wenn er sich
einmal etwas in den Kopf gesetzt hatte, konnte ihn keiner und

nichts davon abbringen; niemand verstand es besser als er, alles einzusetzen, um ein einmal gestecktes Ziel zu erreichen. Die größten Krieger überragte er um Haupteslänge. Er hatte lange blonde Locken, breite Schultern, und seine Augen schleuderten Blitze. Oft habe ich sagen hören, daß er durch das harmonische Ebenmaß seines Körpers als vollkommen schön zu gelten habe. Wie Homer von Achill berichtet, daß man glaubte, eine große Zahl von Menschen gleichzeitig reden zu hören, wenn man seine Stimme vernahm, so erzählt man von Guiscard, daß sein Ruf genügte, um eine Armee von sechzigtausend Mann in die Flucht zu schlagen. Deshalb versteht man, wenn er, durch die Kraft des Körpers gleichermaßen wie durch die Vorzüge des Geistes so wunderbar ausgezeichnet, sein Leben nicht in niedriger Stellung leben wollte.«

Auf der Synode von Siponto im Jahre 1050 mußte Papst Leo IX. (1049–1054) den Beschwerden der apulischen Städte und des Adels folgen und sich gegen die Normannen stellen, deren Kampf gegen Byzanz die Kurie mit gewährender Billigung hingenommen hatte. So kam es noch einmal zu einer heiligen Allianz zwischen Papst und Byzanz. Doch die Normannen bewiesen ihre kämpferische Überlegenheit und besiegten das zahlenmäßig stärkere Heer des Papstes im Jahre 1053 bei Civitate, ja sie brachten sogar den Papst selbst in ihre Gefangenschaft. Und nun zeigten die Nordmänner, daß sie nicht nur Eisenfresser und beinharte Kämpfer waren. Sie wiesen sich als Meister der Diplomatie aus. Sie, die Sieger, unterwarfen sich dem besiegten Papst, und brachten den Besiegten in eine moralische Situation, die ihn zwang, die normannischen Eroberungen anzuerkennen.

Zwei Jahre später ernannte der neue Papst Nikolaus II. (1058–1061) Robert Guiscard zum Herzog von Apulien und Kalabrien. Doch trotz dieser Anerkennung mußte Robert weiter gegen den Widerstand des langobardischen Adels kämpfen.

Auch die Eintracht mit dem Heiligen Stuhl fand ihr Ende. Übergriffe in den Kirchenstaat brachten Robert Guiscard den Kirchenbann ein. Ein neuer Kampf mit Rom, das sich mit apulischen Baronen und Städten verbündete, wurde von dem unermüdlichen Kämpfer bezwungen.

Der Abt Desiderius von Monte Cassino vermittelte eine Aussöhnung mit dem Papst. Dann setzte Robert zu einem zweimaligen Eroberungsversuch von Konstantinopel an. Er, der sich bislang in Süditalien mit Byzanz geschlagen hatte, griff nun den Gegner im eigenen Lande an.

Dann befreite er den Papst aus dem von kaiserlichen Truppen eingeschlossenen Rom. Allerdings gerieten ihm dabei seine Normannen aus dem Griff, und es kam zur zweiten Zerstörung Roms.

Neben all diesen Kämpfen vergaß dieser unerschütterliche Kriegsmann nicht, seinen Bruder, den Grafen Roger (1060–1090), auf Sizilien zu unterstützen, der dort im Kampfe mit den Arabern stand. Die Stadt Messina wurde im Jahre 1061 erobert und Palermo im Jahre 1072 erstürmt. Im Jahre 1091 war die Insel fest in normannischer Hand.

Nach dem Tode von Robert Guiscard legte das Geschlecht der de Hauteville eine Atempause ein. Unter dem schwachen Sohn und Nachfolger Roger Borsa (1085–1111) erlebte Apulien eine Epoche friedlicher Entwicklung, die sich unter dem Enkel Wilhelm (1111–1127) fortsetzte. Der Frieden bestand aus der Schwäche der beiden Herzöge, die sich den aufstrebenden Städten und dem selbstbewußten apulischen Adel nicht entgegenstellten.

Ganz anders die Entwicklung auf der Insel Sizilien. Roger I., Bruder des Schlaukopfs, hatte es verstanden, sich auf die griechische Bevölkerung der Insel zu stützen und ihre Kultur, aber auch ihre Verwaltungsformen zu übernehmen. Für die Griechen bedeutete das die Befreiung von islamischer Unterdrückung. Vor allem schützte Graf Roger ihre Kirchen und Klöster. Aus großen weltpolitischen Verstrickungen hielt er sich heraus, wie zum Beispiel dem ersten Kreuzzug.

Bei seinem Tode übernahm seine Witwe für ihren unmündigen Sohn Roger II. (1100–1154) die Regentschaft. Roger II. war wohl der erste, sorgfältig von griechischen Gelehrten erzogene und auf sein Herrscheramt ausgebildete Normannenfürst in Süditalien. Palermo machte er zu seiner Hauptstadt, was zur Integration sarazenischer Lebensformen führte. Der Ausbau der Flotte war Vorbereitung zur Sicherung künftiger Machtansprüche auf dem süditalischen Festland. Als die normannischen Festlandsherzöge ohne regierungsfähige Nachkommen starben, setzte Roger II. seine Erbrechte in Apulien gegen den Willen des Papstes durch. Er eroberte 1128 Salerno und schwang sich zum Herzog von Apulien auf.

Den Machtkampf zwischen Papst Innocenz II. (1130–1143), der vom deutschen Kaiser Lothar III. (1125–1137) gestützt wurde, und dem Gegenpapst Anaklet II. (1130–1138) nutzte er, und ließ sich vom Gegenpapst im Jahre 1130 zum König von Sizilien, Apulien und Kalabrien krönen.

1236 wurde Bari, das sich zwischen 1220 und 1230 als selbständige Seerepublik etabliert hatte und mit Venedig verbündet war, von ihm erobert.

Papst Innocenz II., unterstützt von Kaiser Lothar III., denen beiden an einer geschlossenen normannischen Macht in Süditalien nicht gelegen war, förderten den Aufstand der apulischen Städte gegen Roger II. Es gelang ihnen sogar die Einnahme der Städte Molfetta, Trani und Bari. Aber nach dem Abzug des Kaisers, den seine Herrscherpflichten nach Deutschland riefen, nahm Roger II. Papst Innocenz II. bei Mignano gefangen.

Nun zeigte sich, daß er vom Blute des großen Robert Schlaukopf war, indem der Sieger seinem gefangenen Papst Innocenz II. als Lehnsherrn huldigte, der ihn nun als König von Sizilien, Herzog von Apulien und Fürst von Capua anerkannte. Außerdem mußte Papst Innocenz II. in die großzügigen Zugeständnisse eintreten, die Papst Anaklet II. vor neun Jahren seinem normannischen Befreier und Bundesgenossen gewährt hatte. Eine Wunde, an der das Papsttum lange litt.

Roger II. hatte ein sizilisch-unteritalisches Königreich als selbständiges Erblehen erzwungen. Den Widerstand der apulischen Städte überwand Roger durch eine konziliantere Politik, das heißt Gewährung von Privilegien und städtischen Freiheiten.

König Rogers Flotte stieß bis nach Afrika vor und brachte in Tunesien Tripolis und andere Küstenstädte in ihre Abhängigkeit. Stolz nannten sich die Normannenkönige nun auch Könige von Afrika. Im Jahre 1147 drang die siegreiche normannische Flotte bis nach Griechenland vor, plünderte die reichen Handelsstädte Korinth und Theben, und deportierte die dortigen Seidenweber und Züchter nach Sizilien – ein Vorgang von großer wirtschaftlicher Bedeutung.

Nach dem Tode des großen König Rogers II. brandete wieder der Aufstand durch Apulien, angeführt vom Freiheitswillen der Städte.

König Rogers II. Sohn, Wilhelm I. der Böse (1154–1166), trat dem Aufstand mit Härte und Waffengewalt entgegen. Er verstand es, den erfahrenen Kanzler seines Vaters, Maione di Bari, einen Mann der Patrizierschicht, für die königliche Politik einzusetzen.

Byzanz versuchte, seine in Unteritalien verlorenen Positionen durch militärische Unterstützung der rebellierenden Städte zurückzuerlangen. Allein der König blieb siegreich. An der aufrührerischen Stadt Bari, Symbol und Fanal apulischen Freiheitswillens, vollzog er ein schlimmes Exempel. Er ließ die Stadt, mit Ausnahme von San Nicola und einiger anderer Kirchenbauten, bis auf die Grundmauern zerstören und die Bürger vertreiben.

Zehn Jahre nach der Zerstörung Baris starb König Wilhelm I. der Böse.

Seine Witwe, Margareta von Navarra, setzte mit ihren beiden Beratern Metteo d'Ayello und dem Sarazenen Pietro die Politik der Befriedung der apulischen Städte durch Gewährung größerer Freiheiten fort. Den vertriebenen Bürgern von Bari wurde die Rückkehr in ihre zerstörte Stadt, aber auch die Wiederaufnahme von Handelsbeziehungen mit Venedig erlaubt.

Margaretas Sohn, König Wilhelm II. der Gute (1166–1189), heiratete 1177 Johanna von England. Die Ehe blieb kinderlos und Wilhelms II. Tante Constanze, Tochter des glorreichen Königs Roger II. aus dritter Ehe, war Thronanwärterin und mit ihr ihr Mann, Kaiser Heinrich VI. Ihr war, wie Johannes Haller schreibt, schon einmal eine Eventualhuldigung für den Fall des kinderlosen Todes des regierenden König Wilhelms II. geleistet worden.[1]

Als König Wilhelm II. am 18. November 1189 ohne Kinder verschied, stand das scheinbar seit König Roger II. von seinem Sohn und Enkel so dynamisch geführte Reich vor großen Problemen. Die Einmütigkeit der Barone in der Frage der Thronnachfolge war nicht gegeben. Der Widerstand gegen einen landfremden deutschen König und Kaiser war groß. Im königlichen Bastard Tancred von Lecce (1189–1194) stand ein befähigter Thronprätendent zur Verfügung. Ein Kampf schien unausweichlich.

***

Um die Jahrtausendwende waren die staufischen Grafen aus der Beckenlandschaft des Ries, eines kreisrunden Kessels von zwanzig bis vierundzwanzig Kilometern Durchmesser, vor fünfzehn Millionen Jahren entstanden durch einen Meteoriteneinschlag, aufgebrochen zu einem Weg, der zu den Sternen führte und an dessen Ende die Herrschaft über das Imperium stand. Sie trugen auf ihren Häuptern die Kronen von Deutschland, Burgund, Italien, Sizilien und Jerusalem.[2]

Mit der Heirat des Riesgrafen Friedrich von Büren († 1053) mit der aus lothringischem Herzoggeschlecht stammenden Hildegard von Egisheim (* um 1028–1094), einer Nichte des elsäßischen

Papstes Leo IX. (1049–1054), demonstrierten die Staufer ihre Stellung im Reich.

Ihrer beider Sohn, Herzog Friedrich I. (1079–1105), wurde im Jahre 1079 mit dem Herzogtum Schwaben belehnt und gleichzeitig mit Agnes von Waiblingen (1072–1143), Tochter Kaiser Heinrichs IV. (1056–1106), vermählt. Die Ehe wurde allerdings wegen der Jugend der Braut erst im Jahre 1087/88 vollzogen. Mit dieser Ehe hatten die Staufer in die »stirps regia«, die königliche Familie, hineingeheiratet und waren nunmehr würdig für die höchste Stellung im Reich.

Der älteste Sohn des Schwabenherzogs mit der Kaisertochter Agnes wiederum, mit dem Leitnamen der Familie Friedrich, genannt der Einäugige, wurde als Friedrich II. Herzog von Schwaben (1105–1147). Als im Jahre 1125 sein Onkel, Kaiser Heinrich V. (1106–1125), starb, wurde er Anwärter auf die deutsche Krone.

Aber der allzeit saliertreue Staufer, Herzog Friedrich II., unterlag bei der Wahl (auf Betreiben des Salier- und Stauferfeindes Erzbischof Adalberts I. [1110–1137] von Mainz) dem Sachsen Lothar von Supplinburg (1125–1137).

Herzog Friedrich II. hatte um 1119/21 die Welfin Judith geheiratet. Dieser Ehe, deren Sinn es war, den staufisch-welfischen Gegensatz zu überwinden, entsprang Friedrich Barbarossa (1152–1190).

Nach dem Tode Kaiser Lothars III. im Dezember 1237 gelang es dem Staufer und späteren König Konrad III. (1138–1152) durch eine auf den 7. März 1238 vorgeschobene Wahl zu Koblenz (geleitet durch den Trierer Erzbischof Adalbero [1131–1152], den Schwiegersohn Kaiser Lothars III.), den welfischen Baiernherzog Heinrich den Stolzen (1126–1139) auszuschalten, obwohl dieser schon im Besitz der Reichsinsignien war.

Zunächst durch eine Fürstenminderheit gewählt, fand Konrad auf einem Bamberger Hoftag die allgemeine Anerkennung im Reich. Der Baiernherzog Heinrich der Stolze übergab in Regensburg dem Staufer die Reichsinsignien.

Konrad III., der erste Staufer als deutscher König

Konrads III. vierzehnjährige Regierungszeit war geprägt vom staufisch-welfischen Gegensatz. Trotz seines Thronverzichts hatte Heinrich der Stolze nicht gehuldigt. Er sollte, aber er wollte nicht auf eines seiner beiden Herzogtümer, Sachsen oder Baiern, verzichten. So verfiel er der Reichsacht. Das Herzogtum Sachsen erhielt der Askanier Albrecht der Bär (*um 1100–1170), Markgraf der Nordmark, und Baiern der Babenberger Leopold IV. (1136–1141), Markgraf von Österreich. Es kam zum offenen Kampf. Nach dem baldigen Tod Heinrichs des Stolzen am 20. Oktober 1139 vertrat die Kaiserinwitwe Richenza die welfischen Positionen und die Wahrnehmung der Interessen ihres zehnjährigen Enkels, Heinrichs des Löwen (1142–1180). Schon im Jahre 1142 wurde ihm das Herzogtum Sachsen zuerkannt, nachdem Albrecht der Bär darauf verzichtete, dafür aber als Markgraf der Nordmark bestätigt wurde. Nach dem Tode des Markgrafen Leopold IV. erhielt dessen Bruder Heinrich Jasomirgott (1143–1177) Baiern und später Österreich. Die welfische Seite suchte man zu befriedigen, indem man die Witwe Heinrichs des Stolzen, die Kaisertochter Gertrud, mit dem Babenberger Heinrich Jasomirgott verheiratete.

Die Teilnahme König Konrads am zweiten Kreuzzug (1145–1149) brachte ihn zwar in freundschaftliche Beziehungen zu Byzanz, aber in Gegensatz zum normannischen Sizilien. Dies war ein Grund, warum er die Romfahrt zur Erlangung der Kaiserwürde nicht mehr unternehmen konnte.

Aus seiner Ehe mit Gertrud von Sulzbach (1113/16–1146) stammen zwei Söhne: Heinrich Berengar, der noch vor seinem Vater im Frühjahr 1150 starb und sein jüngerer Bruder Friedrich, der beim Tode des Vaters am 15. Februar 1152 als sechsjähriger Knabe noch nicht regierungsfähig war. Konrad wußte um die Gefahren einer vormundschaftlichen Regierung. Er stellte in königlicher Sorge die Reichspflichten über seine väterlichen Gefühle und übertrug, um seinen baldigen Tod wissend, Krone und Reich nach Ratschluß der Fürsten seinem Neffen Friedrich III. Herzog von Schwaben, der als Kaiser Friedrich I. Barbarossa seinen Platz in der Geschichte findet.

Dieser, der welfisches wie staufisches Blut in sich trug, war geeignet für die große Versöhnungsaufgabe, die sein Onkel, Bischof Otto von Freising, so darstellt: »... daß er, der beiden Familien angehörte, gewissermaßen als Eckstein die Feindschaft der beiden Häuser überwinden könnte; in der Erwartung, daß es für das Reich außerordentlich nützlich sein würde, wenn die schwere und langwierige Rivalität unter den höchststehenden Männern des Reiches um privater Vorteile willen nun endlich mit Gottes Hilfe bei dieser Gelegenheit beseitigt würde«.[1]

Diese Aufgabe hat Friedrich sehr ernst genommen. Trotz aller

Härte und Grausamkeit war dieser Versöhnungsauftrag ein Element seiner Politik.

Nicht nur, daß er sich immer wieder, über Jahrzehnte hin, vor seinen herrschsüchtigen und oftmals vertragsbrüchigen Vetter Heinrich den Löwen stellte und ihn vor den aufgebrachten Fürsten in Schutz nahm. Seine Versöhnungskraft bestimmte auch seine imperiale Politik, namentlich nach dem Tode seines Dämonen, des Kanzlers und Kölner Erzbischofs Rainald von Dassel.

Bei aller Wahrung der Reichsinteressen wurde sein Versöhnungswille beim Frieden von Venedig des Jahres 1177 zwischen Papst und Kaiser sichtbar.

Auch der Frieden von Konstanz ist erfüllt von Friedrichs Versöhnungskraft, wenn er den lombardischen Städten Bündnisfreiheit und die Wahl eigener Konsuln gewährt. Zu dieser Versöhnungsfähigkeit wird sich sein Enkel Friedrich II. nie aufschwingen können.

Und es ist gerade der versöhnungsbereite Friedrich Barbarossa, der Friedensstifter, der zur großen, leuchtenden Führungsgestalt des christlichen Abendlandes aufsteigt. Seiner Diplomatie gelingt es, die Verbindung mit den bislang feindlichen Normannen so zu gestalten, daß sein Sohn Heinrich VI. die wahrscheinliche sizilische Thronerbin Constanze heiraten kann und dadurch, neben der deutschen Krone und der Krone des Imperiums, auch noch die Krone Siziliens erwerben konnte.

Das Interesse der Normannen lag an einem Frieden, mindestens aber an einem wohlwollenden Verhalten Friedrich Barbarossas, um ihre Angriffe gegen Byzanz ausweiten zu können.

Die Hochzeit des Kaisersohnes Heinrich mit der sizilischen Constanze legte das Axiom kaiserlich-päpstlicher Beziehungen offen und zeigte den blanken Nerv päpstlicher Verletzbarkeit, nämlich die berechtigte Angst der Umklammerung des Kirchenstaates durch einen nord- und einen süditalischen Staatsverband.

Diese Angst war es, die Papst Stephan III. (752–757) über die winterlichen Alpen getrieben hatte, die Franken nach Italien zu rufen, um der langobardischen Umklammerung von Norden und Süden entgegenzutreten. Und nun sollte, dreihundert Jahre später, anstelle langobardischer Macht ein Stauferreich im Süden und im Norden Italiens, im Bunde mit Mailand, mit dem der Kaiser ein Schutz- und Trutzbündnis geschlossen hatte, den Kirchenstaat bedrohen, zumindest aber isolieren? Die klassischen Verbündeten des Papsttums gegen kaiserliche Macht, die lombardischen Städte unter der Führung Mailands und das normannische Sizilien, waren durch den Ehebund von der Seite des Papstes auf die Seite des Kaisers übergewechselt.

Das wahre politische Erbe Kaiser Friedrichs I. an seinen Sohn Heinrich VI. war der Frieden mit Mailand und der Lombardei. Die Freiheiten, die er den lombardischen Städten zugestanden hatte, waren der wohlfeile Preis, der die weitgreifenden staufischen Träume in die Möglichkeit politischer Realität führte. Deutsche Herrschaft in Süditalien und Sizilien, dazu deutsche Vorherrschaft in der Lombardei und in Mittelitalien – das war eine Perspektive, die auch einen so friedliebenden Papst wie Lucius III. (1181–1185) verstören mußte.

Frieden mit Mailand und der Lombardei, das war der Schlüssel, der das Tor zum Süden Italiens und nach Sizilien aufschloß. Der Preis war die Freiheit der Städte, wie es im Frieden von Konstanz und im Schutz- und Trutzbündnis mit Mailand im Jahre 1185 festgelegt war. Diesen Grundsatz deutscher Italienpolitik nicht erkannt und befolgt zu haben, das führte schlußendlich zum Scheitern des Barbarossaenkels Friedrichs II. und zum Untergang von Reich und Geschlecht der Staufer.

Beim Studium dieser grundlegenden politischen und geopolitischen Gegebenheiten verblassen die scharfsinnigen Überlegungen des hervorragenden Kirchenhistorikers Johannes Haller, der den staufisch-normannischen Ehebund als eine Stiftung von Papst Lucius III. ansieht. Selbst der Dichterlobpreis des Petrus von Eboli, der Kaiser Heinrich VI. im Jahre 1196 ein Gedicht überreicht, in dem er die Eroberung des sizilischen Reiches durch Heinrich feiert und in dem er Papst Lucius III. als den Begründer der sizilischen Ehe des Kaisers vorstellt, kann gegenüber den politischen Gegensätzen nicht überzeugen.

Die Ehe wurde nicht durch den Papst möglich, sondern durch den Frieden mit Mailand und den lombardischen Städten. Sie wurde möglich, weil Friedrich I. dem normannischen König Wilhelm II. in seinen byzantinischen Plänen freie Hand ließ. In dieser Stunde und in dieser politischen Konstellation war das Papsttum so schwach wie lange nicht mehr in seiner Geschichte.

Und es war die Macht des Kaisertums und sein Glanz, den der Kreuzfahrertod Friedrich Barbarossas über die Staufer warf, die den Papst zur Kaiserkrönung Heinrichs VI. und seiner Frau Constanze bewog.

Der Erb- und Weltreichplan Kaiser Heinrichs VI.

Am 18. November 1189 starb der sizilische Normannenkönig Wilhelm II. – Kinderlos!

Der Erbfall für Constanze und Heinrich VI. war eingetreten. Die Haltung im sizilischen Reich war gespalten. Auf dem Festland hatte sogar in Troia die Versammlung einiger Barone stattgefunden, die die Eventualhuldigung für Constanze aus dem Jahr 1174 erneuerten und den Treueid leisteten.[1]

Der Kanzler Matteo d'Ajello wollte durch die Erhebung eines normannischen Königs die Unterwerfung Siziliens unter das Reich verhindern. Matteo setzte auch seinen Kandidaten, den Grafen Tancred von Lecce (1190–1194), ein Illegitimus König Rogers II., gegen den von manchen Baronen favorisierten Grafen von Andria durch. Tancred gehörte zu den Baronen, die in Troia Constanze gehuldigt hatten. Doch als das Thronangebot aus Palermo kam, konnte er dem nicht widerstehen. Dem Einfluß des Papstes Clemens III. (1187–1191) schreiben es die zeitgenössischen Chronisten zu, daß der Erzbischof von Palermo es im Januar 1190 wagte, die doch mit vielen Zweifeln behaftete Krönung des Tancred von Lecce durchzuführen.[2]

Hinter dem päpstlichen Wohlwollen für Tancred vermutete man die sich anbietende Versuchung, den festländischen Teil Siziliens mit dem Kirchenstaat zu vereinigen.

Obwohl der Papst die Krönung gefördert hatte, zögerte er mit der Belehnung des neuen Königs. Die Vorsicht zwang ihn wohl auch, sich nicht ausschließlich der Sache Tancreds zu verschreiben.

Er mußte ja mit einem energischen Eingreifen Heinrichs VI. rechnen, hinter dem die Macht des Reiches stand. Festgehalten durch innerdeutsche Querelen, namentlich mit dem wortbrüchig gewordenen Heinrich dem Löwen, konnte Heinrich VI. erst im Januar 1191 zum Romzug aufbrechen. Der neue Papst Coelestin III. (1191–1198) erfüllte einen Tag nach seiner Inthronisation das Krönungsversprechen seines verstorbenen Vorgängers Clemens III. So wurden Heinrich VI. und seine Frau Constanze am 15. April 1191 zum Kaiser und zur Kaiserin gekrönt. Sofort danach marschierte der Kaiser gen Süden in sein neues Königreich Sizilien. Heinrich VI. versäumte nicht, die doppelte Legitimation seines Anspruchs auf die sizilische Krone zu dokumentieren.

In seiner ersten Urkunde, ausgestellt im Königreich Sizilien, schreibt er: »... das Königreich Sizilien und Apulien gehöre sowohl nach altem Reichsrecht wie auf Grund der Erbschaft seiner Gemahlin Constanze zum Imperium«.[3]

Die Auffassung Heinrichs VI. ist deshalb so bemerkenswert, weil sie, im Gegensatz zur päpstlichen Sicht, Regnum und Imperium als Einheit sieht.

Der anfangs so erfolgreiche Feldzug des Kaisers lief sich vor den Mauern Neapels fest. Heinrich VI. erkrankte an der Ruhr und mußte seinen Feldzug abbrechen. Viele der eroberten Städte fielen von ihm ab, darunter Salerno, das die dort weilende Kaiserin an König Tancred auslieferte. Der unglückliche süditalische Feldzug gab der staufischen Opposition in Deutschland neuen Auftrieb. Die Feinde Heinrichs VI. am Niederrhein, unter Führung des Kölner Erzbischofs, verbündeten sich mit den welfischen Sachsen.

Dazu kamen die antistaufischen Tendenzen und Möglichkeiten der Kurie, aber auch die welfenfreundliche Politik des englischen Herrscherhauses, dessen König Richard Löwenherz soeben ein Bündnis mit König Tancred von Sizilien geschlossen hatte.

Aus dieser Krise heraus half dem Kaiser der große Regisseur der Weltgeschichte, der Zufall, aber auch seine eigene moralische Unbedenklichkeit.

Der englische König Richard Löwenherz, der vor Akkon seine Heldentaten verrichtet hatte, fiel auf der Rückreise vom Kreuzzug dem mit ihm zerstrittenen Herzog Leopold V. von Österreich (1177–1194) in die Hand. Dieser lieferte ihn an Kaiser Heinrich VI. aus, der in ihm seit dem Bündnis mit König Tancred einen Feind sah. In einem Akt offener Piraterie zu Lande erpreßte Heinrich VI. den gefangenen englischen König um ein Lösegeld von hundertfünfzigtausend Silbermark (insgesamt vierundsechzigtausenddreihundertsiebenundsiebzig Kilogramm Silber). Dazu erzwang er von ihm einen Lehnseid mit der Verpflichtung, einen jährlichen Tribut von fünftausend Mark Silber zu zahlen. Ob nun der englische König dadurch Reichsfürst wurde, ist eine Frage der Staats- und Völkerrechtler.

Heinrich VI. hatte mit seiner skrupellosen Tat folgendes erreicht: England war von der Seite des sizilischen König Tancreds ebenso wie von der nord- und niederdeutschen Fürstenkoalition weggesprengt worden, die daraufhin zusammenbrach. England war finanziell schwer geschädigt, der Kaiser jedoch durch das englische Silber in die Lage versetzt, ein Heer für die Eroberung Siziliens auszurüsten, die Flotten der Seestädte Genua und Pisa zu mieten und sie unter dem Oberbefehl des Reichstruchseß Marquard von Anweiler († 1202) zu stellen. Dieser war ein Mann gleicher Unbedenklichkeit wie Heinrich selbst, und stieg zu seinem ergebenen Helfer auf.

Im sizilischen Königreich erlosch jeder Widerstand vor der heranrückenden Macht des Kaisers. Die kaiserlichen Anhänger im Norden von Festlandsizilien öffneten ihm den Weg. Die Städte fielen ihm zu mit Ausnahme von Salerno, das den kaiserlichen Zorn fürchtete, weil es die Kaiserin Constanze an König Tancred ausgeliefert hatte. Tancred selbst war ein halbes Jahr, bevor der Kaiser seinen Feldzug angetreten hatte, gestorben und fern jeder Rache. Die großen Küstenstädte Neapel, Messina und Palermo ergaben sich der kaiserlichen Flotte, und nach der raschen Erstürmung Salernos wurden Insel und Festland fast mühelos erobert. Im Mai/Juni hatte der Feldzug begonnen. Schon am 20. November zog Heinrich VI. in Palermo ein und wurde am Weihnachtstage 1194 in der Kathedrale von Palermo zum König von Sizilien gekrönt. Einen Tag später wurde ihm von der Kaiserin Constanze, die auf Vermittlung des Papstes schon vor längerer Zeit von Tancred die Freiheit erlangt hatte, in Jesi der einzige Sohn und Erbe, Friedrich II., geboren.

Kaum gekrönt, begann der Kaiser seine Verhandlungen mit dem greisen, aber politisch hocherfahrenen Papst Coelestin III. Höchstes Ziel des alten Papstes war der Kreuzzug. Heinrich VI., dieses wissend, verpflichtete sich schon im Frühjahr 1195, nicht nur einen Kreuzzug durchzuführen, sondern ihn auch zu finanzieren. Zum englischen Silber war jetzt sizilisches Gold gekommen.

Heinrichs Kreuzzugsbereitschaft barg harte politische Hintergründe. Er hatte mit der normannisch-sizilischen Krone auch deren Expansionsdrang übernommen. Das Ziel war Konstantinopel. Durch die Heirat seines Bruders Philipp von Schwaben mit Irene († 1208), Tochter des vertriebenen Kaisers Isaak II. (1185–1195/1203–1204), glaubte er sich im Besitz von Rechten, die er, durch päpstlichen Einspruch gezwungen, vorerst nur dazu nutzen konnte, enorme Tribute von Kaiser Alexios III. (1195–1203) zu erpressen. Das leicht erpreßte englische Silber wurde ihm zum politischen Muster.

Betrachtete Heinrich VI. Sizilien als sein Erbreich, so mußte es verlockend erscheinen, auch das deutsche Wahlkönigreich in ein

Erbreich umzuwandeln. Die deutschen Fürsten sollten auf ihr
Wahlrecht verzichten. Der Kaiser bot ihnen dafür die Erblichkeit
ihrer Lehen, in männlicher wie in weiblicher Folge, ja sogar in Sei-
tenlinien an.

Es gelang ihm auch, diese Idee in Würzburg mehrheitlich unter
den Fürsten durchzusetzen, obwohl sich eine Fürstenschar um
Erzbischof Adolf I. (1193–1205) von Köln standhaft versagte. Das
machte auch andere Fürsten wieder schwankend, so daß Heinrich VI. seinen Erbreichplan nicht durchsetzen konnte. Die Fürsten mochten auf die Möglichkeiten, alle zehn oder zwanzig Jahre
eine Königswahl durchzuführen, um von dem Thronkandidaten
Zugeständnisse, sprich Privilegien einhandeln zu können, nicht
verzichten. Vor allem war die Vererblichkeit der Lehen zwar
noch nicht geltendes Recht, aber erprobte Praxis. Hatte doch
Heinrich VI. beim Tod des Landgrafen Ludwig III. von Thüringen
im Jahre 1190 erfahren, daß es ihm nicht möglich war, das Lehen
einzubehalten, vielmehr mußte er auf Druck der Fürsten dem Bruder des kinderlos verstorbenen Landgrafen, Hermann I., die Land-
grafschaft Thüringen belassen.

Der Kaiser mußte sich begnügen, daß es seinen Bemühungen
und denen des Erzbischofs von Mainz 1196 gelang, wenigstens
die Königswahl seines Sohnes Friedrich durchzusetzen, dem sich
dann auch der Erzbischof Adolf von Köln und sein Kreis nicht versagte.

So war Hohes erdacht, aber nur Mögliches erreicht worden.
Während all dieser Zeit befand sich Heinrich in permanenter Verhandlung mit päpstlichen Gesandten. Die Verhältnisse in der Lombardei hatten sich verschlechtert. Man entfernte sich immer mehr
vom Recht der Städte, wie sie im Konstanzer Vertrag festgelegt waren. Der Papst brachte Beschwerden über des Kaisers Bruder, Herzog Philipp von Schwaben, über rechtswidrige Eingriffe im Patrimonium vor.

Dennoch bestanden enge Kontakte, als sich der Kaiser im Spätherbst in der weiteren Umgebung von Rom aufhielt.[3]

Über die Verhandlungsthemen der Delegationen wissen wir
wenig. Sicher ging es um Eintracht und Frieden zwischen Kaiser
und Papst. Unnachgiebig blieb der Papst in der Frage der Vereinigung von Imperium und Regnum. Des Kaisers Forderung, der
Papst möge seinen Sohn Friedrich taufen und zum König salben,
lehnte der Papst ab. Zumal man nicht erkennen kann, ob Friedrich,

der ja bereits zum deutschen König gewählt war, zum deutschen oder zum sizilischen König gesalbt werden sollte.

Mit der Salbung zum sizilischen König hätte der Papst, da Friedrich ja bereits erwählter deutscher König war, selber Regnum und Imperium miteinander verbunden. Mit der Salbung zum deutschen König hätte sich der Papst sehr deutlich für den Verbleib der Königswürde beim staufischen Hause festgelegt, wo eben doch die deutschen Fürsten den Erbreichplan hatten scheitern lassen.

An beidem konnte ihm nicht gelegen sein.

Auf die Ablehnung des Papstes antwortete Heinrich VI. mit jenem berühmten »höchsten Angebot«, das zwecklos unsere Phantasie beschäftigt, weil wir nichts, gar nichts davon wissen. Es wird spekuliert über eine ungewöhnlich hohe finanzielle Verpflichtung der Kirche gegenüber von seiten des Kaisers. Im Gegenzug dazu die Übernahme des Patrimoniums Petri durch das Reich, mit garantierten und hohen Lehnszahlungen an Papst und Kurie. Aber was ist schon garantiert in einer Zeit des Umbruchs und der Wechselhaftigkeiten, wo Päpste und Kaiser starben und die Nachfolger nicht bereit waren, vielleicht auch nicht bereit sein konnten, in die Verträge der Vorgänger einzutreten. Der Papst lehnte wiederum ab. Die Marbacher Annalen berichten unter dem Jahr 1196: »Unwillig sei der Kaiser auf den Fehlschlag aller seiner Bemühungen hin von Rom südwärts gezogen.«[4]

Dennoch berief er Ende Dezember 1196 einen Hoftag nach Capua. Dort vollstreckte er an Richard von Acerra, dem wichtigsten Verbündeten und Schwager König Tancreds, den ja der Tod der rächenden kaiserlichen Hand entzogen hatte, ein grausames Todesurteil. Auf demselben Hoftag verkündete Heinrich VI. die Erhebung einer allgemeinen Steuer. Außerdem befahl er wenig später, zu Ostern 1197 von Palermo aus, daß alle ausgegebenen Urkunden zur Überprüfung zurückzugeben seien. Die Absicht war offensichtlich, die Privilegien zu überprüfen und gegebenenfalls einzuziehen.

So schlug denn Ende April 1197 eine Gruppe von Verschwörern los. Doch der Kaiser, offenbar gewarnt, entkam seinen Gegnern nach Messina. Mit Hilfe des Marquard von Anweiler, des Reichsmarschalls Heinrich von Kalden und einer deutschen Kreuzfahrergruppe, die sich in Messina versammelt hatte, schlug er die Empörer bei Catania und nahm nach mehrwöchiger Belagerung von Castrogiovanni, dem heutigen Enna, die letzten Aufständischen gefangen. Kaiser Heinrichs Strafgericht in Anwesenheit der Kaiserin Constanze, die dem qualvollen Tod ihrer Landsleute zuschauen mußte, war grausam. Dem Führer der Rebellen, den zum König ausersehenen Burgherrn von Castrogiovanni, ließ er eine glühende Eisenkrone aufs Haupt drücken.

Daß die Kaiserin mit ihren sizilischen Landsleuten sympathisierte, hervorgerufen durch Heinrichs grausame Maßnahmen gegen ihre eigene Königsfamilie, deren Angehörige und Kinder Heinrich in deutschen Kerkern verrotten ließ, erscheint verständlich.

Eine Beteiligung Constanzes an der Empörung, die ja einen sizilischen Gegenkönig aufstellte, ist bei der Betrachtung der Interessenlage ganz unwahrscheinlich. Richtete sich doch die Rebellion nicht nur gegen Constanzes eigenes Königtum, sondern auch gegen die Thronansprüche ihres Sohnes.

Ende Juli schien die Lage in Sizilien wieder gesichert, so daß sich Heinrich VI. der staufischen Jagdleidenschaft in Patti, sechzig Kilometer westlich von Messina, hingeben konnte. Er erlebte auch noch das Ausrücken der Hauptmasse des Kreuzfahrerheeres, dieser großen und von ihm so sorgfältig geplanten Unternehmung, die nicht nur das Heilige Grab befreien, sondern der Welt Macht und Glanz des staufischen Kaisertums zeigen sollte.

Er selbst wollte, wohl unter dem Eindruck der sizilischen Rebellion, noch einige Zeit die Lage im Königreich beobachten, um dann selbst ins Heilige Land überzusetzen. Einmal hatte er dem Papst seine Teilnahme zugesagt, aber noch wichtiger war, daß nur seine persönliche Gegenwart den vollen Triumph des Sieges darzustellen vermochte.

Und damit enden die klugen Berechnungen, die weltumspannenden Pläne dieses kaiserlichen Rechners und Planers. Er erlitt einen Rückfall seiner Malariaerkrankung, an der er seit dem ersten Sizilienfeldzug litt. Nach einer trügerischen Besserung verschlimmerte sich sein Zustand durch eine Ruhrerkrankung. So starb er, zweiunddreißigjährig, am 28. September 1197.

Auf dem Sterbebett bewies Heinrich VI. seine analytische Kraft. In dem Wissen, daß die Reichskonstruktion, die er angestrebt hatte, nur von ihm zu erreichen war, ging er auf Minimalpositionen zurück. Er, der dem Papst nie den Lehnseid für Sizilien geschworen hatte, der unbeirrbar gegen päpstliche Vorstellungen die Einheit von Regnum und Imperium vertreten hatte, befahl seinen Erben, der Kaiserin Constanze und seinem Sohn Friedrich, dem Papst Lehnshuldigung für das Königreich Sizilien zu geben: »… so wie sie von den Königen Siziliens geleistet zu werden pflegt«.[5]

Er verfügte ausdrücklich, daß das Königreich beim Aussterben seiner Nachkommenschaft an die Kirche als erledigtes Lehen zurückfallen solle. Sein Sohn möge sich den Besitz des römischen Reiches vom Papst bestätigen lassen und durch Herausgabe der mathildischen Güter erkaufen.

Das Wahlrecht der deutschen Fürsten überging er gänzlich. Ebenso sollte der ganze Kern des Kirchenstaates, das alte Patrimonium Petri von Aquapendente bis Ceperano, zurückgegeben und sogar für Ravenna und Ancona, die Fürstentümer Marquard von Anweilers, die Oberhoheit der Kirche anerkannt werden.[6]

Die Rücknahme auf die äußersten, minimalen Positionen war kein Schwächeanfall des Sterbenden, sondern die Konsequenz eines illusionslosen Realismus.

Das nachfolgende Geschehen in Europa beweist es. Ein halbes Jahr nach dem Tode des Kaisers starb Papst Coelestin, und ein neuer, großer päpstlicher Herrscher stellte sich über die Christenheit.

In England und Westfrankreich zerbrach nach dem Tode des Richard Löwenherz das angevinische Großreich. Ein nationales Frankreich zeigt seine ersten scharfen Konturen. Von der Höhe der Kaisermacht, von Friedrich I. und Heinrich VI. bewirkt, stürzte Deutschland in einen zwanzigjährigen Bürgerkrieg, den staufisch-welfischen Thronstreit.

Als dessen Nutznießer gewinnen die Landesfürsten für sich und ihre Territorien immer mehr Unabhängigkeit von der Krone. Die Kirche wird unter Papst Innocenz III. (1198–1216) die dominierende Kraft des Mittelalters und zugleich zum Schiedsrichter über weltliche Macht. Aus den Armutsbewegungen der neuen Orden der Franziskaner und der Dominikaner erwachsen ihr starke Helfer.

Gleichermaßen aber wuchern, namentlich in den Städten mit ihren neuen sozialen Schichten, die großen Häresien der Katharer und Waldenser. Ausgangspunkt ist der Norden Italiens und der Südwesten Frankreichs. Der immer mächtiger und weltlicher werdenden Kirche setzen sich in gravierender Form die evangelischen Armutsideale entgegen.

In der Mitte des Jahrhunderts leuchtet das religiöse Genie des Thomas von Aquino auf, dem es gelingt, die das Christentum so

beunruhigende Philosophie des Aristoteles in das christliche Weltbild einzubinden.

Angeregt durch die Bettelorden, brach in den ihnen eng verbundenen Frauenkreisen eine neue Mystik auf, deren eindringlichste
Gestalt Mechthild von Magdeburg ist. Weibliche Frömmigkeit und
die vollkommene Hingabe an das franziskanische Armutsideal
verkörpert sich in der heiligen Landgräfin Elisabeth von Thüringen.

Daneben Sittenverfall in Klöstern und Klerus, so daß Papst Gregor IX. (1227–1241) Konrad von Marburg zum päpstlichen Visita-
tor der Klöster in Deutschland bestimmt, mit den Worten: »Der
deutsche Klerus, welcher den Wohlgeruch der Tugend verbreiten
sollte, verbreitet den Geruch des Todes. Es ist uns hinterbracht
worden, daß Pfarrgeistliche und andere, welche die Weihen empfangen haben, ihre eigene Würde vergessen, ihre Untergebenen,
denen sie mit einem ehrbaren Leben vorangehen sollten, durch ihre eigene Schlechtigkeit anstecken. Wie Wasser ausgegossen und
wie ein Gefäß ohne Verschluß, geben sie sich leichtfertig jeder Unzucht hin, halten ihre Konkubinen und führen ein Wohlleben.«

Die Zeitgenossen haben den Dualismus, diese Wende der Zeit,
die sich mit dem Tode Kaiser Heinrichs VI. anzeigt, tief empfunden. Der Chronist der Marbacher Annalen klagt unter dem Jahre
1197: »Verwirrung, Unheil und Krieg haben nun im ganzen Erdkreis geherrscht.«[7]

In diese Welt des Umbruchs, tiefster Frömmigkeit und laster-
hafter Unzucht, einer Zeit, in der sich neue politische und geistige
Ordnungen Bahn brechen, wird am 26. Dezember 1194 zu Jesi in
den Marken Friedrich II. hineingeboren, als Erbe einer zerbre-
chenden Zeit.

Spielball des Schicksals

Der Knabe, der am Weihnachtstage 1194 geboren wurde, war in ein Gespinst von Sagen, düsteren Prophezeiungen und Verdächtigungen eingewoben. »Er sei nicht des Kaisers Sohn, sondern der eines Schlächters.«[1]

»Er sei untergeschoben«, munkelte man, da man der vierzigjährigen Constanze eine Geburt nicht mehr zutraute. Um solchem Gerede entgegenzuwirken, habe die kluge Kaiserin auf dem Marktplatz zu Jesi in einem Zelt öffentlich entbunden, und hier vor allem Volk als Beweis ihrer Mutterschaft stolz ihre vollen Brüste gezeigt.[2] -

Die Mutter hatte den Knaben, wohl in Anlehnung an den eigenen Namen, Roger Constantin genannt. Später setzte sich die Namenskombination, in Erinnerung an die beiden ruhmreichen Vorväter, »Friedrich Roger« durch, die sich dann auf den staufischen Leit- und Kaisernamen Friedrich konzentrierte.

Bei Kaiser Heinrichs VI. Tod weilte der Knabe noch immer, von der Mutter getrennt, am spoletanischen Herzoghof zu Folignano. Der Kaiserbruder Philipp von Schwaben hatte den Auftrag, Friedrich von hier nach Deutschland zu führen. Doch als Herzog Philipp Montefiascone (in der Nähe von Viterbo) erreichte, wurde die Nachricht vom Tode des Kaisers bekannt. Wie ein Lauffeuer brach in Italien der Deutschenhaß und die Empörung gegen die kaiserliche Herrschaft aus. Nur mit Not kehrte Philipp nach Deutschland zurück, wo seine Anwesenheit unabdingbar notwendig war.

Nur wenige Schicksalstage werden gefehlt haben, und Herzog Philipp hätte Friedrich nach Deutschland zur Krönung geführt, denn erwählt war er ja schon. Diese Tage bestimmten das Schicksal Deutschlands und Friedrichs eigenes Geschick.

Er wäre nicht in Italien, nicht im sizilischen Königreich der Mutter, sondern im staufischen Schwaben oder im Elsaß aufgewachsen, hätte dort seine lebensbestimmenden Prägungen erhalten.

Nun ließ die Kaiserin Constanze, die in Sizilien nach normannischem Erbrecht, gestützt auf das Testament ihres Mannes, mit Tatkraft die Regierung übernommen hatte, ihren Sohn aus dem unsicher gewordenen Herzogtum Spoleto durch die beiden Grafen Peter von Celano († 1212) und Berard von Loreto († 1207) nach Palermo bringen. Am Pfingstsonntag 1198 wurde Friedrich in Palermo mit byzantinischem Gepränge zum König von Sizilien gekrönt.[3]

Hatte sich die Kaiserin Constanze bei der Rückholung des Sohnes zweier Grafen, die erklärte Anhänger Kaiser Heinrichs VI. gewesen waren, bedient, so wandte sie sich jetzt mit Kraft gegen die Deutschen in Sizilien. Sicher muß man dabei der blutigen Zwangsherrschaft des Kaisers gedenken, sicher fällt auch in Betracht, wie der Kaiser gegen Constanzes eigene Königsfamilie gewütet hatte.

Der dem Kaiser ergebene Truchseß Marquard von Anweiler, der auch noch Ansprüche auf die Regentschaft Siziliens stellte, wurde verbannt und mit ihm alle Deutschen. Anscheinend aber fehlte der Kaiserin die Macht, diese Ausweisungen durchzusetzen. Die Anweiler, die Capparone und Dipold von Schweinspoint bestimmten, noch lange kämpfend und oftmals siegend, die Verhältnisse im Königreich Sizilien.

Der staufertreue Kanzler des sizilischen Königreiches, Walter von Pagliara, Bischof von Troia, wurde sogar in den Kerker geworfen. Erst durch den Einspruch des Papstes fand er seine Freiheit wieder.[4]

Die Erbitterung der sizilischen Bevölkerung gegenüber den deutschen Besatzern, denn diese Bezeichnung legt das tatsächliche Verhältnis zwischen Deutschen und Einheimischen klar, war so groß, daß man sogar die aus dem Heiligen Land zurückkehrenden deutschen Kreuzfahrer angriff. Dabei waren es die deutschen Fürsten unter den Kreuzfahrern, die nach dem Empfang der Trauerbotschaft vom Tode ihres Kaisers in Akkon die Wahl des kleinen sizilischen Königs zum römischen König nochmals bestätigten.[5]

Aber Constanze hatte schon allen Träumen vom römischen König- und Kaisertum entsagt. Sie wollte für ihren Sohn die größere Sicherheit eines normannisch-sizilischen Königtums, dem sie selbst entstammte und dessen Dimensionen – auch bei hochgesteckten mittelmeerischen Zielen – ihr immer verständlich blieben. In der Tatsache, daß sie als sizilische Königin noch immer den Titel als »Romanorum imperatrix semper augusta« trug, zeigt sich ihr Selbstverständnis für die ihr untilgbar verliehene kaiserliche Würde und nicht die Demonstration des kaiserlichen Anspruchs für ihren Sohn. Seit dessen Krönung in Palermo verzichtete sie in allen Urkunden, in denen Friedrich erscheint, auf die Nennung der deutschen Königswürde.[6]

Möglicherweise, gibt Wolfgang Stürner zu bedenken, hätte sie um diese Zeit die Königswahl Philipps von Schwaben erfahren, die sie nun anerkannte, um eine Spaltung des Stauferanhangs zu vermeiden, aber auch vor allem, weil sie in der pessimistischen Beurteilung von Friedrichs Chancen in Deutschland mit Philipp übereinstimmte.

Die Einheit von Regnum und Imperium (von Königreich Sizilien und dem römischen Kaiserreich), die Heinrich VI. niemals aufgegeben oder abgeschworen hatte, mußte sie aufgeben.

Der Kaiserin, die den Tod schon in sich trug, ging es nur noch um Rettung von Minimalpositionen. Sie flüchtete sich in die Arme der einzigen Macht, die ihrem Sohne Sicherheit und Zukunft bieten konnte: der Römischen Kirche. Der war in dem neuen Papst Innocenz III. ein Herrscher erwachsen, der in das Machtvakuum trat, das der Tod Kaiser Heinrichs VI. aufgerissen hatte.

Er wurde zum Schiedsrichter im deutschen Thronstreit zwischen Philipp von Schwaben und Otto von Braunschweig. Der Preis, den Constanze für päpstliche Hilfe zahlte, war hoch. Stets hatte es Kaiser Heinrich VI. verweigert, dem Papst den Lehnseid für Sizilien zu schwören. Constanze mußte darin einwilligen. Lehnsbegehren, verbunden mit dem Lehnseid, wurden von ihr erfüllt. Die Königsrechte über die sizilische Kirche, die die normannischen Könige von den Päpsten erstritten hatten, wurden aufgehoben. Die Einsetzung von Bischöfen und ihre Wahl ging ganz in die Hände der Kurie und der Kapitel. Dem König blieb lediglich ein schmales Bestätigungsrecht.

In ihrem Testament setzte Constanze den Papst zum Regenten Siziliens ein und bestimmte ihn zum Vormund ihres Sohnes Friedrich. Dafür sollte Papst Innocenz III. außer den tatsächlichen Auslagen und Unkosten eine Zuwendung von jährlich dreißigtausend Tarenen erhalten.

Dann stellte die Kaiserin zur unmittelbaren Regierung für das Königreich das Familiarenkolleg zusammen, die alte normannische Hochbehörde, die sich nach dem Tode Constanzes aus den vier Erzbischöfen von Palermo, Monreale, Capua und wahrscheinlich Reggio di Calabria bildete.

An der Spitze stand der wieder in Gnaden aufgenommene Kanzler Walter von Pagliara, Bischof von Troia.

Als Constanze ein Jahr später im November 1198 ihrem Manne

im Tode folgte, durfte sie wohl in dem Glauben sterben, das Königreich Sizilien unter der Obhut der Familiaren und ihren Sohn als Mündel des Papstes wohl versorgt zu haben.

Papst Innocenz III. – der Richter des Abendlandes

Am 8. Januar 1198 war der greise Papst Coelestin III. dem jungen Kaiser Heinrich VI. im Tode gefolgt.

Während Deutschland nach des Kaisers Tod in den Wirren des Thronstreites versank, handelte die Kurie schnell und entschlossen in dem Wissen, daß die Zeit starke Führung erforderte. Noch am Todestage des alten Papstes wählten die Kardinäle einstimmig den erst siebenunddreißigjährigen Lothar Graf von Segni als Papst Innocenz III.

Sein Biograph schildert ihn uns als fein von Gestalt und Zügen, ein gewandter Redner und guter Sänger, in seiner Lebenshaltung mäßig, ebenso frei von unfeiner Sparsamkeit wie von unvernünftigem Aufwand.[1]

Ein gewandter, disziplinierter und gepflegter Aristokrat, der seine Studien in Rom und an den hohen Schulen von Bologna und Paris absolviert hatte. Seine Studien umfaßten natürlich die Theologie, aber auch die Rechtswissenschaften. Eine seiner ersten Maßnahmen war, die bis dahin desolaten vatikanischen Finanzen in Ordnung zu bringen. Während seines Pontifikats war die Kurie nie mit Schulden überlastet.

In seiner Herrschaftsauffassung stand er in krassem Widerspruch zu dem stolzen Barbarossawort, das jener den Römern kurz vor seiner Kaiserkrönung entgegenschleuderte: »Willst du den alten Ruhm deines Rom kennenlernen? Die Würde des Senatorenstandes? Die Lagerordnung? Die Tüchtigkeit und Zucht des Ritterstandes, seine ungebrochene, unbezwingbare Kühnheit, wenn er in den Kampf zieht?

Blickt auf unseren Staat!

Bei uns gibt es das alles. Auf uns ist dies alles zugleich mit der Kaiserherrschaft übergegangen. Nicht nackt ist das Kaisertum uns zugefallen. Mit seiner Kraft bekleidet kam es, seine Zierden brachte es mit. Bei uns sind deine Konsuln. Bei uns dein Senat. Bei uns dein Heer!«[2]

Hier drückt sich kaiserlich-staufischer Herrschaftsanspruch in kristallener Klarheit aus. Der Kaiser ist der Herr des römischen

Imperiums, er ist auch der Herr der Stadt Rom, der Residenz des Papstes. Der Kaiser ist nicht nur Herr, sondern Erbe Roms und der römischen Tugenden.

Dieser staufischen Kaiserallmacht stellte Papst Innocenz III. seine Idee der päpstlichen Herrschaft entgegen. Vorgeformt finden wir dieses Denken und den Herrschaftsanspruch schon bei Papst Nikolaus I. (858–867). Dieser trat machtvoll in die Lücke der sich auflösenden Kaisergewalt unter Ludwig dem Frommen (814–840). Er vertrat den Primat der päpstlichen Gewalt nicht nur in der Kirche, sondern auch im weltlichen Bereich.

Weitergeführt wurde dieser Anspruch von Papst Gregor VII. (1073–1085), der sich zum priesterlichen Befehlsanspruch auch über die weltlichen Gewalten aufschwang. Bei Papst Innocenz III. wird die päpstliche Weltherrschaft zum Sinn der Geschichte. Der Bischof von Rom war für ihn nicht nur der Vicarius Petri, nicht nur der Stellvertreter Christi, nein, er vertritt den wahrhaftigen Gott auf Erden.[3]

Aus diesen Gedanken entwickelt sich zwanghaft die Logik, »daß der Papst nicht mehr primär Priester, sondern Weltenherr ist«. Im Verlauf dieser Gedanken nahm Innocenz III. die Theorie auf, wonach päpstliche Allgewalt das Kaisertum von den Griechen auf die Deutschen übertrug.[4]

Die Eskalation päpstlichen Machtanspruchs ging weiter. Er bestimmte das Verhältnis zwischen Papst und Kaiser vom Standpunkt des Lehnsrechtes: Der Papst investiert den Gewählten mit dem Imperium. Daraus ergibt sich für den Papst das Recht der Wahlprüfung. Alsdann entscheidet er, ob der Gewählte würdig und geeignet ist. Damit ist nicht nur das Kaisertum, sondern auch das Wahlrecht der Fürsten beschädigt.

»Innocenz' Ideal war die unmittelbare Papstherrschaft in der Welt.«[5]

In der Konsequenz Innocenz' III. erschöpft sich die Papstherrschaft nicht nur in der Handhabung beider Gewalten. Aus der Fülle der geistlichen und weltlichen Allgewalt kann der Papst jeden Eid auflösen. Eide, welche von Fürsten geleistet sind, die Gott und seinen Geboten, das heißt auch den päpstlichen, widerstreben, sind überhaupt nicht verpflichtend. Daraus schließt Innocenz III.: »Denn es sei nicht erlaubt, dem die Treue zu halten, der Gott die Treue nicht hält.«[6]

In seiner Konsekrationspredigt sagt es der siebenunddreißigjährige Papst den Römern und dem aufhorchenden Abendland ganz genau: »Ich bin über das Haus Gottes gesetzt, damit mein Verdienst wie meine Stellung alles überrage. Mir ist gesagt vom Propheten: Ich will dich über Völker und Königreiche setzen. Von mir heißt es beim Apostel: Ich will dir des Himmelreichs Schlüssel geben. Der Knecht, der über das ganze Haus gesetzt ist, ist der Stellvertreter Christi, der Nachfolger des Petrus, der Gesalbte des Herrn, der Gott Pharaos; er ist in die Mitte gestellt, zwischen Gott und die Menschen, geringer als Gott, aber größer als ein Mensch; der über alle urteilt, während über ihn niemand ein Urteil fällt.«[7]

Das war der Mann, der zum Vormund des kleinen König Friedrichs bestimmt war und dem die Aufgabe erwuchs, Schiedsrichter im deutschen Thronstreit zu sein.

Als Kaiser Heinrich VI. zu Messina starb, konnte sein Bruder Philipp von Schwaben den Auftrag, Friedrich zur Krönung nach Deutschland zu führen, nicht erfüllen. So wendete er die Rosse und jagte durch das aufständische Italien zurück über die Alpen nach Deutschland.

Er wurde am 6. und 8. März 1198 in stufenweiser Erhebung zu Ichtershausen und Mühlhausen zum deutschen König gewählt, was in den Augen der deutschen Fürsten die Herrschaft über das Imperium bedeutete. Die Wahl Philipps war im Grunde ein Verrat an dem Kaisersohn Friedrich, der ja Ende 1196 in Frankfurt durch die Fürstenversammlung gewählt worden war. Dieser Zustimmung zur Wahl war auch der den Staufern wenig gewogene Erzbischof Arnold von Köln und sein Anhang beigetreten.

Der Grund zu Philipps Wahl lag in staatspolitischen Zwecken. Zu lebendig war den deutschen Fürsten die Erinnerung, welchen Schaden das Reich in den Jahren von Kaiser Heinrichs IV. (1056–1106) Unmündigkeit genommen hatte, als die Reichsregenten zum eigenen Vorteil, aber nicht für die Gerechtsame des Reiches regierten. So fiel die Entscheidung für Philipp von Schwaben.

Am 6. und 8. März gewählt, wurde er erst am 8. September von dem zufällig anwesenden Erzbischof von Tarantaise in Mainz mit den echten Reichsinsignien gekrönt.

Der nach alter Tradition zur Krönung berufene Kölner Erzbischof Adolf und sein niederrheinischer Anhang hatten, teils aus Stauferablehnung, vor allem aber aus den wirtschaftlichen Interessen des Kölner Raumes zu England hin, Otto von Braunschweig (1198–1218), den dritten Sohn Heinrichs des Löwen und Neffen des englischen Königs Richard Löwenherz, als Thronanwärter präsentiert.

Am englischen Hofe erzogen, wurde er vom englischen König Richard zum Grafen von Poitou ernannt. So sahen viele in ihm keinen Deutschen, sondern einen Engländer. Doch am 9. Juli 1198 setzte ihm der echte Krönungsbischof, Adolf von Köln, am rechten Ort in Aachen, die falsche Krone aufs Haupt, weil sich die Reichsinsignien und der große Schatz Heinrichs VI. auf der Burg Trifels im Besitz der Staufer befanden.

Da bisher keine Waffenentscheidung gefallen war, suchten beide Könige das Urteil des Papstes.

Nicht Innocenz hat sich die Entscheidung angemaßt, sie fiel ihm zu. Der kluge Papst beherrschte die Kunst des Wartens. Erst um die Jahreswende 1200/01 fällte er, in einer Rede vor den Kardinälen, die Entscheidung. Die Rede, ein Meisterwerk an politischer Zielstrebigkeit, begründete zunächst die päpstliche Berechtigung zum Urteil über die Könige. Klar war, daß der Papst keinen Staufer auf dem Königsthron sehen wollte. Einmal hatten die Staufer den Päpsten genug Ungemach bereitet. Unvergessen war, daß Kaiser Heinrich VI. keinen Lehnseid für Sizilien geleistet hatte. Neben dem Erbrecht seiner Frau Constanze hatte er Sizilien als Teil des ihm zustehenden Imperiums angesehen. Zweitens war es das Ziel seiner Politik, das Regnum Sizilien mit dem Imperium zu vereinen. Damit war die geschworene Gegnerschaft der Päpste zementiert. Kein Papst konnte es zulassen, den Kirchenstaat, gelegen zwischen dem Königreich Sizilien und dem kaiserlichen Italien, wie eine Nuß in der Zange zerbrechen zu lassen. Heinrich VI. hatte sich immer offen zu seinen Zielen bekannt.

Folgen wir nun der Argumentation und der Entscheidung des Papstes, die er wie folgt eröffnete: »Wie aber kürzlich drei zu Königen gewählt worden sind, der Knabe (Friedrich), Philipp und Otto, so sind drei Dinge bei den dreien im Auge zu behalten: was zulässig, was geziemend, was vorteilhaft sei.« Es fällt auf, daß der Papst mit diesen drei Maßstäben utilitaristische, aber keine rechtlich-moralischen Kategorien aufstellt.

Der Papst fährt fort: »Betreffs des Knaben nun, scheint es auf den ersten Blick nicht zulässig zu sein, Einwendungen gegen seine Wahl zu erheben, die durch den Eid der Fürsten bekräftigt ist … Diese haben den Knaben später aus eigenem Antriebe und einmütig gewählt, haben ihm beinahe alle unbedingte Treue geschworen, und einige auch den Lehnseid geleistet. Daher erscheint es nicht zulässig zu sein, gegen ein erlaubtes Versprechen einzuschreiten.«

Und jetzt gelingt dem Papst eine weitsichtige Wahrsagung:

»… Wenn dieser Knabe zur Einsicht gelangt und dereinst erkennt, er sei durch die Römische Kirche des Reiches beraubt, dann wird er ihr nicht nur die geziemende Ehrfurcht versagen, sondern sie sogar auf nur jede mögliche Weise bekämpfen, wird Siziliens Königtum von ihrem Lehnsbande reißen und ihr den gewohnten Gehorsam verweigern.

Im Gegensatz dazu aber scheint es umgekehrt zulässig, geziemend und vorteilhaft zu sein, gegen seine Wahl einzuschreiten.

Zulässig zu sein erscheint es deshalb, weil jene Versprechungen unerlaubt waren, und seine Wahl eine unbesonnene war. Denn sie wählten eine ungeeignete, weder für das Reich noch zu irgendeinem Amte passende Person, einen Knaben nämlich von kaum zwei Jahren, der auch nicht einmal durch das Wasser der heiligen Taufe wiedergeboren war … Dem steht der Einwurf nicht im Wege, jene Versprechungen seien nach der Absicht der Schwörenden erlaubt gewesen. Denn sie verstanden es so, daß sie ihn zwar damals zum Kaiser wählten, aber nicht, damit er herrschen solle, sondern nach Erreichung des gesetzmäßigen Alters.«

Hier ist dem hervorragenden Juristen Papst Innocenz III. ein schwerwiegender Fehler unterlaufen, denn er bestätigt die deutsche, namentlich die staufische Auffassung, daß die Wahl der deutschen Fürsten das Kaisertum des deutschen Königs bewirke.

»… Da nun das Reich weder durch einen Verweser regiert werden kann, noch ein Kaiser für eine bestimmte Zeit gewählt werden darf, noch die Kirche eines Kaisers entbehren kann oder will, scheint es zulässig zu sein, für das Reich durch Besetzung mit einem anderen zu sorgen …«

Und nun spricht der Papst Klartext und offenbart, warum dieser Friedrich nicht und überhaupt kein Staufer Kaiser werden darf: »Daß es nicht vorteilhaft sei, wenn er das Kaisertum erhielte, erhellt daraus, *daß dadurch das Königreich Sizilien mit dem Kaisertum vereinigt und die Kirche durch diese Vereinigung in Verwirrung gestürzt würde.*

Denn dieser würde, um von den übrigen Gefahren zu schweigen, der Kirche nicht den Treu- und Lehnseid leisten wollen, wie es sein Vater nicht gewollt hat. Auch hat der Einwand nichts zu besagen, daß es nicht vorteilhaft sei, gegen seine Wahl einzuschreiten, daß er nicht später die Kirche belästige, durch die er, wie er erfahren wird, das Kaisertum verloren habe. Denn niemals wird er das mit Recht behaupten können, daß die Kirche ihm das Kaisertum entzogen habe, da vielmehr seines Vaters Bruder (Philipp von Schwaben) nicht nur in das Reich, sondern auch in sein väterliches Erbteil eingedrungen ist und durch seine Mannen auch seinen mütterlichen Besitz zu besetzen trachtet, an dessen Verteidigung die Römische Kirche nicht ohne viel Mühen und Unkosten klug und kraftvoll arbeitet.«[8]

Mit diesen letzten Sätzen war die Entscheidung nicht nur gegen das päpstliche Mündel Friedrich, sondern auch gegen seinen Onkel Philipp von Schwaben gefallen. Denn diesem wurde ja vorgeworfen, ebenfalls wie sein Bruder Kaiser Heinrich VI., und wie es seinem Sohne Friedrich unterstellt wurde, das Königreich Sizilien mit dem Imperium vereinen zu wollen. Damit schien der Weg frei für Otto von Braunschweig.

Aber der Papst blieb noch in Deckung. Er wartete mit der endgültigen Erklärung für den Welfen. Erst mußte der Preis erbracht werden, auf den das Papsttum von seiner Sicht aus einen unverzichtbaren Anspruch hatte: die Sicherung und volle Wiederherstellung des Kirchenstaates.

Am 8. Juni 1201 leistete Otto in Neuss den vorher vereinbarten Eid. Er verpflichtete sich zur völligen Anerkennung der vollzogenen wie zur Beihilfe der noch zu vollziehenden Rekuperationen, also zur Rückführung der ehemaligen Besitzungen der Römischen Kirche in Mittelitalien. Er versprach dem Papst die Hilfe des Reichs bei der Behauptung des päpstlich-sizilischen Lehnsreiches. Er verpflichtete sich, nach Rat und Urteil des Papstes, oder sollte man sagen auf dessen Befehl, sein Verhältnis mit Rom und den Städtebünden der Lombardei und der Toskana zu gestalten. Es war dies die Aufgabe jeder selbständigen Reichspolitik in Italien. Kein Reichsfürst war Zeuge dieser Eide.

Vier Wochen nach dem Neusser Schwur, am 3. Juli 1201, verkündete der päpstliche Legat und Kardinalbischof Guido von Präneste im Kölner Dom vor Klerus und Volk, daß Otto IV. von Braunschweig der vom Papst bestätigte König sei. Zur gleichen Stunde und am gleichen Ort bannte er alle Gegner des Welfen durch Exkommunikation.[9]

Der Vorgang zu Köln zeigte aber auch die Grenzen päpstlicher

Macht. Über dreißig Reichsfürsten, davon die Hälfte Bischöfe, trotzten dem päpstlichen Bann. Auf einem Hoftag in Halle stellten sie sich gegen die Einmischung des päpstlichen Legaten in die Frage der deutschen Thronfolge.

Innocenz III. stellte dem Protest die Behauptung entgegen, das Wahlrecht der Fürsten beruhe auf päpstlicher Übertragung, und die Rechte des Papstes zur Überprüfung der Wahl seien unanfechtbar.

Mit Androhung und Verhängung des Bannes gelang es dem Papst und seinem Legaten Gudio von Präneste, nach und nach große Teile des deutschen Episkopats auf die welfische Seite zu ziehen. Im Verlauf des Jahres 1200 waren Bischof Konrad von Würzburg und der Erzbischof Eberhard II. von Salzburg zur welfischen Partei gewechselt. Auf einem Tag in Corvey gelang es dem päpstlichen Legaten, fast alle sächsischen Bischöfe dem päpstlichen Willen folgen zu lassen und Otto IV. anzuerkennen. Im Sommer trat Ottokar von Böhmen der welfischen Partei bei, und auch der Landgraf Hermann I. von Thüringen plante einen Parteienwechsel.

Selbst Siegfried II. von Mainz ließ seine Wahl vom päpstlichen Legaten bestätigen und sich von ihm am 30. September 1201 in Xanten zum Erzbischof weihen. Der Amtsinhaber, Erzbischof Leopold von Schönfeld (1200–1208), wurde verdrängt. Wir finden ihn bis 1217 als Bischof von Worms wieder.[10]

Als der Erzbischof Hartwig von Bremen von Otto IV. in der ersten Januarwoche 1202 gefangengenommen wurde, war die letzte antiwelfische Bastion im Norden gebrochen.[11]

Dem Druck des Kardinallegaten und des Erzbischofs von Mainz gelang es, die Halberstädter zu bewegen, einen welfisch gesinnten Bischof zu wählen. Der Erzbischof Ludolf von Magdeburg (1192–1205) wurde exkommuniziert. Am Niederrhein wurde der letzte Gegner Ottos IV., der staufisch gesinnte Bischof Dietrich von Utrecht (1198–1212) ausgeschaltet. Dann wurden die widerstrebenden Bischöfe von Toul, Metz und der Erzbischof Johann I. von Trier (1190–1212) in die päpstliche Pflicht genommen.

Im Frühjahr 1203 erhoben König Ottokar von Böhmen und der thüringische Landgraf Hermann I. die Waffen gegen König Philipp. Das Kriegsgeschehen verlief für den Staufer unglücklich. Nun unterwarf sich auch der gebannte Erzbischof von Magdeburg dem päpstlichen Legaten. Den Bischöfen Hartwig von Augsburg

(1202–1208), Dietrich von Merseburg (1201–1215), Ekbert von Bamberg (1203–1237) und Wolfger von Passau (1191–1204) wurde der Eid abgepreßt, in allen politischen Fragen, in geistlichen verstand sich das von selbst, den Befehlen des Papstes zu gehorchen.

Dies war die größte Disziplinierungsaktion, die jemals am deutschen Episkopat vorgenommen wurde. Das Reformpapsttum, geleitet von dem hohen Ziel der Freiheit der Kirche, hatte diese Kirche in einem Akt der Selbstfesselung in die höchste geistige Unfreiheit gezwungen.

Auch die weltlichen Fürsten begaben sich auf die eilige Flucht zum vermeintlichen Sieger. Der Welfenkönig erwartete auf einem Hoftag am 2. Februar 1204 die Unterwerfung des gesamten Südostens, darunter waren die Herzöge von Baiern und Österreich.

Und Wunder über Wunder, Papst Innocenz III. selbst bewegte die lombardischen Städte zur Anerkennung Ottos IV. Die deutschen Fürsten forderte der Papst auf, sich auf den Romzug vorzubereiten, den Romzug eines Königs, der sich selbst »König von Papstes Gnaden« nannte.[12]

Der Papst strahlte im Glanz eines Beherrschers des Abendlandes.

Aber sehr bald zeigten sich doch die Grenzen päpstlicher Allmacht, aufgebaut auf erzwungenen Eiden, auf Androhung geistlicher Strafen, auf Vorteilsnahme weltlicher wie geistlicher Macht.

Die Machterosion begann dort, wo man sie nicht vermutete, in der Familie des Welfen. Im Frühjahr 1204 erfolgte der Abfall von Ottos IV. Bruder, Heinrichs V. (1195–1217), Pfalzgraf bei Rhein, verheiratet mit der Stauferin Agnes. Ihm folgte der immer auf den Vorteil seines Hauses bedachte Landgraf Hermann von Thüringen. Mit ihm kam im Oktober der Böhme Ottokar. Ihm folgte im November 1204 Herzog Heinrich von Brabant und mit ihm der Erzbischof Adolf von Köln. Dessen Übertritt kommentierte der Papst erbittert mit dem Ruf: »Wäre dieser Mensch nie geboren worden.«[13]

Nach den großen Herren kamen die kleinen. Die Bischöfe von Paderborn, Straßburg, Osnabrück, Münster und Lüttich, die Äbte und Pröpste von Xanten, St. Kunibert in Köln und von Corvey.

Am 6. Januar 1205 wurde Philipp von Schwaben in Aachen (am rechten Ort) von Erzbischof Adolf von Köln (dem rechten Krönungsbischof) mit der rechten Krone nochmals zum König gekrönt. Diesmal waren auch die sächsischen Fürsten und Bischöfe zur Stelle, die bei Philipps erster Krönung gefehlt hatten. Aber auch die getreuen süddeutschen Bischöfe scharten sich um die staufische Krone.

Schließlich war nur noch die Stadt Köln aufgrund ihrer englischen Handelsinteressen bei König Otto IV.

Am 27. August 1206 wurde auf dem Schlachtfeld bei Wassenberg der politische Tatbestand und das Schicksal des welfischen Königtums besiegelt. König Otto wurde von König Philipp vernichtend geschlagen. Nun zogen auch die Kölner Handelsherren die Konsequenzen und unterwarfen sich dem staufischen König.

Erzbischof Siegfried II. von Mainz verließ Deutschland in der Erkenntnis der Unhaltbarkeit seiner Position. Er zog nach Italien, wo er als Kardinal von Sabina lebte.[14]

Die Geschichte schien über Otto IV. hinwegzugehen. Der Papst nahm bereits Verhandlungen mit dem Stauferkönig auf. Anfang Juni 1206 hatte er den noblen Patriarchen Wolfger von Aquileja (1204–1218) zu Philipp entstandt. Philipp, obwohl auf der Straße des Siegers, war zu einem Waffenstillstand bereit. Zu den Vorwürfen der Römischen Kirche wollte er sich einem Kollegium von Kardinälen und Reichsfürsten stellen. Er selbst verzichtete darauf, Vorwürfe gegen den Papst zu erheben, der nur unter dem Urteil Gottes stand. In Philipps Auftrag ging Wolfger von Aquileja mit drei weltlichen Herren nach Rom, um über einen Frieden zu verhandeln.

Schon im Frühling 1207 entsandte der Papst zwei hochkarätige Legaten, darunter seinen Vetter Hugolin von Ostia, den späteren Papst Gregor IX., um zwischen den beiden streitenden deutschen Fürsten, er sprach jetzt auch bei Otto nicht mehr von Königen, Frieden, oder zumindest einen einjährigen Waffenstillstand, als Vorstufe eines Friedens zu stiften. Im September 1207 war der Waffenstillstand erreicht, wahrscheinlich auch ein Thronverzicht Ottos IV., und damit der Weg frei für die päpstliche Anerkennung Philipps, der inzwischen vom Bann gelöst war.

Die Hinwendung des Papstes zu Philipp von Schwaben darf nicht nur im Glück der staufischen Waffen gesehen werden, sondern auch in der Person Philipps. Der »junge süeze man«, wie ihn Walther von der Vogelweide besang, war verbindlicher, flexibler, auch charmanter und nicht von dem schroffen Selbstgefühl, der Unteilbarkeit des eigenen Standpunktes, wie die Staufer vor und nach ihm. Der Papst muß beeindruckt gewesen sein, als seine

Legaten Philipps Bereitschaft, eine fünfjährige Reichssteuer zugunsten des Heiligen Landes auszuschreiben, in Rom einbringen konnten.

Die genauen Ergebnisse dessen, was darüber hinaus in Rom verhandelt wurde, kennen wir nicht.

Der schwäbische Chronist Burchard von Ursperg will von glaubwürdigen Leuten erfahren haben, daß eine Tochter Philipps einen Neffen des Papstes heiraten sollte, dem dann Tuszien, Spoleto und die Mark Ancona als Reichslehen übertragen werden sollten. Ob Innocenz III. seine Rekuperationen auf diese Weise auszuliefern gedachte, um sie in die Hand eines Nepoten zu geben, ist nicht gesichert. Der Eheplan war schon früher aufgetaucht und ist bezeugt.[15]

Da griff in alles menschliche Planen der Fürsten und Priester das Schicksal ein und warf das fein ausgeklügelte Schachspiel geistlicher und weltlicher Macht um.

Am 21. Juni 1208 ermordete der bairische Pfalzgraf Otto von Wittelsbach in der Bischofspfalz von Bamberg König Philipp. Der Grund des Königsmordes ist nie geklärt worden. Vermutungen gehen dahin, daß der Pfalzgraf, verlobt mit König Philipps Tochter, ergrimmt war, weil diese Prinzessin ausersehen sein sollte, den Papstneffen zu heiraten, um so den Frieden zwischen dem Papst und dem staufischen Kaisertum zu sichern.

Der Papst aber sah in diesem ersten Königsmord der deutschen Geschichte, die ihn von dem Zwang befreite, einen ungeliebten Staufer zum Kaiser zu krönen, »ein Gottesgericht, durch das die Zwietracht im Reich beseitigt sei«.[16]

Der Welfe, König Otto IV., sah sich vom Schicksal selbst auf den Kaiserthron getragen.

Der verwaiste König – oder das Mündel des Papstes

Während all dies in der Welt geschah, begann mit dem Tode der Kaiserin Constanze am 27.11.1198 für Friedrich ein Jahrzehnt der Vereinsamung und einer daraus bestimmenden, entscheidenden Charakterformung.

Die romantische Sage vom einsamen Königskind, das durch die Straßen und Gassen Palermos streift und so in die sarazenische, die griechische und die normannische Kultur des Inselstaates eindringt, das bei gutmütigen Bürgern Nahrung und Zuflucht findet, läßt sich, bei einigem Nachdenken und der Wertung der sparsamen Fakten, nicht aufrecht erhalten.

Wir wissen, daß Friedrichs Großvater, König Roger II. (1130–1154), durch griechische Gelehrte eine ausgezeichnete fürstliche Erziehung genossen hatte.

Bei aller Wirrnis der Zeitläufte hatte die normannisch-sizilische Hofkapelle nie aufgehört zu bestehen, und der Kreis ihrer Juristen, Notare und Gelehrten hatte immer bestanden. Zudem war der kindliche König ein begehrtes Objekt der Macht. Nur durch ihn und in seinem Namen konnten sie alle regieren, der Kanzler Walter von Pagliara, Marquardt von Anweiler, der sich zeitweise zum Regenten des Königreiches aufschwang, sein Nachfolger Walter Capparone und der Condottieretyp Dipold von Schweinspoint, nobler: Dipold, Graf von Acerra.

Die widerstrebendsten Machtkonstellationen herrschten im Königreich Sizilien nach dem Tode der Kaiserin Constanze. Da war einmal der Papst als Lehnsherr des Erbkönigreichs Sizilien. Zugleich Vormund des jungen Königs und darauf bedacht, diesem sein Erbreich Sizilien zu erhalten, ihn aber in keinem Fall in Personalunion mit der römischen Krone zu bringen. Dies war schließlich einer der Gründe, warum Innocenz III. den Welfen Otto IV. in seinem Königanspruch unterstützte.

Da waren die deutschen Herren Marquard von Anweiler und Wilhelm Capparone, die sich weniger als Regenten empfanden, sondern als Parteigänger des staufischen König Philipps in Deutschland. Da kämpften auf dem sizilischen Festland Dipold von Schweinspoint gegen den Feldherrn des Papstes, Graf Walter von Brienne, der nicht nur für päpstliche Interessen motiviert war, sondern von eigenen Macht- und Herrschaftsansprüchen. Schließlich der Kanzler des Königreichs, Walter von Pagliara, Vertrauter Kaiser Heinrichs VI., der in dessen Traditionen und zeitweilig im Widerspruch zur päpstlichen Politik stand. Seine Stellung im Familiarenrat, den Kaiserin Constanze eingesetzt hatte, wurde dadurch dominierend, weil seine Mitfamiliaren, die Erzbischöfe von Palermo, Capua und Reggio di Calabria, bereits im Jahre 1199 verstorben waren.

Der erklärte Gegner des Papstes war zweifellos Marquard von Anweiler, den der Papst in seinem Schreiben an die Familiaren vom 18. Dezember 1198 als »Feind Gottes und der Kirche« geißelte. »In Wahrheit«, dies ist das päpstliche Credo, »gehe es Marquard gar nicht um die Verwaltung des Reiches, wie er vorgebe, er ziele vielmehr auf die volle königliche Herrschaft und bestreite deshalb sogar die legitime Geburt Friedrichs.«[1]

Wie sehr die staufertreuen Fürsten um König Philipp in Marquard von Anweiler den Vertreter der Reichsinteressen sahen, erhellt ein Brief dieser Fürstengruppe an Papst Innocenz III.: »Wir mahnen und bitten Euch, daß Ihr unseren geliebten Freund Marquard, dem ergebenen Gefolgsmann unseres Herrn, des Königs Philipp, dem Markgrafen von Ancona, Herzog von Ravenna, Verwalter des Königreiches Sizilien und Truchsessen des kaiserlichen Hofes, in den Angelegenheiten unseres Herrn Eure apostolische Gunst gewährt.«[2]

Soll man diesen Brief an den Papst nicht als reine Provokation von seiten der Fürsten gegenüber dem römischen Papsttum verstehen, so offenbart sich darin das völlige und naive Unverständnis dieser Herren für die zwischen Papst und Kaiser bestehenden Spannungen.

Die Lebensfrage des Kirchenstaates, nicht zwischen einem staufisch-sizilischen Königreich und dem staufisch-römischen Imperium zerrieben zu werden, wird überhaupt nicht erkannt. Es wird nochmals mit Nachdruck wiederholt, daß die gesamte Politik des Papstes gegenüber Kaiser und Reich nur aus dieser Problematik heraus verstanden werden kann.

Marquard begann seinen Kampf um die Macht auf dem sizilischen Festland. Im Januar 1199 vertrieb er päpstliche Truppen aus der Stadt San Germano. Aber die Eroberung der Klosterburg Montecassino mißlang.

Eine Annäherung Marquards an den Papst, die zu einer zeitweiligen Aufhebung seiner Exkommunikation führte, endete bald. Marquard wechselte den Kampfplatz, setzte auf die Insel Sizilien über und schloß Palermo ein. Im Juli segelte der Familiarenrat, an der Spitze Walter von Pagliara, mit einem päpstlichen Heer nach Palermo und schlug Marquard und seinen Anhang am 21. Juli 1200 bei Monreale. Ein späteres Gefecht bei Taormina ging ebenfalls verloren. Doch gefährdeten diese Niederlagen Marquards Stellung auf der Insel nicht. Vielmehr zogen sich die päpstlichen Truppen, geschwächt durch Krankheit und Seuchen, nach Süditalien zurück.

Aber etwas schlimmeres war geschehen. Ein feiner, aber tiefer Riß hatte sich zwischen dem Kanzler Walter von Pagliara und dem Papst vollzogen.

Das Erscheinen des Grafen Walter von Brienne, der eine Tochter König Tancreds geheiratet hatte, beunruhigte den Kanzler. Mußte er doch in dem Grafen, der vom Papst bereits mit der Grafschaft Lecce und dem Fürstentum Tarent belehnt worden war, einen ernsthaften Bewerber um den sizilischen Thron sehen.

Konnte Walter von Pagliara unter dem kindlichen und später jugendlichen Friedrich auf eine lange Periode der Beeinflußung und Führung unter seiner Kanzlerschaft hoffen, so war dies bei einem Königtum des Walter von Brienne auszuschließen. Auf besonderen Widerstand des Papstes war bei Walters Thronkandidatur nicht zu rechnen, denn Grundsatz päpstlicher Politik lautete ja, Trennung von Regnum und Imperium, und diese Trennung war unter dem Franzosen Walter von Brienne sicherer als unter dem päpstlichen Mündel Friedrich, in dem ja nicht nur staufisches Blut floß, sondern auch staufische Träume wieder aufbrechen konnten.

Unter solchen Gedanken verzichtete Walter von Pagliara auf seine Kirchenämter und holte seinen Bruder, den Grafen Gentile von Manupello († nach 1212), in das Familiarenkollegium. Dann nahm er, trotz päpstlicher Proteste, Marquard von Anweiler ins Familiarenkollegium auf und teilte mit ihm Macht und Einfluß im Königreich. Nun begab er sich nach Festlandsizilien zum Entscheidungskampf mit Walter von Brienne. Die Hauptstadt Palermo übergab er seinem Bruder, dem Grafen Gentile, und, als kostbarstes Unterpfand der Macht, den jungen König Friedrich.

Im Mai 1201 marschierte Walter von Brienne mit Truppen in eigenem wie in päpstlichem Sold in das Festland des Königreiches Sizilien ein. Gegen Dipold von Schweinspoint, der in ungeschmälertem Besitz seiner Machtpositionen war, erfocht er einen glücklichen Sieg im Raum um Capua, und der Weg zu seinem südapulischen Lehen lag offen vor ihm.

Jetzt verbündete sich Kanzler Walter von Pagliara offen mit Dipold, was ihm den Bann und den offiziellen Entzug seiner Güter einbrachte.

Die Niederlage Dipolds, der Sieg der päpstlichen Truppen und die Bannung Marquards blieben auf der Insel Sizilien nicht unbemerkt. Der Reichstruchseß Marquard von Anweiler reagierte wie alle Generäle und Helden es tun: mit der Flucht nach vorn.

Er belagerte Palermo im Oktober 1201. Der Bruder des Kanzlers, Graf Gentile, hatte sich auf der Burg Castello a Mare, eine den Hafen Palermos beherrschende Feste, mit dem ihm anvertrauten jungen König verschanzt. Als die Festung jedoch am 1. November 1201 genommen wurde, fiel nur der junge König in die Hände Marquard von Anweilers. Der treffliche Graf Gentile war nach Messina geeilt (oder geflohen), um dort Proviant zu besorgen. Sicher nicht die Aufgabe eines so hohen Herrn, dem der Schutz des Erben von Sizilien anvertraut war.

In einem Brief des Erzbischofs Rainald von Capua vom November 1201 an Papst Innocenz III., wobei zu bedenken ist, daß der Erzbischof ein naher Verwandter des Kanzlers und seines Bruders Gentile war, wird uns zum erstenmal ein Persönlichkeitsbild Friedrichs übermittelt. Der Brief des Erzbischofs:

»Weh mir! am Montag, dem 5. November dieses Jahres ... kam ein Bote des Wilhelm Francisius aus Palermo in die Gegend, in der ich wohne, mit der überaus traurigen und gewissen Nachricht, daß ... der Hofkastellan von Accarino und seine Genossen eben diesem Marquard den König, den Palast und den erwähnten Wilhelm Francisius, den Lehrer des Königs ... um die dritte Stunde des Tages auslieferten.

Als der Knabe durch die fluchwürdige Treulosigkeit seiner Wächter verraten und er, der sanfte junge König, von dem, der ihm nach dem Leben trachtete, in den innersten Gemächern des Palastes gestellt war, und als er nun die Gefangenschaft unabwendbar vor Augen sah ... da schützte er sich selbst statt durch Waffengewalt mit Tränen und vermochte doch nicht ... den Adel königlicher Gesinnung zu verleugnen, ... so sprang er, da er ja doch erhascht werden mußte, dem Häscher entgegen und suchte, so gut er konnte, den Arm dessen, der den Gesalbten des Herrn antastete, zu lähmen. Darauf nestelte er seinen Königsmantel auf, zerriß voller Schmerz seine Kleider und zerkratzte mit der Schärfe der einschneidenden Nägel sein zartes Fleisch.«

Der Erzbischof kaschiert die Flucht seines Verwandten und das Verlassen des königlichen Kindes mit folgender Suada:

»Dann überließ Graf Gentile das erwähnte Kastell treuen Hütern und ging nach Messina ... um jenem Kastell die nötige Zufuhr an Lebensmitteln, an denen es äußersten Mangel litt, zu besorgen; denn wie oder warum er dorthin kam, konnte ich von dem genannten Boten nicht in Erfahrung bringen.«[3]

Der Brief des Erzbischofs übermittelt uns wertvolle Fakten. Einmal wird uns der Magister regis Friedrichs II. bekannt gemacht. Sproß einer Adelsfamilie, die bei Avellino, östlich von Neapel, begütert war. Jetzt wissen wir konkret, daß Friedrich nicht ohne wissenschaftliche Unterrichtung war. Wir sehen einen siebenjährigen Kindkönig, der beim Eintreten Marquards ganz natürlich in Tränen ausbricht, sich dann aber tapfer und mit Leidenschaft zu wehren weiß.

Die ganze Unsicherheit des Inselstaates wird sichtbar, wenn die Wachen den kleinen König verraten und ihn Marquard und seinen Truppen ausliefern. Der Bruder des Kanzlers, der Graf Gentile, kommt in den Geruch der Feigheit, den jungen König verlassen zu haben. Die Schutzbehauptung, in Messina Proviant für die Burgbesatzung besorgen zu wollen, ist zu durchsichtig. Das ist die Aufgabe eines Fouriers und nicht die eines Grafen, der in der Schlacht von Palermo gegen Marquard von Anweiler als Anführer der päpstlichen Truppen eine hervorragende Rolle gespielt hatte.

Die unheilvolle Lage Friedrichs II. dokumentiert sich in einem Briefgedicht, das zwar noch nicht von ihm verfaßt sein kann, in dem aber ein immer wiederkehrender Tenor seiner späteren Staatsbriefe, die Solidarität der Könige und Fürsten, angemahnt wird:

»Allen Königen des Erdballs und den Fürsten der Welt, die mit irgendwelcher Würde des heiligen Glaubens geziert sind, wünscht der noch unschuldige König Siziliens namens Friedrich Heil im Herrn ...

Weil ich, von dem erhabenen Kaiser Heinrich gezeugt und an den Brüsten seiner erhabenen Gemahlin, der seligen Kaiserin Constanze, gesäugt, durch ein feindseliges Geschick – o Jammer! – so rasch hintereinander beider Eltern beraubt bin ... durfte ich, der ich unter schleichenden Bedrängungen die Härten der Unmündigkeit erlitt, nicht das Antlitz der Eltern erschauen ...

Denn seither quält mich der Deutsche (Marquard von Anweiler und Dipold von Schweinspoint), bald verletzt mich der Toskaner (Pisa), bald stört mich der Sizilier (Sarazenen), bald beunruhigt mich der Gallier (Walter von Brienne) und der Barbare oder irgendwer sonst.

Das tägliche Brot wird mir nach Gewicht, der Trank becherweise zugemessen. Unter dauerndem Mißbrauch des königlichen Namens werde ich mehr regiert, als daß ich regiere, mehr geheißen, als daß ich heiße, muß ich mehr erbitten, als ich bekomme ...

Wenn also mein höchster Erlöser lebt ... so bitte ich euch, ihr Fürsten, die ihr den Erdball beherrscht, so flehentlich wie ich vermag, ihr möget nicht so sehr mit mir als vielmehr untereinander in dieser Angelegenheit wetteifern, den Knechten zu widerstehen, den Sohn des Kaisers zu befreien, die Krone des Königs wieder zu erheben und das zerstreute Volk sammeln …«[4]

Dieser Brief ist sicher nicht von der Kurie in Rom diktiert. Zu oft wird auf die kaiserliche Herkunft des Knaben hingewiesen und der kaiserliche Vater Heinrich VI. erwähnt. Lag doch dem Papsttum daran, keine Verbindung mit dem staufischen Kaisertum, das ja über Regnum und Imperium herrschen wollte, herzustellen.

Der Kreis des Marquard von Anweiler ist wohl ebenfalls auszuschließen, denn die Deutschen kommen ja nicht gut dabei weg. Es kommt also nur der in seiner Macht eingeschränkte Kanzler Walter von Pagliara in Betracht. Ihm, dem Parteigänger Kaiser Heinrichs VI., sind die Hinweise auf die kaiserliche Abkunft des Knaben zuzutrauen. Bei ihm, dem Kanzler mit seinem getrübten Verhältnis zum Papst, wird auch das Wort von den Härten der Unmündigkeit, unter denen das Mündel des Papstes leidet, verständlich.

Die Herrschaft Marquard von Anweilers über die Insel Sizilien währte acht Monate. Dann starb der Reichstruchseß, dessen politische Ziele so schwer zu werten sind. War er nun staufertreu oder strebte er nach eigenem Königtum? Mitte September 1202 starb Marquard an den Folgen einer Steinoperation, und an seine Stelle trat Wilhelm Capparone. Auch er brachte den König in seine Gewalt.

Über Capparones Persönlichkeit weiß die Forschung wenig. Etwas Aufhellung gibt ein Brief Papst Innocenz' III. an die Mönche von Monreale, aus dem sich der Eindruck ergibt, daß es sich um eine rauhe Landsknechtnatur handelte, die den jungen König nur ungünstig beeinflußen konnte.[5] Tatsächlich war die reale Macht Capparones geringer als die des unter den Deutschen unangefochtenen Reichstruchseß Marquard von Anweiler.

Unter der Situation der zerfallenden Macht unter den Deutschen suchte Kanzler Walter von Pagliara wieder Annäherung an den Papst. Hatte er wieder die Macht in Palermo, so verlor der Plan Walter von Briennes, die Insel zu erobern, seine reale Möglichkeit.

Verzeihung wurde dem Kanzler vom Papst überraschend leicht gewährt. Ja, er verzichtete sogar auf ihm angebotene Bürgschaften, da, wie der Papst es ausdrückte, er die freiwillige Ergebenheit höher schätzte als die erzwungene.[6]

Jedoch erst der Tod Walter von Briennes am 15. Juli 1205 stellte die wirkliche Einheit zwischen Papst Innocenz III. und dem Kanzler, der inzwischen vom Bann befreit war, wieder her. Aber noch einen zweiten Rivalen im Kampf um die Macht im Königreich mußte Walter überwinden: Dipold von Schweinspoint, den Grafen von Acerra, dem ebenfalls die Annäherung an den Papst gelungen war. Dipold erschien im Herbst 1206 in Rom und ging von dort aus nach Palermo, um im päpstlichen Auftrag Friedrich zu befreien. Gleichzeitig mit ihm trafen dort der päpstliche Legat Gerhard und Kanzler Walter von Pagliara ein.

Eine eigenartige Gesellschaft, die sich dort versammelt hatte. Der verunsicherte Capparone mit seinem geringen Rückhalt bei den Deutschen, ein Machtmensch zwar, aber sicher der am wenigsten Intellektuelle in der Viererrunde, und Dipold von Schweinspoint, in dessen Kerker der Graf von Brienne, der klare Widersacher des Kanzlers, gestorben war. Dipold, ebenfalls ein Machtmensch, den der Papst vom Banne gelöst hatte und der jetzt Walter Capparone dazu brachte, auf Palermo und den jungen König, der als Unterpfand der Macht für alle so wichtig war, zu verzichten.

Tatsächlich führte Dipold den jungen König aus dem Palast heraus und den beiden Prälaten zu. Man feierte gemeinsam das Ereignis bei einem Festmahl. Dabei nahm der Kanzler den Dipold wegen seines geplanten Verrats fest. Wer wen in dieser Atmosphäre von Mißtrauen und Hinterlist betrügen wollte oder betrogen hat, ist nie geklärt worden. Tatsache ist, daß die beiden Prälaten den Kriegsmann Dipold austricksten. Walter von Pagliaras Ziel war erreicht. Er war wieder Kanzler und führender Familiar des Königs und sollte es bis zu dessen Großjährigkeit im Jahre 1210 bleiben.

Am 29. Januar 1207 schrieb Papst Innocenz III. an sein Mündel: »… Welch freudige Rührung verbreitete sich im Innern des Apostolischen Herzens, als aus dem Brief Deiner Hoheit hervorging, daß Dich die Hand des Herrn aus der unwürdigen Haft befreit hat … So kann es keine Verwunderung erwecken, daß Deine Gefangenschaft in Uns solche Traurigkeit, Deine Befreiung aber solche Freude hervorrief, zumal Wir auch wegen der Vormundschaft, die Wir nicht so sehr auf die Anordnung Deiner Mutter wie entsprechend Unserem Recht auf das Königreich angetreten haben, zu Deinem Schutz nicht fehlen durften.«

Der Papst stellt dem jungen König sehr klar vor Augen, daß die Rechte des päpstlichen Lehnsherrn über Sizilien höher zu bewerten sind als die testamentarische Verfügung von Friedrichs Mutter, die den Papst zum Vormund des Sohnes bestimmte. Der Papst fährt fort:

»… Und daher kommt es auch, daß Wir für die Verteidigung Deiner guten Rechte oft schlaflose Nächte verbracht haben, daß Unser Frühmahl zum Nachtmahl wurde, damit Wir in einsamer Überlegung oder in Beratung mit anderen nützliche Dinge finden könnten, Dir Deine Erbschaft zu befrieden…«[7]

Charakterbilder

Aus dem Frühjahr 1207, also nach der Befreiung Friedrichs, stammt ein Brief aus der näheren Umgebung des jungen Königs. Vielleicht ist er von Wilhelm Francisius, dem »Magister regis«, der uns über Friedrich informiert:

»Darüber hinaus muß ich Euch, meinem Herrn, wahrheitsgetreu berichten: Der König hat an Wissen und Kraft sein eigenes Alter so übertroffen, daß man an ihm nur finden kann, was einen reifen und vollkommenen Mann nur zieren würde. Man muß ihm unverzüglich und ohne Zögern gehorchen, da er von sich aus zwischen Getreuen und Ungetreuen, zwischen Guten und Schlechten unterscheidet.«[1]

Friedrich ist zwölf Jahre alt, als solche Worte über ihn geschrieben wurden. Sein junges Leben hatte ihn schon gelehrt, zwischen Treue und Untreue zu unterscheiden. In einem weiteren Brief des unbekannten Schreibers folgt eine noch eingehendere Schilderung des jungen Mannes, der in Elternlosigkeit und selbst unter der rauhen Soldateska sich entwickelt hatte:

»Die Statur des Königs hast Du Dir nicht gerade klein vorzustellen, doch auch nicht größer als es seinem Alter entspricht. Den Vorzug hat ihm die Natur verliehen, daß sie ihm zu einem widerstandsfähigen Körper kräftige Gliedmaßen gab, denen zu jeder Betätigung eine natürliche Ausdauer innewohnt. Niemals in Ruhe, verbringt er den Tag in ständiger Tätigkeit, und damit die Kraft durch Übung vermehrt werde, schult er seinen gelenken Körper in jeglicher Handhabung und Kunst der Waffen. Und wenn er sich darin übt, dann zieht er wohl sein Schwert, das ihm mehr als alles andere vertraut ist, und gerät in wilde Wut, als wollte er in das Antlitz seines Gegners stoßen. Den Bogen zu spannen und Pfeile zu entsenden, hat er wohl gelernt und übt sich fleißig darin. Er hat seine Freude an edlen und schnellen Rossen; sie mit dem Zügel zu lenken und zum Laufen zu spornen, versteht, das kannst Du mir glauben, niemand besser als der König …

… Übrigens eignet sich ihm eine königliche Würde, die Miene und gebieterische Majestät des Herrschers. Sein Antlitz ist von anmutvoller Schönheit, mit heiterer Stirn und einer noch strahlenderen Heiterkeit der Augen, so daß es eine Freude ist, ihn anzuschauen. Aufgeweckt ist er, voller Scharfsinn und Gelehrigkeit, aber er zeigt ein ungehöriges und unschickliches Betragen, das ihm nicht die Natur mitgegeben, sondern an das ihn rüder Umgang gewöhnt hat (Erbe der Capparone-Zeit).

Doch die natürliche Begabung des Königs, sich leicht zum Besseren zu wandeln, wird wohl noch die Unschicklichkeiten, die er angenommen hat, allmählich durch bessere Gewöhnung ändern. In Verbindung damit steht freilich, daß er, ganz unzugänglich für Ermahnungen, nur dem Triebe seines eigenen freien Willens folgt und es, soviel man sehen kann, als schimpflich empfindet, noch bevormundet und für einen Knaben, nicht aber für einen König geachtet zu werden; daher kommt es, daß er sowohl jede Bevormundung von sich abschüttelt und die Freiheit, die er sich dann nimmt, oft das Maß dessen, was einem König erlaubt ist, überschreitet; er läßt sich dann zu sehr in öffentlichen Umgang ein, und das allgemeine Gerede darüber muß die Ehrfurcht der Majestät mindern.

So sehr eilen seine Gaben dem Alter voran, daß er, noch ehe er zum Manne herangewachsen ist, wohl ausgerüstet mit Kenntnissen, die Gabe der Weisheit empfangen hat, die er doch im Laufe der Zeiten hätte erwerben sollen. Darum rechne man bei ihm nicht die Zahl der Jahre nach, und erwarte nicht die Zeit der Reife, da er an Wissen schon jetzt ein Mann ist und an Majestät ein Herrscher.«[2]

Eine bemerkenswerte und scharfe Charakterdarstellung, die man nicht als Fürstenlob eines Höflings abtun kann. Denn erstaunlicherweise treten im Laufe von Friedrichs Leben alle die Talente und Charakterveranlagungen im Guten wie im Bösen auf.

In der Katastrophe von Parma des Jahres 1248 reitet der Fünfzigjährige in einem Gewaltritt von seiner brennenden Lagerstadt Victoria nach Borgo San Donino und weiter nach Cremona, wo er, seit dem Morgengrauen im Sattel, spät in der Nacht eintrifft, »keineswegs entmutigt«, wie uns der Chronist versichert.[3]

Den ungestümen Zorn beim Abfall Viterbos schildert der Kardinal Rainer von Viterbo: »Wie eine Löwin, der man ihr Junges genommen, und wie eine Bärin, der man die Kinder geraubt, fuhr er auf. Wie ein Wirbelsturm um Mitternacht brausend, eilte er, in das Feuer des Zorns gehüllt, herbei zur Vernichtung der Stadt, wie ein Schnelläufer, ohne allen königlichen Pomp. Er kam aber auf rotem Roß, um der Erde den Frieden zu nehmen.« ... »An einem Sonntag«, schreibt Kantorowicz, »wurden die kaiserlichen Truppen zum Sturm angesetzt ... Eine Abteilung führte der Kaiser selbst ... Doch trotz heftiger Angriffe, der Kaiser sprang zornentbrannt vom Pferde und stürmte, einen viereckigen Schild ergreifend, voran.«[4]

Der Fünfzigjährige reagiert genau so, wie unser Briefeschreiber den zwölfjährigen Knaben schildert: »Dann zieht er sein Schwert ... und gerät in wilde Wut, als wolle er in das Antlitz seines Gegners stoßen.«

Wenn unser Briefeschreiber an den rüden Umgang des jungen Königs erinnert und daran, daß die Freiheit, die er sich dann nimmt, oft über das Maß dessen, was einem König erlaubt ist, hinausgeht, dann sehen wir ein Musterbeispiel dieser aufgezeigten Eigenschaften im Sarazenenkrieg des Jahres 1222. Friedrich belagerte die sarazenische Hauptfeste Jato. Der gegnerische Emir Ibn Abbad eilte mit seinen beiden Söhnen zur Unterwerfung zum Kaiser, um diesen um Gnade zu bitten. Der Kaiser war über den rebellischen Emir so erzürnt, daß sich eine Szene ereignete, die durchaus an die Wutausbrüche des königlichen Knaben erinnert.

Der Emir betrat das kaiserliche Zelt und warf sich ihm zu Füßen. Der Kaiser, seiner ansichtig, stieß dem Emir den Fuß so in den Leib, daß er ihm mit seinem scharfen Sporn die ganze Seite aufriß. Dann ließ er den Emir aus seinem Zelt schaffen und ihn und seine beiden Söhne zwei Wochen später als Rebellen aufhängen. All diese Charaktereigenschaften hat unser aufmerksamer Berichterstatter gesehen und aufgezeichnet, wobei er ja gerechterweise auch seine lobenswerten Eigenschaften erwähnte.

Heiratspläne

Nachdem der Papst gemeinsam mit Kanzler Walter von Pagliara die Freiheit Friedrichs wiederhergestellt hatte, begann man den zwölfjährigen Knaben in die Pläne einer Heiratspolitik, die dem Koordinatensystem der päpstlichen Politik entsprach, einzubinden. Unter diesem Aspekt bot sich eine Ehe mit dem aragonesischen Königshaus an, das ebenso päpstlicher Lehnsvasall war wie Friedrich für Sizilien. Schon im Jahre 1202 hatte man über einen solchen Ehebund mit der aragonesischen Prinzessin Sancha verhandelt, war aber zu keinem Ergebnis gekommen.

Jetzt, im Jahre 1208, wurden die Heiratsgespräche wieder aufgenommen. Als Ehepartnerin Friedrichs war nun die fünfundzwanzigjährige aragonesische Prinzessin Constanze in Aussicht genommen. Sie war die Witwe des im Jahre 1204 verstorbenen König Emmerichs von Ungarn. Der Papst hatte große Mühe, den vierzehnjährigen Friedrich für die Ehe mit einer soviel älteren Frau zu gewinnen. Den Ausschlag gab, daß der König von Aragon im Ehekontrakt die Gestellung von fünfhundert aragonesischen Rittern versprach. Jetzt willigte Friedrich ein. Er heiratete keine Frau, sondern das Machtpotential von fünfhundert Panzerrittern. Von denen erhoffte er sich, sein von vielen Machtgruppen zerrissenes Königreich, von Sarazenen, aufständischen Baronen und marodierenden Deutschen zu befreien.

Der Papst hatte aber auch Mühe, seinen aragonesischen Lehnsmann, König Peter II. (1196–1213), von der Richtigkeit einer Ehe zwischen einem Vierzehnjährigen und einer fünfundzwanzigjährigen Witwe zu überzeugen. So schrieb er dem König von Aragon: »… Deine königliche Hoheit ist sich sicher bewußt, wie Wir über die Angelegenheit Deiner Schwester und Unserem in Christo geliebten Sohn Friedrich, dem erhabenen König von Sizilien, zu vollziehenden Ehe, über die bereits von Deiner Mutter ein Vertrag geschlossen war, einst mit Dir nachdrücklicher gesprochen und Dich oft durch Unsere Briefe daran erinnert haben …

Welche Trägheit hindert Dich noch? Welche Lässigkeit widerrät Dir den Vollzug einer so glückverheißenden Verbindung, daß Du ein heutiges Glück auf morgen verschiebst und immer wieder vertagst? Fernerhin gibt es keinen Grund, aus dem es sich schickte, Deine Schwester einer so großartigen Heirat zu entziehen.

Sehr hochgestellt ist nämlich der Bräutigam, er trägt den Titel eines Königs von seiner Mutter her; um den Adel seines Geschlechts ist es nicht schlechter bestellt, sondern auf beiden Füßen schreitet er fest einher und vermehrt die von Geschlecht zu Geschlecht vererbte Größe seines Blutes durch die Herrlichkeit seiner Gaben. Sohn und Enkel ist er von Kaisern; denn nicht nur sein Vater war Kaiser, sondern auch sein Großvater …

Ansehnlich bezüglich seiner Abstammung überschreitet der Bräutigam Deiner Schwester, wie es von dem ihm ebenbürtigen Cäsaren geschrieben steht: Ihre Mannheit tritt vor der Zeit ein!, beschwingten Schrittes die Schwelle der Reife und beginnt, indem er durch Leistung das fehlende Alter ersetzt, wunderbar mit den ersten Regierungsversuchen.«[1]

Der junge König

Und in der Tat, die ersten Regierungsversuche des vierzehnjährigen Königs waren beeindruckend. Nichts in seinem Königreich stimmte. Gewiß gab es in Palermo zentrale Verwaltungsinstitutionen, den Familiarenrat, Hofkapelle und Kanzlei. Auf dem Festland amtierten Capitäne und Justitiare und in den Städten königliche Kämmerer. Aber alle diese Amtsinhaber waren nicht auf den König ausgerichtet. Da hatten die einzelnen Familiaren, voran der Kanzler, Männer ihres Vertrauens eingesetzt. Pfründen und Privilegien waren erteilt worden, nicht im Interesse der Krone, sondern zur eigenen Machterhaltung und der persönlichen Bereicherung. Im Innern der Insel herrschten die Bergsarazenen, so genannt, weil man sie dorthin vertrieben hatte, oder weil sie im Schutze der Berge Zuflucht gefunden hatten. Da waren noch immer die deutschen Rotten, die das Land verunsicherten. Auf dem Festland war die Macht des Dipold von Schweinspoint, des Grafen von Acerra, ungebrochen. Die großen Festlandsbarone verteidigten hartnäckig die Privilegien, Pfründe und Latifundien, die sie während der Vormundschaft mit gierigen Händen an sich gerissen hatten. Der Kronbesitz, aus dem das Königtum seine Macht und, neben den Steuern, seine finanziellen Mittel bezog, war in skandalöser Weise verschleudert. Selbst dem Papst war es nur zeitweise geglückt, aus den Festlandseinnahmen des Königreiches einen Ausgleich für seine Verwaltungskosten und für die Kriege, die er im Interesse der Krone geführt hatte, hereinzubekommen. Und nun sollte ein Knabe dieses Labyrinth von Macht und Habgier, von Rechten und Unrechten, ordnen, entzerren und in ein ausgeglichenes Verhältnis bringen?

Die erste Kollision führte zum Zusammenstoß mit dem Papst. Es ging um die Frage, die Friedrichs ganze Regierungszeit beherrschte, die Trennung von geistlicher und weltlicher Macht. Friedrich nahm Einfluß auf die Besetzung des seit Dezember 1208 vakanten erzbischöflichen Stuhles von Palermo. Dies war ein Verstoß gegen den im Jahre 1198 von seiner verstorbenen Mutter, der Kaiserin Constanze, aufgegebenen Anspruch auf die Besetzung der sizilischen Bistümer. Friedrich nahm Maß an dem Vertrag von Benevent, den König Wilhelm I. im Jahre 1156 mit dem Papst abgeschlossen und der die Königsrechte über die sizilische Kirche erweitert hatte.

In väterlichem Tone, der sehr wohl die Stoßrichtung von Friedrichs Politik erkannte, belehrte ihn der Papst über die Unrechtmäßigkeit jener früheren, dem Papst abgepreßten Vereinbarung und verwies nachdrücklich auf die verzichtenden Zugeständnisse der Kaiserin Constanze. Konziliant im Ton, aber hart in der Sache, verwies er den Herrscher, künftig nicht mehr in das Rechtsgut der Spiritualia einzugreifen und erinnerte ihn daran, daß er all seine weltliche Macht allein ihm, dem Papst, verdanke.

Der König mußte zurückweichen. Erstaunlich aber bleibt es, daß er sich überhaupt gegen den Papst, dem er sein Königtum verdankte, stellte. Waren es schlechte Berater, wie der Papst meinte, jugendliche Leichtfertigkeit, oder der Wille, die ungeteilte Königsmacht seiner Vorfahren wiederzuerlangen, ein Wille, der über moralische Werte wie Dankbarkeit und Treue hinwegschritt?

Die größte Aufgabe Friedrichs stellte sich in der Rückgewinnung der königlichen Krongüter. Schon im Frühjahr 1209 ließ er in Sizilien und Kalabrien die Privilegienvergabe überprüfen, um königlichen Besitz aus unrechtmäßigen Händen zurückzufordern.

Damit mußte er sich all jene zu Feinden machen, die sich im Besitz von Königsgut befanden. Darunter auch sein Kanzler Walter von Pagliara und dessen Familie. Die Konsequenz des jungen Herrschers: Entmachtung des Kanzlers, der inzwischen zum Bischof von Catania erhoben war, schon im Jahre 1209. Dem Einspruch des Papstes folgte der König nicht.

Die Situation konnte Friedrich nur meistern, indem er sich auf Adelige und Geistliche stützte, die er während der letzten Vormundschaftsjahre kennengelernt hatte. Hier muß ihm die Gabe, die unser Briefeschreiber rühmt, »da er von sich aus zwischen Getreuen und Ungetreuen« unterscheidet, eine starke Hilfe gewesen sein. Er band an sich Paganus de Parisio, Graf von Butera im Süden der Insel und Herr von Paternó im Westen Catanias, den er schon im März 1209 in den Familiarenrat aufnahm. Auch Bischof Anselm von Patti oder Bischof Johannes von Cefalú, aus der Adelsfamilie der Cicala, die unter Heinrich VI. aufgestiegen waren, fanden sich an der Seite des Königs. Auf dem Festland bestätigte er Dipold von Schweinspoint, Graf von Acerra, als Capitän und Großjustitiar Apuliens und der Terra di Lavoro, »von Gottes und des Königs Gnaden« nannte sich der selbstbewußte Mann. Ebenfalls in Apulien amtierend finden wir den Grafen von Fondi, Richard von Aquila. Vor allem aber zeichnet sich die Gestalt Berards, des künftigen Erzbischofs von Palermo ab, der dem Staufer bis zu dessen Tod im Jahre 1250 in nie beirrbarer Treue verbunden blieb. Auch ihn nahm der König in den Kreis seiner Familiaren.

Im Mai 1209 brach im Nordosten der Insel Sizilien ein Aufstand derjenigen auf, die die Rückgabe unberechtigten Königsgutes befürchten oder hinnehmen mußten. Der Fünfzehnjährige ritt ins Feld und besiegte, über Nikosia nach Catania ziehend, die Rebellen, unter denen sich auch der Bruder des königstreuen Bischofs Johannes von Cefalú befand, Graf Paul von Cicala. Die Barone unterwarfen sich. Sie machten sich besonders verdient, indem sie den König vor einem weiteren Aufstand adeliger Rebellen warnten. Hier darf man wohl das Wirken von Bischof Johannes von Cefalú vermuten.

In einem Schreiben vom 18. August 1209, in dem der König seinen Untertanen die Landung seiner Gattin, der aragonesischen Constanze, mitteilt, heißt es:

»Denn da Wir mit großer Macht durch Sizilien ritten, machte die Furcht vor Unserer Gewalt die Söhne des Aufruhrs, die den Frieden hassen, so friedlich, daß sie das Joch Unserer Herrschaft in aller Ergebenheit auf sich nahmen und sich Unserer Macht demütig unterwarfen. Darüber freute sich unser ganzes Land und es jubelt das Volk in der Fülle des Friedens. (Ps. 71, 7) ...«

Dann schreibt der König von der Landung seiner Gemahlin am 15. August in Palermo und fährt fort: »Deshalb schicken Wir Uns an, mit ihr, so Gott es will, die Eheschließung zu begehen. Nach deren glücklichem Vollzug beabsichtigen Wir, machtvoll in die Gefilde Apuliens zu ziehen, zum Jubel Unserer Getreuen und zur Bestürzung jener, die bisher nicht ohne den Makel der Untreue in der Tiefe ihres Herzens einherwandeln (Petr. 4, 3) ...«[1]

Machtvoll, zweimal fällt das Wort Macht in diesem Schreiben. Macht, die der bis vor kurzem so Machtlose so lange entbehrt hatte. Er, der so oft Objekt fremder Mächte war, nahm den Preis einer Ehe, in der er zum letztenmal Objekt des päpstlichen Ehestifters war, um mit der Waffenmacht von fünfhundert aragonesischen Rittern Apulien unter seine Herrschaft zu zwingen.

Empfand der junge König Angst vor der Ehe mit einer fünfundzwanzigjährigen Witwe? Die Angst des Unerfahrenen vor der erfahrenen Frau? Fürchtete er, der so lange Bevormundete, wieder die Vormundschaft durch eine ältere Frau? Trotz allem scheint diese Ehe besser gewesen zu sein als die Konstellation, unter der sie entstanden war. Ein Entwurf auf dem Reißbrett päpstlicher Macht, die um fast jeden Preis päpstliche Lehnsländer durch eine Ehe binden wollte.

Ob es in dieser Ehe Liebe gegeben hat, weiß man nicht. Sicher aber Zuneigung, und für Friedrich etwas ganz Unbekanntes: Geborgenheit. Es gibt erhellende Hinweise. Constanze war die einzige seiner legitimen Frauen, die er, als sie 1222 starb, in der Grablege der normannischen Könige im Dom zu Palermo, in der seine Mutter und sein Vater ruhten, beisetzen ließ. Und er gab ihr seine Kaiserkrone, die er bei seiner Krönung am 22. November 1220 in Rom getragen hatte, mit ins Grab.

Solche Zeichen von Achtung und Zuneigung hat er keiner seiner beiden anderen Frauen erwiesen. Die syrisch-französische Jolanthe (Isabella) von Brienne und die englische Isabella Plantagenet fanden keine Grablege im Dom zu Palermo. Sie mußten sich mit bescheidenen Gräbern im Dom von Andria begnügen. Auch ist keine Grabbeigabe von so hoher Majestät bekannt, wie er sie Constanze von Aragon gegeben hatte.

Der Feldzug nach Apulien, auf den der junge König drängte, scheiterte. Friedrichs Hochzeitsgabe, die fünfhundert aragonesischen Ritter, einschließlich ihres Anführers und Bruders Constanzes, Graf Alfons von Provence, fielen in der Sommerhitze in großer Mehrheit einer Seuche zum Opfer.

Aber das Schicksal hatte größere Aufgaben für Friedrich bereit, als Apulien unter seine Macht zu zwingen. Er wurde auf den Gipfel des Abendlandes emporgetragen durch den Willen des Papstes, das Glück der Cäsaren und die Hybris Kaiser Ottos IV.

Kaiser Otto IV. und die Hybris

Der Königsmord des Pfalzgrafen Otto von Wittelsbach an König Philipp hatte nicht nur die deutschen Verhältnisse, sondern auch das Leben des sizilianischen Königs Friedrich verändert. Der Papst, dem der Königsmord als Gottesurteil erschien, das ihn der Aufgabe enthob, den siegreichen Staufer Philipp zum Kaiser zu krönen, konnte sich nun wieder voll und ganz hinter sein Geschöpf, Otto IV., stellen, der sich nun folgerichtig »König von Papstes Gnaden« nannte.

Nun war Papst Innocenz III. in der Lage, den Leitgedanken seiner Politik durchzusetzen, daß die päpstliche Gewalt in allen geistlichen Dingen absolut ist; Gott hat sie so weit ausgedehnt, daß sie nicht erweitert werden kann, denn die Vollgewalt schließt jede Mehrung aus.[1]

Daß die geistliche Vollgewalt über der weltlichen Macht stand, war für diesen Papst eine nicht mehr diskussionsfähige Selbstverständlichkeit. Im Versprechen vom 22. März 1208[2] wird allen Forderungen des Papstes entsprochen, und zwar so vollkommen, daß sich der Verdacht einschleicht, daß, wer so leicht Versprechen ausspricht und beschwört, nicht bereit ist, sie zu halten. Otto IV. verzichtete auf das Regalien- und Spolienrecht, in Italien auf das Herzogtum Spoleto, auf die Mark Ancona, das Exarchat Ravenna, ebenso wie auf die Lande der Gräfin Mathilde.

Er gab die Zusage, mit den Kräften des Reiches das päpstliche Lehen, das Königreich Sizilien, zu verteidigen und im Sinne des Papstes zu behaupten. Die schwerste Preisgabe aber war der Verzicht der Königsrechte an der deutschen Kirche. In der Besetzung der Bischofsstühle in Deutschland verlor die Krone alle Rechte an die Kapitel. Otto IV. erkannte das uneingeschränkte Appellationsrecht der Geistlichkeit an den Papst an.

Die Redlichkeit verlangt zu sagen, daß auch der Stauferkönig Philipp für die Kaiserkrone bereit gewesen war, große Zugeständnisse zu machen. Aber Albert Hauck sagt sehr richtig: »Otto IV. räumte soviel ein, wie nur ein Verlorener seinem Retter gewähren konnte.«[3]

Das geistliche Fürstentum, das Kaiser Otto der Große (936–973) einst bewußt gegen die weltliche Fürstenmacht gestellt hatte, war der Hand des Königs nunmehr entwunden und zum Herrschaftsinstrument des Papstes geworden. Man kann in überspitzter Deutlichkeit sagen, der Papst wurde neben dem König zum Oberkönig Deutschlands.

Auch bei den deutschen Fürsten war nach den Jahren des welfisch-staufischen Bürgerkrieges der Wille nach Frieden und Eintracht gewachsen. Als Otto IV. am Sonntag nach Pfingsten 1209 die Verlobung mit Philipps Tochter Beatrix von Schwaben feierte, konnte sich auch der Stauferanhang mit Erleichterung hinter den Welfenkönig stellen.

Schon Ende 1209 stand Otto IV. mit einem großen Heer vor Rom. Er entsandte zum Papst eine hochgestellte Gesandtschaft. Es hätte für den Papst ein Warnzeichen sein müssen, daß in der Vollmacht, die Otto seinen Gesandten mitgab, die devote Formel »von Papstes Gnaden« fehlte.

Im September trafen der Papst und Otto IV. zusammen. Die Zweckfreundschaft, die diese beiden Männer bisher vereint hatte, zerbrach. Die Unvereinbarkeit der kaiserlichen mit den päpstlichen Interessen wurde offenbar. Als der Papst den König an seine Versprechungen erinnerte, namentlich an die des Jahres 1201, lachte Otto IV. und sagte: »Der Papst habe ein Stück Papier im Kasten.«[4] Diese Äußerung berichtete Innocenz III. an den König von Frankreich.[5]

Otto IV. verschanzte sich hinter den dürren Worten, daß er der Kirche nach seiner Kaiserkrönung genügen werde. Jetzt wäre der Zeitpunkt für Innocenz III. gewesen, von seinem Krönungsvorhaben zurückzutreten. Aber der Kaiser stand mit einem starken Heer vor Rom und der Papst, dieser ansonsten so starke Herrscher, beugte sich vor den Waffen.

Im Glanz der Krönungsfeierlichkeiten am 4. Oktober 1209 versank die päpstlich-welfische Freundschaft. Nachdem Otto IV. die Kaiserkrone trug, war es, als habe er alle Eide nicht geschworen.

Dabei war alles seit geraumer Zeit absehbar. Schon im Januar 1209 hatte Otto den Patriarchen Wolfger von Aquileja zum königlichen Legaten für Italien ernannt. Er hatte den Auftrag, die alten Reichsrechte in Italien wiederherzustellen. Dieselben Rechte, die Otto in eidlichen Verträgen an den Papst aufgegeben hatte. Jetzt versuchte er, diese Rechte in der Mark Ancona und im Herzogtum Spoleto einzufordern. Eine unverständliche Situation, in die der Papst sich, wie unter einem nicht mehr abzuwehrenden Zwang, selbst hineintrieb. Es kann nicht nur die Macht ottonischer Waffen gewesen sein, sondern auch die Beklemmung, diese Kaisergestalt, die er eben geschaffen hatte, so abrupt vor den Augen der Welt zu zerbrechen. Den Kaiser, den er kurz vorher noch mit biblischen Worten nannte: »ein Mann nach meinem Herzen …«[6]

Als blutiges Menetekel kam es kurz nach der Krönungsfeier zu einem verlustreichen Gefecht zwischen Römern und den Truppen des Kaisers. Wohl unter dem Eindruck dieses Kampfes zog Otto sich über Siena, San Miniato und Lucca zurück nach Pisa. Dann änderte Kaiser Otto spontan die Marschrichtung, vergaß alle Eide und zog in den Festlandsteil des Königreiches Sizilien ein. Die deutschen Barone, allen voran Dipold von Schweinspoint, den Friedrich zum Capitän und Großjustitiar Apuliens gemacht hatte, forderten den Kaiser auf, in staufische Fußspuren zu treten, Sizilien zu erobern und die Einheit zwischen Imperium und Regnum wieder herzustellen. Hier wird die brüchige Staufertreue der großen Herren sichtbar, die doch Heinrich VI. alles verdankten. Sie sahen ihre süditalischen Baronien, oder sollen wir sagen Kolonien, im Rahmen des Imperiums besser gesichert, wobei das regierende Kaisergeschlecht eine untergeordnete Rolle spielte.

Der Papst war vom Wirken der Festlandsbarone und ihrem Übertritt zum Welfen informiert, denn er teilte – wahrscheinlich Kanzler Walter von Pagliara am Hofe zu Palermo – mit, der Kaiser sei in Pisa um den 20. November 1209 von Verrätern verführt worden, sein Kaisertum über das sizilische Königreich auszubreiten.

Von November 1209 bis November 1210 dauerten Ottos IV. Vorbereitungen, um ein starkes Heer zu sammeln und mit den Pisanern über die Anmietung ihrer Flotte zu verhandeln, mit dem Ziel, die Insel selbst zu erobern und den Stauferkönig Friedrich zu vertreiben. Im November 1210 überschritt Otto IV. die Grenzen des Königreichs Sizilien, brach den vom Papst organisierten Widerstand im Raume um Aversa und zog siegreich über Neapel, Salerno, Bari und Tarent auf die Südspitze Kalabriens. Hier erwartete er die pisanische Flotte zum Sprung auf das Inselkönigreich. Im Hafen des erschreckten Palermo stand bereits eine Galeere bereit zur Flucht des staufischen Königs nach Afrika.

Beim Einbruch Ottos IV. über die Grenzen des sizilischen Königreiches hatte Papst Innocenz III. den schon vorher verhängten Bann über den Welfen verkündet. Wie hart Innocenz III. getroffen war, zeigt sich daran, daß er zur Aufgabe der päpstlichen Rekuperationen bereit war, um Sizilien zu retten. Aber Otto IV. schenkte dem kein Gehör. Hatte er doch selbst erlebt, wie wirkungslos der päpstliche Fluch gegen seinen Gegner Philipp von Schwaben gewesen war, wenn man, wie dieser, über genügend militärische Macht verfügte. Aber die Päpste sind im Laufe der deutschen Kaisergeschichte oftmals unterschätzt worden.

Denn es war ja nicht nur der Bannfluch des Papstes, sondern auch die Gegnerschaft der Kurie. Und die Kurie, das waren hunderte Gehirne, die immer dachten und planten, und die vor allem niemals vergaßen. Die päpstliche Diplomatie entfaltete sich. Am 1. Februar 1210 ging ein päpstliches Schreiben an König Philipp von Frankreich, den geborenen Widersacher der englischen Krone und ihres Schützlings, des Königs Otto IV.. König Philipp, der alte

Welfenfeind, schürte in Deutschland bei den deutschen Fürsten den Widerstand gegen den Kaiser. Hier war Gold ein probates Mittel, und der Chronist Cäsarius von Heisterbach urteilt über die deutschen Fürsten: »Sie waren Unbeständige geworden: um Geld, um Liebe, um Furcht schworen sie heute diesem, morgen jenem.«[7]

Die Erbitterung des Papstes spiegelt sich wider in den Worten gegen Otto IV.: »Das Schwert, das Wir selbst geschmiedet haben, schlägt Uns schwere Wunden.« Und er ruft der katholischen Welt das Bibelwort zu: »Es reut Uns, diesen Menschen geschaffen zu haben.«

Am 31. März bekräftigte der Papst die Exkommunikation des welfischen Kaisers. Gleichzeitig exkommunizierte er, als warnendes Beispiel, die Kanoniker von Capua, die es gewagt hatten, in Gegenwart des gebannten Kaisers die Messe zu lesen.[8]

Nun zeigten sich auch in Deutschland die Wirkungen der päpstlichen Diplomatie bei weltlichen wie geistlichen Fürsten. Der staufische Widerstand kristallisierte sich in Deutschland in den Erzbischöfen von Mainz und Magdeburg. In seiner Eigenschaft als päpstlicher Legat für Deutschland, setzte der Mainzer Erzbischof den welfischen Kölner Erzbischof Dietrich ab und erhob den 1205 abgesetzten Adolf von Altena wieder auf den Kölner Erzstuhl. Zu dieser Koalition der geistlichen Fürsten traten König Ottokar von Böhmen und der Landgraf Hermann I. von Thüringen.

Nach geheimer Verhandlung trafen sich die Fürsten im September 1211 in Nürnberg. Burchard von Ursberg nennt außer dem Böhmenkönig und dem Landgrafen noch die Herzöge von Österreich und Baiern, den Herzog Otto VI. von Meranien und den Bischof Ekbert von Bamberg.

Sie wählten Friedrich nicht zum König. Das hatten sie bereits im Jahre 1196 auf Kaiser Heinrichs VI. Wunsch getan. Vielmehr wählten sie, »nach dem Rat König Philipps von Frankreich«, sagt dessen Biograph, und nach dem Willen des Papstes Friedrich II. zum Kaiser.[9]

Friedrich führte nun den Titel »in imperatorem electus«. Um Kaiser Otto IV. (den Teufel) zu überwinden, hatte der Papst Friedrich den Staufer (den Beelzebub) zur Herrschaft über das Imperium berufen lassen.

Zwei Männer auf dem Prüfstand der Geschichte

Dies war die Lage: Kaiser Otto IV. erschien im Spätherbst des Jahres 1211 mit einem starken Heer an der Südspitze Kalabriens. Dort erwartete er die pisanische Flotte, um die Invasion der Insel, den Kernstaat des Königreiches, vorzunehmen. Die größten Barone Apuliens und des sizilischen Festlandes standen auf seiner Seite. Zwar war er vom Papste gebannt, aber er dachte im Hochmut seines unanalytischen Verstandes, daß er dem Banne widerstehen könne, so wie einstmals König Philipp von Schwaben. Otto aber bedachte nicht, daß Philipp von Schwaben kein König aus päpstlichen Gnaden war, so wie er. Otto war ein Geschöpf des Papstes, der Papst hatte ihn erhoben, der Papst konnte ihn fallen lassen. Als nun Anhänger des Welfenkaisers in Südkalabrien erschienen und von der Wahl Friedrichs von Sizilien zum Kaiser berichteten, hatte Otto zwei Möglichkeiten. Einmal, die Zustände in Deutschland zu vergessen, das Eintreffen der pisanischen Flotte abzuwarten, nach Sizilien überzusetzen, Friedrich gefangenzunehmen, zu töten oder zu verjagen. Mit der Ausschaltung des staufischen Thronprätendenten wäre die Wahl von Nürnberg zur Farce verkommen.

Aber genau das tat der baumlange, körperlich starke, auch mutige Welfe nicht. Er war ein Mann mit der Qualifikation eines Feldhauptmanns. Die Fähigkeiten des Feldherrn, mit großer Übersicht Zeit, Raum und Entwicklungen zu überschauen, fehlten ihm gänzlich.

Von Panik erfaßt, zog er mit seinem Heer nach Norden. In Lodi, auf italienischem Boden, hielt er noch einen Hoftag ab. Dann zog er über die winterlichen Alpen. Im Februar war er wieder in Deutschland und traf sich am Palmsonntag des Jahres 1212 mit seinen ihm treu gebliebenen Anhängern zu Frankfurt. Wegen seiner Exkommunikation fehlten die geistlichen Fürsten Deutschlands ganz.

Nach dem Abzug des Kaisers und seines Heeres aus Südkalabrien, kam der Schwabe und staufertreue Bote der Fürsten, Anselm von Justingen. Er brachte dem noch nicht siebzehnjährigen König den Ruf und die Wahl der deutschen Fürsten zum römischen Kaiser.

Er, der jahrelang Bevormundete, Herumgestoßene, über den man verfügt hatte wie ein Ding, ein sehr wertvolles vielleicht, ein

Königssiegel, aber nicht als eine Person eigenen Willens, stand jetzt
vor dem Kaisererbe seiner Väter. Wie würde er entscheiden?

Das Schicksal hätte ihm sicher vor der Rückkehr des Welfen
nach Italien eine Atempause von zwei, vielleicht von drei Jahren
beschert. Er konnte sie nutzen, die sizilischen Festlandsbarone zu
unterwerfen, sicher in schwerem, verlustreichem Kampf. Er konnte sich auch nur auf Inselsizilien beschränken, immer noch die
Kornkammer der mittelmeerischen Welt. Konnte den Reichtum
der Insel benutzen, die Abwehrkraft zu erhöhen, sie unangreifbar
machen. Dazu riet ihm sein Familiarenrat, auch seine Gemahlin,
die Königin, die ihm im Jahre 1211 den Sohn und Thronfolger geboren hatte.

Der Jüngling entschied anders.

Er wollte nach Deutschland. Fiel dort die Entscheidung für ihn
und gegen Otto, dann war Sizilien gesichert, gestärkt durch die
Macht des Imperiums.

Friedrichs Entscheidung war nicht nur eine rationale. Er nahm
die Wahl als Sendung und Berufung an und hat sein Verhalten später mit den Worten kommentiert: »... da kein anderer zu finden
war, der des Reiches dargebrachte Würde gegen Uns und Unser
Recht hätte annehmen wollen ..., als Uns damals die Fürsten be-
riefen, aus deren Wahl heraus Uns die Krone gebührte.«[1]

Auch der Papst mußte große Bedenken überwinden, als er den
jungen Staufer für die römische Krone favorisierte. Ihm wird seine
eigene Prophetie in den Ohren geklungen haben, als er dem staufischen König- und Kaisertum seine Zustimmung gab: »Wenn dieser
Knabe zu den Jahren der Einsicht gelangt und dereinst erkennt, er
sei durch die Römische Kirche der Ehre des Reiches beraubt, dann
wird er ihr nicht nur die geziemende Ehrfurcht versagen, sondern
sie sogar auf jede nur mögliche Weise bekämpfen, wird Siziliens
Königtum von ihrem Lehnsbande reißen und ihr den gewohnten
Gehorsam verweigern.«[2]

Mit diesem Wissen in Herz und Geist muß es ein schwerer Entschluß gewesen sein, die Thronkandidatur Friedrichs zu unterstützen. Aber es zeigt sich auch darin die Ausweglosigkeit, in der sich
dieser große und geistesmächtige Papst befand. Es gab nur einen
Namen, den der Papst gegen Kaiser Otto IV. stellen konnte, einen
Namen, dessen Strahlkraft und Glanz noch immer nicht erloschen
war: »Friedrich, der Staufer«.

Wen wundert es da, daß der Papst, bevor der königliche Jüngling zum Sprung nach dem Festland ansetzte, rasch einen Legaten nach Palermo entsandte, der Friedrichs Sohn, den Säugling Heinrich, zum König von Sizilien krönte und weihte, und für den die Königinmutter Constanze die Regentschaft übernahm, wie fünfzehn Jahre vorher die normannische Constanze. Feierlich bestätigte Friedrich schriftlich die Lehnsabhängigkeit des Königreichs Sizilien unter der Hoheit des Papstes.

Für Friedrich schien jetzt der Weg zum Gipfel frei. Im März des Jahres 1212 setzte er von Messina aus zum Festland über. In seiner Begleitung waren der Überbringer der Nürnberger Wahl, der Schwabe Anselm von Justingen, der Erzbischof Parisius von Palermo, der getreue Berard, Erzbischof von Bari, einige sizilische Standesherren, die ihr Glück beim jungen König sahen, und wenige Beamte der Hofkanzlei. Das war die Macht, mit der der Jüngling auszog, den ersten Thron Europas zu erobern.

Auf den Flügeln des Glücks

In wenigen Tagen wäre der rund fünfhundert Kilometer lange Seeweg zwischen Messina und Rom zurückzulegen gewesen. Doch im tyrrhenischen Meer kreuzte eine pisanische Flotte im Auftrag Kaiser Ottos IV., den jungen Friedrich abzufangen. Man suchte und fand Zuflucht in Gaeta, wo man wochenlang liegen blieb.

Erst Ostern 1212 zog Friedrich unter dem Jubel der Römer in Rom ein. Ach, die Römer und ihr Jubel, der sich so rasch ins Gegenteil verkehren konnte! Friedrich münzte in seiner Erinnerung den Jubel der Römer als Akklamation seines Kaisertums um. Er schrieb den Römern nach seinem Triumph von Cortenuova im Januar 1238: »... Auch würde sich Unser Eifer von der Beachtung jeglicher Vernunft entfernen ... wenn Wir den Glanz und den Ruhm Unserer Herrschaft nicht in die königliche Stadt trügen, die Uns, wie eine Mutter den Sohn, aus Ihren Armen nach Deutschland gesandt hat, um den Gipfel des Kaisertums zu erklimmen. Euren Verdiensten schreiben Wir es zu, was Wir in der Zwischenzeit unter glücklichen Vorzeichen vollbrachten ...«[1]

Zum ersten und einzigen Male standen sich an diesem Ostertag unter dem Jubel der Römer die beiden Männer gegenüber, deren Leben so tief miteinander verwoben war. Friedrich mußte dem Papst, der noch immer mit Sorge auf den jungen Staufer schaute, noch einmal feierlich den Lehnseid für Sizilien leisten. Er mußte schwören, sofort nach der Kaiserkrönung seinen Sohn Heinrich aus der väterlichen Munt zu entlassen, damit niemals das sizilische Königreich mit dem Imperium vereint werde.

Dann galt es, Schulden zu bezahlen aus der Zeit der päpstlichen Vormundschaft. Dazu verpfändete Friedrich dem Papst, bis zur Zahlung der Schuld, zwei apulische, an den Kirchenstaat angrenzende Grafschaften. Der Papst übernahm die ganzen, nicht unerheblichen Kosten des römischen Aufenthalts. Ferner stattete er den Jüngling mit einer bescheidenen Reisekasse aus und besorgte ihm Schiffe, die ihn nach Genua brachten, da der Landweg durch ottonische Truppen versperrt war. Vor allem hatte ihn der Papst mit Empfehlungsbriefen ausgestattet, so daß Friedrich sich, namentlich in Deutschland, wie an einer Leitschnur von Bischofssitz zu Bischofssitz vortasten konnte.

Am 1. Mai 1212 landete Friedrich in Genua. Er wurde mit kaiserlichen Ehren empfangen. Hier besserte Friedrich seine schmale Reisekasse auf und gab den Genueser Konsuln das Versprechen, alle von seinen kaiserlichen Vorgängern erteilten Privilegien zu bestätigen und zu erfüllen, mit dem naiven, aber zukunftsgläubigen Beisatz, »sobald er Kaiser wäre«.

Den Genuesern war das Versprechen soviel wert, daß sie die Kosten seines sechswöchigen Aufenthaltes in der Stadt, die zweitausendvierhundert Pfund betragen haben sollen, übernahmen.

Diese Zeit des Wartens verbrachte Friedrich nicht tatenlos. Ein Bündnis mit dem mächtigen Markgrafen Wilhelm Montferrat († 1225) und dem Grafen Richard von S. Bonifacio, nahe Verona, kam zustande. Das Verhältnis zu den staufertreuen Städten Cremona, Pavia, Parma und Reggio wurde verfestigt. Mitte Juni entschloß sich Friedrich zum Weitermarsch. Man hoffte, daß die Wachsamkeit Mailands und Piacenzas, die geschworen hatten, »den Zaunkönig« einzufangen, eingeschlafen war. So zog Friedrich, geleitet durch genuesische Ritter, durch Gesandte Cremonas und Pavias, zur Seite Markgraf Wilhelm und Graf Richard, das feindliche Mailand und Piacenza westlich umgehend, über das hundert Kilometer nördlich gelegene Asti, um dann in einer plötzlichen östlichen Schwenkung Pavia zu erreichen. »Der Zaunkönig« war ausgeflogen.

Mailand und Piacenza verstärkten ihre Anstrengungen. Alle den Po herunterfahrenden Schiffe wurden in Piacenza scharf kontrolliert. Mailändische Scharen sicherten das Westufer des Lambroflußes, den Friedrich überqueren mußte, wollte er nach Cremona gelangen.

In der Nacht vom 28. zum 29. Juli erreichte Friedrich in Pavia die Nachricht, die Truppen Cremonas und des Markgrafen Azzo von Este ständen an einer bestimmten Furt des Lambro bereit, den König aufzunehmen und nach Cremona zu geleiten. Friedrich und die Seinen, begleitet durch pavesische Ritter, brachen auf. Fünfundzwanzig Kilometer waren es bis zum Lambro. Ein Ritt, der Gefangenschaft und Tod – oder die Kaiserkrone bringen konnte.

An der vereinbarten Furt kam es zu einem Gefecht zwischen den Mailändern, die das Flußufer bewachten, und den Rittern von Pavia. Friedrich, wir haben erfahren, daß er ein großer und tapferer Kämpfer war, riß seinem Pferd das schwere Sattelzeug herunter, jagte auf ungesatteltem Pferd in die Fluten des Lambro, durchschwamm den Fluß und wurde am anderen Ufer von den begeisterten Cremonesen empfangen und im Triumph nach Cremona geleitet. Was nützte da schon der Spott der Mailänder, die sagten, »Friedrich habe seine Hosen im Lambro gewaschen«, wie Thomas von Pavia berichtet. Auch meldet er, »der Versuch der Mailänder, den Staufer zu fassen, habe dessen lebenslangen Haß gegen die Stadt begründet.«[2]

Drei Wochen blieb Friedrich im staufischen Cremona, das er mit reichen Privilegien ausstattete, »für die Zeit, da er Kaiser sein sollte«.

Mochten die Cremonesen auch staufisch gesinnt sein, kluge und vorsichtige Handelsherren waren sie auch. Sie ließen den König seine Privilegien vor einem Zivilnotar beglaubigen.

Nachdem feststand, daß der noch welfentreue Baiernherzog Ludwig I. († 1231) und Herzog Otto von Meranien (1204–1234) die Alpenpässe, namentlich den Brenner, kontrollierten, setzte Friedrich seinen Weg über Mantua nach Verona fort. Der Propst Burchard von Ursberg weiß darüber: »Der Weg des Königs habe sich in den ungeheuren, wegelosen Bergmassiven des Ortler und im Engadin verloren.«

Der bergerfahrene Bischof von Trient soll den König durchs Gebirge zum Bischof Arnold von Chur († 1231) gebracht haben. Der Bischof von Chur und der Abt von St. Gallen, Ulrich von Sachs, führten den jungen König nach Konstanz. Vor den Toren dieser Stadt sollte sich Friedrichs Schicksal entscheiden.

Während Friedrich durch den Lambro schwamm, hatte Kaiser Otto IV. in Frankfurt einen Hoftag abgehalten, um sich die ihm ergebenen Fürsten neu zu verpflichten. Dann war er nach Thüringen aufgebrochen, den abgefallenen Landgrafen Hermann I. niederzuwerfen. Zwar eroberte er einige landgräfliche Burgen, ein entscheidender Sieg aber gelang ihm nicht. Um seine bröckelnde Macht zu stützen, denn er war ja persönlich ein ungeliebter Mann, vollzog er am 22.7.1212 zu Nordhausen die Ehe und das Beilager mit Beatrix von Schwaben, der Tochter des ermordeten König Philipps. Er hoffte dabei nicht nur den Stauferanhang an sich zu binden, sondern auch das reiche Staufererbe in seinen Besitz zu bringen.

Aber das Königsheil, wenn er es je besessen hatte, verließ ihn. Schon nach vierzehn Tagen verstarb seine junge Frau am 11. August 1212, ein böses Omen. Dazu hatte die Nachricht Deutschland erreicht, der junge Friedrich, der echte Staufererbe, habe die Barrieren Mailands durchbrochen, trotz der gesperrten Pässe die Alpen überwunden, und sei in glückhaftem Vormarsch.

Eine weitere Aushöhlung von Ottos Macht bestand darin, daß sein eigener Reichskanzler Konrad von Scharfenberg, Doppelbischof von Speyer und Metz, von ihm abfiel und sein Herrschaftswissen gegen den Kaiser verwendete. Er berichtete der staunenden Adelswelt, daß Otto IV. nach englisch-normannischem Vorbild eine regelmäßige Grundsteuer einführen wollte.

Da lichteten sich die Reihen um Otto IV. so, daß er die bis dahin erfolgreiche Belagerung der thüringischen Feste Weißensee abbrechen mußte. Er zog in Eilmärschen nach Süden, um dem rotlockigen Jüngling aus dem geheimnisvollen Sizilien, der dennoch ein vollgültiger Staufer war, den Weg nach Deutschland, vor allem nach Schwaben zu verlegen.

Der Welfe erreichte Überlingen, verhandelte von dort aus mit dem Bischof Konrad (1209–1233) von Konstanz, ihm die Tore zu öffnen und ihn in die Stadt aufzunehmen. Das Hofgesinde des Kaisers hatte bereits in der Stadt Quartier gemacht und die kaiserlichen Köche bereiteten ein Festmahl für ihren Herrn vor. Da erschien vor den Toren der Stadt eine Kavalkade von dreihundert Reitern und forderte Einlaß. Eine dramatische Szene, die die Phantasie der Chronisten beflügelt hat. Die einen lassen den Abt von St. Gallen für Friedrich Einlaß begehren, die anderen berichten, der päpstliche Legat, Erzbischof Berard, habe vor den Toren von Konstanz den päpstlichen Bannspruch gegen Kaiser Otto IV. verlesen; wie dem auch sei, die päpstliche Bannung des Welfen öffnete Friedrich die Tore von Konstanz und den Eingang nach Deutschland. »Wäre Friedrich nur drei Stunden später gekommen, niemals wäre er nach Alemannien gelangt.«[4]

Man kennt nicht die Heeresmacht, mit der Otto IV. in Überlingen stand. Bedenkt man aber, daß Friedrich von nur dreihundert Reitern begleitet war, so hätte ein entschlossener Zugriff des Kaisers die Stadt wohl nehmen müssen.

Und da zu allen Zeiten nichts erfolgreicher ist als der Erfolg, strömten die Fürsten des staufischen Südens und Südwestens zu Friedrich. Der Bischof Heinrich von Straßburg (1202–1223) führte dem König fünfhundert Ritter zu. Graf Ulrich von Kyburg († 1223) und Graf Rudolf von Habsburg (1199–1232) verstärkten die Staufermacht.

Der Welfenkaiser, der sich nach Breisach zurückgezogen hatte, wurde vom Volkszorn verjagt ob der Zügellosigkeit seiner Soldateska. Er mußte, höchst unkaiserlich, durch eine kleine Seitenpforte der Breisacher Burg entfliehen. Im Oktober war Friedrich das gesamte Elsaß zugefallen. Nur in Hagenau hielten noch einige Welfentreue dem sieghaften Jüngling stand. Der rasche Sieg Friedrichs setzt sich aus drei Hauptkomponenten zusammen: Erstens aus der Hilfe des Papstes, die ihm den Beistand der geistlichen Fürsten einbrachte, und dem Bannspruch des Papstes, der den ungeliebten Welfen zur Unperson machte; zweitens aus dem sieghaften Glanz des staufischen Namens und die nicht zu bestreitende Legitimität seines Kronanspruchs; drittens aus der erstaunlichen Lebensklugheit des Siebzehnjährigen, seiner Großzügigkeit und dem Wissen, wann er zahlen mußte und wann er nehmen konnte.

Die Forderungen seines Vetters, des Herzog Friedrichs (1205–1213) von Lothringen, auf dreitausend Mark Silber erfüllte er, indem er gegenüber dem Erzbischof von Mainz und dem Bischof von Worms auf alle Kronlehen in ihren Sprengeln verzichtete. Das brachte eine Summe von siebenhundert Mark, für die Anselm von Justingen, der Fürstenbote an Friedrich und Werner von Bolanden mitbürgten. Anselm von Justingen wurde Hofmarschall und Werner von Bolanden Reichstruchseß.

Weitere Garantien gaben der Graf von Habsburg und die Herren von Lauffen und Königsbach. Die restlichen tausend Mark wurden durch Übereignung einer elsäßischen Grafschaft abgesichert. Genauso leicht wie der König gab, so nahm er auch. Als Herzog Friedrich II. von Lothringen im darauffolgenden Jahr starb, zog Friedrich die Grafschaft wieder ein. Demnach waren die Erben um tausend Mark betrogen.

Von seinen Geldkalamitäten war der König bald erlöst. Mitte November 1212 erneuerte er das staufisch-kapetingische Bündnis. Er schloß mit dem französischen König Philipp II. Augustus (1179–1223), vertreten durch den französischen Thronfolger Ludwig VIII. (1223–1226), ein Bündnis gegen Kaiser Otto IV. und dessen Protektor König Johann Ohneland von England.[5]

Friedrich verpflichtete sich, weder mit Otto IV. noch mit König Johann von England ohne Hinzuziehung des französischen Königs einen Frieden zu schließen. Dieser Vertrag brachte Friedrich die stolze Summe von zwanzigtausend Mark Silber. Eingefädelt wurde diese Aktion durch den ehemals welfischen, jetzt staufischen Kanzler, den Bischof Konrad von Speyer und Metz. Auf dessen Frage, wo der Silberschatz aufzubewahren sei, soll Friedrich die verblüffende Antwort gegeben haben: »Bei den Fürsten.«[6]

Eine Antwort von fast erschreckender Hellsichtigkeit der menschlichen Natur, gegeben von einem jungen Manne, der sich anschickte, achtzehn Jahre alt zu werden. Kein Wunder, daß man die Freigebigkeit des jungen Fürsten rühmte, die im Gegensatz zum kalten Geiz des Welfen stand.

Die Staufer hatten von jeher den Wert der öffentlichen Meinung gekannt. Hatte doch Friedrichs Großvater, Friedrich Barbarossa, voll ehrlicher Naivität im Jahre 1157 an seinen bischöflichen Onkel, den Bischof Otto von Freising (1111/14–1158), geschrieben: »Was aber von Uns seit Anbeginn Unserer Regierung geleistet worden ist, würden Wir auf Deine Bitte hin gern zusammengefaßt zur Kenntnis bringen, wenn es im Vergleich mit dem früher von hervorragenden Männern Geleisteten eher ›Schatten‹ als ›Taten‹ genannt werden müßte. Da aber Deine glänzende Begabung das Niedrige zu erhöhen und über einen unbedeutenden Stoff viel zu sagen versteht, so wollen Wir, mehr im Vertrauen auf Deine Fähigkeit zu loben als auf Unsere Verdienste, das Wenige, das Wir während der fünf Jahre im Römischen Reich getan haben, kurz aufzeichnen.«[7]

»Lassen wir die kaiserlichen Bescheidenheitsformeln beiseite, so bestellte Friedrich bei seinem bischöflichen Onkel seine eigene Geschichte.«[8]

Ebenso, wie sich Friedrich Barbarossa von seinem Archipoeta feiern ließ, so gewinnt Friedrich II. Walther von der Vogelweide, dem er ein Gut schenkt, so daß der Dichter jubeln kann:

»Ich hab mein Lehen – alle Welt – ich hab mein Lehen.
Nun fürchte ich den Hornung für meine Zehen nicht mehr,
und alle bösen Herrn will ich um so weniger anbetteln.
Der edle König, der milde König hat für mich gesorgt.«[9]

Straßauf, straßab rühmt Walther nun in Deutschland Friedrichs
»innata liberalitas«, die ihm angeborene und ihm innewohnende
Freigebigkeit.

Der provençalische Troubadour Aimeric de Pegulhan preist
Friedrich so:

»... Ich dachte, daß Tüchtigkeit und Freigebigkeit gestorben
wären, so daß ich nahe daran war, meinem Gesang zu entsagen.
Nun aber sehe ich sie beide wiederhergestellt.«[10]

Die Freigebigkeit des jungen Königs entsprang keineswegs ju-
gendlichem Übermut oder Verschwendungssucht. Sie entsprang
einem genau überlegten Kalkül. Er selbst sagte zu diesem Problem: »Die Vernunft rät Uns selber dazu, und es veranlaßt Uns
das Nachsinnen über Unseren Gegner, der, weil er anders gehandelt, die Feindschaft der Menschen auf sich zog und die Ungnade
Gottes.«[11]

So wundert es dann nicht, daß die Fürsten in großer Zahl zu
einem auf den 5. Dezember festgesetzten Hoftag nach Frankfurt
eilten, um den freigebigen jungen König zu wählen.

Die deutsche Krone und ihr Preis

Am Sonntag, dem 9.12.1212 wurde Friedrich durch Erzbischof
Siegfried von Mainz die Krone aufs Haupt gesetzt.

Die Krönungszeremonie hatte schwere Mängel. Erstens war der
rechte Ort Aachen und die richtige Stelle der Thron Karls des
Großen. Zweitens war der Krönungsbischof nicht der Mainzer,
sondern der Kölner Erzbischof. Der aber war in Rom beim Papst,
Absolution für seine welfenfreundliche Politik zu suchen. Drittens
waren die Reichsinsignien immer noch in der Hand Kaiser Ottos
IV., Friedrich mußte mit einer Ersatzkrone gekrönt werden. Viertens fehlten die sächsischen Herren bei Wahl und Krönung gänzlich.

Daß die Krönung unter besseren Umständen wiederholt werden
mußte, darüber waren sich die Verantwortlichen klar.

Friedrich benützte die erste Hälfte des Jahres 1213 dazu, seine

Stellung im Süden und Südwesten zu untermauern. Er hielt eine
Reihe von Hoftagen ab. Für Baiern und Böhmen in Regensburg.
Hier erschien auch der Böhmenkönig Ottokar, um ihm den Treueeid zu leisten. Für sein schwäbisches Herzogtum hielt Friedrich
den Hoftag zu Konstanz ab. Auch hier Huldigung und das Versprechen der Fürsten zur Waffenhilfe. Nun aber galt es, dem Papst
den schuldigen Dank auszusprechen. Das geschah auf einem Hoftag zu Eger am 12. Juli 1213. Friedrich sprach dem Papst, seinem
»Beschützer und Wohltäter«, seinen Dank aus. Und nun wird
wortwörtlich die Liste der Versprechungen aufgeführt, die Otto
IV. im Jahre 1209 dem Papst geleistet hatte. Die Freiheit der Bischofswahl durch die Domkapitel, das ungehinderte Appellationsrecht an den Heiligen Stuhl in allen kirchlichen Fragen, die vollkommene Ausschaltung weltlicher Macht im kirchlichen Raum,
natürlich auch Verzicht auf das Spolien- und Regalienrecht.

Dies war der Sieg des Papsttums. Alle Königsrechte an der deutschen Kirche, seit den Tagen der Bekehrung des Frankenkönigs
Chlodwigs I. (481/82–511), waren hinfällig geworden. Die Freiheit der Kirche vom Staat war erreicht. Ein Prozeß, der sich im
19. Jahrhundert in umgekehrter Stoßrichtung vollziehen sollte und
wiederum zur Trennung zwischen Thron und Altar führte.

Das Versprechen der Hilfe im Kampf gegen die Ketzerei war
schon immer Aufgabe der Könige und Kaiser gewesen. Schmerzli-
cher war die Anerkennung der Rekuperationen des Herzogtums
Spoleto, der Mark Ancona wie der Pentapolis, des Exarchats von
Ravenna und der Mathildischen Güter durch die Römische Kirche.

Ebenfalls gelobte Friedrich, wie vor ihm Kaiser Otto IV., das
Territorium des Kirchenstaates zu verteidigen, ebenso wie die
Oberherrschaft des Papstes über das Königreich Sizilien. Die
Trennung von Regnum und Imperium ist gleichfalls Inhalt der
Urkunde, wie die Anerkennung der päpstlichen Territorialrechte
in Korsika und Sardinien.

Im Gegensatz zu den einsamen Schwüren Kaiser Ottos IV. war
die Goldene Bulle von Eger von den deutschen Reichsfürsten mit
Eid und Namen bezeugt und somit Reichsrecht.

Während Friedrich die Vernichtung seines Gegners vorbereite-
te, war er bemüht, sein Königtum, aber auch sein Staufertum, als
die »regia stirps« für alle sichtbar zu machen.

Er schrieb am 3. Dezember 1213 von Speyer aus: »Daher ist es
Unser Wunsch und Wille, daß allen derzeit Lebenden sowohl wie

den nachfolgenden Geschlechtern ... bekannt sei, daß Wir an demselben Tage, an dem Wir den lieben Leichnam Unseres lieben Oheims, des ruhmreichen und erhabenen Königs der Römer, Philipp, von der Stadt Bamberg, wo er unschuldig und ebenso grausam wie hinterlistig ermordet wurde, überführen und in den Dom zu Speyer neben den Ruhestätten der Kaiser und Könige, Unserer Vorfahren und Vorgänger, die da liegen, beisetzen ließen, zur Ehre Gottes und der heiligen Jungfrau Maria, zu deren Ehre der Dom von Speyer erbaut ist, und zum Heile der Seelen Unseres geliebten Vaters, des ruhmreichen Kaisers der Römer und Königs von Sizilien, sowie unseres genannten teuren Oheims, des König Philipps, der Römer erhabenen Königs ...«[1]

Staunenswert, wie Friedrich durch die Überführung und Ehrung seines Onkels Philipp die Staufer fest an die salische Königs- und Kaisertradition anbindet. Denn unter dem Salier Kaiser Heinrich IV. (1056–1106) wurde der Speyerer Dom geweiht, und die Tochter dieses Kaisers, Agnes (1074/75–1143), war es, die durch ihre Ehe mit Herzog Friedrich I. (1079–1105) von Schwaben die Staufer zu Mitgliedern der salischen Königs- und Kaiserfamilie machte. Aus dieser Ehe stammt König Konrad III. (1138–1152), der erste Staufer auf dem deutschen Königsthron. Dessen Nachfolger war Kaiser Friedrich I., der Großvater König Friedrichs II. Mit der Umbettung des königlichen Oheims hatte Friedrich die Würde und Tiefe und den unumstößlichen Anspruch seines Geschlechts dokumentiert.

Solche Feinheiten eindringlicher Machtdemonstration und Sichtbarmachung eigener Würde waren Otto IV. nicht gegeben. »Den Italienern eine Last, lästiger den Schwaben, den Seinen unangenehm«, lautete das vernichtende Urteil eines Chronisten aus dem Süden.[2]

Und Walther von der Vogelweide höhnte über den Welfen: »Wäre er so mild als lang, er hätte Tugenden viel besessen.«

Bis zum Frühjahr 1213 hielt sich der ungeliebte Mann am Niederrhein auf, gestützt auf die Städte Aachen und Köln. Aber militärische Aktionen gegen den Staufer gelangen ihm nicht. So zog er in seine sächsischen Stammlande. Im Raum Braunschweig sammelte er ein Heer, um gegen seinen hartnäckigsten sächsischen Feind, Erzbischof Albrecht von Magdeburg (1205–1232), zu ziehen. Er brandschatzte das Magdeburger Land, schlug auch einmal die erzbischöflichen Truppen, ein Sieg über den Gegner gelang auch hier nicht. Er verwüstete das landgräfliche Thüringen und brach auch einige landgräfliche Burgen. Als er im Oktober nach Braunschweig zurückkehrte, war der entscheidende Sieg so weit wie eh und je.

Nun wollte Friedrich, gestützt auf böhmische und thüringische Waffen, ins Machtzentrum des Welfen vorstoßen und Braunschweig erobern. Doch Otto IV. hatte Quedlinburg befestigt, die dort lebenden Stiftsdamen unter dem Vorwurf der Stauferfreundlichkeit verjagt und aus dem alten ottonischen Damenstift eine uneinnehmbare Festung gemacht. Hier liefen sich Friedrich und sein Heer fest. Wie vorher die welfischen, so plünderten nun die staufischen Truppen Land und Bevölkerung. Leid und Elend der geschundenen Menschen blieben sich gleich.

Der Sieg von Bouvines

Der zäh sich hinziehende Kampf zwischen Staufern und Welfen wurde außerhalb der deutschen Grenzen entschieden. Der uralte Streit der französischen Könige mit dem englisch-normannischen Großreich, das ja über die Normandie, das Poitou und Aquitanien in den französischen Raum hineingewuchert war, brachte den Ausschlag.

Die erste Entscheidung war bereits im Jahre 1206 gefallen, als König Philipp II. Augustus den englischen König Johann besiegte und ihn zwang, seine französischen Lehen nördlich der Loire an Frankreich zurückzugeben. Außerdem hatte der englische König seine Position selbst verschlechtert, als er über die Besetzung des Bischofsstuhles von Canterbury mit Papst Innocenz III. in ein schweres Zerwürfnis fiel. Den päpstlichen Kandidaten für das Erzbistum Canterbury, Kardinal Stephan Laugton († 1228), lehnte Johann ab und ließ ihn nicht ins Land. Die Antwort des Papstes: im Jahre 1208 Interdikt über England, im Jahre 1209 Bannspruch gegen seinen König.

König Philipp von Frankreich erkannte seine Chance sofort. Auf einem Hoftag zu Soissons im April begeisterte er seine Barone für eine Invasion Englands, gleichsam als Exekutor päpstlichen Willens, das Interdikt auf der Insel durchzusetzen. »Interdikt«, das bedeutete Verbot aller geistlichen und kirchlichen Handlungen – keine Messe – keine Beichte – keine Kommunion, kurz Aussetzung aller sakramentalen Gnadenmittel. Für den mittelalterlichen

Menschen eine furchtbare, in ihrer Härte für uns Heutige nicht mehr nachzuvollziehende Strafe.

Unter dem Eindruck von Bann, Interdikt und drohender Invasion, unterwarf sich König Johann dem Papst und nahm von ihm sein englisches Königreich zu Lehen. Das war ein kluger Schachzug. Nunmehr konnte es der französische König nicht mehr wagen, die Insel, über die der Papst oberster Lehnsherr war, zu erobern.

Der französische König beschloß, er hatte schließlich sein Heer versammelt und weitgehende Rüstungen durchgeführt, ein Strafgericht über den mächtigen Grafen Ferdinand (1211–1233) von Flandern zu halten. Dieser hatte sich König Philipps Invasionsplänen widersetzt und damit die Lehnstreue verletzt. König Philipp gelang es nicht, den Aufständischen niederzuwerfen, vielmehr trat der Graf auf Englands Seite und leistete König Johann den Lehnseid. Die Grafen von Boulogne und Holland schlossen sich ihm an. Gemeinsam sahen sie wohl die Stunde, sich von der französischen Lehnsherrschaft zu befreien.

Unter solch glücklichen Vorzeichen reiste König Johann im Februar 1214 nach Südfrankreich, um von dort in die französische Krondomäne vorzustoßen und seine verlorenen französischen Lehen zurückzuerobern.

Kaiser Otto IV. sollte den Vorstoß aus Süden mit einem Angriff von Norden zum tödlichen Zangengriff auf das französische Königreich machen. Zögerlich folgte er dem Kriegsplan. Im Raum um Maastricht traf er sich mit seinen Bündnispartnern, den Grafen von Flandern und Boulogne, dazu den Herzog von Brabant. Im Juli 1214 versammelte sich die Heeresmacht im Raume Valenciennes, verstärkt durch eine englische Abteilung unter dem Kommando des Grafen Wilhelm von Salesbury, einem Halbbruder König Johanns. Ein Truppenteil unter der Führung eines königlichen Bruders dürfte nicht unerheblich gewesen sein.

Doch im Süden waren bereits die Würfel gefallen. König Johann von England hatte zwar die Stadt Angers, die Hauptstadt der Grafschaft Anjou, erobert und befestigt. Als der französische Thronfolger, der spätere König Ludwig VIII., mit einem Entsatzheer heranstürmte, geriet Johann von England in Panik und floh aus der stark befestigten Stadt. Damit war der englisch-welfische Angriffsplan zerbrochen.

König Philipp hatte jetzt Rückenfreiheit. Im französischen Kloster St. Denis nahm er die Oriflamme, die heilige Kriegsfahne der französischen Könige. Er eilte nach Flandern. Dort nahm er Tournai ein und traf mit dem überlegenen Heer des Kaisers und seiner Verbündeten am 27. Juli 1214 bei Bouvines zusammen.

Die Schlacht stand auf des Messers Schneide. Beide, der Kaiser wie der König, kämpften tapfer. König Philipp, im Verlauf des Kampfes vom Pferd gerissen, entging knapp dem Tode. Des Kaisers Pferd brach schwer verwundet unter ihm zusammen. Die Entscheidung brachten die französische Kavallerie, die Ritterschaft und auch die französischen Städte, die hier zum erstenmal mit eigenen, geschlossenen Kontingenten kämpften. Kaiser Otto, genau wie sein englischer Verbündeter Johann, ergriff voller Panik die Flucht. Der goldene Reichsadler des Kaisers fiel in die Hände der Franzosen. Ritterlich ließ der französische König eine zerbrochene Schwinge des Adlers richten und sandte das Reichssymbol als Siegeszeichen an König Friedrich.

Die beiden Heerführer, Johann von England und der Welfe Otto IV., machen einen seltsam gebrochenen Eindruck. Zwei Feldherren, die trotz überlegener Truppenmacht und hervorragender strategischer Konzeption den Glauben an den Sieg und sich selbst verloren hatten.

Bouvines und die Folgen

Der Sieg von Bouvines veränderte die europäischen Machtverhältnisse. Das siegreiche Frankreich vergrößerte sein Staatsgebiet um ein Vielfaches. In England mußte König Johann unter dem Eindruck seiner Niederlage seinen Baronen größere Freiheitsrechte einräumen in der berühmten »Magna Charta Libertatum«. Auf der Wiese von Runnymede wurde zwischen dem 15. und 19. Juni 1215 dieses für die europäische Geschichte so wichtige Dokument unterzeichnet. Sicher nicht der Freibrief einer der Welt neu geschenkten Demokratie, doch immerhin die Verteilung der Macht von den Schultern des einen auf die Schultern von mehreren.

Für Deutschland bedeutete der Sieg von Bouvines das Verblassen des welfischen Sterns. Zwar hielt sich der Welfe noch in Aachen und Köln in resignierender Tatenlosigkeit bis Ostern 1215. Beim Nahen von Friedrichs Heer, dazu erbittert über die ungehemmte Spielleidenschaft seiner neuen Frau, der Tochter des Herzogs Heinrich I. (1186–1235) von Brabant, die bei der wohlhabenden Kölner Bürgerschaft hochverschuldet war, verließ der Kaiser, ob heimlich oder fluchtartig, die Stadt. Er zog sich zurück nach Braunschweig.[1]

Friedrich aber setzte seine großzügige Versöhnungspolitik fort. Der Herzog von Brabant und der Herzog von Limburg, eben noch Parteigänger Kaiser Ottos IV., unterwarfen sich. Friedrich nahm sie in Gnaden auf. Der Brabanter Herzog stellte noch seinen Sohn als Geisel.

Friedrich aber zeigte sichtbar, daß er nicht nur auf Macht seine Herrschaft gründen wollte, und gab dem Brabanter die Stadt Maastricht zu Lehen. Anfang Oktober starb der Pfalzgraf bei Rhein, ein Welfe und Neffe Kaiser Ottos IV., kinderlos. Friedrich verlieh dem Baiernherzog Ludwig die Pfalz, um diesen wichtigen, ihm beim Übergang über die Alpen noch feindlich gesonnenen Fürsten enger an sich zu binden. Seitdem hat das Haus Wittelsbach bis zu dem im Jahre 1918 eingetretenen Strukturwandel, um das nicht ganz zutreffende Wort »Revolution« zu vermeiden, in Baiern und in der Pfalz geherrscht.

Im Norden zeigte sich Friedrich von gleicher Konzilianz. Um hier den welfischen Einfluß zu brechen, war Friedrich bereit, Reichsrecht und Reichsland aufzugeben, und trat an König Waldemar II. von Dänemark (1202–1241) die bereits von ihm besetzten Gebiete jenseits der Grenze zwischen Elbe und Elde in aller Form ab. Wie bei der Goldenen Bulle von Eger gelang es ihm, diesen Verzicht durch die deutschen Reichsfürsten sanktionieren zu lassen. Zwar hat er später versucht, bei veränderter Machtlage diese Zusage rückgängig zu machen, das heißt den Vertrag mit König Waldemar zu brechen. Die Bedenkenlosigkeit, mit der er deutsche Kronrechte aufgab und Verträge beschwor, gibt zu dem Verdacht Anlaß, daß alle diese Handlungen für Friedrich Mittel der Politik waren, die bei veränderter Machtlage wieder umgestoßen werden konnten.

Friedrichs Ziel war wohl nie deutsches Königtum, sondern der Glanz der Krone der römischen Imperatoren. So konnte er deutsche Kronrechte und selbst territoriale Ansprüche aufgeben. Er tat dies nicht leichtfertig, da Minderung der Macht keinem König zu unterstellen ist. Aber für ihn wog das römische Cäsarendiadem schwerer als die Deutsche Krone.

Richtig ist auch, daß nur durch die Gewinnung der deutschen Fürsten die Krönung in Aachen möglich wurde. Aber auch Aachen war nur ein Schritt, ein wichtiger und unverzichtbarer Schritt, auf dem Wege zu den höchsten Ehren von Rom.

Die Krönung in Aachen und das erste Kreuzzugsgelübde

Im Frühjahr 1215 fanden auch die meisten der sächsischen Großen zu Friedrich, so daß eine Fürstenversammlung im Mai zu Andernach beschloß, gegen die letzten welfischen Städte am Niederrhein, Aachen und Köln, anzutreten.

Aber Waffengewalt war nicht mehr nötig. In beiden Städten gewannen die staufisch Gesinnten die Überhand, und am 24. Juli 1215 zog Friedrich in feierlichem Zuge in die alte Krönungsstadt Aachen ein.

Schon am 25. Juli krönte ihn der Mainzer Erzbischof in der Pfalzkirche Karls des Großen und führte ihn auf den durch karolingische Traditionen geheiligten Thron des ersten fränkisch-germanischen Kaisers. Die Staufer hatten nicht nur Sinn für literarische Dokumentation – von Bischof Otto von Freising bis zu Walther von der Vogelweide – sie hatten einen ebenso großen Sinn für die dramatische Inszenierung staatlichen Geschehens.

Fast genau vor fünfzig Jahren hatte Friedrichs II. Großvater, Friedrich Barbarossa, am 29. Dezember 1265 sein großes Vorbild Karl den Großen heiligsprechen lassen. So wichtig war ihm dieses Ereignis, daß seine Frau, die Kaiserin Beatrix, und seine Söhne Heinrich und Friedrich anwesend sein mußten. Denn damit stellte er, im Gegensatz zu den kapetingischen Königen Frankreichs, das deutsche Kaisertum in die direkte Nachfolge Karls. Aber nicht nur das. Hier sollte am Beispiel des nunmehr heiligen Kaisers der Machtanspruch des Staufers, genau wie es Otto III. getan hatte, gegenüber Rom und dem Papsttum sichtbar gemacht werden. »Das Kaisertum Karls des Großen blieb für die Staufer immer das Ziel, das sie auf die steinigen und schwindelerregenden Wege ihres Schicksals trieb.«[1]

Und nun stand der jetzt einundzwanzigjährige Friedrich, der als Achtzehnjähriger aus Sizilien aufgebrochen war, an der ersten Etappe seines Ziels, die Krönung im Hause und am Stuhle Karls des Großen.

Der nüchterne Verstand des jungen Königs, der ihn oftmals wertefrei erscheinen läßt, »commodum et utilitas« – wenn es vorteilhaft und nützlich erscheint –, muß von der Hoheit des Ortes und der Feierlichkeit der Krönungszeremonie ergriffen worden sein.

Der Chronist Reiner von Lüttich berichtet: »Am folgenden Tage aber wurde er (Friedrich II.) in der Kirche der hl. Maria zum König geweiht und gekrönt und auf den königlichen Thron erhoben durch den Erzbischof von Mainz, da die Kölner Kirche keinen Herrn hatte.

Sofort nach der Messe nahm der König völlig unerwartet das Zeichen des lebenspendenden Kreuzes und forderte alle Fürsten und Würdenträger des Reiches, sowohl selbst als auch durch den Mund der Prediger, die das Wort des Kreuzes predigten auf, dasselbe zu tun. So bewog er die meisten zur Zustimmung.«[2]

Eine Tat von unerhörter Signalwirkung. Denn Papst Innocenz III. bereitete seit langem einen Kreuzzug zur Befreiung des Heiligen Landes vor. Einen Kreuzzug nicht unter der Leitung eines Fürsten, sondern unter der des Papstes, vertreten durch einen Legaten. Friedrich hatte mit seiner Kreuzesnahme diese Zielsetzung beiseite gewischt. Er, der römische König, sollte und wollte der Führer und »miles Christi« sein, so wie sich sein Großvater Friedrich Barbarossa im Jahre 1189 an die Spitze der christlichen Ritterschaft des Abendlandes gestellt hatte. Damit nicht genug. Unser Gewährsmann Reiner von Lüttich berichtet weiter:

»Am zweiten Feiertage, dem 27. Juli nach der feierlichen Messe, ließ der König den Leichnam des heiligen Karl, den sein Großvater, der Kaiser Friedrich, aus der Gruft erhoben hatte, in einem höchst prachtvollen Sarkophag, den die Aachener hergestellt hatten und der mit Gold und Silber beschlagen ist, beisetzen. Er selbst legte seinen Mantel ab, nahm einen Hammer, erstieg mit dem Werkmeister das Gerüst und schlug vor den Augen aller Anwesenden zusammen mit dem Meister die Nägel des Schreins fest.«[3]

Ebenso wie sich Friedrich mit der Kreuzesnahme zum Anführer der christlichen Ritterschaft machte, so demonstrierte er mit den Hammerschlägen am goldenen Schrein Karls des Großen die imperiale, romfreie Tradition des staufischen Hauses.

Der Tag des Papstes

Der große Gewinner des Sieges von Bouvines war, neben König Philipp von Frankreich und König Friedrich, Papst Innocenz III. Der Mann, den er mit Recht gehaßt hatte, der sein Geschöpf gewesen war und der ihn schlimm verraten hatte, Kaiser Otto IV., lebte entmachtet in Braunschweig ein Dämmerdasein und wartete auf den Tod. Der künftige Imperator, ebenfalls ein Geschöpf seiner Hand, nennt ihn so:

»Dem Heiligen Vater in Christo, seinem Herrn Innocenz, dem Oberpriester der hochheiligen Römischen Kirche, entbietet Friedrich, durch Gottes und seine Gnade allezeit erhabener König der Römer und König von Sizilien mit kindlichem Gehorsam in allem und Ehrfurcht vor dem Apostolischen Stuhle.«[1]

England und sein König standen unter päpstlicher Lehnsoberherrschaft, ebenso wie Sizilien und Aragon. So war das vierte Laterankonzil, das Innocenz III. vom 11. bis 30. November 1215 nach Rom berufen hatte, eine der glanzvollsten Versammlungen der katholischen Welt, in der sich die Autorität des Papstes widerspiegelte. Über vierhundert Kardinäle und Erzbischöfe, Bischöfe, achthundert Äbte, die Gesandtschaften der Königreiche Deutschland, England, Frankreich und Ungarn, und sicherlich auch das unter päpstlicher Lehnsherrschaft stehende Aragon, waren vertreten.

Aber dieses Konzil war mehr als eine Machtdemonstration. Über siebzig Glaubens- und Reformdekrete wurden erlassen. Zum erstenmale wurde in einem kirchenamtlichen Dokument der Begriff der Transsubstantiation schriftlich niedergelegt. Das Konzil legte eine Kurzfassung des Glaubens an die Realpräsenz (der Gegenwart Christi bei der Feier der Eucharistie) nieder und es wurde feierlich anerkannt: »Leib und Blut sind Sakrament ... unter den Gestalten ... wahrhaft enthalten, nachdem das Brot in den Leib und der Wein in das Blut (Christi) verwandelt sind.«[2]

Dann wurde die jährliche Beichte und die Osterkommunion festgeschrieben. Die innere Ordnung der Kirche wurde durch die Rangfolge der Patriarchate gefestigt. Auf Rang eins Konstantinopel, zwei Alexandria, drei Antiochia und vier Jerusalem. Dann ordnete das Konzil an, daß eine Diözese nicht länger als drei Monate verwaist sein durfte. Zuletzt approbierte die Synode ein päpstliches Dekret über den neuen Kreuzzug, dessen Beginn auf den 1. Juni 1217 festgelegt wurde.

Alle Kleriker wurden verpflichtet, drei Jahre lang den zwanzigsten Teil ihrer Einkünfte für das Heilige Land abzugeben. Die Kreuzfahrer und ihre Güter wurden unter den besonderen Schutz des Papstes gestellt. Außerdem wurde allen Kreuzfahrern ein vollkommener Ablaß gewährt. An politischen Entscheidungen wurde der Gesandtschaft Kaiser Ottos IV. die Absolution vom Bann verweigert und Friedrichs künftiges Kaisertum anerkannt. Die »Magna Charta« wurde verurteilt. Man sieht, England war nicht umsonst päpstlicher Lehnsstaat geworden.[3]

Von der Kreuzesnahme König Friedrichs in Aachen verlautete auf dem Laterankonzil kein Wort. Gewiß verstand man Friedrichs Haltung als Anmaßung. Und so verwundert es nicht, wenn der Papst, wenige Tage vor seinem Tode, seinen Schützling Friedrich durch seinen Legaten am 1. Juli 1216 durch folgende Anerkennung festlegt:

»In dem Bestreben, sowohl der Römischen Kirche als auch dem Königreich zu nützen, versprechen und gestehen Wir ausdrücklich, sogleich nach Empfang der Kaiserkrone Unseren Sohn Heinrich, den Wir Eurem Auftrag gemäß zum König krönen ließen, aus der väterlichen Gewalt freizugeben und ihm das Königreich Sizilien ... als Lehen der Römischen Kirche zu überlassen, so wie Wir selbst es von dieser haben, dergestalt, daß Wir es von da ab nicht mehr innehaben und Uns nicht mehr König von Sizilien nennen werden, sondern nach Eurem Wunsche jenes Reich im Namen Unseres Sohnes bis zu seiner Volljährigkeit durch eine geeignete Person verwalten lassen, die in allem Recht und Dienst der Römischen Kirche, der bekanntlich allein die Herrschaft über dieses Reich zusteht, Verantwortung schuldet. Es soll dadurch, daß Wir durch göttliche Gnade zum Kaisertum berufen sind, nicht die Meinung entstehen, als bestünde irgendwann irgendeine Art von Verbindung zwischen dem sizilischen Reich und dem Kaisertum, wenn Wir Kaiser- und Königreich zugleich innehätten. Denn dadurch könnte sowohl dem Apostolischen Stuhle als auch Unseren Erben Nachteil entstehen. Damit aber dieses Unser Versprechen, Unser Zugeständnis und Unser Beschluß den gebührenden Nachdruck erhalte, ließen Wir vorliegendes Schreiben mit Unserem Goldsiegel versehen.«[4]

Im Laufe seiner Regierungszeit hat Friedrich siebenmal dieses

Versprechen schriftlich gegeben und auch beschworen. Er hat es immer wieder gebrochen.

Als Papst Innocenz III. am 16. Juli 1216, erst sechsundfünfzig Jahre alt, starb, durfte er glauben, wenn Schwur, Siegel und Vertrag unter Menschen und Staaten einen Sinn haben, daß er den Kirchenstaat von einer Nord- Süd-Umklammerung für alle Zeiten gesichert hatte.

DIE DIPLOMATIE EINES WORTBRUCHS

Fünf Jahre hatte Friedrich nach seiner Königskrönung in Aachen in Deutschland verbracht. Merkwürdige, nicht immer ganz durchsichtige Jahre. In Magdeburg kümmerte der Welfe dahin und starb unter Selbstgeißelung und seelischer Selbstzerfleischung am 19. Mai 1218 auf der Harzburg.

Um ein Stillhalteabkommen mit dem Dänenkönig zu gewinnen, unterzeichnete Friedrich, wie kurz erwähnt, im Jahre 1215 einen Verzichtvertrag, der die Elbe von Magdeburg abwärts zur Reichsgrenze setzte und die östlich davon gelegenen Gebiete mit Lübeck, Mecklenburg und Schwerin den Dänen überließ. Zehn Jahre später gerieten der Dänenkönig und sein Sohn in die Gefangenschaft des Grafen von Schwerin, der durch den Vertrag von 1215 dänischer Vasall geworden war. Friedrich reagierte sofort. Von Italien aus entschied er, der Vertrag von 1215 sei nichtig, da die aufgegebenen Gebiete früher zum Reich gehört hätten.

Ein dänischer Chronist schrieb daraufhin in seinen Annalen: »Die Deutschen verdanken ihre Erfolge allein der in ihrer Natur liegenden Treulosigkeit.«[1]

Mit dieser Treulosigkeit gewappnet, sollte es Friedrich gelingen, auch aus anderen schweren Vertragsbedingungen auszubrechen.

Während Friedrich im Elsaß und in Schwaben seinen Hausbesitz zurückgewann und in seinen Stammlanden für Ordnung sorgte, denn ein Eingriff in die Politik der Reichsfürsten war nur in geringem Maße möglich, bewegte ihn die Idee, wie er sich aus den ihn fesselnden Verträgen mit dem Heiligen Stuhl befreien, und dennoch durch ihn die Kaiserkrönung erlangen könnte. Fast die Quadratur des Kreises.

Das gewagte Spiel, auf das Friedrich sich jetzt einließ, muß er schon vor dem Tode des Papstes Innocenz eingeleitet haben. Er hatte sich demnach zugetraut, selbst bei diesem großen Papst seine weitreichenden Pläne durchzusetzen.

Jetzt regierte auf dem päpstlichen Thron Papst Honorius III. (1216–1227). Gemessen an der Person des verstorbenen Papstes mußte jeder Nachfolger schwächer, blasser erscheinen. Zwar schon ein Greis, war Honorius von dem heiligen Feuer entflammt und beseelt, den Kreuzzug, den Papst Innocenz ausgeschrieben hatte, durchzuführen. Immer wenn der Mensch etwas zu sehr, zu unbedingt will, verliert er seine Freiheit und wird Opfer seines selbst auferlegten Zwanges.

Papst Innocenz hatte den Vertrauten Friedrichs, Erzbischof Berard von Bari, zum Erzbischof von Palermo ernannt, den vornehmsten Stuhl des Königreiches. In dieser Eigenschaft nahm Berard am Laterankonzil im November 1215 in Rom teil und begab sich anschließend an seinen Bischofssitz nach Palermo. Wahrscheinlich hatte er schon Friedrichs Anweisung, Königin Constanze und seinen Sohn Heinrich auf die Fahrt nach Deutschland vorzubereiten. Ein anderer Sendbote Friedrichs, Graf Albert von Everstein, verließ Deutschland wohl Anfang 1216. Er war der Überbringer der Wünsche des Königs für Constanzes und Heinrichs Übersiedlung nach Deutschland.

Im letzten Drittel des Jahres 1216, als Königin Constanze mit ihrem Sohn Heinrich am Hofe Friedrichs eintraf, erhob dieser den Sohn sofort zum Herzog von Schwaben. Im Jahre 1218 starb Herzog Berthold, der letzte Zähringer. Seine Würde und sein Amt als Rektor von Burgund übertrug Friedrich ebenfalls auf seinen Sohn. Was war geschehen?

Heinrich, der junge König von Sizilien, der sich und sein Königreich nie mit dem Imperium vereinigen durfte, so lauteten ja die Eide, war deutscher Reichsfürst geworden; »Herzog von Schwaben und Rektor von Burgund«, Teilfürst eines Imperiums, mit dem er sich nie vereinen durfte. Der Buchstabe der von Friedrich geschworenen Eide war noch nicht verletzt, aber man befand sich am äußersten Rande der Legalität.

Papst Innocenz III. hätte solche Manipulationen nie hingenommen. Aber Papst Honorius wollte zu sehr seinen Kreuzzug. Dazu brauchte er die Hilfe des deutschen Königs, denn inzwischen waren schlimme Dinge geschehen!

Das Fiasko von Damiette

Zwar nicht im Juni 1217, wie auf dem vierten Laterankonzil beschlossen, aber doch im August des Jahres zog ein ungarisch-österreichisches Heer unter der Führung König Andreas' II. (1205–1235) und seines Vetters Leopold VI. (1198–1230), Herzog von Österreich und Steiermark, nach Split, um von dort nach Akkon zu segeln. Dem päpstlichen Kreuzzugsaufruf waren auch Niederländer und Friesen unter der Führung des Grafen Wilhelms I. (1203–1223) von Holland gefolgt. Schon im Mai segelten sie aus der Maasmündung heraus, unterbrachen aber ihre Fahrt in Lissabon. Der dortige Bischof hatte sie gebeten, in die Sarazenenkämpfe einzugreifen. So stießen sie erst im Frühjahr zu den vor Akkon versammelten, aber tief zerstrittenen Kreuzfahrern.

Mühsam hatte man sich auf den Oberbefehl unter Johann von Brienne, dem König von Jerusalem, geeinigt. Ihm gelang es, die Kreuzfahrer, die zu den Heiligen Stätten drängten, auf einen Angriff auf Ägypten einzuschwören, so, wie es auf dem Laterankonzil bestimmt worden war. Die Idee des Angriffs auf Ägypten war, den Muselmanen das Nildelta zu entreißen. So verloren sie nicht nur ihre reichste Provinz, sondern auch die Möglichkeit, eine Flotte im östlichen Mittelmeer zu unterhalten. Einem Zangenangriff aus Suez und Akkon aber würde Jerusalem nicht lange widerstehen können.

Dem ungarischen König Andreas, Vater der heiligen Elisabeth, war das alles zuviel. Glücklich kehrte er mit seinen erbeuteten Reliquien, u. a. einem der Krüge, die Jesus auf der Hochzeit zu Kanaan benützt hatte, um Wasser in Wein zu verwandeln, und dem Haupte des in Ungarn verehrten Märtyrers, des heiligen Stephan, nach Ungarn zurück.

Herzog Leopold von Österreich zog mit nach Ägypten. Auf friesischen Schiffen erreichte man das Nildelta. So lag im April 1218 ein bunt gewürfelter Kriegshaufen im Delta. Die Muselmanen hatten in dem Nilarm, der nach Damiette führte, auf einer Insel eine Burg gebaut, die den Zugang nach Damiette sperrte.

Die Stimmung hob sich, als Mitte August neue Kreuzfahrer unter der Führung des päpstlichen Legaten Pelagius, eines Spaniers und glaubenswütigen Mannes, eintrafen. Als päpstlicher Legat forderte er den Oberbefehl, den man ihm zubilligte. Nach einem Bittgottesdienst setzte das Kreuzfahrerheer am 17. August zum Angriff auf die Inselfestung im Nilarm an. Die Besatzung ergab sich, nachdem sie auf hundert Streiter zusammengeschmolzen war.

Die Beute, so heißt es, war unermeßlich.[1] Um diese Zeit befand sich auch der heilige Franz von Assisi im Kreuzfahrerheer. Er wollte den Sultan Malik el-Kamihl bekehren.

Die Chronik des Johannes von Elemosina weiß davon: »Man erzählt, daß er (der heilige Franz) vor den Sultan trat und dieser ihm viele Geschenke und Schätze anbot und, als der Diener Gottes sie nicht wollte, sagte: ›Nehmt sie, und verteilt sie an die Kirchen und bedürftigen Christen!‹ Aber der Diener Christi wies sie zurück und versicherte, für die Bedürfnisse der Armen sorge die göttliche Vorsehung. Als der selige Franz predigte, erbot er sich, mit einem sarazenischen Priester ins Feuer zu gehen und ihm so vollständig zu beweisen, daß das Gebot Christi das wahre sei. Aber der Sultan sagte: ›Bruder, ich glaube nicht, daß irgendein sarazenischer Priester gewillt ist, für seinen Glauben ins Feuer zu gehen.‹«[2]

Einen Frieden, den der aufgeklärte Sultan den Kreuzfahrern anbot, mit der Bereitschaft, Jerusalem an die Christen abzutreten, lehnte der Legat Pelagius ab.

Die Belagerung von Damiette ging weiter. Noch immer setzte Sultan Malik el-Kamil auf Frieden. Ende Oktober schickte er zwei gefangene fränkische Ritter zu den Kreuzfahrern, um ein letztes Angebot zu machen. Für die Räumung Ägyptens war er bereit, ihnen das »Wahre Kreuz« zurückzugeben, außerdem Jerusalem, Mittelpalästina und Galiläa.

König Johann von Brienne, die französischen, englischen und deutschen Barone stimmten für den Frieden. Die Italiener waren dagegen. Sie wollten sich den Handelsplatz Damiette sichern. Mit ihrer Hilfe gelang es dem fanatischen Pelagius, dem es nicht um die Befreiung der Heiligen Stätten ging, sondern um die Vernichtung der Ungläubigen, den Frieden auszuschlagen. Wie ernst die Friedensabsichten des Sultans waren, zeigt sich daran, daß er Kaiser Friedrich II. im Jahre 1229 ein ähnliches Angebot machte.

Die Belagerung der Stadt ging weiter. Als am 5. November 1219 die Kreuzfahrer die Stadt einnahmen, lebten in ihr nur noch dreitausend Menschen, die anderen waren das Opfer einer Seuche geworden. Aber die Eroberung der Stadt brachte neuen Streit. Johann von Brienne forderte die Aufnahme der Stadt in sein Königreich Jerusalem. Pelagius behauptete, die Stadt gehöre der ganzen Christenheit, sprich, der Kirche. Johann von Brienne zog verärgert mit seinen Rittern ab, denn er befürchtete Angriffe auf Akkon, Tyrus und Jaffa.

Im Frühjahr 1220 wurde das Kreuzfahrerheer verstärkt durch einige tausend Krieger, die Friedrich II. unter dem Kommando des Herzogs Ludwig von Baiern nach Damiette sandte. Nun träumte Pelagius vom großen Angriff in das Innere Ägyptens. Einen neuen Vorschlag des Sultans Malik el-Kamil, der wiederum die Abgabe Jerusalems, Galiläas und Palästinas enthielt, lehnte Pelagius in seinem Wahn ab.

Am 4. Juli 1221 zog er nilaufwärts. Seine imponierende Streitmacht soll aus fünftausend Rittern, viertausend Bogenschützen und vierzigtausend Mann Fußvolk bestanden haben. Man bereitete sich auf die große Schlacht mit dem Sultan vor, hatte aber die jährliche Nilüberschwemmung nicht einberechnet. Die Kenner des Landes unter den Kreuzfahrern warnten den Legaten Pelagius davor.

Da machte das steigende Nilwasser einen bislang trockenen Kanal für die sarazenische Flotte schiffbar, und am Morgen des 20. August wurde das Debakel sichtbar. Pelagius war mit seinem großen Heer auf einer Insel von Nilwassern eingeschlossen und von einer ägyptischen Flotte bedroht.

Panik brach aus. Der Sultan öffnete die Schleusen des Nils und überflutete den Rückzugweg der regellos flüchtenden Heerscharen. Der unselige Pelagius erreichte lebend Damiette und mußte den Sultan um Frieden bitten. Stadt und Festung Damiette wurden am 8. September 1221 geräumt, und nun mußte der Legat einen achtjährigen Frieden, zumindest einen Waffenstillstand, beschwören.

Der ganze Kreuzzug war vertan. Gescheitert an Hochmut und eiferndem Wahn. Der Papst aber gab nicht dem maßlosen Legaten die Schuld, sondern Kaiser Friedrich II., der noch immer nicht das Kreuzzugsversprechen des Jahres 1215 eingelöst hatte, obwohl ihn der Papst am 22. November 1220 zum Kaiser gekrönt hatte.

Wie hatte Friedrich das erreicht?

Das Abenteuer der Kaiserkrönung

Wir sahen Friedrich, wie er seinen Sohn Heinrich, den Kindkönig von Sizilien, zum deutschen Reichsfürsten machte, indem er ihn zum Herzog von Schwaben und zum Rektor von Burgund erhob. Die Bezeichnung »König von Sizilien« taucht jetzt bei der Namensnennung Heinrichs nicht mehr auf. Auch der Ton Friedrichs gegenüber dem Papst hat sich verändert. Er spricht eine Sprache, die er bei Innocenz III. nie gewagt hätte. Die höfliche Wahlanzeige, die der Papst gemäß der Sitte an den deutschen Hof gesandt hatte, blieb ein dreiviertel Jahr lang unbeantwortet.

Papst Honorius III. waren die gewagten Bemühungen des Staufers in Deutschland nicht unbekannt geblieben. Aber er hatte beschlossen, darüber hinwegzusehen. Die Kreuzfahrt war ihm und, wie er glaubte, auch der Christenheit das heiligste Anliegen.

Dem Drängen des Papstes nach Vollzug des Kreuzzuges und auf Hilfe für das Kreuzzugsheer vor Damiette, antwortete Friedrich mit einer Flut von Worten, mit einem Schwall von Entschuldigungen. Alle anderen waren schuld. Die, die seinem Kreuzzugsbefehl nicht folgten, ja der Papst selbst wird angemahnt, daß er diejenigen nicht härter mit dem Bann strafe, die sich dem Kreuzzug widersetzten. Schon in der Intitulation seines Briefes wird sichtbar, daß er nicht mehr der König von Papstes Gnaden ist, sondern er stellt sich gleichwertig neben ihn:

»Dem Heiligsten Vater und Herrn Honorius, durch Gottes Gnade höchstem Priester des hochheiligen Römischen Stuhles, entbietet Friedrich, *durch die gleiche Gnade* immer erhabener König der Römer und König Siziliens seine gebührende wie ergebene Empfehlung und Verehrung ...«

Der König fährt fort: »Wir ließen also durch ein Edikt allen Kreuzfahrern verkünden, sie sollten sich mit ihrer Zurüstung mit allem Eifer daran halten, daß sie an einem bestimmten Tage, den Wir ihnen festsetzen würden, bereit seien, ohne Widerrede überzusetzen ... Damit also ein so löblicher und dem christlichen Volke nötiger Vorsatz ... zur Ausführung gelange, bitten Wir demütig und ergeben, es möge sowohl Uns als auch allen geistlichen und weltlichen Fürsten, Grafen, Baronen und den anderen Kreuzfahrern durch Apostolisches Schreiben eindeutig mitgeteilt werden, daß, wer immer von uns im künftigen Sommer bis zum Feste des heiligen Johannes nicht übergesetzt ist, in die Fessel der Exkommunikation geschlagen werden soll ...«

Und jetzt kommt das stärkste Stück, das Friedrich, der es verstanden hatte, den Kreuzzug vier Jahre vor sich herzuschieben, seine vorstehend angedeuteten Schuldzuweisungen an den Papst massiv konkretisiert:

»Dazu kommt, daß es Euch auf jede Weise zugeschrieben werden wird, wenn auf Grund Eurer Lässigkeit das, was der Nutzen der Gesamtheit erfordert, versäumt wird.«[1]

Den wirklichen Grund, warum er keine Zeit zum Kreuzzug fand, nennt er nicht – daß er nämlich bei den deutschen Fürsten die Königswahl seines Sohnes durchsetzen wollte. Seine Bemühungen in dieser Richtung konnten dem Papst freilich nicht verborgen bleiben. Friedrich war dabei, alle heiligen Eide, die er den Päpsten geschworen hatte, niemals Regnum und Imperium zusammenzufügen, zu brechen. Seine Entschlossenheit zur

Königswahl seines Sohnes zeigt der Preis, den er zu zahlen bereit war.

Er, der schon als Knabe die Käuflichkeit der Menschen erfahren, der das französische Gold mit vollen Händen den Reichsfürsten gegeben hatte, kaufte nun die Zustimmung zur Wahl seines Sohnes den geistlichen Fürsten Deutschlands ab. Der Kaufpreis nannte sich »Confoederatio cum principibus ecclesiasticis«. Er gestand den geistlichen Fürsten das freie Verfügungsrecht über ihren Nachlaß zu (Spolienrecht), er überließ ihnen in ihren Ländern das Zoll- und Münzrecht und freie Verfügung über die Lehen ihrer Gebiete. Er begab sich des besonderen königlichen Rechts der Reichsacht, so daß nunmehr bei der Verfügung des Kirchenbanns die Reichsacht eingeschlossen war und der eigentliche Bannherr der Bischof war.

Dem konnten die geistlichen Herren nicht widerstehen. Friedrich, der Mann, den namentlich das 19. Jahrhundert als den großen Kaiser feierte, opferte die deutschen Königsrechte. Er schuf die deutschen Territorialstaaten, der Weg zur deutschen Einheit wurde von ihm für Jahrhunderte verbaut. Er gab Deutschland für Sizilien und seinen imperialen Traum preis. Am 20. April 1220 lösten die geistlichen Fürsten Deutschland ihre Dankesschuld ein. Gemeinsam mit den weltlichen Fürsten wählten sie Friedrichs Sohn als Heinrich (VII.) zum römischen König. Eine Wahl, erkauft mit deutschem Königsrecht und mit gebrochenen Eiden.

Wie dies als Meisterstück der Diplomatie von Historikern des 19. Jahrhunderts gefeiert werden konnte, ist ein Rätsel. Schließlich ist Friedrich nicht an der Macht der Kirche, sondern an seinen gebrochenen Schwüren, die ihn vor Kirche und Welt unglaubwürdig machten, gescheitert.

Am abenteuerlichsten aber sind die Entschuldigungen, die Friedrich zu den Vorwürfen des Papstes fand. Der jetzt sechsundzwanzigjährige König schrieb:

»Wir erfuhren, zwar noch nicht durch Schreiben von Euch, jedoch weitgehend aus Berichten, daß Unsere Mutter, die Kirche, über die Erhöhung Unseres geliebten Sohnes in nicht geringem Maße beunruhigt ist ... Angesichts Eurer Milde und Güte können und dürfen Wir nicht leugnen, daß Wir auf die Erhöhung Unseres einzigen Sohnes, den nicht zu lieben Uns, dem Vater, so gut wie unmöglich ist, stets mit allen Kräften hinarbeiteten; es war Uns indessen nicht möglich, dieses Ziel zu erreichen.«

Friedrich gibt also zu, seit Jahren auf den Bruch der geschworenen Eide hingearbeitet zu haben. Der Grund zum Vertragsbruch:
übergroße Vaterliebe!

Simpler wurde Vertrags- und Treuebruch noch nie begründet.
Aber hören wir weiter dem König zu:

»Während Wir aber persönlich nach Frankfurt unterwegs waren, wohin Wir zur Unterrichtung der Fürsten nach dem Brauch
des Reiches einen allgemeinen Hoftag berufen hatten, um dann
gemäß Eurem Wunsche vor Eure Füße zu eilen und sodann die
Kreuzfahrt mit Gottes Geleit anzutreten, erneuerte sich zwischen
Unseren geliebten Fürsten, dem ehrwürdigen Erzbischof von
Mainz und dem Landgrafen Ludwig von Thüringen (1217–1227;
dem Gatten der heiligen Elisabeth), die zu dem erwähnten Hoftag
gekommen waren, ein Streit, der schon vor langer Zeit zwischen
ihnen ausgebrochen war, und begann infolge der Ansammlung von
Rittern und Streitkräften beider so um sich zu greifen, daß dem
ganzen Reich Gefahr und Nachteil drohte ... Und als darüber län-
gere Zeit verhandelt worden war ... und die Auseinandersetzung
solche Formen annahm, daß angesichts Unserer offensichtlich be-
vorstehenden Abreise noch mehr Mißhelligkeiten und größerer
Unfriede im Reich daraus entstanden wären, wählten die anwesenden Fürsten und auch diejenigen, die früher gegen die Erhebung
Unseres Sohnes gewesen waren, in Unserer Abwesenheit und ohne Unser Wissen ganz unerwartet eben diesen zum König.

Als Uns dann die Wahl eröffnet wurde, weigerten Wir uns, sie
anzuerkennen, da sie ja ohne Euer Wissen und ohne Euren Auftrag, ohne die Wir nichts planen und nichts unternehmen wollen,
erfolgt war. Ja Wir drangen im Gegenteil sogar darauf, daß, wenn
sie Unsere Zustimmung haben wollten, ein jeder seinen Beschluß
in einem mit seinem Siegel versehenen Schreiben niederlegen solle
und Eure Heiligkeit darauf diese Wahl bestätige ...«[2]

So, nun wissen wir es. Die Fürsten waren schuld. Der Mainzer
Erzbischof und der Landgraf von Thüringen hatten sich auf
dem Hoftag in Frankfurt so zerstritten, daß der Frieden des Reiches, noch schlimmer, die bevorstehende Abreise Friedrichs zum
Kreuzzug gefährdet war. Tatsächlich sollte es noch acht Jahre
dauern, bis Friedrich seinen 1215 gelobten Kreuzzug durchführte.
Und vor allem, Friedrich war bei der Wahl seines Sohnes zum
König am 13. Juli gar nicht dabeigewesen. Alles war ohne sein Wissen geschehen. Es war der Zwang der Verhältnisse, die Summe

aller Umstände, die die Reichsfürsten einen neunjährigen Knaben zum König wählen ließen, damit der Friede im Reich gewahrt bliebe.

Wie der Neunjährige den Frieden bewirken sollte, mit welchen Mitteln und mit welchen Waffen, darüber wird nichts gesagt.

Mit fadenscheinigsten Argumenten wird die Doktrin päpstlicher Politik, das Erbe Innocenz III., beiseite geschoben: »Die Trennung des Königreichs Sizilien vom Imperium.«

Nun ist sie wieder auferstanden, die Furcht vor der Umklammerung des Kirchenstaates von Norden und Süden zugleich.

Papst Honorius war eingebunden in die Zwänge seiner Kreuzzugsidee. Konnte er Friedrich fallenlassen, so wie es Innocenz III. mit Kaiser Otto IV. getan hatte? Sollte zum zweitenmal in einem Jahrzehnt ein Papst bekennen, daß »der Mensch, den er erschaffen«, sich wiederum als Feind gegen ihn wandte? Vor allem, gegen den Staufer gab es keinen Gegenkandidaten, wie einstmals gegen Otto IV.

In Erkenntnis der Entwicklung hatte Papst Honorius im September 1219 auf Erneuerung des Dokuments vom 1. Juli 1216 bestanden, in dem Friedrich beschworen hatte, sofort nach Erhalt der Kaiserkrone auf die Krone Siziliens zu verzichten. Bezeichnend, Friedrich zögerte, sein Versprechen zu erneuern. Aber der Widerstand des Papstes muß so stark gewesen sein, daß Friedrich im Februar 1220 das Versprechen erneuerte, das er fünf Monate später durch die Wahl seines Sohnes zum römischen König brechen sollte.

In Wirklichkeit war er wohl nie bereitgewesen, sein Versprechen zu halten und Sizilien aufzugeben.

Im August 1220 versammelte Friedrich auf dem Lechfeld bei Augsburg ein kleines Heer. Er war umgeben von Fürsten, die gleich ihm zum Kreuzzug bereit waren. Langsam zog er die Brennerstraße entlang, über Innsbruck, Bozen, Trient – den Weg, den er vor acht Jahren unter so großen Gefahren zurückgelegt hatte. Am Gardasee schlug er ein Zeltlager auf.

Von dort entsandte er eine Delegation an den Papst, die anstehenden Fragen zu klären, namentlich die Wahl Heinrichs zum römischen König und die eigene Kaiserwahl. Hier taucht in einer Königsurkunde zum erstenmal der Name des Deutschordensmeisters Hermann von Salza auf. Einem Manne, dem es gelang, das Vertrauen des Königs und der Päpste nicht nur zu erwerben, sondern auch zu wahren. Ein loyaler Vermittler zwischen Krone und Papsttum. Nach seinem Tode im Jahre 1239 brachen die Klüfte zwischen diesen beiden Säulen der mittelalterlichen Welt auf.

Jetzt aber gelang es Hermann von Salza, einen »Modus vivendi« zu finden, indem der Papst die Wahl Heinrichs hinnahm. Das Wort »bestätigten« oder »billigen« war dem greisen Papst nicht abzuringen. Dem Sohn wurde zwar die Bezeichnung »König« zuerkannt, nicht aber der Titel des für die Kaiserkrone »Erwählten«.

Der Papst mochte sich damit trösten, daß Friedrich ihm die Mathildischen Güter und praktisch ganz Mittelitalien zugestand, so daß jetzt in der Gestalt des erweiterten Kirchenstaates ein Sperrriegel zwischen Nord- und Süditalien gebildet war, der das Regnum Sizilien vom Imperium trennte.

Dazu kam eine weitere Erklärung Friedrichs, die nochmals festschrieb, daß seitens »des Imperiums keinerlei Anrechte auf das Königreich Sizilien bestehe. Denn Wir besitzen es nicht von Unserem Vater, sondern zu Lehen der Kirche als Unser mütterliches Erbe«.[3] Ein Zugeständnis, dem Friedrichs Vater, Kaiser Heinrich VI., immer widerstanden hatte. Doch der schöne Schein schien gewahrt.

Im Hoflager am Monte Mario vor Rom wurde Friedrich durch päpstliche Legaten nochmals verpflichtet, im August des Jahres 1221 mit einem deutschen Kreuzzugsheer nach Ägypten aufzubrechen. Als Sofortmaßnahme sandte Friedrich Herzog Ludwig I. von Baiern (1183–1231) als seinen persönlichen Vertreter zu dem bedrängten Christenheer nach Damiette.

Jetzt konnten Friedrich und Constanze vom Monte Mario aus den uralten Krönungsweg – die Via Triumphalis der Cäsaren – hinab nach Rom ziehen. Kurz vor der Stadt hatte er, dem Brauch gemäß, den Römern ihre guten Rechte bestätigt und an der Porta Collina nahm er die Huldigung des stadtrömischen Klerus entgegen, der ihn in feierlichem Zuge zur Peterskirche geleitete. Hier übernahmen die stadtrömischen Senatoren die Führung. In einer Wolke von Kardinälen erwartete ihn der Papst, thronend auf der obersten Treppenstufe. Friedrich küßte ihm demutsvoll die Füße und überreichte ihm als Stellvertreter Christi Gold. Es folgten Kuß und Umarmung. Dann begab man sich in die Kapelle Santa Maria in Turribus. Dort legte Friedrich den Eid ab, Schützer und Verteidiger von Papst und Kirche zu sein. Dann wurde er in die Bruderschaft der Kanoniker von St. Peter aufgenommen.

Ursprünglich wurden die Kaiser tatsächlich in den geistlichen Stand versetzt und als Priester eingekleidet. Doch mit dem imperialen Anspruch des Papsttums hatten sich die Priestereigenschaften der Kaiser, auch im Krönungszeremoniell, das sich ja stark an einer Bischofsweihe orientierte, reduziert. Mit dem kaiserlichen Ornat bekleidet, trat Friedrich jetzt durch die Silberpforte in St. Peter ein. Kardinäle sprachen Gebete und Segen über ihn. Dann stieg er zum Altar Petri empor. Dort empfing er vom Papst den Friedenskuß. Nochmals betete der Papst, dann krönte er Friedrich mit Mitra und Krone und überreichte ihm das Schwert. Jetzt psalmodierte der Chor: »Friedrich, der Römer unbesiegbarer Kaiser, dem immer Erhabenen, Heil und Sieg.«

In ähnlicher Weise wurde die Krönung der Kaiserin durchgeführt. Dann empfingen beide, Kaiser und Kaiserin, durch den Papst die Kommunion. Vor dem Dom leistete der Kaiser dem Papst den Stratordienst und führte das päpstliche Pferd einige Schritte. Gemeinsam zogen sie bis Santa Maria Transpadina, dann trennten sie sich.

Nochmals hatte Friedrich demonstrativ das Kreuz genommen. Der Kardinal Hugolin von Ostia, der spätere Papst Gregor IX., hatte es ihm angeheftet.

An seinem Krönungstag verabschiedete Friedrich eine Reihe von Gesetzen, offenbar in Absprache mit der Kurie: Die Steuerfreiheit für Geistliche und ihre Unantastbarkeit vor der weltlichen Gerichtsbarkeit, aller gegen den Klerus und die kirchlichen Privilegien gerichteten Statuten der Städte, Zusammenlegung von Reichsacht und Kirchenbann, und wiederum ein Edikt gegen die Ketzer.

Genau wie einst sein Großvater Friedrich Barbarossa sein Scholarenprivileg den Juristen der Hohen Schule von Bologna zugesandt hatte, um sie in den Text des justinianischen »Corpus iuris« aufzunehmen, so verfuhr jetzt der Enkel. Im kaiserlichen Schreiben vom November 1220 heißt es: »Friedrich, der Römer immer erhabener Kaiser, entbietet allen Doktoren und Scholaren der geheiligten Gesetze zu Bologna seinen Gruß und seine Huld. Zur Ehre des allmächtigen Gottes und seiner heiligen Kirche erließen Wir an dem Tage, an dem Wir aus der Hand Unseres heiligsten Vaters, des höchsten Priesters Honorius, die Krone des Reiches empfingen, einige Gesetze, die Wir auf vorliegendem Blatte verzeichnen ließen. Durch kaiserliches Schreiben ersuchen Wir Euch, diese in Eure Codices schreiben und sie künftig gleichsam für ewige Zeiten durch feierliches Vermächtnis gelten zu lassen.«[4]

Mitte Dezember überschritt der Kaiser die Grenze seines sizilischen Königreiches, von wo er vor acht Jahren aufgebrochen war, die stolzeste Krone Europas zu erwerben. Dieser traumhafte Ritt durch feindliches Land, über gesperrte Alpenpässe, der Sieg so wider alle Regeln der Vernunft, hatte ihn mit einem unerschütterlichen Sendungsbewußtsein erfüllt, das zum Leitmotiv seines Lebens wurde.

Deutschland ließ er zurück in der Obhut des Reichsverwesers Erzbischof Engelbert von Köln (1216–1225). Dieser trug die Hauptverantwortung für den achtjährigen König Heinrich. Die eigentliche Erziehung des Knaben übernahmen Konrad von Winterstetten und sein Onkel Eberhard von Waldburg. Dem engeren Beraterkreis, mit dem Friedrich Erzbischof Engelbert umgeben hatte, gehörten der Kanzler, Bischof Konrad von Metz und Speier, Bischof Otto von Würzburg, der Graf Eberhard von Diez und Heinrich von Neuffen an. Ein Personenkreis, den Friedrich in Deutschland um sich versammelt hatte und die die Männer seines Vertrauens waren.

So waren seine Energien frei, um, wie der Papst erhoffte und wie es Schwur und Verpflichtung gebot, den baldigen Kreuzzug anzutreten. Allein, Friedrich kannte nur ein Ziel: Sizilien, Sizilien!

Sizilien – das Land der Verheißung

Der Franziskanermönch Salimbene von Parma, einstmals ein Freund, später ein Feind des Kaisers, berichtet, Friedrich habe einmal gesagt: »Der Gott der Juden habe sein eigenes Land nicht gesehen, nämlich die Terra di Lavoro, Calabrien, Sizilien und Apulien, sonst hätte er das Land (wo Milch und Honig fließt), das er den Juden verhieß und gab, nicht so oft gerühmt«.[1]

Dies Sizilien, dies gelobte Land, hatte der Kaiser auch in achtjährigem Deutschlandaufenthalt nicht vergessen. Schon während der Krönungstage in Rom hatte Friedrich II. die Politik seines Königreiches Sizilien betrieben.

Er hatte mit dem Abt von Monte Cassino in Rom einen Vertrag geschlossen, in dem er sich bereiterklärte, der berühmten und traditionsreichen Abtei ihren im Königreich Sizilien liegenden reichen Streubesitz an Ländereien, in wessen Besitz sie auch jetzt sein mochten, zurückzugeben. Dafür war der Abt bereit, die im Klosterbesitz liegenden Burgen an den kaiserlichen Beauftragten, den Grafen von Aquino, auszuliefern. Die Stoßrichtung von Friedrichs Handeln war klar, Rückgewinnung der strategischen Machtpositionen im Königreich.

Der Vertrag des Kaisers mit dem Abt hatte Pilotfunktion. Der Graf von Aquila folgte dem Beispiel des mit ihm befreundeten Abtes und überlieferte dem Kaiser seine Bergkastelle, gegen die Zusage der Rückgabe verlorenen Landbesitzes. Auch die Grafen Roger von Aquila, Jacob von San Severino, Richard von Ajello und Richard von Celano huldigten dem Kaiser und König und lieferten ihre Kastelle aus. Die Huldigung des mächtigsten Parteigängers Kaiser Ottos IV., Thomas von Celano, Graf von Molise, ein Mann, der alleine vierzehnhundert Reisige ins Feld stellen konnte, lehnte Friedrich ab. Ihn, den mächtigsten Baron Festlandsiziliens, wollte er vernichten.

Das alles schaffte er ohne deutsche Truppen, nur gestützt auf die mittleren Barone, die er gegen die großen Magnaten, namentlich auf den Grafen von Molise, ansetzte. Schon im Frühjahr 1221 waren die Abruzzenburgen des Grafen von Molise, Bojano und Roccamandolfi, erobert. In einer dritten Burg, Ovindoli, hielt sich der Graf noch verschanzt, gab aber auf, nachdem die Kurie für ihn einen Vertrag ausgehandelt hatte, der drei Jahre Verbannung in der Lombardei vorsah, Auslieferung aller Kastelle und Verbleib eines bescheidenen Restbesitzes.

Als sich der Graf nach Auffassung Friedrichs auf dem Wege in die Lombardei zu lange in Rom aufhielt, konstruierte der kaiserliche Hof einen Vertragsbruch, und die restlichen Güter des ehemals so mächtigen Abruzzengrafen wurden eingezogen. Die Stadt Celano wurde wegen eines Überfalls auf kaiserliche Truppen bis auf die Grundmauern zerstört, die Einwohner zerstreut und später auf die Insel Sizilien verbannt.

Der zweite Schlag des Kaisers galt jetzt den mittleren Baronen, die ihm geholfen hatten, die Macht des Grafen von Molise zu brechen. Graf Roger von Aquila, der Mann, der die Burgen des Grafen von Molise erobert hatte, Jacob von San Severino und andere, die zum Sarazenenkrieg aufgeboten worden waren, aber nicht mit genügend Truppen, vielleicht auch gar nicht erschienen waren, wurden gefangengesetzt und ihrer Güter beraubt. Sie selbst wurden später auf päpstliche Intervention freigelassen. Sie lebten in

Rom, wohl auf Kosten der Kurie, und vergrößerten dort den Kreis derer, die später den Sturz des Kaisers betrieben.

Auch die Kurie erlebte ihre Enttäuschungen. Sofort nach der Krönung zahlte Friedrich II. den Betrag zurück, den er für die Kosten der Vormundschaft schuldete, und forderte die Rückgabe der für diesen Betrag verpfändeten Grafschaft Sora. Dagegen gab es keinen vertretbaren Einspruch. Schmerzlich war, daß Papst Innocenz III., ein geborener Graf Segni, Sora seiner Familie zugeschanzt hatte. Bedeutsam wiederum, daß der Kardinal Hugolin von Ostia, der spätere Papst Gregor IX., ebenfalls ein geborener Graf Segni war. Noch am 30. Oktober 1220 hatte Kardinal Hugolin Friedrich II. zu Cremona »die erste Pflanze der Kirche« genannt. Vielleicht war die harsche Zurücknahme von Sora der Bruch der Freundschaft zwischen dem Kardinal und dem Kaiser. Wenn dem so war, und diese Überlegung entspricht dem Geschehensablauf, dann war der Preis die Feindschaft des künftigen Papstes, und dieser Preis war zu hoch.

Die wichtigste Waffe Friedrichs war nicht, die kleinen gegen die großen Barone auszuspielen und später den Kleinadel gegen alle ehemals Mächtigen zu stellen. Er hatte eine schärfere Waffe, das Recht oder klarer gesagt: die Anwendung der Gesetze!

DIE WAFFE DER GESETZE

In Friedrichs Begleitung war der berühmte bolognesische Rechts-
gelehrte Roffred von Benevent. In ihm darf man Friedrichs Helfer
der »Assisen von Capua« sehen, mit denen Friedrich II. den
Macht- und Rechtsdschungel, der seit dem Tode Heinrichs VI.
(† 1196) das Königreich Sizilien überwucherte, ausräumte.

Im Hauptgesetz der Assisen von Capua, »De resignandis privi-
legiis«, setzte Friedrich alle Schenkungen, Privilegien und Be-
sitzurkunden außer Kraft. Die Inhaber mußten zur Überprüfung
ihre Dokumente den kaiserlichen Kanzleien vorlegen. Hier wurden sie überprüft und meistens verworfen. Diese Privilegienüber-
prüfung wird mitunter als Geniestreich Friedrichs II. hingestellt.
Karl Hampe stellt fest, »daß ein derartiges Vorgehen, um entfremdeten Kronbesitz zurückzugewinnen, im anglo-normannischen
und sizilisch-normannischen Reiche, ähnlich wie im verwandt-
schaftlich verbundenen Aragonien seit langem üblich war«.[1]

Auch Heinrich IV. (1054–1106) hatte versucht, das während seiner Minderjährigkeit verschleuderte Krongut wieder in Kronbesitz zu bringen. Zur Feststellung des königlichen Eigentums wurde ein sogenanntes Inquisitionsverfahren angewandt.[2]

Allerdings führte dieses Verfahren zu blutigen Kriegen mit den
Sachsen, die erst 1075 im Frieden von Speyer mit der Unterwerfung der Sachsen und der Rückführung des Königsgutes beendet
wurden.

Schon Karl der Große hatte in den achtziger Jahren des 8. Jahrhunderts ähnlich gehandelt, als er das langobardische Königtum
errang. Auch er erklärte bis zu einem bestimmten Stichtag alle Privilegien im Königreich Langobardien für ungültig und behielt sich
eine Überprüfung vor.[3] Wir sehen, die Maßnahmen des Staufers
gehörten zum Regierungsinstrumentarium mittelalterlicher Königsherrschaft.

Schon König Roger II. von Sizilien, Friedrichs Großvater müt-
terlicherseits, hatte solche Überprüfungen von Besitzverhältnissen
gesetzlich angeordnet. Bei ihm handelte es sich um das vorsichtige
Beschneiden von Wildwuchs. Friedrich aber stand vor einer viel-
jährigen Anarchie, die sich durch die Dauer der Zeit verfestigt hatte. Um so unerbittlicher forderte der König die Rückführung,
wenn auch nur der Schein eines Anspruchs sichtbar wurde.

Zusammen mit dem auf altem normannischem Königsrecht fußenden Gesetz, das alle Burgen und Wehrbauten zur Auslieferung an die Krone bestimmte, wurde eine völlige Entmachtung des sizilischen Adels durchgeführt. Dem so geschwächten Adel wurde verordnet, daß Eheschließungen von Lehnsträgern nur mit königlicher Zustimmung gestattet seien. Dieses Gesetz wurde ebenso streng gehandhabt wie das Erbschaftsverbot. Damit konnten Kinder von Lehnsträgern nicht mehr automatisch, sondern nur mit Genehmigung des Kaisers das Erbe antreten.

Friedrich II. hatte innerhalb von zwei Jahren eine neue Gesellschaftsordnung erzwungen.

Keiner konnte nunmehr an den gesetzten Stand der Lehen, für den der Todestag des letzten Normannenkönigs als Stichtag galt, ohne Erlaubnis des Kaisers etwas verändern, heiraten, vererben oder weiterverleihen. Eine ganze Gesellschaft, die bisher ihr vielleicht unvollkommenes, aber eigenes Leben geführt hatte, war erstarrt und auf einen einzigen Willen konzentriert. Nicht mehr der Lehnsbesitz gab dem Adeligen Macht und Würde, sondern nur der persönliche Dienst beim König, als Krieger oder als Beamter.

Nicht die an Vorbildern orientierten Gesetze, die Friedrich erließ, sind das Staunenswerte, sondern die Energie und Schnelligkeit, mit der Friedrich seine Maßnahmen durchführte. Das zweite Phänomen war, wie schnell der Widerstand des in der Vergangenheit so unbotmäßigen sizilischen Adels unter Friedrichs strenger Hand zerbrach. Und so konnte der Chronist mit Fug und Recht berichten: »Im Königreich aber beugten alle den Nacken vor dem Kaiser.«[4] Dem ob all dieser Ereignisse nicht nur als Papst, sondern auch als Oberlehnsherr Siziliens beunruhigten Honorius, schrieb Friedrich II. am 3. März von Trani aus:

»... Wie erinnerlich haben Wir darüber Eurer Väterlichkeit durch andere Schreiben mitgeteilt, daß Wir deswegen, weil der besagte Kaiser, Unser Vater, vieles vom Reiche in der Hoffnung auf Rückgabe fortgegeben hatte, was er hätte behalten sollen, und weil nach dem Tode des Kaisers viele Privilegien mit seinem Siegel als falsch erfunden worden sind, durch die der größte Teil Unseres Besitzes in fremde Hände geraten war, befahlen, daß alle Privilegien in Unsere Hand gebracht werden sollten, ebenso auch jene, die bekanntlich von den verschiedenen Machthabern, von denen Wir abhängig waren, und unter verschiedenen Siegeln offensichtlich zum Verderben der königlichen Herrschaft ausgestellt worden sind ...«[5]

Ohne Zweifel hatte Friedrich recht, die von den verschiedenen Machthabern Marquard von Anweiler, Wilhelm Capparone und auch dem Bischof und Kanzler Walter von Pagliara erteilten Privilegien auf ihre Rechtmäßigkeit zu überprüfen. Denn ihre Privilegienerteilung galt meistens dem eigenen Wohl, nicht aber dem Wohle des Königreiches.

Ein anderes Wort in Friedrichs Brief an den Papst ist enthüllend, läßt uns Teile seiner Denkweise und seiner Rechtsauffassung erkennen, die wir in seinem politischen Handeln wiederfinden. »... weil der besagte Kaiser, Unser Vater, vieles vom Reiche in der Hoffnung auf Rückgabe fortgegeben hatte, was er hätte behalten sollen ...«

Dies ist eine Unterstellung Friedrichs. Kaiser Heinrich VI. war zwar ein harter und grausamer Herrscher, aber ein Mann intellektueller Redlichkeit. Er hatte dem Drängen Papst Coelestins III. mehrfach widerstanden, den Lehnseid für Sizilien zu leisten. Er hatte sein sizilisches Königtum aus den Rechten seines Kaisertums begründet gesehen, er hatte nie Schwüre geleistet, die er zu brechen gedachte. Die Unterstellung, er habe vieles vom Reiche in der Hoffnung auf Rückgabe weggegeben, entspricht dem Verhalten seines Sohnes Friedrichs II., der bereitwillig Schwüre leistet und sie bricht oder nicht erfüllt. Ob es sich um das Versprechen der Trennung von Regnum und Imperium handelt, siebenmal beschworen und ebenso oft gebrochen, oder die immer wieder beschworenen und dennoch gebrochenen Kreuzzugstermine.

Dieses Verhalten, unter Zwang Zugeständnisse zu machen, und wenn der Zwang weggefallen ist, »sich zu nehmen, was man hätte behalten wollen«, ist ein Charakteristikum seines politischen Handelns bis zu seinem Tode.

Nachdem Friedrich die Probleme Festlandsiziliens in den Griff bekommen hatte, galt jetzt sein Interesse der Insel Sizilien.

Die Ausschaltung der Seemächte

Sizilien war nicht nur die Kornkammer der Mittelmeeranlieger, sondern auch Produzent von Datteln, Zuckerrohr und anderen Südfrüchten. Hanf und Flachs wurden gezogen, und es gab eine beachtliche Seiden- und Wollproduktion.

Außerdem war die Insel mit ihren sicheren Häfen Umschlagplatz für die Levantefahrer, die hier auf dem Hinweg ihre heimat-

lichen Waren, und auf dem Rückweg die Güter des Orients ver-
kauften oder gegen sizilisches Korn oder Seide tauschten.
Hauptsächlich die beiden mächtigen Seehandelsrepubliken Genua
und Pisa stießen hier als Rivalen aufeinander.

In den großen Hafenstädten, in Palermo, Messina, Catania, Syrakus und Agrigent, genossen sie Vorrechte. Darunter das wichtige Fondaco, vom arabischen Funduq = Unterkunft abgeleitet, das
mehr als Unterkunft, nämlich auch das Betreiben von Lagerhäu-
sern und Faktoreien bedeutete. Als Wichtigstes genossen sie Han-
delsfreiheit, das heißt Zoll-, Abgaben- und Gebührenfreiheit. Politisch hielten es die Genueser mit den Lombarden und waren darum meist kaiserfeindlich, die Pisaner hingegen waren kaiserlich gesinnt.

Als Friedrich seinen abenteuerlichen Ritt nach Deutschland unternahm, hing das kaiserliche Pisa dem Welfenkaiser Otto IV. an,
das kaiserfeindliche Genua stellte sich an die Seite des jungen Königs von Sizilien, gab ihm Unterkunft, Verpflegung und Kredite.
Durch diesen Dienst am jungen Friedrich hatten die Genueser auf
der Insel bald eine Vorrangstellung erlangt. Sie waren es auch, die
den König gegen das feindliche Pisa stützten. Nach Ottos IV. Untergang war die genuesische Handelsvormacht in Sizilien gegenüber Pisa gesichert.

Mit welch räuberischer Härte der Kampf um die Handelsvormacht von den Seemächten auf Sizilien geführt wurde, hatte Friedrich noch in der Zeit der Vormundschaft erlebt. Pisanische Seefah-
rer, Kaufleute und – wenn die Möglichkeit es zuließ – auch Korsa-
ren, hatten Syrakus erobert, den Bischof und die Einwohner vertrieben und eine Piratenhochburg unter dem Schutz Pisas etabliert.
Gerne bedienten sich die Pisaner dieses Stützpunktes, obwohl sie
sich im heute noch gepflegten diplomatischen Verfahren offiziell
von dem Raubhafen distanzierten.

Im Sommer 1204, Friedrich war um diese Zeit bereits zehn Jahre alt und wird das Geschehen bewußt erlebt haben, versammelte
der Zufall eine größere genuesische Kauffahrerflotte in Kreta. Man
heckte den Plan aus, den Pisanern Syrakus zu nehmen. Anführer
war der berühmte genuesische Korsar Alaman da Kosta. Auf Malta erhielt man Verstärkung durch genuesische Galeeren. Gemeinsam wurde Syrakus erobert und der Seeräuber Alaman da Kosta
nannte sich hinfort »von Gottes, Königs und der Stadt Genua
Gnaden Graf von Syrakus und Familiar des Königs«.[1]

Das Seeräubernest stand unter dem Schutz der Mutterstadt Genua. Tatsächlich konnte Genua aus einem Privileg Kaiser Friedrich Barbarossas bestimmte Rechte auf Syrakus geltend machen. Genua hielt nun mit Syrakus, Malta und Kreta die wichtigsten Bastionen des Orienthandels in seiner Hand.[2]

Für eine Seeräubertyrannis war in Friedrichs Königreich allerdings kein Raum. Die Genueser flohen zum Papst und der Graf von Syrakus fand dort – wie alle Gegner Friedrichs – Unterschlupf und Gehör. Dann führte Friedrich den entscheidenden Schlag. Dazu brauchte er kein Heer oder eine Flotte, sondern die bereits erwähnten Assisen von Capua. Als Schönheitsfehler stellte sich heraus, daß bei der Überprüfung der den Seestädten ausgestellten Privilegien die Erteilung vor dem Stichjahr 1189 erfolgt war.

Ein leichtes Problem für Friedrich. Auf einem Hoftag zu Messina im Mai 1221 ließ er das Stichjahr von 1189 auf das Jahr 1154, das Todesjahr des großen König Rogers II., zurückdatieren. Gleichzeitig brachte er ein Gesetz der Capuaner Assisen zur Geltung, das jede Bevorzugung Fremder vor den Landeseinwohnern, etwa durch Befreiung von Zöllen und Abgaben, aufhob.

Den Protest der Seestädte, namentlich Genuas, das ihn nicht unberechtigt der Undankbarkeit zieh, wischte er hinweg. Er stieß so massive Drohungen aus, daß der Admiral der sizilischen Flotte, ein Genuese mit Namen Guillelmus Porcus, vorsorglich die Flucht ergriff. Doch Friedrich hatte sein Ziel erreicht. Durch die Aufhebung der Privilegien der Seestädte stiegen die Staatseinnahmen erheblich. Der genuesische Stadtschreiber klagte in seiner Chronik: »Zehn Prozent und noch mehr betrage jetzt die die Ware belastende Steuer im Königreich«.[3]

Flotten- und Wirtschaftspolitik

Damit hatte Friedrich das – das ganze Mittelmeer beherrschende – Kapital herausgefordert. Daß er dies bewußt in Kauf genommen hatte, beweist die Erneuerung der alten normannischen Flottenbaugesetze, die in den Assisen von Capua enthalten sind.

Auch hier räumte die königliche Hand alles private Geschehen beiseite und demonstrierte die Staatsallmacht. Sämtliche Werften, gleich ob sie vor 1189 oder 1154 gegründet waren, wurden für die

Krone beschlagnahmt. Sämtliche in den Häfen liegenden Schiffe
wurden entweder zwangsangekauft oder verfielen dem Fiskus.
Dann errichtete der Kaiser neue staatliche Werften, denn zum
Schutze der requirierten oder zwangsweise angekauften Handels-
flotte brauchte er Kriegsschiffe.

Seine drakonischen Maßnahmen vertrat er gegenüber der römischen Kurie mit dem Argument, daß noch 1221 zwei Geschwader zum Kreuzfahrerheer nach Ägypten segeln sollten, und
Friedrich bis zum Jahre 1225 hundert Galeeren und fünfzig Last-
schiffe zum großen Kreuzzug bereitstellen wollte. An die Spitze
dieses neuen Flottenwesens wurde ein berühmter Korsar gestellt,
Graf Heinrich von Malta, ebenfalls Genuese wie sein Vorgänger.
Im Gleichklang mit all diesen Maßnahmen wurden auch auf der
Insel die Burgen in königlichen Besitz überführt. Sie übernahmen
den Küstenschutz und dienten als Ausgangspunkte für den Sarazenenkrieg.

Auch auf die Wirtschaftspolitik konzentrierte sich der königliche Wille. Jetzt, wo eigener Schiffsraum vorhanden war, betä-
tigte sich der König als Weizenhändler. Aus dem Jahr 1224 wird
berichtet, daß der Fiskus – hinter diesem Wort versteckt sich immer die Staatsallmacht – durch radikale Drosselung der Exporte
die Weizen- und Viehpreise so drückte, daß sie die Kosten nicht
mehr deckten. Jetzt, bei dem ruinösen Tiefstpreis, konnte der
Fiskus billig einkaufen, die Lagerhäuser füllen und zu Höchst-
preisen verkaufen. Eine Wirtschaftspolitik gegen die eigene Bevölkerung.[1]

Aber Friedrich stand erst am Anfang des absoluten Staates. In
den vierziger Jahren findet seine Wirtschafts- und Staatspolitik
eine schreckliche Vollkommenheit. Im Jahre 1222 ließ Friedrich seine silbernen Imperialen schlagen, die einen Zwangskurs erhielten.
Ferner fand im Jahre 1223 erstmals die Erhebung einer direkten
Steuer statt, die alle zwei oder drei Jahre wiederholt wurde. In den
späteren Jahren des Kaisers wurde daraus eine jährliche Steuer. Bei
dieser »Kollekte«, in den Anfängen einmal als einmalige Beihilfe
gedacht, setzte der Kaiser die Summe fest, die erzielt werden mußte. Die Notwendigkeit der Steuer wurde gegenüber den Untertanen
so begründet: »Der Herrscher, den der Glanz des kaiserlichen
Titels schmückte, sah es nicht als unwürdig an, ›einer aus Apulien‹
genannt zu werden. Er rühmte Milde und Fruchtbarkeit seines
Erblandes, das er sich zum Sitz erwählt hatte. Seine Wünsche ent-

sprachen den Wünschen seiner Untertanen und ihr Wollen und Nichtwollen waren in allem das Gleiche wie das seine. Daher durfte er, der seine Person den Mühen aussetzte, sein Erbreich Sizilien nicht schonen. Hatten ja die Einwohner des Königreiches zum Neide aller anderen Völker am ›honor‹ (der Ehre) des Herrschers teil.«[2]

So wurde hier für ein dringendes Finanzbedürfnis das Pathos, der hohe Stil der Kanzleisprache bemüht, und die Seite der Herrscherideologie, die dem sizilischen Erbreich zugewandt war.[3]

Diese Kollekte wurde 1223 zum erstenmal ausgeschrieben, als es galt, die Bergsarazenen zu bekämpfen.

Die Sarazenen

Es war nicht so, daß man einen fest umschlossenen sarazenischen Herrschaftsraum bekämpfen mußte. Das hatten vor Friedrich bereits die Normannen geleistet. Die Sarazenen hatten sich ins Gebirge zurückgezogen, wo sie im Schutz ihrer Festungen lebten. Auch Sarazenen aus Palermo, die einem blutigen Gemetzel der Christen (1209) entkommen konnten, waren zu ihnen gezogen. Vielleicht hatten auch Sarazenen aus dem afrikanischen Festland ihre Reihen verstärkt.

In einem Überraschungsangriff eroberte Friedrich die sarazenische Bergfestung Jato, das heutige Enna. Im Hafen von Catania lauerte die sizilische Flotte unter dem Kommando des Grafen von Malta, um sarazenischen Zulauf aus Afrika abzufangen. Nach seinem Anfangserfolg hatte Friedrich die Insel wieder verlassen, nachdem er seine im Jahre 1222 in Catania verstorbene Frau Constanze von Aragon in Palermo beigesetzt hatte.

Admiral Graf Heinrich von Malta wurde Oberkommandierender im Sarazenenkampf. In einem aufreibenden, noch zwei Jahre dauernden Kleinkrieg wurde Bergnest um Bergnest gebrochen. Dennoch gelang es den Sarazenen, die Bergfestung Jato zurückzuerobern. Auf Dauer jedoch mußten sie der kaiserlichen Übermacht erliegen.

An der Küste füllten sich die Gefangenenlager mit – in orientalischem Fatalismus – auf den Tod wartenden Sarazenen. Da gelang Friedrich ein von der damaligen Welt bestaunter, von der päpstlichen Kurie zutiefst verdammter Schachzug.

Minarette in Italien

In seiner Jugendzeit war Friedrich II. mit dem Islam, seinen Menschen und seinem Denken in Berührung gekommen. Er hatte auch einen sarazenischen Lehrer gehabt, durch ihn die Mentalität der Orientalen erfahren und wußte, daß der Haß der Unterlegenen bei großzügiger Behandlung durch den Sieger nicht nur in Dankbarkeit, sondern in Liebe und grenzenlose Verehrung umschlagen konnte.

So verzichtete er auf einen Racheakt gegen die gefangenen Bergsarazenen und transportierte sie mit seiner Flotte hinüber zum Festland. In Lucera, zwanzig Kilometer südwestlich von Foggia, der geplanten Hauptstadt, siedelte er sie auf einer imponierenden Berghöhe an. Neben einem Kastell, die heute sichtbaren Mauern stammen noch aus der Zeit Karl von Anjous (1265–1282), entstand mitten im italienischen Land eine moslemische Stadt. Friedrich gewährte seinen Sarazenen Religionsfreiheit, was sie noch stärker an ihn band. War er doch für diese entwurzelten, im fremden Lande Lebenden, der einzige Schutz. Unter den fleißigen Händen der Sarazenen, verbunden mit ihren großen agrarischen Kenntnissen, wurde Lucera der Mittelpunkt blühender Landschaften.

Das wichtigste war, daß ihm die ihn wie einen Abgott verehrenden Sarazenen eine stattliche Streitmacht stellten. Fußvolk und leichte Reiterei, schnell und beweglich, ihm zum Tode ergeben und gegen jeden päpstlichen Bannspruch gefeit.

In der Stadt wirkten Gold- und Silberschmiede, und in der kaiserlichen Kammer von Lucera schufen fleißige Sarazenenmädchen Seidenstoffe und andere Gewebe für ihren »Sultan«, wie sie den Kaiser nannten. In dieser kaiserlichen Kammer sah eine sich immer wieder neu entzündende Phantasie den lust- und lasterhaften Harem des Kaisers. Friedrich II. umgab sich mit sarazenischer Dienerschaft, die, geschult an orientalischer Despotie, den Willen des Kaisers in vorauseilender Unterwürfigkeit erfüllte. So groß war Friedrichs Vertrauen in seine Sarazenen in Lucera, daß er dort den staufischen Staatsschatz deponierte.

Daß dieser muslimische Mikrokosmos, hundert Kilometer vor den Toren Roms, mitten im christlichen Italien, dem Papsttum das Ärgernis der Ärgernisse sein mußte, ist verständlich. Vor allem, als der Bau der Moscheen vollendet und ihre schlanken, mit dem Halbmond geschmückten Minarette wie Lanzen in den blauen

Himmel Italiens stießen, entlud sich der päpstliche Zorn. Am 3. Dezember 1232 schrieb Papst Gregor IX. an den Kaiser:

»Verwundert und bestürzt vernahmen Wir, daß die Söhne des Verderbens, die Sarazenen nämlich, die Du in Apulien angesiedelt hast, unter Zusicherung Deiner Gnade, was kaum glaublich, die Kirche des heiligen Petrus in Bagno Fojetana, die mit vollem Recht zum Kloster des heiligen Lorenz in Aversa gehört, in einen Ort des Teufels verwandelst ... Überdies möge es, da eine Überfülle an Freiheiten, die Du, wie man sagt, den Sarazenen gewährt hast, in einer für die Christen gefährlichen Nachbarschaft besteht, und vielen, die davon hören, Schrecken verursacht, Deiner Hoheit gefallen, ihre Anmaßung so zu ersticken, daß sie in Kürze die Herzen Deiner Untertanen nicht mehr zu verwirren wagen, zumal es Unserem Erlöser Unrecht erscheinen muß, wenn die Söhne Belials, die durch die Fessel der Knechtschaft gebunden sein sollten, die Söhne des Lichts in Unseren Landen bedrängen oder sich sündhafterweise ihnen an Freiheiten gleichachten.«[1]

Dem Papst gegenüber behauptete Friedrich, die Umsiedlung der Sarazenen diene der Christianisierung. Er schreibt:

»Damit es nun Eurer Heiligkeit gefällt, einige Brüder des Predigerordens zur Bekehrung der Sarazenen, die in Lucera in der Capatinata wohnen und die italienische Sprache beherrschen, auszusenden, so ist es Uns recht, wenn diese Prediger kommen und das Wort des Herrn zu predigen beginnen. Denn Wir beabsichtigen, in Kürze in jener Gegend zu sein, wo Wir den Brüdern beistehen wollen mit Rat wie mit Tat, damit sie mit Hilfe Gottes in Werk und Wort Erfolg haben, zumal ja viele von den Sarazenen mit Unserer Zustimmung und auf den Ruf des Herrn bereits zur Kenntnis des Glaubens bekehrt worden sind. Deshalb wird es Uns eine um so besondere Freude sein, sie ganz bekehrt zu sehen, als sie durch die vorgängige Predigt bereits zu Verehrung des einzigen Gottes geführt wurden.«[2]

In Wirklichkeit war Friedrich an der Christianisierung der Moslems nicht interessiert. Denn solange sie dem Islam treu blieben, solange waren sie auch resistent gegen den päpstlichen Bannspruch.

Vor allem zahlten sie ihm als Andersgläubige die Kopfsteuer. Bedenkt man, daß bei Friedrichs Tod sein sarazenisches Heer zirka fünfunddreißigtausend Kämpfer betrug, addiert man Frauen, Kinder und Greise hinzu, so muß die Sarazenenkolonie von Lucera auch personell gewaltige Ausmaße gehabt haben. Der finanzielle Verlust des Kaisers bei der Christianisierung dieser Menschenmassen wäre sehr groß gewesen.

Ernst Kantorowicz, sein ihn verherrlichender Biograph, schreibt nicht ohne Kritik: »So hatte Friedrich II. in weniger denn drei Jahren das ganze sizilische Chaos einigermaßen zum Staate gewandelt. Seine Mittel und Waffen hatten sich mit den Gegnern gewandelt: skrupelloser als die unzuverlässigen und verräterischen Barone und wirtschaftlich weitblickender als die Seestädte, oder mindestens ihnen völlig gewachsen.«[3]

Aber sein Kreuzzugsversprechen, 1215 in Aachen freiwillig gegeben, bei seiner Kaiserkrönung am 22. November 1220 für den Spätsommer 1221 dem Papste beschworen, war noch immer nicht erfüllt. Lediglich zwei kaiserliche Geschwader unter Admiral Heinrich von Malta und dem ehemaligen Kanzler Walter von Pagliara wurden nach Damiette entsandt. Sie kamen zu spät, um das Kreuzfahrerheer zu retten.

Die Gründung der Universität Neapel

Eine der größten Taten Kaiser Friedrichs II. war die Brechung des kirchlichen Bildungsmonopols, die Gründung der Universität Neapel. Hier ging es nicht um Gelehrsamkeit, gar im Sinne eines humanistischen Bildungsideals, hier ging es, wie bei fast all seinem Tun, um Macht.

Auf seiner Universität, der ersten Staatsuniversität, sollte die Führungselite seines Königreiches gebildet und ausgebildet werden.

Frei von kirchlicher Gelehrsamkeit, die ihre Ziele in Papsttum und Kirche sah, frei vom Geist der Hohen Schule von Bologna, der berühmtesten Rechtsschule des Mittelalters, die zu geistesverwandt mit den lombardischen Städten war, sollte die Universität Neapel zur geistigen Kaderschmiede des Königreichs Sizilien werden. Hier sollten Staatsdiener, Juristen erzogen werden, die in König und Königreich die Mitte und den Inhalt der Welt erblickten. Eindrucksvoll beginnt der Gründungserlaß, der vielleicht im Juli 1224 von Syrakus aus ergangen ist, und nennt offen seine Ziele:

»Mit der Gnade Gottes, durch die Wir leben und regieren, wünschen Wir, daß es in Unserem Königreich durch eine Quelle der Wissenschaften und eine Pflanzschule der Gelehrsamkeit viele kluge und weitschauende Männer gebe, Männer, die durch das Stu-

dium der Natur und der Erforschung des Rechts Gott dienen können, dem alles dient, und die Uns durch die Pflege der Gerechtigkeit gefallen, deren Vorschriften nach Unserem Willen alle gehorchen sollen. Wir verfügen aber, daß in der lieblichen Stadt Neapel
die Wissenschaften jeder Art gelehrt werden und die Studien
blühen sollen, damit alle, die hungrig und durstig sind nach der
Gelehrsamkeit, im Königreiche selbst den Ort finden, an dem ihre
Begier gestillt werden kann ... Wir erstreben aber, daß dieses Gut
Unserem Staatswesen zu Nutzen gereiche, da Wir die Wohlfahrt
der Untertanen in Unserer besonderen Huld im Auge haben.
Denn natürlich werden die Unterrichteten die besten Aussichten
haben und die meisten Güter erwarten können, während den Fau-
len kein Aufstieg erwartet, dem der Adel folgt. Wer sich auf das
Richteramt vorbereitet, den erwarten Reichtümer in Fülle, dem
steht Gunst und Gnade in Aussicht.«[1]
Dann ordnet der kaiserliche Erlaß die Bestallung von Professo-
ren, bestimmt die Stipendien, verordnet, daß für die Unterkunft
der Scholaren zwei Goldunzen bezahlt werden sollen, kurz, der
gesamte Lebenskreis der Scholaren wird festgelegt, in allen Einzel-
heiten niedergeschrieben bis auf das Ausleihen der Lehrbücher in
der Bibliothek.
Im Gegensatz zu seinem Großvater, Kaiser Friedrich I. Barbarossa, der im November 1158 auf den Ronkalischen Feldern das
»Privilegium Scholasticum« verkündete, das Gesetz, das die aka-
demischen Freiheiten in Europa begründete und noch heute Fundament freier Lehre und Forschung ist, setzte Friedrich in seinen
Zwangsstaat eine Zwangsuniversität.
Friedrich bestimmte in seinem Erlaß: »... Wir wünschen also
und befehlen Euch allen, die Ihr die Provinzen verwaltet und an
den Spitzen der Behörden steht, daß Ihr dies allenthalben und öffentlich verkündet und den Scholaren unter Androhung von Lei-
bes- und Geldstrafen befehlt, daß keiner seiner Studien wegen
außerhalb des Königreiches zu gehen und auch innerhalb des Königreiches anderswo zu lernen und zu lehren wage. Wer aber aus
dem Königreich außerhalb des Königreichs eine Schule besucht,
dessen Eltern sollt Ihr unter vorgenannter Strafe auftragen, daß er
bis zum Feste des heiligen Michael unverzüglich zurückkehre ...«[2]
In einem Schreiben von 1239 legt der Kaiser nochmals sehr bün-
dig den Zweck seiner Universitäten und schulischen Bestrebungen
dar:

»Obgleich Wir wünschen, daß Unsere Ritter das Waffenhandwerk verstehen, so ziemt es sich doch auch, daß die kaiserliche Majestät nicht nur durch Waffen geschmückt, sondern auch durch die Gesetze gewaffnet ist; denn zu jeder Zeit, in Krieg und Frieden, muß das Steuer richtig und zweckentsprechend geführt werden ...«[3]

Alles ist dem Zweck des Staates untergeordnet, und der Zweck und Sinn des Staates ist die kaiserliche Majestät. Wen will es da wundern, daß aus dieser Universität keine Gelehrten von Rang hervorgegangen sind, wie Petrus von Vinea oder Thaddaeus von Suessa, die beide der Hohen Schule von Bologna entstammten. Dem Staatszweck dienten die aus der Staatsuniversität hervorgegangenen Beamten in jeder Weise.

Das ist das Eigentümliche an Friedrichs Politik, daß er alles, auch das Kleinste, dem Zwecke des Staates dienstbar machte. Dies ist nur einem Menschen möglich, der sich selbst als Staatszweck sieht und der Welt und Umwelt nur auf das eigene Ich zentriert.

Der alle Dinge auf die Nützlichkeit für sich selbst zu verwenden wußte. Der »Utilitarismus«, der die Erhebung der Nützlichkeit zum Lebensprinzip macht, ist eine »Philosophie«, die von John Stuart Mill (1806–1873) im 19. Jahrhundert prägend mitentwickelt wurde und deren führender theoretischer Vertreter er ist. Einer der ersten Praktiker ist zweifellos Friedrich II. von Hohenstaufen. Nehmen wir zum Beispiel:

Die Judengesetzgebung

Im normannischen Sizilien lebten Juden, Mohammedaner, katholische und orthodoxe Christen in einem relativ friedlichen Miteinander. Es war Friedrich II., der trotz seiner gepriesenen Toleranz das Religions- und Völkergemisch entwirrte. Er zog die Mohammedaner von der Insel Sizilien ab und separierte sie auf Festland-Sizilien in der sarazenischen Kolonie von Lucera. Dort hatte er sie unter besserer Kontrolle als in der wilden, unübersichtlichen Bergwelt der Insel. Daß er sich darüber hinaus eine verschworene Truppe schaffte, gehört zu seinem Nützlichkeitsdenken.

Mit den Juden verfuhr er gemäß den Richtlinien des Laterankonzils. Die Juden mußten sich per Dekret von den Christen unterscheiden, einen gelben Fleck tragen und sich einen Bart wachsen lassen, damit sie äußerlich erkennbar blieben und »des christlichen Glaubens Riten nicht verwirrten«.[1] Verletzer dieser Gebote sollten durch den Einzug ihrer Güter, die Ärmeren durch ein Brandmal auf der Stirn, bestraft werden.

Das richtete sich nicht gegen die jüdische Religion. Man hat ja nie klären können, ob Friedrichs religiöse Toleranz aus religiöser Gleichgültigkeit oder aus der Anerkennung der religiösen Gleichwertigkeit der drei Buchreligionen entsprang. Die Separierung der Mohammedaner und die Kennzeichnung der Juden zeigen sein Ordnungsdenken. Bis ins 20. Jahrhundert hinein feierte man Friedrich als einen Rechtsfanatiker. Wahrscheinlich war er aber mehr Gesetzesfanatiker, vor allem bei seinen eigenen Gesetzen. Hier zeigt sich ganz klar sein Ordnungsdenken. Denn Unordnung verwirrt den Staat und schadet seinen Zwecken.

So durften die Juden, wenn sie nicht dem Staat schadeten, unbehelligt nach ihren religiösen Gesetzen leben. Ja, durch manche ihrer religiösen Bestimmungen konnten sie dem Staate nützlich sein. Der Kaiser dekretierte: »... Von der Verbindlichkeit dieses Unseres Wuchergesetzes nehmen Wir allein die Juden aus, die des unerlaubten Zinsnehmens, durch Gottesgesetz verboten, nicht zu zeihen sind, da sie – wie bekannt – nicht unter dem Gesetz der seligen Kirchenväter stehen.«[2]

Allen war geholfen. Die Juden hatten ein lukratives Gewerbe und der Staat seine Steuereinnahmen aus ihrer Tätigkeit. An die Juden von Trani schreibt Friedrich im Jahre 1221:

»... Daher nehmen Wir in Anerkennung der Ergebenheit und der willkommenen Dienste aller Juden der Stadt Trani diese und ihre Güter unter Unseren Schutz. Darüber hinaus gewähren Wir diesen Hebräern auf immer, daß alle Juden, die, um dort zu wohnen, in die Stadt Trani ziehen wollen und ein Jahr dort geweilt haben, von ihren Einkünften nicht mehr als den dritten Teil von achtunddreißig Goldunzen, die sie der Kirche von Trani jährlich zahlen sollten, je nach Vermögen zu zahlen brauchen ...«[3]

Das sollte sich rasch ändern. Denn es gab einen uralten Streit, ob die Juden als Landfremde unter staatlicher Gewalt, oder als Ungläubige unter der Macht der Kirche standen. Friedrich »verstaatlichte« die Juden und setzte sie in den von ihm geschaffenen Monopolen ein.

Da sie der königlichen Kammer unterstanden, nannte man sie »Kammerjuden«. Wir finden sie in den Monopolen der staatlichen Färbereien, in der Seidenverarbeitung wie im Seidenhandel, wo sie zum Nutzen des Staates wie zum eigenen, auch in Führungspositionen eingesetzt waren. Trotz aller Duldung genossen Juden wie Sarazenen keine Gleichberechtigung. Ein nicht aufgeklärter Mord kostete die Gemeinde, in deren Gebiet der Mord begangen worden war, hundert Augustalen bei einem Christen, doch nur fünfzig Augustalen bei einem ermordeten Juden oder Sarazenen.

Wenn Friedrich auch dem Papst geschrieben hatte: »Wir wetteifern nämlich in himmlischer Begeisterung, auf daß nicht nur die Sarazenen Luceras, sondern die Gesamtheit der Völker zum Glauben zurückkehre ...«[4]

Man kann in diesem Ausspruch Friedrichs ein rhetorisches Feuerwerk, vielleicht auch nur blanke Ironie sehen, denn eine größere Christianisierung der Sarazenen und Juden hätte dem Nutzen seines Staates und damit der Staatsdoktrin widersprochen. Im Falle der Juden hätte er nicht nur seine Kammerknechte und die auf ihnen lastenden Steuern verloren, den Kopfzins, die Geburtssteuer, die Hochzeitssteuer und andere Abgaben. Bediente sich Friedrich der Juden zum Nutzen seines Staates, so fühlte er sich doch im Reich des Geistes und der Gelehrsamkeit in besonderer Weise zu ihnen hingezogen.

Genau wie Karl der Große, hatte auch Friedrich II. an seinem Hofe eine kleine »Gelehrtenrepublik«, in der er Menschen aller Völker und Religionen versammelte, »überwölbt durch den freien menschlichen Geist«.[5]

Wir finden hier jüdische Gelehrte wie Juda ben Salomon Cohen, Jacob ben Abbamari, Moses ben Salomon. Sie standen beim Kaiser als Wissenschaftler, Kommentatoren und Übersetzer in hohem Ansehen. Die Werke des großen jüdischen Philosophen Maimonides († 1204) lernte Friedrich durch Moses ben Salomon aus Salerno kennen.

»In seiner Feindseligkeit gegen Juden hat Friedrich unter seinen Zeitgenossen zahlreiche Geistesverwandte, aber in Bezug auf seine vorurteilsfreie Wertschätzung jüdischer Gelehrter hatte er keinen.«

Es war nicht die Liebe zu den Juden, sondern die Bewunderung der Rationalität des jüdischen Geistes. Damit aber wird Friedrich noch nicht zum toleranten Fürsten, wie er manchmal gesehen wird. Einer seiner größten modernen Verehrer, Ernst Kantorowicz, schreibt: »Seiner persönlichen Artung nach und in Bezug auf die Sakralien des Staates, an denen Rebellen und Ketzer sich gleichermaßen vergingen, ist Friedrich in Wahrheit der intoleranteste Kaiser gewesen, den das Abendland überhaupt hervorgebracht hat.«[7]

Friedrich II. und die Ketzer

Die Betrachter des Lebens Friedrichs II. fallen immer wieder in Verwunderung, daß der anscheinend so aufgeklärte, tolerante Kaiser und religiös indifferente Hohenstaufer so radikale, ja barbarische Ketzergesetze erlassen hat. Er tat dies gewiß nicht, um des Papstes oder der Kirche Wohlgefallen zu erregen.

Die Frage klärt sich leicht, wenn wir Friedrichs Ordnungsfanatismus, sein Nützlichkeitsdenken, die Forderung der unbedingten Einhaltung der von ihm erlassenen Gesetze und die mit der Zeit immer stärker werdende Auffassung von der Göttlichkeit seines Kaisertums betrachten. Nicht mehr der erste germanische Kaiser, Karl der Große, oder die ottonischen und salischen Kaiser sind Zielpunkt seines Wollens, sondern die Göttlichkeit der römischen Cäsaren.

Legen wir diese Gedanken an die Ketzergesetze an.

Erstens: Der Ketzer stört die Ordnung.

Zweitens: Die gestörte Ordnung steht nicht im Einklang mit dem Staatszweck, denn sie mindert den Staatsnutzen.

Drittens: Der Ketzer beleidigt nicht nur Gott, sondern auch die vergottete Majestät des Kaisers.

Friedrich nennt die lombardischen Rebellen darum Ketzer. So sind die Ketzergesetze in ihrer Grausamkeit nicht nur im Nebenzweck zum Schutze von Kirche und Glauben erlassen, sondern im Hauptzweck zur Durchsetzung des absolutistischen, allgegenwärtigen Zwangsstaates.

Der Tadel von Papst Gregor IX. ist nicht unbegründet, wenn er Friedrich schreibt: »In Deinem Königreich wagt niemand, ohne Deinen Befehl die Hand oder den Fuß zu heben.«

Zwar klingt das Wort Jacob Burckhardts rühmend, der Friedrich »den ersten modernen Menschen auf dem Thron« nennt[1], aber im weiteren Text, der meistens nicht zitiert wird, heißt es: »Friedrichs Verordnungen (besonders seit 1231) laufen auf eine völlige Zernichtung (sic!) des Lehnsstaates, auf die Verwandlung des Volkes in eine willenlose, unbewaffnete, im höchsten Maße steuerfähige Masse hinaus. Er zentralisierte die ganze richterliche Gewalt und die Verwaltung in einer bisher für das Abendland unerhörten Weise; kein Amt mehr durfte durch Volkswahl besetzt werden, bei Strafe der Verwüstung des betreffenden Ortes und Degradation der Bürger zu Hörigen ... Hier ist kein Volk mehr, sondern ein kontrollierter Haufen von Untertanen, die zum Beispiel ohne besondere Erlaubnis nicht auswärts heiraten und unbedingt nicht auswärts studieren durften.«[2]

Wer solch eine gesellschaftliche Umschichtung betrieb, wer sich selbst als Staatszweck sah, für den wurde der Rebell gegen die gesetzte Ordnung des Staates und gegen die eigene göttliche Majestät zum Ketzer. Und tatsächlich ließen sich Ketzer und Rebellen leicht miteinander vermengen. Besonders in den lombardischen Städten, namentlich in Mailand, wo die freiheitsbewußte Stadtbevölkerung durchsetzt war von der Sekte der Patarener, ehemals eine von den Päpsten im Kampf gegen Friedrich Barbarossa geförderte Volkspartei, hinter der sich aber seit dem Jahre 1179 auch italische Katharer verbargen.

Hören wir den Kaiser selbst: »Die Sorge für die Uns vom Himmel übertragene königliche Gewalt und der Hoheit der Uns vom Herrn verliehenen kaiserlichen Gewalt zwingen Uns, das weltliche Schwert, das Wir im Gegensatz zur priesterlichen Würde führen, gegen die Feinde des Glaubens und zur Ausrottung der ketzerischen Niedertracht zu zücken, damit Wir die Schlangensöhne des Unglaubens, die Gott und die Kirche beleidigen, wie Entweiher des Mutterleibes, mit gerechtem Gericht verfolgen und die Bösewichter nicht leben lassen ...

... Wenn also der Zorn Unserer Erhabenheit gegen die Beleidiger Unseres Namens entbrennt, wenn Wir die der Majestätsbeleidigung Schuldigen in ihren und ihrer Kinder Personen zur Enterbung verurteilen, so verfahren Wir noch billiger und gerechter gegen die Schmäher des göttlichen Namens und die Herabsetzer des göttlichen Glaubens, indem Wir die Erben und Nachkommen der Schützer, Begünstiger und Verteidiger der Ketzer bis ins zweite Glied aller weltlichen Güter, öffentlichen Ämter und Ehren auf Grund Unserer kaiserlichen Machtvollkommenheit berauben, auf daß sie im Gedenken auf das väterliche Verbrechen in unentwegter Trauer vergehen.«[3]

Hier haben wir die vollkommene Vermischung von Majestätsbeleidigung und Ketzerei. Der Kaiser verfügt die Sippenhaft und ruft die Söhne auf, die Väter zu denunzieren:

»Da Wir in Wahrheit wissen, daß Gott voller Eifer ist und die Sünden der Väter machtvoll rächt, haben Wir auch das aus dem Bereich Unserer Barmherzigkeit nicht ausschließen zu dürfen gemeint, daß die Söhne, die, ohne der väterlichen Ketzerei zu folgen, den verborgenen Unglauben der Väter aufdecken, auf welche Weise deren Schuld auch bestraft werden möge, der vorgenannten Beraubung auf Grund ihrer Unschuld nicht verfallen sollen.«[4]

In einem anderen Edikt gegen die Ketzer heißt es: »So befehlen Wir durch Unser Gesetz, daß die verfluchten Patarener die Passion erleiden desjenigen Todes, nach welchem es sie gelüstet; daß sie bei lebendigem Leibe vor aller Augen verbrannt werden, verfallen dem Urteil der Flammen, und nicht soll es Uns hindern, daß Wir hierbei also willfahren ihrem eigenen Wunsche.«[5]

Zur unerbittlichen Grausamkeit fügt der Kaiser jetzt auch noch Hohn und Spott auf die Unseligen, die in den Flammen verbrennen müssen.

In Italien, aber auch in Deutschland, loderten die Ketzerfeuer. Aus dem Österreich des Herzogs Leopold VI. (1198–1230) kommt uns die Kunde:

> »Die Lombardei wäre Eden gleich,
> hätt' sie den Herrn von Österreich;
> der alle Ketzer sieden läßt.
> Er fand, daß dies Gericht das best'.
> Er will nicht, daß der Satan
> zerbreche seine Zähne dran,
> wenn er sie ißt; drum heißt fürwahr
> er sieden sie und braten gar.«[6]

Der Herr von Österreich lag durchaus auf der Linie seines Kaisers, der an seine Kapitäne schrieb: »Wir beschlossen, an dem bei dem Verbrechen der Beleidigung Unserer Majestät ergriffenen Angeklagten nach vielen und verschiedenen Foltern die Todesstrafe vollziehen zu lassen, damit durch die Sühne des einen vielen anderen Furcht eingeflößt werde; denn es ist ein Zeichen der Milde, in der Bestrafung derartiger Verbrechen grausam zu sein.«[7]

Der Vertrag von San Germano

Überblickt man die Taten Friedrichs in den ersten Jahren – die Assisen von Capua und ihre Durchsetzung, die Niederringung der sizilischen Barone, die Rückführung entfremdeten Königsgutes, den Aufbau der Flotte und die Schaffung von Staatsmonopolen, die Bekämpfung der sizilischen Bergsarazenen – so zwingt sich die Erkenntnis auf, daß Friedrich zu keiner Zeit bereit gewesen sein konnte, die dem Papst Honorius beschworenen Kreuzzugstermine einzuhalten.

Man kann sogar Verständnis dafür aufbringen, daß der Herrscher erst sein chaotisches Königreich in eine Herrschaftsverfassung bringen wollte, die es ihm erlaubte, sein Land zu verlassen und sich auf das Abenteuer eines Kreuzzuges einzulassen.

Nur hätte er dem Papst seine Situation klarmachen müssen, anstatt eine Politik der Versprechungen und der Täuschungen zu praktizieren. Zwar erreichte er sein Ziel, den Kreuzzugstermin immer wieder hinauszuschieben, aber er büßte damit Stück für Stück seiner Glaubwürdigkeit ein.

Voll traf ihn der päpstliche Vorwurf, der Untergang des Kreuzfahrerheeres bei Damiette in den Fluten der Nilüberschwemmung sei seine Schuld. Vergessen war, daß er den Herzog von Baiern mit einem Truppenkontingent und den Grafen von Malta mit einer Flotte zu Hilfe gesandt hatte. Der Glaube des Papstes und der Kurie war, daß er, der Kaiser, das Kreuzfahrerheer hätte retten können. Ob sich Friedrich gegen den blindwütigen Eiferer, den Kardinallegaten Pelagius, hätte durchsetzen können, der ja nicht nur Jerusalem und die Heiligen Stätten befreien, sondern auch die Ungläubigen vernichten wollte, ist fraglich.

Dazu kam, daß Friedrich immer wieder die beschworene Freiheit der Bischofswahlen im Königreich antastete, so daß ihm der Papst schrieb: »Hüte Dich mein Sohn, daß Du nicht selbst der Getäuschte wirst, während Du zu täuschen scheinst. Wir, dem die Augen und Ohren vieler zu Gebote stehen, vermögen im Reich wie in Sizilien alle Uns erforderlichen Änderungen zu treffen.«[1]

Die Vertrauensbasis zwischen Papst und Kaiser war dramatisch geschrumpft. Was nützte es dann, wenn Friedrich am 11. Februar 1221 seinen berühmten Kreuzzugsaufruf erließ und er dem Papst am 25. Oktober des gleichen Jahres die Katastrophe von Damiette mitteilte, die sich am 30. August so tragisch vollzogen hatte: »Eine trauervolle Kunde, verehrungswürdiger Vater, trug Uns das Gerücht zu und durchbohrte Unser Herz mit dem Schwerte des Schmerzes ... Wer im christlichen Volk starrt nicht erschüttert auf diesen Zusammenbruch, wenn er sieht, wie der, der das Kreuz verfolgt, über das Kreuz triumphiert?... Oh, diese Schmach! Die Söhne der Kirche fliehen vor diesen Hunden der Synagoge, und über die Kirche des Herrn erhebt sich der Sieg Mohammeds!«[2]

Während Friedrich den Sieg Mohammeds wortgewaltig beklagt, bauen seine Bergsarazenen in Apulien ihre Moscheen.

Dennoch gelang es kaiserlicher Diplomatie und der Langmut des greisen Papstes, zu einem gemeinsamen Treffen in Veroli zu kommen, einem Abruzzenstädtchen, noch im Kirchenstaat, aber an der Grenze zum Königreich Sizilien.

Nach der Einigung über den Tagungsort machte sich der Papst mitten im Winter, im Februar 1222, nach Agnani auf, dem Sommersitz der Päpste. Zwei Monate mußte er auf Friedrich warten, bis dieser mit einem großen Gefolge deutscher und sizilischer Herren erschien.

Friedrich legte seine Standpunkte dar. Nach der Katastrophe von Damiette müsse der nächste Kreuzzug siegreich sein. Dazu sei eine große Flottenmacht erforderlich, die das Königreich aufbringen werde. Damiette sei nicht die Schuld des Kaisers, sondern die falsche Strategie des Kardinallegaten. Der Kreuzzug erfordere die ganze Kraft des Reiches. Im übrigen, erklärte er, sei er der einzige, der den vom Kardinallegaten geschlossenen Waffenstillstand kündigen könne. Er werde dies aber nur tun, wenn ein den Erfolg garantierendes Kreuzfahrerheer ausgerüstet sei.

Wieder gelang es Friedrich, den Kreuzzugstermin hinauszuschieben.

Im Jahre 1225 legte die Kurie im Vertrag von San Germano den Kaiser auf einen letzten Termin im Jahre 1227 fest, unter folgenden Bedingungen:

Friedrich schwor bei seiner Seele, im August 1227 mit tausend Rittern ins Heilige Land zu ziehen, zwei Jahre lang für ihren Unterhalt zu sorgen, weiterhin Schiffe zur Überfahrt von weiteren zweitausend Rittern einschließlich ihrer Knappen und Knechte und jeweils drei Pferden, das war eine Kavallerie von sechstausend Pferden, bereitzuhalten und ihre Überfahrt zu gewährleisten. Er hatte bis zum Tage der Überfahrt hunderttausend Goldunzen zu hinterlegen, allerdings aufgeteilt in fünf Raten. Dieser riesige Betrag sollte zugunsten des Heiligen Landes verfallen, wenn der Kaiser, aus welchem Grunde auch immer, den Kreuzzug nicht antreten oder wiederum verschieben sollte. Neben der finanziellen Garantie unterwarf er sich dem päpstlichen Bannspruch. Zum Treuhänder des Vertrages wurde der Deutschordensmeister Hermann von Salza bestimmt, was zeigt, in welch hohem Ansehen der redliche Mann auf beiden Seiten stand.

War Rainald von Dassel einstmals der böse Geist Kaiser Friedrich Barbarossas gewesen, und konnte Kaiser Rotbart erst nach dessen Tod eine Aussöhnung mit dem Papst und den lombardischen Städten finden, so war Hermann von Salza das positive Gegenbeispiel. Solange er lebte, war er der lebende Ausgleich zwischen den Gegensätzen von Kaiser und Papsttum, und erst nach seinem Tode brach eine sich nie mehr schließende Kluft zwischen den beiden Universalgewalten des Mittelalters auf.

Nun aber schien alles geregelt. Die scharfen Verstimmungen sollten Vergangenheit sein.

Friedrich hatte nämlich seit 1222 bei seinen Begegnungen mit dem Papst versucht, die früheren mittelitalischen Reichsgebiete, auf die er ja mehrfach feierlich verzichtet hatte, zurückzufordern. Natürlich lag Mittelitalien wie ein Sperrblock zwischen dem sizilischen Königreich und den lombardischen Reichslanden. Dies eben war ja Ziel und Sinn der kurialen Politik. Es war der Preis, den Friedrich für die Kaiserkrone hatte zahlen müssen, damit der Kirchenstaat der latenten staufischen Bedrohung von Norden und Süden standhalten konnte. Hatte der Papst die de facto bestehende Personalunion zwischen Regnum und Imperium duldend hingenommen, auf diese letzte Sicherung des Kirchenstaates wollte und konnte er nicht verzichten.

So wies er Friedrichs Begehren »als unangemessene Bitten« zurück. Nun versuchte Friedrich als Minimallösung den Küstenstreifen, gebildet aus der Mark Ancona und dem Herzogtum Spoleto, zurückzugewinnen, um eine Verbindung zwischen Süd- und Norditalien zu erhalten. Aber auch das war den Interessen des Kirchenstaates zuwider. Mittelitalien war nun mal der Preis für Friedrichs Kaiserkrone. Es scheint, daß dieser große, scheinbar so rationale Kaiser an einer Realitätsferne litt, die ihn nur die eigenen Interessen, nicht aber die seiner Gegenspieler sehen ließ.

Ihm widerfuhr das Schicksal des verzogenen Kindes, das alles bekommt, was es begehrt. Er war ja auch vom Schicksal überreich verwöhnt worden. Losgeritten als armer sizilischer Schattenkönig, in acht Jahren die Krone des Reiches errungen – da konnte man schon dem Wahn verfallen, die eigenen Wünsche, das eigene Wollen seien die allein gültigen Wirklichkeiten.

Vielleicht ist dieses »die Welt als Wille und Vorstellung« zu sehen, das Kennzeichen des Genies. Zweifellos lassen sich damit Erfolge erzielen. Die Welt schaut staunend und fasziniert auf diese

Zaubermenschen, die sicheren Fußes auf dem schwankenden Seil ihrer Träume dahinstürmen. Ihr Anblick ist erhaben, das Ende fast immer der Absturz.

So hatte Friedrich immer wieder versucht, Herr der sizilischen Kirche zu werden. Seine Mutter hatte auf dieses Königsrecht gegenüber Papst Innocenz III. verzichtet, ebenso Friedrich. Dennoch versuchte er immer wieder, die freien Bischofswahlen zu unterlaufen und zu seinen Gunsten zu bestimmen. Nennt man das Uneinsichtigkeit oder Beharrlichkeit?

DIE BRAUT MIT DER KRONE JERUSALEMS

Mehr als auf Kaiser Friedrichs Vertragstreue durfte der Papst darauf hoffen, daß das Eigeninteresse den Staufer nunmehr motivieren würde, den beschworenen Kreuzzugstermin einzuhalten.

Der Deutschordensmeister Hermann von Salza, im Jahre 1222 bei der Kurie in Rom weilend, hatte den Vorschlag gemacht, Kaiser Friedrich solle Isabella/Jolanthe, die Königin von Jerusalem und Tochter des Titularkönigs Johann von Brienne, heiraten. Der Vorschlag wurde vom Papst begeistert aufgenommen, da er erkannte, daß von der symbolträchtigen Krone des fast nur auf dem Papier bestehenden Königreichs Jerusalem ein Glanz ausging, der auch den Staufer bewegen mußte, die Überfahrt ins Heilige Land zu wagen.

Der Papst selbst räumte die Steine aus dem Weg, die aus der zu nahen Verwandtschaft mit Friedrichs zukünftiger Gemahlin – sie hatten eine gemeinsame Ururgroßmutter – den Weg zur Ehe versperrten. Er erteilte am 5. August 1223 folgenden Ehedispens:

»Da Du, vom Glauben christlichen Eifers entflammt, das Unrecht an Jesus Christus zu rächen und sein Land aus den Händen der Ungläubigen zu befreien ... indem Du den Gipfel kaiserlicher Erhabenheit Unseren und Unser Brüder Ratschluß ehrfürchtig neigst und Du die edle Frau Isabella, die Tochter Unseres in Christo geliebten Sohnes Johann, des Königs von Jerusalem, öffentlich zur Gemahlin gewählt hast, verfügten Wir damals ... das Hindernis der Blutsverwandtschaft oder Versippung, sofern ein solches entstehen sollte, aufzuheben, und bestimmen Wir jetzt, daß Ihr, unbeschadet dessen, daß besagte Isabella im vierten Grade mit Dir verwandt sein soll, rechtmäßig verbunden werden soll durch die Vollmacht des hier vorliegenden Schreibens.«[1]

Dieser Papstbrief ist ein bedeutendes Dokument. Zeigt er doch klar, daß diese Ehe von Papst und Kurie gewollt und gesegnet war.

Johann von Brienne gab gerne seine Zustimmung, nachdem Hermann von Salza ihm zugesichert hatte, daß er bis zu seinem Tode Regent des Königreiches Jerusalem sein solle. Aber Hermann hatte die Rechnung ohne seinen kaiserlichen Herrn gemacht.

Im August des Jahres segelte Admiral Graf Heinrich von Malta mit vierzehn Galeeren nach Akkon, um die vierzehnjährige Königin nach Italien und damit ihrem Gemahl zuzuführen. An Bord der erwählte Erzbischof Johannes von Capua, der als des Kaisers Stellvertreter sofort nach der Landung in Akkon in der Heiligen-Kreuz-Kirche mit ihr die Ehe schloß. Dann wurde sie nach Tyros gebracht, wo sie der Patriarch Ralph vor der huldigenden Ritterschaft zur Königin von Jerusalem krönte. Hermann von Salza soll ihr dort den Ring des Kaisers an den Finger der kindlichen Hand gesteckt haben. Outremer, wie die Franzosen ihre lateinischen Fürstentümer nannten, feierte die Hochzeit zwei Wochen lang und entfaltete den Glanz seiner verfeinerten lateinisch-orientalischen Kultur.

Dann ging es an Bord. Man segelte zunächst nach Zypern, wo Isabella ihre Tante, Königin Alice, besuchte. Beim Abschied von der Königin soll Isabella den Ausruf getan haben: »Ich empfehle dich Gott, mein geliebtes Syrien, das ich niemals wiedersehen werde.«[2]

Eine Prophetie, die in Erfüllung gehen sollte.

In Brindisi erwartete der Kaiser seine Gemahlin, an seiner Seite sein Schwiegervater, König Johann von Brienne. Eine zweite Hochzeitsfeier wurde am 9. November 1225 in der Kathedrale von Brindisi begangen. Am Morgen nach der Hochzeit verließ der Kaiser mit seiner Gattin Brindisi, ohne sich von seinem Schwiegervater zu verabschieden. Der alte König eilte ihm nach und wurde kühl empfangen. Die Hoffnung des Johann von Brienne, begründet auf der Zusage des Hermann von Salza, er könne bis zu seinem Tode die Regentschaft des Königreiches Jerusalem ausüben, wurde vom kaiserlichen Schwiegersohn kalt beiseite geschoben. Friedrich erklärte, niemals habe er ein solches Versprechen gegeben. Auch liege darüber keine schriftliche Abmachung vor, wie es bei solch wichtigen Staatsgeschäften üblich sei. Nach der Heirat seiner Tochter, der Kaiserin und Königin von Jerusalem, besitze Johann keinerlei Rechtsanspruch mehr. Ja, Friedrich ließ dem greisen Johann von Brienne von seinen Soldaten die fünfzigtausend Mark Silber abnehmen, die dieser von König Philipp von Frankreich zugunsten des Heiligen Landes empfangen hatte. Da er nun König von Jerusalem sei, so Friedrich, stehe dieser Betrag jetzt rechtens ihm zu.

Diese Geschichte klingt so unglaublich, daß man hier den Chronisten bemühen muß:

»Inzwischen landete die Tochter des Königs Johann von Jerusalem, die erst kürzlich im Auftrag des Vaters in Tyros zur Königin von Jerusalem gekrönt worden ist, in Apulien, wo sie der Kaiser Friedrich in Barletta (Brindisi) zur Gemahlin nimmt. Jedoch nicht

lange danach läßt derselbe Kaiser sie in einem Kastell (Schloß Terracina) einkerkern und hält ihre Base, die Tochter des Grafen Walter von Brienne († 1205), die er gewaltsam in Arrest genommen
hat, fest und nimmt ihr die Unschuld; von dem Vater seiner Gemahlin, dem König Johann von Jerusalem, fordert er die fünfzigtausend Mark Silber, die Philipp, weiland König von Frankreich
(† 1223), zur Unterstützung des Heiligen Landes hinterlassen hatte, da das Königreich Jerusalem von seiten seiner Gattin unter seine Herrschaft gekommen sei, und er die genannte Summe vorher
nicht für diesen Zweck ausgegeben habe. Der König aber wollte sie
dem Kaiser nicht geben, bis dieser über See führe und das Königtum und die Herrschaft über das Königreich angetreten habe.«[3]

König Johann floh vor dem kaiserlichen Schwiegersohn nach
Rom. Papst Honorius war enttäuscht und entsetzt. Was er für Jo-
hann tun konnte, tat er. Er übertrug ihm die Regierung der zum
Kirchenstaat gehörenden toskanischen Länder. Er wurde sogar für
den englischen Thron vorgeschlagen, doch im Jahre 1228 wurde er
Regent für den Kind-Kaiser Balduin II. Unverdrossen nahm der
jetzt Achtzigjährige diesen Regierungsauftrag an, vor allem, weil
Balduin mit seiner vierjährigen Tochter Maria verheiratet war. Jo-
hann erhielt noch den Kaisertitel, den er bis zum Jahre 1237 trug.
Ein typisches Schicksal der Kreuzfahrerzeit.

Die Einkerkerung der Isabella/Jolanthe auf Schloß Terracina ist
wohl eine Übertreibung. Sicher ist, daß die junge Kaiserin nach
orientalischer Sitte sehr separiert gehalten wurde und sich ihr kurzes Leben lang nach dem Glanz und Zauber von Outremer sehn-
te. Sie gebar zunächst eine Tochter, im Jahre 1228 einen Sohn, den
späteren König Konrad (1237–1254). Mit der Geburt des Sohnes
war ihr kurzes, wenig freudvolles Leben beendet. Sie hatte ihre dynastische Aufgabe erfüllt, ihrem Mann eine Krone eingebracht und
einen Erben geboren. Wenige Tage nach der Geburt starb sie.

Die Lombardei und das Spiel mit der Zeit

Der Vertrag von San Germano des Jahres 1225 hatte dem Kaiser
schwere Lasten aufgebürdet, aber er hatte ihm Zeit – ganze zwei
Jahre – geschenkt. Würde er diese Zeit für die Vorbereitung des
Kreuzzuges nutzen, oder hatte er andere, versteckte Ziele? Fried-
rich brauchte die Zeit, um die Lombardei und die lombardischen
Städte in seinen Herrschergriff zu bekommen.

Ernesto Sestan stellt dazu fest: »Es gelang Friedrich II. nie, die Stadt als selbständigen politischen, sozialen, wirtschaftlichen und geistigen Organismus zu erfassen; das heißt., es gelang ihm nie, die lebendigsten und mächtigsten historischen Kräfte seiner Zeit und der Zukunft zu begreifen und zu erkennen.«[1]

Geschickt kaschierte er sein Vorgehen gegen die Lombarden als Teil des künftigen Kreuzzuges. Im gleichen Monat, in dem er den Vertrag von San Germano geschlossen hatte, rief er die deutschen Fürsten und die Städte der Lombardei und der Toskana für Ostern 1226 nach Cremona zu einem Reichstag. Als Zweck wurde sehr allgemein angegeben: »Wiederaufrichtung der Reichsrechte in Italien, Ausrottung der Ketzerei und Betreibung des Kreuzzuges«, wobei Friedrich auf die beiden letzten Punkte, welche Kirchendinge betrafen, besonderen Wert legte.[1a]

In dem Reichstagsaufruf an die Stadt Viterbo und andere Städte liest sich das ganz anders. Vom Kreuzzug ist hier nicht die Rede:

»... In dem Willen also, die Rechte des Kaisertums wieder in den besten Stand zu bringen, aus Mitleid mit der Bedrückung der Untertanen, haben Wir am kommenden Auferstehungstage des Herrn nach Cremona auf Rat der Fürsten Unseres Hofes einen feierlichen Reichstag einberufen ... Entsprechender Gegenleistung, mit der Wir Euch und Euren Verdiensten mit der Hilfe Gottes gerecht werden, möget Ihr sicher sein.«[2]

Aus diesem Schreiben geht hervor, daß nicht der Kreuzzug, sondern die Durchsetzung der kaiserlichen Rechte, namentlich in der Lombardei, im Vordergrund dieses Reichstages stehen sollten.

Die wachen Lombarden werden aufmerksam diese Vorgänge beobachtet haben. Am sizilischen Beispiel hatten sie erlebt, was Friedrich unter Herstellung von Reichsrechten verstand. Sie erneuerten entschlossen ihren alten Lombardenbund unter der Führung Mailands, so, wie es der Frieden von Konstanz vom 25. Juni 1183 zugestanden hatte. Ihre nächste Reaktion war die Sperrung der Veroneser Klause, die den Zuzug der deutschen Fürsten und ihrer Mannschaften nach Cremona unmöglich machte.

Erbittert klagte der Kaiser beim Papst. Er prangert die Städte Mailand, Piacenza, Lodi, Vercelli, Brescia, Mantua, Verona, Treviso, Padua, Vicenza, Bologna und Faenza an, den Reichstag in Sachen des Heiligen Landes verhindert zu haben.

»Wenn Wir auch, Heiliger Vater, bisher solche und so große Beleidigungen rächen konnten und können, so glauben Wir doch ...

da Wir ja auch von Eurer Heiligkeit volles Vertrauen entgegenge-
bracht bekommen, einen derartigen Fall zwischen Uns und den
besagten Lombarden Eurer Anordnung, Verfügung und Eurem
Willen sowie dem Eurer Brüder, der ehrwürdigen Kardinäle,
freimütig übertragen zu sollen, in dem Bewußtsein, daß Wir be-
kräftigen und sicher ausführen werden, was Eure Weisheit beschließt.«[3]

Die Jahrbücher des kaisertreuen und mailandfeindlichen Cremona sehen den Fall so:

»Zu jener Zeit kam Kaiser Friedrich nach Cremona. Damals
hatten sich Verschwörungen und verbotene Vereinigungen gebildet, die zugleich gegen den Kaiser arbeiteten und es verschmähten,
mit ihm ins Gespräch zu kommen. Deshalb belegte sie der Kaiser
in Borgo San Donino mit der Reichsacht und beschuldigte sie der
Majestätsbeleidigung, entsetzte ihre Richter und Notare, setzte ihre Markgrafen und Capitäne ab und beraubte sie aller gesetzlichen
Gewalt und Gerichtsbarkeit. Im selben Jahr aber vermittelte der
Papst Honorius III. die Versöhnung und lag dem Kaiser an, so daß
dieser alles widerrief und die lombardischen Verschwörer vierhundert Ritter zwei Jahre lang auf ihre Kosten dem Kaiser zur Hilfe
für das Heilige Land zu stellen versprachen; dies hielten sie jedoch
keineswegs.«[4]

Der Papst war in einer schwierigen Situation. Seine Interessen
lagen zwischen Borke und Stamm. Einerseits durfte er, in seinem
hohen Alter mit aller Kraft den Kreuzzug herbeisehnend, seinen
kaiserlichen Kreuzfahrer nicht verärgern, andererseits konnte er
die lombardischen Städte nicht verprellen, seine einzigen Bundesgenossen gegen die immer mehr ausufernde kaiserliche Macht. Die
Sperrung der Veroneser Klause war keine Willkür der Städte. Sollten sie durch eine Öffnung den Zuzug der gefürchteten deutschen
Truppen erlauben, um die Macht des Kaisers in Italien, deren
Stoßrichtung gegen sie gerichtet war, zu verstärken?

Sollte es Kaiser Friedrich II. gelingen, aus Oberitalien und
seinen freiheitsbewußten Städten einen Zwangsstaat nach sizilischem Muster zu errichten und die dortigen Wirtschafts- und
Machtmittel zu steigern, so war das Ende des Kirchenstaates ab-
zusehen. Zumindest die mittelitalischen Bastionen, vor allem aber
der adriatische Küstenstreifen um Spoleto und Ascona, hätten
dann dem staufischen Druck nicht standhalten können. Hatte
doch der Kaiser schon jetzt – ohne diese Machtmittel – versucht,

Spoleto und Ascona aus den päpstlichen Rekuperationen herauszulösen. Zeigte doch dieser Kaiser, trotz aller wortgewaltigen Deklamationen, daß er nicht bereit war, den »Status quo« hinzunehmen.

Nein, die Kurie mußte das Spiel mit den fünf Kugeln spielen und konnte die Lombarden nicht aufgeben. So kam es zu dem lauen Spruch, der dem Lombardenbund befahl, vierhundert Ritter für den Kreuzzug zu stellen.

Gleichzeitig versuchte der Papst, den Streit zwischen König Johann von Brienne und dem Kaiser aus der Welt zu schaffen. Abgesehen von der Realität, daß es nach Friedrichs Auffassung keine zwei Könige von Jerusalem geben konnte, hatte sich die Kluft zwischen beiden Männern durch gehässige Reden vertieft. So soll Johann von Brienne – nach der Chronik des Salimbene von Parma – im Zorn über seinen kaiserlichen Schwiegersohn, der ihn ja schlecht genug behandelt hatte, gesagt haben, »er sei der Sohn eines Fleischers«.

Der Papst schreibt mahnend an Friedrich: »Ist es Klugheit des kaiserlichen Eifers, sich einem Manne von solcher Umsicht zu entfremden? ... Wem konnte er das Königreich Jerusalem vertrauensvoller überlassen? Wer ist den Gläubigen, die dort leben, willkommener? Wer den Ungläubigen schrecklicher? Wer dem gesamten Unternehmen des Heiligen Landes nützlicher? ...

Aber selbst wenn er sich einen einfachen Ritter zum Schwiegervater gewählt hätte, müßte er ihn mit der königlichen Würde bekleiden ... Auch Wir und Unsere Brüder (die Kardinäle) werden verhöhnt deswegen, weil Wir als Vermittler dieser verwandtschaftlichen Bindung gelten und man Uns die Unterdrückung des Königs gewissermaßen zuschreibt ...«

Und nun kommt die große Sorge des fast achtzigjährigen Papstes zum Ausbruch: »... Schließlich erkaltet auch infolge des Streites zwischen Dir und dem König die Bereitwilligkeit zum Kreuzzug bei vielen ...«[5]

Die Ängste des greisen Papstes bestätigten sich. Zwei Monate nach diesem Brief an den Kaiser starb er am 18. März 1227. Den ersehnten Kreuzzug, den der Kaiser zwölf Jahre vor sich hergeschoben hatte, hat er nicht mehr erlebt.

Zu seinen geistlichen Taten gehörte die Bestätigung des Franziskaner-, des Dominikaner- und des Karmeliterordens. Damit hatte er die Erneuerung der Kirche von innen her eingeleitet. Auch dem

Beginentum hatte er, als neuer Ausdrucksform weiblicher Fröm-migkeit – durch Fürsprache des Jacob von Vitry, späteren Bischofs von Akkon (1180–1254) –, den Weg geebnet. Dem Staufer war er ein nachsichtiger, viele sagen ein zu nachgiebiger Papst gewesen. Das sollte sich ändern.

Papst Gregor IX. und die erste Bannung Kaiser Friedrichs II.

Am 18. März 1227 war Papst Honorius gestorben. Schon am 19. März wählte das Kardinalskollegium den Kardinal Hugo(lin) von Ostia, geborenen Grafen Segni, den Neffen des großen Papstes Innocenz III., zum Nachfolger. Er trat unter dem Namen Papst Gregor IX. sein Pontifikat an. Er war ein Mann aus härterem Stoff als der gütige Honorius III. Zwar hatte er einstmals Friedrich als »Lieblingspflanze der Kirche« bezeichnet, ja, er war dem jungen Friedrich einst freundlich zugeneigt gewesen, aber er hatte als auf-merksamer Beobachter und als Mann direkt hinter dem Papst die Politik des Staufers aufmerksam verfolgt. Er hatte dieses Taktieren, Finassieren, das sofortige In-Frage-Stellen eben abgeschlossener Verträge, das totale Fehlen von Unrechtbewußtsein, das sich nur am eigenen Vorteil orientierte, über viele Jahre miterlebt. J. F. Böh-mer hat schon 1849 Friedrichs II. Grundhaltung in das Kürzel ge-preßt: »Ein Leben voll Täuschung und Lüge.« (J. F. Böhmer: Reg. imp. V. (1849) S. XXXIII)

Am 23. März teilte der Papst dem Kaiser seine Erhebung mit und mahnte mit Schreiben vom 30. März 1227 die Erfüllung des Kreuzzuggelübdes für den Spätsommer 1227 an.

Friedrich schien diesmal zum Kreuzzug entschlossen. Einmal winkte der Glanz der Krone Jerusalems. Darüber hinaus schien sich die politische Lage im Orient zugunsten einer christlichen In-vasion verbessert zu haben.

Der Nachkomme des großen Saladin, Sultan Malik el Kamil von Ägypten, lebte im Streit mit seinem Bruder Malik el Moazzim, Sul-tan von Damaskus. Sultan Malik el Kamil annoncierte dem Kaiser durch seinen Gesandten, den Emir Fahr ed Din Jussuf, daß er dem Kaiser für den Fall seines Erscheinens im Morgenland großes Ent-gegenkommen versprach. Er wollte einen Zweifrontenkrieg, ein-mal gegen ein Kreuzfahrerheer und zum anderen einen Kampf mit dem Bruder in Damaskus, vermeiden. Der arabische Chronist Ma-krizi berichtet darüber:

»Malik el Kamil schickte den Emir Fahr ed Din Jussuf, den Sohn des großen Scheichs, zu dem Kaiser, dem König der Franken, um ihn zu bitten, nach Akkon zu kommen; er versprach, ihm mehrere Städte in Palästina zu geben, die den Mohammedanern gehörten, wenn er ihm helfen wolle, seinen Bruder Malik el Moazzin anzugreifen.«[1]

Der Kaiser, der ja gut arabisch sprach, schloß mit dem Emir Fahr ed Din Jussuf Freundschaft und sah eine reale Chance, einen siegreichen Kreuzzug zu führen und Jerusalem zu befreien.

Die Hafenstadt Brindisi, die als Ausgangspunkt für die Überfahrt ausersehen war, quoll von Kreuzfahrern über. Sechzigtausend Ritter und Knechte sollen in glühender Augusthitze im Talkessel der Hafenstadt versammelt gewesen sein, wobei zu sagen ist, daß mittelalterliche Zahlenangaben mit Abstand zu betrachten sind. Englische und französische Kreuzfahrer waren unter der Führung der Bischöfe von Exeter und Winchester bereits zur Fahrt ins Heilige Land aufgebrochen, ebenso friesische Kontingente, die den Seeweg über Spanien wählten.

Da geschah es, daß in der Sonnenglut, »die das Erz schmelzen ließ«[2], ein seuchenartiges Fieber ausbrach, tödlich für die dieser Sonnenglut ungewohnten Nordländer. Mehrere tausend Kämpfer waren schon unter der Führung des Herzogs von Limburg in die Schiffe gegangen, um der tödlichen Seuche zu entkommen. Am 8. September 1227 lichtete die kaiserliche Galeere die Anker und verließ Brindisi, an Bord den Kaiser und seinen Verwandten, Landgraf Ludwig IV. von Thüringen, den Gatten der heiligen Elisabeth. Der Landgraf war schon von der Seuche befallen. So lief man den Hafen von Otranto an, wo der Landgraf verschied. Unter diesem Eindruck verließ Friedrich II. die Flotte, die unter der Leitung des Patriarchen von Jerusalem, Gerold von Lausanne, nach Akkon weitersegelte.

Friedrich, der auch bereits vom Fieber erfaßt war, begab sich auf Rat des Deutschordensmeisters Hermann von Salza und seiner Ärzte zur Heilung in den Kurort Pozzuoli.

Papst Gregor IX. zögerte nicht. Die kaiserlichen Gesandten, die die Erkrankung des Kaisers vortragen sollten, wurden nicht vorgelassen. Zwölf Jahre lang hatte Friedrich die Kurie getäuscht, immer wieder neue Ausreden erfunden, kurz, Friedrich hatte seinen Kredit an Glaubwürdigkeit aufgebraucht, der Papst glaubte ihm nicht mehr. Am 29. September verhängte Papst Gregor den Bann über den wiederum wortbrüchigen kaiserlichen Kreuzfahrer, der diesmal möglicherweise unschuldig war.

Der Bannung folgte am 10. Oktober von Agnani aus die Begründung in einer großen Enzyklika:

»So kommt es, daß der Apostolische Stuhl, um Ungeheuer solchert Art, die man im Glauben, Söhne zu nähren, am Busen aufwachsen läßt – zu vernichten und feindliche Gewalten niederzuschmettern, um die Wut der Stürme zu mildern, zu diesen Zeiten einen Zögling großzog, den Kaiser Friedrich nämlich ... Er aber zeigte, während er nach Deutschland zog, um die Zügel des Reiches in seine Hand zu nehmen, manche, wie man glaubte, erfreuliche Vorzeichen, doch in Wahrheit Unzeichen in den Augen der Mutter. Denn aus eigenem Entschluß, nicht auf die Mahnung und ohne Wissen des Apostolischen Stuhles, heftete er das Kreuz auf seine Schultern und gelobte feierlich, zur Rettung des Heiligen Landes aufzubrechen ...«

Hier bricht der Groll auf, den Papst Gregor als Neffe des großen Innocenz III. erlebte, als Friedrich, ohne Willen und Billigung des Heiligen Stuhles in Aachen das Kreuz nahm, und so aus dem päpstlichen einen kaiserlichen Kreuzzug machte.

»Darauf gab er zu, daß er und die anderen Kreuzfahrer exkommuniziert werden sollten, wenn sie nicht zu einem bestimmten Zeitpunkt aufbrächen. Aber immer wieder erbat er Aufschub und erhielt ihn ...

Als nun auf sein häufiges Drängen viele tausend Kreuzfahrer aus Furcht vor der Exkommunikation zum festgesetzten Zeitpunkt zum Hafen von Brindisi geeilt waren, da der Kaiser fast allen anderen Hafenstädten seine Gunst entzogen hatte, hielt dieser, allen Versprechungen, die er dem Apostolischen Stuhl und den Kreuzfahrern brieflich betreffs der Überfahrt, der Ausrüstung und des Lebensunterhalts gemacht hatte ..., das christliche Heer so lange in der Glut der sommerlichen Hitze in dieser mörderischen Gegend und in der verseuchten Luft fest, daß nicht nur ein großer Teil des Volkes, sondern sogar eine nicht unbeträchtliche Menge von Adeligen und Führern an der Seuche, der Heftigkeit des Durstes und vielen anderen Unzuträglichkeiten verstarb. Unter anderem verstarb der edle Landgraf Ludwig von Thüringen und der Bischof von Augsburg seligen Angedenkens.«[3]

Jetzt, wo Friedrich das Vertrauen des Heiligen Vaters brauchte, hatte er es vertan. Für alles machte der Papst den Kaiser verantwortlich. Für die Höllenglut des Monats August, für die Wahl des Hafens Brindisi, ja, auch für die Seuche. Friedrich sei schuld am Tode der Pilger, des Landgrafen und des Bischofs von Augsburg. Die Erklärung des Kaisers, daß er selbst erkrankt sei, wird nicht angenommen.

In einem Sendschreiben an alle christlichen Könige und Fürsten der Welt verteidigt sich der Kaiser. Auch bei ihm brechen alte Verletzungen auf, wenn er die Fürsten daran erinnert, daß seine Mutter, die Kaiserin Constanze, ihn unter die Vormundschaft der Kirche stellte, um sein Erbreich zu sichern. Aber, so ruft er: »Unser Erbreich stand allen Eindringlingen offen, und, gleich einem Schiffe ohne Ruderer im Sturm, so wurde das Erbe des Mündels ohne die Hand des Steuermanns zerstückelt ...«[4]

Er klagt, daß der Apostolische Stuhl unter Verletzung seiner Rechte Otto IV. zum Kaisertum verholfen habe und daß sich dieser Otto IV. schließlich gegen die Kirche gestellt hat, und bereit war, in sein sizilisches Erbreich einzubrechen. Und nun spricht er auch den Satz aus, den er immer wiederholen wird, aus dem er sein Kaisertum als göttliche Weisung empfindet:

»Da nun kein anderer gefunden wurde, der die ihm angetragene Würde des Kaisertums gegen Uns und Unsere Rechte annehmen wollte ... riefen Uns die Fürsten, durch deren Wahl Uns die Krone des Reiches übertragen wurde ... Denn der Allmächtige weiß, daß Wir, als Wir, gegen allen menschlichen Verstand und ohne jede Hilfe nach Deutschland kamen, Unsere Person vielen Gefahren aussetzten.«[5]

Hier scheint Friedrich die Erinnerung verlassen zu haben. Zwar stimmte es, daß der Papst sein sizilisches Erbreich nicht schützen konnte und daß das Königreich zum Spielball vieler Mächte wurde. Auch stimmte es, daß die Kirche die Rechte der Staufer hintan stellte und den Welfen Otto von Braunschweig favorisierte.

Wenn er aber schreibt, daß er ohne Hilfe nach Deutschland gekommen sei, dann muß er vergessen haben, daß der Papst ihm die erste finanzielle Ausstattung gegeben hatte. Daß der päpstliche Bannspruch gegen Otto IV. diesen Gegner schwer beschädigte. Daß der Bischof von Trient ihn in päpstlichem Auftrag durch die winterlichen Alpen geleitete. Daß der Bischof von Chur ihn empfing, ebenso wie der mächtige Abt von St. Gallen. Daß die Exkommunikation Kaiser Ottos, verlesen durch den Erzbischof Berard oder den Abt von St. Gallen, den Konstanzer Bischof Konrad von Tegernfeld die Tore der Stadt öffnen ließ. Er muß vergessen haben, daß die Bischöfe von Basel und Straßburg ihm Truppen zuführten, durch die er erst handlungsfähig wurde.

Hatte man ihn nicht »Pfaffenkaiser« gescholten? Nannte er sich nicht, in wirklicher Einschätzung der Realität, zunächst »König von Gottes und des Papstes Gnaden«?

Hatte er nicht im November 1212 in Vaucouleurs vom französischen Thronfolger zwanzigtausend Mark Silber erhalten, um Sympathie und Zustimmung der deutschen Fürsten zu erkaufen? War nicht sein ganzer Siegeszug, den er »gegen allen menschlichen Verstand und ohne jede Hilfe« unternommen hatte, ein fein abgestimmtes diplomatisches Spiel zwischen dem Papst und dem französischen Königtum gewesen, das ein welfisches, nach England ausgerichtetes deutsches Königtum nicht hinnehmen konnte? Und war es nicht der französische König gewesen, der am 27. Juli 1214 den Welfen, Kaiser Otto IV., bei Bouvines besiegt hatte?

Nein, sehr viele Menschen hatten sich für Friedrich II. verwandt, hatten Geld gezahlt, Pläne geschmiedet, das Schwert geschwungen und Schlachten geschlagen, damit Friedrich König und Kaiser werden konnte. Wenn je ein Wunder erklärbar war, dann war es der Weg Friedrichs zu seinen Kronen.

In seinem großen Rechtfertigungsschreiben zeigt Friedrich auf, wie er den Herzog von Baiern zur Unterstützung des päpstlichen Kreuzzuges nach Damiette entsandt hatte. Er klagt, wie man seinen dringlichen Rat, sich nicht von Damiette zu entfernen und seine baldige Ankunft abzuwarten, mißachtet hatte. Er zählt auf, daß er seinen Marschall, Anselm von Justingen, mit Rittern und Lebensmitteln zu Hilfe gesandt hatte. Er beschwört die Welt, daß er seinen Admiral, den Grafen von Malta, mit vierzig Galeeren nach Damiette segeln ließ. Aber die Flotte hatte das Heer nicht mehr erreicht, und so gingen das Kreuzzugsheer und die Stadt Damiette verloren. Das alles stimmte, nur war er selbst nicht gekommen. Hatte dem Unternehmen nicht den Glanz seines Namens und die Autorität der kaiserlichen Macht gegeben.

Er schreibt: »Ferner beschlossen Wir mit Unserem edlen Vetter und Fürsten, dem Landgrafen von Thüringen, betreffs der Mark Meißen ein Abkommen, damit auch er das Kreuz nehme und komme; Wir hätten diese Mark, die mehr als zwanzigtausend Mark Silber jährlich einbringt, nach Reichsrecht genausogut behalten können, fügten jedoch aus Unserer Kammer noch fünftausend Mark Silber hinzu ...«[6]

Dieses Zitat zeigt Friedrichs meisterhaften Umgang mit der Wahrheit.

Es stimmt, daß er dem Landgrafen Ludwig IV. fünftausend Mark Silber für die Kreuzzugsteilnahme bezahlt hatte. Für die Mark Meißen hatte er dem Landgrafen aber nur eine Eventualbelehnung gegeben für den Fall, daß dessen Neffe, Heinrich der Erlauchte (1221–1288), damals ein Knabe von zehn oder elf Jahren, vor ihm sterben würde. Tatsächlich hat Heinrich der Erlauchte, ab 1247 auch Landgraf von Thüringen, seinen Onkel Ludwig um ein halbes Jahrhundert überlebt, wie es ja auch normal erscheint.

Selbst wenn Heinrich der Erlauchte vor seinem Onkel, Landgraf Ludwig IV., gestorben wäre, so hätte Kaiser Friedrich II. kaum die Möglichkeit einer Lehnsverweigerung gehabt. Diese bittere Erfahrung hatte Friedrichs Vater, Kaiser Heinrich VI., machen müssen, als er im Jahre 1190 dem Bruder des verstorbenen Landgrafen Ludwig III. (1172–1190), dem Landgrafen Hermann I. (1190–1217), die Lehnsnachfolge für Thüringen verweigerte, um das Lehen zugunsten der Krone einzuziehen. Unter dem Druck der Reichsfürstenschaft mußte Kaiser Heinrich VI. dann die Lehnsnachfolge des Landgrafen Hermanns I. gestatten oder es duldend hinnehmen.

Die Aussage Kaiser Friedrichs II. vermittelt aber das Gefühl, er habe großzügig auf ein Lehen verzichtet, das er hätte einziehen können und das ihm jährlich zwanzigtausend Mark Silber eingebracht hätte. Was er mit der Markgrafschaft Meißen anbot, wäre »de jure« möglich, in der Praxis aber nicht durchführbar gewesen. Es war ein Spiel mit Fiktionen, denen er den Schein der Wirklichkeit zu geben verstand. Dieses Hantieren mit der Wahrheit, zwischen Halbwahrheiten und Verschweigungen, hatte Friedrich das Vertrauen des Papstes gekostet, ein Verlust, der nie mehr wettgemacht werden konnte.

Im übrigen konnte man in Rom rechnen.

Kaiserin Isabella war in den letzten Tagen des August 1227 nach längerer Zeit mit Friedrich in Otranto zusammengetroffen und gebar am 25. April 1228, einen Monat zu früh, ihren kleinen Sohn Konrad. Ein Faktum, das nicht auf einen todkranken Kaiser im August 1227 hinweist.

War das Schreiben Friedrichs an die Fürsten der Welt noch von Mäßigung getragen, so verläßt er diese Deckung jetzt und greift die Kirche insgesamt an. In einem Brief vom 5. Dezember 1227 an König Heinrich III. (1216–1272) von England hören wir den Kaiser: »... Daß die römische Kirche jetzt schon von einer so hitzigen Habgier entbrannt und von so offenkundiger Begehrlichkeit ergriffen sei, daß sie, weil die Kirchengüter ihr nicht genügten, sich nicht scheue, die Kaiser, Könige und Fürsten dieser Welt ihres Erbteils zu berauben und zinspflichtig zu machen. Es habe davon der König von England an sich selbst ein Beispiel, da die Kirche seinen Vater, König Johann ohne Land, so lange unter dem Banne gehalten habe, bis sie ihn selbst und seine Reiche zinspflichtig gemacht habe ... Ich übergehe die Simonie, die verschiedenen und seit Anfang der Zeiten unerhörten Erpressungen, die sie (Kurie und Papst) unaufhörlich gegen die geistlichen Personen ausüben, den offenen und versteckten Wucher, womit sie ... die ganze Welt verpesten. Worte aber, die süßer sind als Honig und glatter als Öl, führen die unersättlichen Blutsauger im Munde und sagen, die römische Kurie sei unsere Mutter und Amme, da sie doch vielmehr die Wurzel und der Ursprung aller Übel ist ...«[7]

Man fühlt sich schon ins Reformationszeitalter versetzt, wenn man die Stimme des Kaisers hört, der da fortfährt: »... In Armut und Einfachheit war die ursprüngliche Kirche begründet, als sie, wie eine fruchtbare Mutter, die Heiligen gebar ... Und weil sie in Reichtümern einherfahren, in Reichtümern sich wälzen, in Reichtümern bauen, so ist zu befürchten, daß die Mauer der Kirche sich neigt und daß, wenn die Wand einstürzt, der Untergang folgt.

Gegen Uns auch, das weiß der Allmächtige! wüten sie ungerechterweise, indem sie sagen, daß Wir an den festgesetzten Terminen absichtlich nicht überfahren wollten, da Uns doch unvermeidliche und wichtige Geschäfte für Gott, die Kirche und das Reich, ganz abgesehen von der Last der Krankheit, zurückhielten; das wichtigste davon war der Trotz der aufrührerischen Sizilier. Und es schien Uns kein heilsamer und der Christenheit nützlicher Rat zu sein, in das Heilige Land hinüberzufahren, während Wir den Bürgerkrieg hinter Unserem Rücken ließen, so wenig für einen Arzt, eine Wunde zu verbinden, in der noch das Eisen steckt.

Daher vereinige sich die Welt zur Vernichtung dieser unerhörten Tyrannei dieser allgemeinen Gefahr.«[8]

Doch Friedrich war nicht der Mann, der sich mit Manifesten begnügte, obwohl es ihm gelungen war, seine Briefe und Anklagen gegen den Papst in Rom zu verkünden.

Er hatte es sogar erreicht, daß sich die Frangipani Ostern 1228 gegen den Papst erhoben und ihn zwangen, Rom unter der Maßgabe freien Geleits zu verlassen und in Rieti, später in Perugia, Zuflucht zu nehmen. Im Gegenzug gelang es dem Papst, die lombardischen Städte, mit Ausnahme von Cremona und einigen wenigen Städten, noch fester an sich zu binden. Sie sperrten wiederum die Klause, so daß der Kaiser, der einen Hoftag für den kommenden März nach Ravenna einberufen hatte, wieder auf den Zuzug deutscher Fürsten verzichten mußte.

Manche Historiker sind der Ansicht, daß der Papst es darauf angelegt hatte, einen neuen Kreuzzug, der für Friedrich die Flucht nach vorne bedeutete, zu verhindern. Das ist zu kurz gedacht und trägt dem religiösen Empfinden der Zeit keine Rechnung. Der Papst wollte nicht den Kreuzzug, sondern diesen Kreuzzug, den Kreuzzug des Gebannten, verhindern. Hinzu kommt, daß über jeden Aufenthaltsort des Gebannten das Interdikt verhängt war. Interdikt, das heißt Gottesdienstsperre und Ausschluß von Spendung und Empfang der Sakramente.

Es mußte das religiöse Empfinden der Frommen tief treffen, wenn ein Exkommunizierter – ein aus der Gemeinschaft der Gläubigen Ausgestoßener – das heiligste Unternehmen, das die Christenheit kannte, die Befreiung des Heiligen Landes, anführen sollte.

Der Gebannte aber rief seine weltlichen Amtsträger auf, Bann und Interdikt einfach zu ignorieren. Es liegt ein Schreiben des Kaisers vor, das sowohl in der Zeit des ersten wie des zweiten Bannes von 1239 verfaßt worden sein kann. Das Datum ist nicht so wichtig wie die Denkweise des Kaisers:

»Deshalb befehlen Wir Deiner Treue, alle Prälaten und Geistlichen Deines Amtsbezirkes an irgendeinem geeigneten Ort zusammenzurufen und in Gegenwart der Dominikaner- und Franziskanerbrüder durch irgendeinen weisen, belesenen und beredten Manne ihnen sorgfältig auseinandersetzen zu lassen, daß Wir als katholischer Fürst und Anhänger des katholischen Glaubens den brennenden Wunsch hegen, daß die Prälaten der Kirche, die Geistlichen, Mönche und Weltprediger die Gottesdienste öffentlich in den Kirchen in Anwesenheit der Einwohner des Landes, zu Lob und zum Ruhm dessen abhalten, der die hochheilige Kirche unerschütterlich auf dem Felsen begründete. Jedoch wird durch den Wortlaut gegenwärtiger Mahnung keiner gezwungen, den Gottesdienst abzuhalten. Indessen mögen diejenigen, die ihn nicht abhalten wollen, wissen, daß Wir, falls sie die Pflichten ihres Amtes auszuüben unterlassen, die zeitlichen Güter, die durch Unsere erhabenen göttlichen Vorfahren den Kirchen in frommer Freigebigkeit geschenkt worden sind, wenn auch gegen Unseren Willen, in Unser Staatsgut zurücknehmen werden.«[9]

Und während dies alles geschah, der Papst sich mit Hilfe der lombardischen Städte zum Einmarsch ins Königreich Sizilien rüstete, und in Deutschland Friedrichs Absetzung betrieb, was ihm nicht gelang, Friedrich hingegen seine Feldherren ermächtigte, ins Herzogtum Spoleto und die Mark Ancona, in den Kirchenstaat also, einzumarschieren, brach der gebannte Kaiser, diesen Brandherd in seinem Rücken lassend, Ende Juni 1228 ins Heilige Land auf.

Der Kreuzzug unter Bann und Fluch

Betrachtet man die Aspekte, unter denen Kaiser Friedrich II. seinen Kreuzzug begann, so ist diese Reise spektakulärer, ungewisser, als sein Königsritt von Apulien nach Deutschland. Mit Bann und Interdikt belegt, konnte er von Klerus und Adel, namentlich von den Ritterorden der Templer und Johanniter, keine Unterstützung im Heiligen Land erhoffen, mit Ausnahme der Deutschordensritter.

Deutschland bedroht durch die Wühlarbeit päpstlicher Legaten, die Adel und Volk aus der Treuepflicht zum Kaiser zu lösen versuchten. Im Königreich Sizilien drohender Einmarsch päpstlicher Truppen im Bund mit den Lombarden. Wohl nie hat ein Fürst unter größerer Bedrückung einen Kreuzzug gewagt.

Wahrscheinlich schon an Bord einer Galeere teilte Friedrich der Welt seinen Entschluß mit, ins Heilige Land zu ziehen, und ließ seinem Groll gegen den Heiligen Vater nochmals freien Lauf:

»Um ferner die Unwandelbarkeit Unserer Sanftmut offenkundig zu machen, gingen Wir ... sogar über das hinaus, was Unserer kaiserlichen Hoheit zugemutet werden kann, dem Oberpriester der Römischen Kirchen antrugen, noch weiter: Kürzlich erst bieten Wir, durch Unseren geliebten Fürsten, den ehrwürdigen Erzbischof Albert von Magdeburg (1205–1235), und zwei Richter Unseres Hofes als Unsere Sondergesandten in dieser Angelegenheit dem Römischen Priester selbst den Wortlaut Unserer Genugtuung an, damit er Uns, der Wir schon zur Kreuzfahrt im Dienste Jesu Christi gerüstet sind, das Geschenk und die Gnade seines Segens nicht verweigere. Er aber nahm sie keineswegs an. Ja, als der Erzbischof und Unsere Gesandten ihn baten, er möge die Art und Weise der Genugtuung, die ihm gefalle, nennen, weigerte er sich, es zu tun.«[1]

Staunen erfaßt einen, wenn man den Optimismus erlebt, mit dem Friedrich sein Schreiben beschließt:

»Denn erfahret mit Gewißheit, daß Wir bereits mit Unseren Fahrzeugen und Galeeren, einem wackeren Gefolge an Rittern und einer Menge von Kämpfern unter Führung Christi, dessen Sache es gilt, glücklich von Brindisi nach Syrien, eilig unter günstigen Winden, unterwegs sind.«[2]

Der Papst antwortete darauf: »Wir wissen nicht, wessen törichtem Rat er da folgte oder besser: welche teuflische List ihn verführte, ohne Buße und Absolution den Hafen von Brindisi insgeheim zu verlassen, ohne daß man mit Sicherheit wußte, wohin er ging.«[3]

Nun, wohin Friedrich segelte, war kein Geheimnis, er hatte es ja öffentlich verkündet. Sein Ziel war zunächst die Insel Zypern. Die kaiserlichen Galeeren ankerten vor Limasol, dem Hafen der Insel. Zu Zeiten Kaiser Heinrichs VI. hatte der Fürst der Insel, Almarich von Lusignan, sich vom Kaiser mit der Königskrone von Zypern belehnen lassen. Seitdem galt Zypern als kaiserliches Lehen. Zwar waren die Reichsrechte in den Jahren der deutschen Thronwirren untergegangen, aber Friedrich stellte die Reichsrechte ohne einen Schwertschlag wieder her.

Nach deutschem Lehnsrecht ging die Vormundschaft über den jungen, unmündigen König Heinrich I. von Zypern (1218–1253) auf den Kaiser über. Das zypriotische Königreich erhielt einen kaiserlich-sizilischen Statthalter, und auf die Burgen zogen sizilische Kastellane ein. Der bisherige, im Auftrag der Königinmutter regierende Philipp von Ibelin, Großonkel des jungen König Heinrichs, wurde von Friedrich mit seinen zypriotischen Rittern zu Heeresfolge ins Heilige Land verpflichtet.

Am 7. Dezember trafen die kaiserlichen Galeeren in Akkon ein. An der Seite des Kaisers war der getreue Erzbischof Berard von Palermo, des Kaisers Kämmerer und Vertrauter Richard, ein Sizilier, der Friedrich schon auf seiner Fahrt nach Deutschland begleitet hatte. Unter seinem sarazenischen Gefolge befand sich Friedrichs Lehrer der arabischen Dialektik, ein sizilischer Sarazene, dessen Namen wir nicht kennen.

Bereits nach Syrien vorausgeeilt waren der kaiserliche Marschall Richard von Filangieri mit fünfhundert Rittern, außerdem die Freunde Hermann von Salza, der Graf Thomas von Aquino und Konrad von Hohenlohe, der bald im Dienste des Kaisers aufsteigen sollte, und der Graf Thomas von Acerra, ein wichtiger Helfer, weil der arabischen Sprache mächtig.

Als der Kaiser den Boden von Akkon betrat, brauste ihm der Jubel der Christen und Pilger entgegen. Sollte der Gebannte dennoch das versprochene »Heil für Israel« bringen? Sollte sich die uralte, doch niemals vergessene Weisung erfüllen, daß aus dem Abendlande der Endkaiser kommen werde, der Osten und Westen zur Einheit zusammenfügen, das heilige Jerusalem befreien, und der der Erfüller der Zeiten sein sollte?

Selbst die Tempelritter und die Johanniter beugten das Knie. Aber nicht für lange. Wenige Tage nach der Landung erschienen zu Akkon zwei Franziskaner im Auftrag des Papstes. Sie brachten den Befehl, dem Gebannten sei der Gehorsam zu verweigern. So wurde das christliche Lager gespalten und der abendländische Zwiespalt in den Orient getragen. Eine Tat, die den Kaiser gegenüber den Arabern schwächen mußte.

Nur auf die Sizilier, Pisaner und Genuesen sowie die Ritter des Deutschen Ordens konnte sich der Kaiser noch verlassen. Aber auch auf seine Kenntnis der arabischen Kultur und der innenpolitischen arabischen Situation, und auf den Abgesandten des Sultans, Emir Fahr ed Din Jussuf, der ihm in den Vorverhandlungen ein Freund geworden war. Der Kaiser wurde durch die Papsttreuen so geschwächt, allen voran der eifernde Patriarch Gerold von Jerusalem, daß er den Oberbefehl an seinen Freund Hermann von Salza, an seinen sizilischen Marschall Richard von Filangieri und an den syrischen Konnetabel Odo von Montbeliard abtreten mußte. Das war Friedrichs Lage, aus der heraus er Jerusalem befreien sollte.

Schauen wir jetzt in den Orient.

Zu Friedrichs stärksten Aktivposten gehörte, daß er die politische Lage im Orient überschaute, ihre Risse, ihre Verletzlichkeiten kannte.

Seitdem der große Sultan Saladin, der für kurze Zeit die Völker des Islam vereinigt hatte, am 4. März 1193 gestorben war, strebte das islamische Großreich auseinander. Saladins ältester Sohn, el-Afdal, nunmehr Oberhaupt der Ayubitenfamilie, erwies sich als zu schwach, das Reich wieder zu vereinen. Dies gelang Saladins Bruder, el-Adil, der ab 1201 das ganze ehemalige Saladinreich unter seine Macht brachte.

Sein erstgeborener Sohn, Malik el-Kamil, erhielt Ägypten zum Lehen. Der zweite Sohn, el-Moazzim, erhielt Syrien mit Damaskus und der dritte Sohn, el-Aschraf, beherrschte Gezira.

Nach dem Tode des Vaters el-Adil triumphierten die drei Ayubitenbrüder über den fünften päpstlichen Kreuzzug bei Damiette im Nildelta. Aber die Einigkeit währte nicht lange. Der älteste Ayubitenbruder el-Kamil und der Jüngste, el-Aschraf, verbündeten sich gegen el-Moazzim mit der Absicht, seine Länder unter sich aufzuteilen.

Daraufhin unterwarf sich el-Moazzim dem Herrscher des mächtigen Chorasmierreichs Dschelal ed-Din. Er erkannte ihn als seinen Oberherrn an und stellte sich unter seinen Schutz. Nun suchte Sultan Malik el-Kamil ein Bündnis gegen diese Machtkonzentration. Er sandte seinen Vertrauten, Emir Fahr ed-Din, zu Kaiser Friedrich II. nach Sizilien. Er wußte um dessen Kreuzzugsabsichten, suchte das Bündnis mit dem Kaiser und machte große Gebietsversprechungen auf Kosten seines Bruders Sultan el-Moazzim, namentlich Jerusalem.

Der Kaiser, der damals noch an einen Eroberungskreuzzug dachte, legte sich nicht fest, sandte aber den Grafen Thomas von Acerra zusammen mit dem Erzbischof von Palermo nach Kairo. Sultan el-Kamil von Ägypten erneuerte die Rückgabeversprechen, die er ja schon den Führern des fünften Kreuzzuges angeboten hatte.

Zur Bekräftigung sandte der Sultan nochmals den Emir Fahr ed-Din Jussuf nach Sizilien. Dieser wurde ein Freund des Kaisers, der ihm sogar den Ritterschlag erteilte, eine große, vielleicht noch nie an einem Moslem vollzogene Ehre.

Als aber Friedrich am 7. September 1228 in Akkon landete, hatte sich die politische Lage im Orient grundlegend geändert. Am 11. November 1227 war el-Moazzim, der Herr von Damaskus, gestorben. Sein Reich erbte sein Sohn An-Nasir Dawud, ein junger Mann von einundzwanzig Jahren. Nasirs Reich wiederum teilten sich seine beiden Onkel, el-Kamil und el-Aschraf, auf, natürlich – so beteuerten sie – zum Wohle des Islam. An-Nasir Dwawud gelang die Flucht nach Damaskus, wo er von seinem Onkel Malik el-Kamil belagert wurde.

Natürlich war Sultan Malik el-Kamil bekannt geworden, wie schwach die Position des Kaisers war. Vom Papste gebannt, vom Patriarchen Gerold von Jerusalem verflucht, ohne Oberbefehl über das Heer, nur auf seine Sizilier und Deutschen gestützt, war die Lage Friedrichs verzweifelt. Jeder andere wäre in die Schiffe gestiegen und nach Hause gesegelt, den Papst verfluchend und bekämpfend, der im Heiligen Land die Stellung des Kaisers so sehr geschwächt hatte.

Dagegen war die Position el-Kamils durch den Tod des Bruders el-Moazzim gestärkt. Nunmehr war der Sultan jetzt selbst im Besitz Jerusalems und der Heiligen Stätten, die auch den Arabern heilig sind. Der Kaiser dagegen war eingebunden in den Zwang zum Erfolg, von dem sein Ansehen im Abendland abhängig war. Dem Sultan aber stand die öffentliche Meinung der islamischen Welt entgegen, ohne Zwang Heiligtümer ihres Glaubens preiszugeben.

Gesandtschaften wechselten, tauschten Argumente aber auch Geschenke aus. So vollzog sich das seltene Schauspiel, wie sich zwei kultivierte Männer um Ausgleich bemühten. Noch waren Teile des Heeres von Malik el-Kamil durch die Belagerung von Damaskus gebunden, auch scheint es, daß bei dem Herrscher des Chorasmierreiches größere Bereitschaft bestand, dem Sohn seines Vasallen zur Hilfe zu eilen.

Verzweifelt versuchte der Kaiser durch eine militärische Demonstration Eindruck auf den Sultan zu machen. Er rief die Truppen, die ihm noch gehorchten, zog entlang der Küste nach Jaffa, das er aufs Neue befestigen ließ. Aber das bewirkte nicht viel. Der Sultan war über die militärische Situation nicht zu täuschen.

Trotzdem verstanden es beide, der Kaiser wie der Sultan, philosophische Fragen zu diskutieren.

In dieser Zeit kann Friedrich wohl auch dem zum Freund gewordenen Gesandten des Sultans, dem Emir Fahr ed-Din Jussuf, die Frage nach der Erbfolge der Kalifen gestellt haben:

»Der Kalif«, antwortete der Emir, »ist der Abkömmling des Onkels unseres Propheten Mohammed. Er hat das Kalifat von seinem Vater übernommen und so weiter, so daß das Kalifat ohne Unterbrechung in der Familie des Propheten geblieben ist.«

Der Kaiser antwortete: »Das ist ausgezeichnet und viel besser als bei diesen einfältigen Franken, die irgendeinen Mann zu ihrem

Herrn machen, der keinerlei Verwandtschaft mit dem Messias nachweisen kann und aus dem sie eine Art von Kalifen machen, um sich mit ihm zu brüsten. Dieser Mann hat keinerlei Recht, sich einen ähnlichen Rang anzumaßen, während Euer Kalif alles Recht dazu hat.«[4]

Eine andere arabische Quelle schreibt über diese Zeit, in der sich die Verhandlungen blockierten: »Die beiden Fürsten tauschten viele Fragen und Antworten mit philosophischen und ähnlichen Themen aus; denn dieser Kaiser war ein Mann von scharfem Geist, gelehrt, Liebhaber der Philosophie, der Logik und der Medizin.«[5]

Friedrich, der sein Ziel erreichen mußte, schrieb an den Sultan selbst, ließ Diplomatie, Verstellung, Ränke und List beiseite und war, o Wunder, ehrlich:

»Ich bin Dein Freund! Du weißt wohl, wie hoch ich über allen Fürsten des Abendlandes stehe. Du bist es, der mich aufgefordert hat, hierherzukommen. Die Könige und der Papst wissen um meine Fahrt. Wenn ich davon zurückkehre, ohne etwas erreicht zu haben, werde ich alles Ansehen in ihren Augen verlieren. Jedenfalls, ist dieses Jerusalem nicht die Wiege der christlichen Religion? Habt Ihr es nicht zerstört? Jetzt liegt es darnieder in äußerstem Elend. Also übergib es mir bitte in dem Zustand, in dem es ist, damit ich das Haupt unter den Königen des Westens erheben kann! Ich verzichte von vornherein auf alle Vorteile, die ich daraus ziehen könnte.«[6]

So kam es, daß das Unmögliche Wirklichkeit wurde. Der Kaiser und der Sultan schlossen einen Vertrag, in dem der Sultan von Ägypten Kaiser Friedrich Jerusalem und die Heiligen Stätten schenkte. Liest man den Bericht des arabischen Historikers Makrizi, so hat man das Gefühl, daß sich beide Fürsten zuzwinkern, um sich gegenüber ihren Völkern gegenseitig ein Alibi für ihr den Menschen so unverständliches Tun zu geben.

»Schließlich kam es zu folgender Übereinkunft: Der König der Franken sollte von den Mohammedanern Jerusalem bekommen; er sollte es aber unbefestigt lassen ... Der heilige Bezirk mit Haran esch-Scharif und der Moschee el-Akscha, die er umschließt, sollte den Mohammedanern bleiben ... sie sollten dort die Gottesdienste des Islam, sowohl die Anrufung Allahs als auch das tägliche Gebet verrichten dürfen.«

Und nun liefert der arabische Geschichtsschreiber Makrizi sei-

nem Sultan den Entschuldigungsgrund, der das für die mohamme-
danische Welt unglaubliche Verhalten des Sultans zwar nicht entschuldigt, aber erklärt:

»Ein solcher Vertrag wurde geschlossen, weil Sultan Malik el-
Kamil dem König der Franken weichen mußte aus Furcht vor seinem Zorne und in dem Bewußtsein, ihm nicht die Stirne bieten zu
können; dies war der Grund, weswegen Malik el-Kamil den Kaiser
zufriedenstellte. Er sagte nachher: ›Wir haben den Franken nichts
überlassen als zerstörte Kirchen und Klöster; die Moschee wird
das bleiben, was sie ist, die Gebräuche des Islam werden bleiben ...‹
Nachdem die beiden Fürsten in diesen Punkten übereingekommen
waren, wurde ein Waffenstillstand zwischen ihnen auf zehn Jahre,
fünf Monate und vierzig Tage geschlossen, beginnend am 24. Februar 1229.«

Makrizi, der seinen Sultan schützen wollte, kommt nicht daran
vorbei zu schreiben:

»... Dieses Unglück war sehr groß für die Mohammedaner, und
nicht nur schwerer Tadel erhob sich deshalb gegen Malik el-Kamil,
sondern auch tiefer Groll in allen von Mohammedanern bewohn-
ten Gebieten.«[7]

Der Sultan hatte auf Jerusalem mit Bethlehem verzichtet und auf
einen Korridor, der über Lydda zum Meer hinab nach Jaffa verlief,
außerdem Nazareth und das westliche Galiläa, einschließlich
Montfort und Toron und die islamischen Landstriche um Sidon.
Klug wie der Sultan war, wollte er auch durch einen militärischen
Sieg über den Kaiser seine Heere vor Damaskus nicht schwächen.
Damaskus und das reiche Syrien schienen ihm wertvoller, als das
zwar mythisch überhöhte, aber wirtschaftlich und militärisch
schwache Jerusalem.

So wie der Sultan den Zorn seiner Untertanen tragen mußte, so
trug Friedrich den Tadel der meisten Kreuzfahrer. Nur der Jubel
bei den Deutschen war groß, »... denen nichts anderes am Herzen
lag, als das Heilige Grab besuchen zu können, stimmten als einzige Nation Lobgesänge an und beleuchteten die Stadt festlich,
während alle anderen in dem Geschehenen nur Dummheit sahen,
da viele von ihnen bereits den offenen Betrug darin erkannten«,
zürnte der Patriarch Gerold.[8]

Der Groll des Patriarchen war so groß, daß er den Pilgern verbot, Jerusalem zu betreten. Ja, nach dem Einzug des Kaisers belegte er die Heilige Stadt mit dem Interdikt.

Die Selbstkrönung

Trotz des empörten Patriarchen und der späteren Mißbilligung des Papstes, zog Friedrich II. als Triumphator, begleitet von den deutschen Pilgern, am 17. März 1229 in Jerusalem ein. »Er betrat noch am selben Tage die Grabeskirche, um«, so schrieb er, »als katholischer Kaiser ehrerbietig das Grab des Herrn anzubeten.«[1]

Kaiser Friedrich II. hatte sicherlich erhofft, daß er nun vom Banne gelöst würde, nachdem er vollbracht hatte, was vor ihm unerreichtes Ziel großer und tapferer Fürsten gewesen war, »das Heilige Grab zu befreien«.

Das zeigt aber auch, wie sehr Friedrich II. die Persönlichkeit des Papstes Gregor IX. verkannt hatte, und daß er nur an sich und in seinen Kategorien denken konnte, daß ihm Wertvorstellungen und Ordnungen christlichen Denkens fremd waren.

Denn Gottesdienst und kirchliche Krönung wäre ja doppelter Frevel gewesen. Er, der Kaiser, war gebannt. An ihm konnte keine nach Kirchenrecht zulässige geistliche Handlung, wie die einer Krönung, vollzogen werden.

Ein doppelter Frevel: Denn die Stadt Jerusalem war vom Patriarchen mit dem Interdikt belegt worden, so daß im ganzen Stadtgebiet keine geistlichen und sakramentalen Handlungen vollzogen werden konnten.

Es war Hermann von Salza, der erkannte, daß Friedrich nicht in so flagranter Form Bannung und Interdikt ignorieren konnte, ohne einen künftigen Lösungsspruch des Papstes für immer zu verhindern. So riet der immer zum Ausgleich bedachte Deutschordensmeister dem Kaiser, die Krönung als rein weltlichen Akt zu vollziehen.

Durch diesen Rat kam es zur Selbstkrönung Friedrichs II. am 18. März 1229 in der Grabeskirche zu Jerusalem. Allzuviel ist in diese Selbstkrönung hineingeheimnist worden. Friedrich habe damit an die Selbstkrönung Kaiser Ludwigs des Frommen (813/14–840), der sich nach dem Willen seines Vaters, Karls des Großen (768–814), in Aachen selbst die Krone aufs Haupt gesetzt hatte, anknüpfen wollen. Aller Welt habe Friedrich beweisen wollen, daß König- und Kaisertum vom Papst unabhängig sein sollte, daß er sich nach dem Willen Gottes in Jerusalem die Krone aufs Haupt gesetzt hatte.

Nichts von alledem ist wahr. Es war die kluge Voraussicht des

Hermann von Salza, der durch eine Kirchenfeier des gebannten Kaisers den Zorn des Papstes nicht unnötig schüren wollte.

So schritt Friedrich II. im großen Kaiserornat, geleitet von seinen Freunden, aber immer noch ausgestoßen aus der Gemeinschaft der Gläubigen, festen Schrittes zum Altar der Grabeskirche. Mit sicherer Hand setzte er sich die mystische Krone Davids aufs Haupt. Die Krone, um derentwillen er die kleine Isabella/Jolanthe von Brienne geheiratet hatte, die im Jahr zuvor gestorben war.

Die Krönung in der Grabeskirche war für Friedrich von prägender Kraft und ein Markstein seiner späteren Selbsterhöhungen. Sicher ist es zu weit gegriffen, spräche man von einer Vermählung mit dem Orient, wie es einstmals der Makedonier Alexander erstrebte.

Friedrich II., großgeworden in der griechisch-normannisch-arabischen Kultur, hatte eine große Hinneigung zur Klarheit arabischer Philosophie, die aus den Quellen griechischen Geistes bedeutende Inhalte empfangen hatte. Diese arabische Kultur war gleichsam die Brücke, über die das Abendland den Glanz und den Reichtum griechischer Kultur- und Gedankenwelt empfangen hatte.

Wie ihn die Stunde, da er Jerusalems Krone trug, angerührt hat, spiegelt das Kreuzzugmanifest Kaiser Friedrichs an die christliche Welt wider:

»Frohlocken und jubeln mögen alle im Herrn, und rühmen mögen ihn die, die aufrichtigen Herzens sind, da es ihm gefiel, die Sanftmütigen seines Volkes glückhaft zu erhöhen. Loben auch Wir ihn, den die Engel loben, weil er Unser Gott und Herr ist, der allein Wunder tut und der seiner alten Barmherzigkeit nicht vergaß, sondern diese Wunder, die er, wie man liest, in alten Tagen getan hat, in unseren Tagen erneuerte ...

Seht, jetzt ist der Tag des Heils gekommen, an dem die wahren Christen ihr Heil von ihrem Herrn und Gott empfangen, damit der Erdkreis erfahre und begreife, daß er es ist, *und kein anderer,* der das Heil seiner Diener wirkt, wann und wie er will!«[2]

Bei allem Jubel und Frohlocken, hier wird harte Politik gemacht und dem Papst wird zugerufen, »daß die wahren Christen ihr Heil von ihrem Herrn und Gott empfangen, damit der Erdkreis erfahre und begreife, daß er es ist und kein anderer, (kein Papst) der das Heil seiner Diener wirkt, wann und wie er will!«

Dann schildert der Kaiser seine Ankunft in Akkon, wie man am

15. November 1228 nach Joppe gekommen war, dort die Burg wieder aufbaute zum Schutz der christlichen Heere auf dem Weg nach Jerusalem. Er schildert, wie Proviant und Futter für die Pferde nicht ausreichten, weil die Transportschiffe durch widrige See den Hafen nicht erreichten.

Dann aber habe Gott dem Meere befohlen, und sogleich trafen die Schiffe ein, mit Nahrung und Futter im Überfluß. Der Kaiser berichtet von den Verhandlungen mit dem Sultan und davon, daß der Herr den Sinn des Sultans gewandelt hatte, »daß uns der Sultan von Babylon (Malik el-Kamil) die heilige Stadt Jerusalem wiedergab, die Stätte also, wo die Füße Christi standen, die Stätte auch, wo die wahren Anbeter in Geist und Wahrheit den Vater der Väter anbeten«.[3]

Er führt weiter aus, um der Christenheit diesen großen, unblutigen Erfolg aufzuzeigen:

»Wenn uns zudem vertragsmäßig erlaubt ist, die Mauern der heiligen Stadt Jerusalem, die Burg von Joppe, die Burg von Cäsarea, die Burg von Sidon und die Burg des Deutschritterordens, die die Brüder im Gebirge von Akkon zu bauen begonnen haben, wieder aufzubauen, wie es zur Zeit eines Waffenstillstands den Christen niemals erlaubt war, so soll dennoch der Sultan bis zum Ende des Waffenstillstandes, der zwischen Uns und ihm auf zehn Jahre festgelegt ist, irgendwelche Bauten oder Burgen weder neu errichten noch bauen.«[4]

Und nun überwindet Friedrich sich selbst. Hören wir dahinter den Ratschlag des weisen Deutschordensmeisters, wenn er kein Wort über die bösartigen Schwierigkeiten, die ihm der Patriarch von Jerusalem wie auch die Orden der Templer und Johanniter bereitet hatten, verlor? So schreibt er:

»Was Wir schließlich im Dienste Gottes an Rat und Hilfe von dem Patriarchen von Jerusalem und den Meistern und Brüdern der Ordenshäuser in den hiesigen Gegenden erfahren, werden Wir Euch, wenn sich Zeit und Gelegenheit dazu findet, ausführlicher zu melden nicht verabsäumen. Eines jedoch können Wir sagen und dürfen Wir nach Gebühr nicht verschweigen, daß der Meister und die Brüder des Deutschordens der heiligen Maria von Anfang Unserer Ankunft an Uns im Dienste Gottes ebenso ergeben wie tatkräftig zur Seite standen.«[5]

Der Brief des Patriarchen Gerold von Jerusalem an den Heiligen Vater über Friedrichs Kreuzzug ist ein Dokument eifernder Bösartigkeit. Die Leistung des Friedensvertrages wird nicht nur igno-

riert, sondern das ganze erfolgreiche Unternehmen herunterge-
spielt, ja geradezu ins Gegenteil verkehrt.

Die persönlichen Angriffe gegen den Kaiser ob seiner sarazeni-
schen Lebensart werden nun fast schon zum Ritual seiner Gegner.
Der Patriarch in seinem Brief vom 26. März 1229 an den Papst
Gregor IX.:

»Was wir ferner mit größter Wahrhaftigkeit und brennender
Scham berichten, ist, daß der Sultan dem Kaiser, als er hörte, daß
dieser nach sarazenischer Sitte lebte, Sängerinnen, die auch Tänzerinnen (Almées) genannt werden, schickte, sowie Gaukler, Personen also, die nicht nur verrufen sind, sondern von denen man unter Christen überhaupt nicht sprechen sollte; mit diesen vergnügte
sich der Fürst dieser Welt bei abendlichen Gelagen, bei sarazenischen Getränken, in sarazenischen Kleidern und überhaupt in jeder Weise als Sarazene.«[6]

Wir dürfen diese Geschehnisse nicht mit den Augen des 20. Jahrhunderts sehen, das dem einzelnen so weiten Spielraum gewährt.
Friedrichs II. Vorliebe für die arabische Kultur, seine Toleranz
gegenüber den »Ungläubigen«, die Übernahme ihrer verfeinerten
Lebensformen, die Bewunderung arabischer Philosophie und
Kunst, um sich Tänzerinnen und Gaukler, und er selbst in sarazenischen Gewändern, verwirrte die Zeitgenossen. Für die Kirche
aber war dies alles reines Teufelswerk. Der sanfteste Vorwurf, den
man dem doch ansonsten so rational gewerteten Friedrich II. machen muß, ist der, daß er seinen Gegnern die Waffen in die Hand
gab, die sie gegen ihn verwendeten.

Aber bevor wir uns über die Engstirnigkeit vergangener Zeiten
mokieren, stellen wir uns einmal vor, auf dem Höhepunkt des Kalten Krieges hätte sich der amerikanische Präsident eine Leibwache
von russischen GPU-Männern gehalten, wäre im Bojarenkittel
aufgetreten, hätte in der Nähe von Washington ein Regiment Ko-
saken angesiedelt und auf sich eingeschworen, sich mit russischen
Frauen, Wissenschaftlern, Beratern und Künstlern umgeben und
darüber hinaus erklärt, Karl Marx und Lenin seien doch eigentlich
»good old fellows«.

Aber wir können unsere Vorstellungskraft auch auf das eigene
Land richten und uns der Annahme hingeben, Kaiser Wilhelm II.
von Hohenzollern (1888–1918) wäre, als er im Jahre 1905 von seiner Orientreise zurückkehrte, in arabischer Kleidung erschienen,
hätte seine Garde du Corps zum Linienregiment gemacht und statt

dessen in Potsdam eine arabische Truppe als Garderegiment etabliert. Darüber hinaus hätte er einen Harem arabischer Frauen mitgebracht und von Eunuchen bewachen lassen und seine Hofgesellschaft aus arabischen Philosophen und Künstlern neu gebildet. Da wäre doch sein Hofprediger Adolf Stöcker in arge Bedrängnis gekommen.

Mit solchen Vorstellungen vor Augen werden wir den eifernden Patriarchen von Jerusalem besser verstehen können.

Aus ganz anderen Quellen kommt die Erbitterung der Templer und Johanniter, die, vom Abendland über Jahrzehnte subventioniert, dem Kaiser den Erfolg, der ihnen nie gelungen war, neideten. Darüber berichtet uns die Chronik des Richard von Wendover:

»Indem sie also wollten, daß alle jene großen Taten ihnen zugeschrieben würden, die von der ganzen Christenheit so große Einnahmen empfangen und nur zur Verteidigung des Heiligen Landes so große Einnahmen verschlingen und gleichsam in den Grund des Abgrundes versenken, meldeten sie hinterlistig und verräterisch dem Sultan, daß der Kaiser beschlossen habe, den Fluß zu besuchen, wo Christus und Johannes der Täufer getauft wurden ... zu Fuß und in wollenem Gewand mit geringer Begleitung, heimlich in Demuth zu verehren; und dort würde er ganz nach seinem Belieben den Kaiser gefangennehmen oder niederstoßen können. Als dies der erwähnte Sultan vernahm und den Brief, der es ihm meldete, mit ihm bekannten Siegel bekräftigt sah, da verabscheute er die Hinterlist, den Neid und die Verräterei der Christen und vor allem derer, die äußerlich das Kleid des Ordens mit dem Zeichen des Kreuzes tragen, und indem er zwei seiner geheimsten und vertrautesten Räte herbeirief, vertraute er ihnen alles an und zeigte ihnen den Brief, an dem noch das Siegel hing, mit den Worten: ›Schaut her, das ist die Treue der Christen!‹ Und nachdem sie den Brief gelesen hatten, erwiderten sie nach langer und sorgfältiger Beratung folgendermaßen: ›Herr, mit beiderseitigem Wohlgefallen ist der Friede geschlossen, den zu verletzen frevelhaft wäre. Aber zur Beschämung aller Christen schickt diesen Brief mit dem daranhängenden Siegel dem Kaiser, und er wird Euer treuer Freund sein, und zwar mit Recht! ...‹

Von dieser Zeit an verband sich die Seele des Kaisers mit der Seele des Sultans durch den unaufhörlichen Kitt der Liebe und der Freundschaft, und sie verbündeten sich und schickten sich gegenseitig kostbare Geschenke, unter denen vom Sultan dem Kaiser ein Elefant geschenkt wurde.«[7]

In Sultan Malik el-Kamil erkennen wir den »edlen Heiden«, wie ihn uns Wolfram von Eschenbach im Parzival vorstellte. Denn die Kreuzzüge hatten trotz aller Kämpfe die Werte von Islam und Christentum nähergerückt, und das verbindende Band war die Ritterlichkeit, die sich mit religiöser Toleranz paarte. Daß diese gegenseitige Anerkennung nicht im Sinne der Kirche war, die ja auf dem Laterankonzil von 1215 neben der Befreiung der Heiligen Stätten die Vernichtung der Ungläubigen predigte, gehört mit zu der Tragik, vielleicht auch zum Scheitern Kaiser Friedrichs II. Dieses finden wir bestätigt in dem Urteil eines christlichen Zeitgenossen:

»So große Liebe und so großes Vertrauen hatte er zu den Ungläubigen, und so gut kannte er sie, daß er dieses Volk und seine Einrichtungen mehr als alle anderen ehrte. Er machte ungläubige Mohammedaner zu seinen Kämmerern und seinen vertrautesten Dienern, und von Eunuchen ließ er seine Frauen bewachen ... deshalb hatten der Papst und alle anderen Christen, die es erfuhren, große Besorgnis und großen Verdacht, daß er zum Glauben Mohammeds übertreten wolle. Alle Leute aber versicherten fest, daß er nichts glaube und daß er nicht mehr wisse, welchen Glauben er vernichten und welchen er wählen und halten wolle.«[8]

Das Erstaunlichste ist, daß die Beurteilung Friedrichs von arabischer Seite sich mit der christlichen Sicht des Kaisers deckte. Ein sarazenischer Zeitgenosse gibt uns folgende Schilderung:

»Der Kaiser war rotblond, bartlos und kurzsichtig; wenn er ein Sklave gewesen wäre, hätte man keine zweihundert Drachmen für ihn gegeben. Aus seinen Reden entnahm man, daß er ›Aeternist‹ war (das heißt wohl, daß er an die Ewigkeit der Welt, aber nicht an die der Seele glaubte) und sich aus Spaß zum Christentum bekannte.«[9]

Im Grunde wurde Kaiser Friedrich II. von beiden Welten, der arabischen wie der christlichen, bewundert oder verdammt, und zwar aus dem gleichen Grunde, weil er in beiden ein Fremder war.

Der Kaiser hatte die Heiligen Stätten nicht freigekämpft. Er hatte sie freigehandelt, und hier mögen die kirchlichen Kritiker recht haben, seine Friedenskonstruktion trug in sich etwas Flüchtiges, dem keine Dauer innewohnte.

Es genügt auch nicht, Ziele zu erreichen. Man muß dies unter

Bedingungen tun, die von der Mehrheit akzeptiert werden. Nur so kann man die Ereignisse im Heiligen Land, die bei der Abreise des Kaisers eintraten, verstehen. Philipp von Novara berichtet in seiner Chronik darüber:

»Der Kaiser bereitete seine Überfahrt heimlich vor, und am 1. Mai 1229, vor Sonnenaufgang und ohne es jemand wissen zu lassen, begab er sich auf eine Galeere vor dem Schlachthof. Es geschah nun, daß die Schlächter aus jenen Straßen ihn verfolgten und ihn unflätig angriffen mit Kaldaunen und Geschlinge. Der Herr von Beyrut und Herr Odo von Montbéliard hörten den Tumult, eilten herbei, vertrieben und verhafteten Männer und Weiber, die ihn angegriffen hatten, und riefen von Land zu seiner Galeere hinüber, daß sie ihn Gott empfahlen. Der Kaiser antwortete ihnen sehr leise, ich weiß nicht, ob im Guten oder im Bösen ... So schied der Kaiser von Akkon.«[10]

Das Königreich in Flammen

Während Friedrich als ein Gebannter versuchte, die Heiligen Stätten wiederzugewinnen, sandte der Papst – der ihn gar einen Piraten nannte – einen Kardinallegaten nach Deutschland, die deutschen Fürsten zum Abfall zu bringen. Seine Bemühungen scheiterten, ebenso der Versuch, den Neffen Kaiser Ottos IV., ebenfalls ein Otto, zum Gegenkaiser auszurufen. Der Welfe lehnte dankend ab. Friedrich II. belohnte diese Haltung, indem er Otto zum Herzog (1235–1252) von Braunschweig-Lüneburg und zum Reichsfürsten erhob.

Doch in Sizilien schien der Papst erfolgreicher. Unter Anführung des Johann von Brienne, der zum päpstlichen Heerführer aufgestiegen war, marschierten die Schlüsselsoldaten, so nannte man die buntgewürfelte Söldnertruppe, verstärkt durch französische Parteigänger des Johann von Brienne und die Truppen der lombardischen Städte, ins Königreich Sizilien ein. Der Papst hatte das Gerücht verbreiten lassen, Kaiser Friedrich II. sei tot. Unter dem Eindruck dieser schlimmen Nachricht, aber auch in Erinnerung an Friedrichs harte Hand, setzte ein allgemeiner Abfall ein. Ein Teil der kaiserlichen Heere lag in den Abruzzen, der andere bei Capua. Die Schlüsselsoldaten hatten den Auftrag, die Häfen zu überwachen, um den totgesagten Kaiser bei seiner Ankunft abzufangen.

Doch am 10. Juni 1229 landete Friedrich II. mit einem Schnell-
segler im Hafen von Brindisi. Die erstaunte Bevölkerung jubelte
ihrem Kaiser und König zu. Wie ein Buschfeuer flammte die
Nachricht durch Festlandsizilien, daß der Kaiser lebe und die
Stimmung im Lande schlug um. Hatte man es eben noch eilig gehabt, gut päpstlich zu sein, so war man jetzt wieder gut kaiserlich.
Offensichtlich traute man dem Kaiser mehr zu als den päpstlichen
Truppen unter ihrem greisenhaften Anführer Johann von Brienne,
der sofort die Flucht nach Frankreich antrat.

Um den Kaiser war jetzt auch der Glanz des sieghaften Kreuz-
fahrers, des Befreiers des Heiligen Grabes, der Glanz der jerusale-
mitischen Davidskrone. Als erstes sandte der Kaiser eine Gesandtschaft an den Papst, den Frieden herzustellen und den Bann zu lösen. Aber der Papst blieb unerbittlich.

Friedrichs Macht wuchs Stunde um Stunde. Rainald von Spoleto traf mit seiner Heeresabteilung aus den Abruzzen beim Kaiser
ein. Der Großhofjustitiar mit den Sarazenen und Siziliern, die dem
Kaiser die Treue gehalten hatten, stießen zu ihm. Zu allem Glück
landete in diesen Tagen eine große Zahl deutscher Kreuzritter, die,
aus dem Heiligen Land heimkehrend, sich sofort in den Dienst des
Kaisers stellten. Nun hatte Friedrich auch noch das in Italien so ge-
fürchtete deutsche Ritterheer.

Der Kardinallegat Pelagius saß wie ein Gefangener auf der Klosterburg des Monte Cassino, dessen Schätze er geplündert hatte,
um seinen Schlüsselsoldaten den überfälligen Sold zu zahlen. In
Festlandsizilien kehrten binnen vier Wochen zweihundert abgefallene Städte in die Treue zum Kaiser zurück.

Roger von Wendover berichtet über diesen stürmischen Sommer des Jahres 1230:

»Weil der Kaiser aber gehört hatte, daß Johann von Brienne ihm
nachstellte, hütete er sich, in einem Hafen diesseits ohne die nötige Vorsicht zu landen und legte an einer sicheren Stelle an ... Indessen sammelten sich, nachdem seine Ankunft endlich allenthalben bekannt war, die Mannen des Reiches, die ihm zur Treue verpflichtet waren, um ihn.

Von diesen umgeben und durch weiteren Zuzug verstärkt,
stürzte er sich mannhaft auf seine Feinde und gewann allmählich
die verlorenen Ortschaften und Burgen zurück ... Um die Fasten-
zeit dieses Jahres (1230) erlangte der römische Kaiser ein solches
Übergewicht über seine Feinde, daß er alle seine Burgen und alle

dem Reich zustehenden Rechte mit Macht zurückeroberte. Alle seine Gegner, die er in seinen Burgen gefangennahm, ließ er lebendig schinden oder an den Galgen hängen.«[1]

Bezeichnend ist ein Schreiben Friedrichs an seine in Apulien stationierte sarazenische Eingreiftruppe. Neben dem für die Zeit üblichen Verwüstungsbefehl für die Umgebung des abtrünnigen Gaeta wird angeordnet:

»Nach Einnahme der Stadt aber sollen die Angehörigen der höheren Stände und des Adels des Landes, die sie finden, blenden, der Nasen berauben und nackt und bloß aus der Stadt jagen. Den Frauen sollen sie die Nase abschneiden zur Schande, dann aber abzuziehen erlauben. Den Knaben hingegen, die sie vorfinden, sollen sie die Hoden abschneiden und sie in der Stadt bleiben lassen. Die Mauern der Stadt, ihre Häuser und Türme sollen sie völlig zerstören, außer Kirchen und Pfarrhäusern, denen sie keinen Schaden antun sollen, so, daß wenn die Kunde von einem derartigen Strafgericht sich über den Erdball verbreitet hat, jeder Verräter bis ins Innerste erschüttert wird und angstvoll erbebt.«[2]

Die Anschauung, daß dieses kaiserliche Schreiben nur als Stilübung der Kanzlei, gewissermaßen auf Vorrat, produziert worden ist, ist schwer verständlich. Das hätte bedeutet, daß man den künftigen Abfall Gaetas schon gewußt haben mußte, bevor er vollzogen war.

Konstituierte der Kaiser doch selbst ein Exempel seiner Rache bei der von ihm belagerten und eroberten Stadt Sora. Denn dieser Stadt bescherte der Kaiser das Schicksal Karthagos. Sora wurde eingeäschert, kein Stein blieb auf dem anderen und über das Stadtgebiet sollte der Pflug die Ackerfurche ziehen. Verständlich ist, daß der Kaiser in seinem Königreich die Besitzungen der Templer und Johanniter für ihre feindliche Haltung ihm gegenüber im Heiligen Land einziehen ließ.

Der siegreiche Kaiser hatte Anfang Oktober sein Königreich von Feinden und Abtrünnigen gereinigt. Der ganze Kirchenstaat, das Herzogtum Spoleto, die Mark Ancona und gar das Ewige Rom waren seinem Zugriff preisgegeben.

Seltsam, jetzt, wo der absolute Sieg so nahe lag, jetzt verharrte Friedrich, dieser Mann der Macht, der kaum Skrupel bei der Erweiterung seiner Herrschaft kannte, zögernd an den Grenzen des Kirchenstaates.

Hielt ihn, der ja ein Jahrzehnt lang ein Mündel des Papstes und

auch dessen Lehnsmann im Königreich Sizilien gewesen war, eine
heilige Scheu zurück?

Ist diese frühe Prägung in der Jugend der Grund, warum er in all
seinen Kämpfen mit dem Papsttum nie daran gedacht hatte, einen
Gegenpapst einsetzen zu lassen? Eine Maßnahme, vor der sein
Großvater Kaiser Friedrich I., aber auch die großen Ottonenkaiser
nie zurückgeschreckt waren.

Oder war es den drei großen Päpsten, dem gewaltigen Innocenz III., dem gütigen Honorius III. und dem von heiligem Feuer
durchglühten Gregor IX. doch gelungen, das Papsttum, trotz allem weltlichen Machtstreben zu einer unangreifbaren geistlichen
Macht aufzubauen? Anscheinend nicht. Denn die Römer hatten
sich nicht gescheut, den Papst aus Rom zu verjagen.

Oder war es das ausgleichende Wirken des Deutschordensmeisters Hermann von Salzas, den er zum Papst zu Friedensverhand-
lungen entsandt hatte? Wir wissen es nicht. Friedrichs Erklärung:
»Als Wir damals das ganze päpstliche Land mühelos unterwerfen
konnten, haben Wir doch den Fuß nicht über die Grenze gesetzt,
um das Schlechte durch das Gute zu besiegen«, klärt unsere Fragen
nicht.[3]

Sieger und Besiegter

Eine merkwürdige Situation in diesen spätherbstlichen Tagen des
Jahres 1229.

Ein Kaiser, siegreich aus dem Heiligen Land zurückgekehrt, im
Ruhme, das Heilige Grab befreit zu haben, fegt die päpstlichen
Soldaten, die sein Königreich – Festlandsizilien – besetzt haben,
mit dem Schrecken seines Namens und der Brutalität seiner Taten
über die Grenzen seines Landes hinaus. An der Grenze zum Kirchenstaat hält der Siegreiche inne und wartet.

In Rom, aber auch im Abendland erwartete man, daß der be-
drängte Papst nunmehr Kirchenbann und Interdikt aufheben würde, um mit dem Sieger zu einem erträglichen Abschluß zu
kommen.

Aber dieser Papst war ein wirklicher Fels Petri in der Brandung
der Zeit. Er löste den Bannfluch nicht, er will keinen Frieden. Er
will die Unterwerfung des kaiserlichen Sohnes unter die väterliche
Allgewalt des Papstes. Am liebsten hätte er den Kaiser abgesetzt,
aber die Reichsfürsten waren nicht bereit, einen Kaiser fallen zu

lassen, der sie in ihren Territorien schalten und walten ließ und abenteuerliche Kriege im Heiligen Land führte.

Schließlich gelang es den beiden Unterhändlern, dem Deutschordensmeister Hermann von Salza auf kaiserlicher, dem Kardinal Thomas von Capua auf päpstlicher Seite, nach monatelangen Verhandlungen, den Frieden von San Germano zu konzipieren. Den Durchbruch brachten die Reichsfürsten, die sich bereit erklärten, die Bürgschaft für den Frieden zu übernehmen. Als Bürgen erschienen: Herzog Leopold VI. von Österreich und Steiermark (1198–1230), Markgraf Otto von Meran (1204–1234), sein Bruder Berthold V., Patriarch von Aquileja (1218–1251), der Erzbischof von Salzburg, Eberhard II. (1200–1246) und der Bischof Siegfried von Regensburg (1227–1246).

Der scheinbar besiegte Papst stellte die Bedingungen und bestand ehern auf Vorleistungen des scheinbaren Siegers, des Kaisers. Sie lauteten: Bedingungslose Wiederherstellung Monte Cassinos, Entschädigung aller Anhänger der Kirche im Königreich und volle Amnestie. Herausgabe der von Friedrich beschlagnahmten Güter des Templer- und des Johanniterordens im Königreich. Friedrich erfüllte diese Bedingungen. Die Gegenleistung des Papstes bestand darin, Friedrich von der Liste der Gebannten, die jeden Gründonnerstag in allen Kirchen der katholischen Welt verlesen wurde, zu streichen. Das war noch nicht die Absolution, wohl aber ihre grundsätzliche Zusage.

Bis zum 23. Juli 1230 wurde im Hoflager von Ceperano verhandelt und dann unterzeichnet. In der Kirche von San Germano wurde der Frieden beschworen und der Welt verkündet. Die schärfsten Einschränkungen mußte Friedrich in bezug auf die sizilische Kirche ertragen. Er wurde noch hinter die Linie der Zugeständnisse seiner Mutter, der Kaiserin Constanze, gedrängt, wobei er ja, wir dürfen das nicht vergessen, dieses Konkordat immer wieder zu unterlaufen versucht hatte. Vollkommene Freiheit der Bischofswahl, selbst das Konsensrecht, das Kaiserin Constanze noch erzielt hatte, mußte er aufgeben. Er beschwor, das Vermögen der sizilischen Kirche sei unantastbar, weiterhin alle Priester der weltlichen Gerichtsbarkeit zu entziehen und ihnen völlige Steuerfreiheit zu gewähren.

Wie Historiker den Frieden von San Germano als einen Triumph kaiserlicher Diplomatie ansehen konnten, entzieht sich jeder vernünftigen Betrachtung.

Dann berichten die Chronisten noch von einem feierlichen Akt. Der Kaiser münzte das ganze Geschehen in einem seiner berühmten Staatsbriefe an die Könige der Welt zu einem Triumph um und, wenn man ihm glauben will, zu einem Fest der Liebe:

»Wisset denn, daß Wir durch die Gnade dessen, der den Sturm zum Lufthauch wandelt ... am 28. Tage des vergangenen Monats August, öffentlich und feierlich, wie es einem katholischen Fürsten geziemt, weil es das Gesetz der Kirche erforderte, durch die ehrwürdigen Gesandten des Apostolischen Stuhles, den Kardinalbischof Johannes von Sabina, und den Meister Thomas, Kardinalpriester von St. Sabina, in Gegenwart der Fürsten und einer unendlichen Menge verschiedener Herkunft zum allgemeinen Jubel der Christenheit feierlich losgesprochen wurden. Darauf reisten Wir ... am 1. September 1230 zum Apostolischen Stuhl und nahten Uns dem heiligsten Vater ... dem Herrn Gregor ehrerbietig. Er aber empfing Uns mit väterlicher Liebe und, nachdem Wir den Frieden der Herzen durch heilige Küsse besiegelt hatten, eröffnete er Uns seine Pläne so wohlwollend und so gütig, indem er nichts von dem, was vorausgegangen war, überging und einzelnes auf so verständige Weise erörterte, daß, obwohl Uns die vorausgegangenen Ereignisse heftig bewegt hatten und manchen Groll verursacht haben mochten, das Wohlwollen, das Wir in ihm erspürten, jede Erregung besänftigte und Unseren Willen jeder Verstimmung enthob ...«[1]

Betrachtet man den Frieden von San Germano, vergißt man die hehren Worte von der kaiserlichen Sohnesliebe und der päpstlichen Vaterliebe, so ist Friedrich politisch auf das Kaiserkrönungsjahr 1220 zurückgeworfen. Zwar hat er den Glanz der Krone Jerusalems, doch dahinter steht keine reale Macht.

Die sizilische Kirche ist ihm nunmehr gänzlich aus der Hand genommen.

Die Verpflichtung der Reichsfürsten als Bürgen dafür, daß Friedrich den Frieden nicht bräche, andernfalls er erneut dem Bann verfalle, hatte des Kaisers Abhängigkeit von den Reichsfürsten deutlich gemacht und seine Stellung in Deutschland sicher nicht gefestigt.

Hermann Wahl schreibt: »Im übrigen hat Friedrich seine Schwüre von Ceperano und San Germano vom 23. Juli 1230 nicht anders aufgefaßt als den einzigen Ausweg aus augenblicklicher Not.«[2]

Hans Martin Schaller hat das sehr elegant formuliert: »Der Kaiser mag diese tief in seine Souveränität eingreifenden Bedingungen in dem Bewußtsein angenommen haben, daß sie sich bei zunehmender Festigung seines Staates vielleicht nicht so schwer auswirken würden.«[3]

Oder hatte Friedrich den schweren Bedingungen mit dem innerlichen Vorbehalt zugestimmt, den er in seinem Papstbrief seinem Vater, Heinrich VI., unterstellt: »… weil der besagte Kaiser, Unser Vater, vieles vom Reiche in der Hoffnung auf Rückgabe fortgegeben hatte, was er hätte behalten sollen.« Oder krass formuliert: Dieser Kaiser machte Zugeständnisse, die er nie zu halten bereit war. Die Ernsthaftigkeit seiner Schwüre demonstrierte der Kaiser, indem er die früheren Anhänger der Kirche, die gegen ihn gestritten und deren Amnestie er beschworen hatte, seinem Marschall Filangieri zuteilte, der damals mit Truppen nach Syrien zog.

Friedrich zog sich auf sein Königreich zurück, um hier den Staat zu schaffen, der ihm die Macht verleihen sollte, im Bunde mit den gefürchteten deutschen Rittern die lombardischen Städte zu unterwerfen. So war der Streit zwischen Papst und Kaiser nur latent beigelegt.

Die Konstitutionen von Melfi

Nach dem Frieden von San Germano verfolgte der Kaiser sein großes Ziel, durch eine neue, allgemeine und verbindliche Rechtsordnung seine Machtfülle im Königreich Sizilien zu stärken und zu mehren.

Schon im August 1231 verkündete Friedrich im Kastell von Melfi seinem Hofe und einer großen Schar von Juristen, die unter der zusammenfassenden, auch sprachschöpferischen Leitung des Petrus von Vinea standen, das Gesetzeswerk, das unter dem Namen »die Konstitutionen von Melfi« bekannt wurde.

Zunächst wurde das Königreich in zehn Provinzen gegliedert. An ihrer Spitze standen die Justitiare. Über diese waren zwei Oberjustitiare gestellt, einer war für die Insel, der andere für Festlandsizilien zuständig. Der Großhofjustitiar war wiederum den zwei Oberjustitiaren vorgesetzt. Er war zugleich der oberste Richter, Chef der Staatskanzlei und der gesamten Verwaltung. Gipfel dieser hierarchischen Ordnungspyramide war der absolute Herrscher.

Dieser griff tief in das Leben seiner Untertanen, vor allem seiner Beamten, ein. Kein Justitiar durfte eine Provinz regieren, der er selbst entstammte. Es war ihm verboten, eine Frau aus der Provinz zu heiraten, in der er regierte. Ebensowenig durfte er dort für sich oder seine Kinder Land erwerben, noch private Rechtsgeschäfte tätigen. Jeder Untertan konnte zweimal im Jahr Beschwerde gegen kaiserliche Beamte anstrengen. Rechtsbeugung und Korruption waren unter strenge Strafen gestellt.

Die Germanen sahen in Gott den Anfang allen Rechts. Auch St. Augustin lehrt: Der Quell der Justitia ist Gott. Friedrich formuliert, daß der Kaiser »der Justitia Vater und Sohn, Herr und Knecht ist«. Roffredus von Benevent († um 1243), Legist und Kanonist, schreibt fest: »Aus einer vom Himmel gespendeten Gnadengabe gründe der Kaiser das Recht.«[1]

So wundert es nicht, wenn Friedrich, gleich seinen normannischen Vorgängern, den Satz des römischen Rechts übernahm: »Über Urteile, Entschlüsse und Satzungen des Kaisers zu diskutieren ist Sakrileg.«[2] Für moderne Betrachtungen sind solche Schlüsse atemberaubend. Friedrichs Großvater, Friedrich Barbarossa, hatte noch die Unfehlbarkeit des Kaisers abgelehnt. Der Enkel übersprang diese Schranke und stellte sich, den römischen Cäsaren folgend, göttergleich.

Auf die Vergottung des Kaisers folgte die Vergottung des Staates. Damit sind die Fundamente des absoluten Staates gelegt. Jetzt wird verständlich, wenn Friedrich in seinem neuen Ketzergesetz die Rebellen gegen den Staat zu Ketzern stempelt. Die lombardischen Städte, die in ihrem Freiheitskampf eine neue Kultur- und Zivilisationsform begründeten, sind für ihn keine Freiheitskämpfer, sie sind Ketzer, sind von der Kirche ebenso zu bannen wie vom Staat zu ächten. Selbstverständlich verfällt der kirchliche wie der weltliche Häretiker der Unerbittlichkeit des weltlichen Schwertes.

Wen wundert da der Einspruch Papst Gregors, als er von den Konstitutionen von Melfi erfährt und er dem Kaiser noch vor deren Veröffentlichung schreibt:

»Es kam Uns zu Ohren, daß Du aus eigenem Antrieb oder verführt durch die übel beratenen Räte Verderbter neue Gesetze herauszugeben im Sinn hast, aus denen notwendig folgt, daß man Dich einen Verfolger der Kirche und Umstürzer der staatlichen Freiheit nennt, der Du solchermaßen Dir selbst entgegen gegen Dich mit Deinen Kräften wütest ... Wahrlich, wenn Du etwa von

Dir aus dazu bestimmt wardst, so fürchten Wir sehr, Dir sei die Gnade Gottes entzogen, da du so offen den eigenen Ruf verwirkst wie das Heil.«[3]

Papst Gregor IX. mußte erbost sein, wenn der, der sich eben noch als gehorsamer Sohn der Kirche bezeichnet, unter Paragraph einunddreißig der Konstitutionen von sich sagt: »... Auf Grund dieser Einsicht also verkünden Wir, daß Wir aus der Hand Gottes das Zepter des Reiches und außer anderen Herrschaften die Leitung des Königreiches Sizilien erhalten haben ...«[4]

Demnach hatte er die Leitung des Königreiches Sizilien aus der Hand Gottes und nicht als Lehnsmann der Kirche aus der Hand des Papstes erhalten. Wir erkennen wieder, erst ein Jahr nach dem Frieden von San Germano, das Abweichen von Schwur und Vertrag.

Aber noch bitterer war es, wie Josef Felten klagt: »Durch die Gesetze von Melfi wurden die Kleriker wieder in Patrimonal- und Erbschaftssachen und bald auch in petitorischen und Besitzklagen dem weltlichen Gericht unterworfen, trotzdem ihnen Friedrich im Jahre 1220 wie im Frieden von San Germano das ›Privilegium fori‹, die Befreiung von der weltlichen Gerichtsbarkeit, zugesagt hatte ... Tatsächlich wurden denn auch Kleriker von der königlichen Kurie abgeurteilt.«[5]

Was nützt es da, wenn Friedrich an den Eingang seines großen Gesetzeswerkes, das er in Anlehnung an römische Vorbilder »Liber Augustalis« nannte, das Heilsgeschehen der Genesis stellt, wenn er die Ordnung der Dinge aus Gottes Schöpferhand entsprungen darstellt, wenn dies in der praktischen politischen Umsetzung sich immer nur als Sein Recht und Sein Gesetz darstellt. Das Recht der Kirche sieht er immer nur im Zusammenhang seines eigenen Nützlichkeitsdenkens.

Aber nicht nur der Papst reagiert negativ auf Friedrichs Gesetzeswerk, sondern vor allem die Menschen Siziliens. Schon im August 1232, als der königliche Justitiar Richard von Montenero die Konstitutionen von Melfi in Messina einführen wollte, brach dort ein Aufstand aus, der sich ausbreitete. Die Städte Catania, Centorbi, Syrakus und Nicosia wurden davon erfaßt. Der Kaiser mußte selbst gegen die Rebellen, die ja für ihn Ketzer waren, zu Felde ziehen. Im April 1233 schlug er das aufständische Messina nieder. Die Amnestie, die er gewährt hatte, beachtete er nicht. Einen Teil der Rebellen ließ er aufhängen, den anderen Teil verbrennen.

Im Juni eroberte er Centorbi zurück und zerstörte es. In Apulien, dem liebsten seiner Länder, währte der Aufstand bis ins Jahr 1234 hinein.[6]

Über Sizilien, namentlich der Insel, waren so viele Rechtsformen hinweggebraust wie die Erobererstürme der Griechen, der Römer, der Sarazenen, der Normannen, der Staufer und später der Häuser Anjou und Aragón. Jetzt stand dort das neu gesetzte Recht des Staufers. Ohne Zweifel hatte es die Anarchie beendet und dafür einen ordnenden Despotismus gesetzt.

Viele der erlassenen Gesetze verbesserten das Leben der Menschen. Friedrich verbot die sogenannten Gottesurteile, die, so der Kaiser, »besser Gottesversuchung heißen sollten«.

Der bislang geübten Selbstjustiz wurde ein Ende gesetzt: »Keiner soll aus eigener Machtvollkommenheit Übeltaten und Übergriffe ... rächen noch Unterdrückungen oder Vergeltungsmaßnahmen ergreifen oder gar Fehde innerhalb des Reiches beginnen; vielmehr soll er vor dem obersten Gerichtsrat ... oder wem eben die Untersuchung des Streitfalles zusteht, seiner Sache nach gerichtlicher Ordnung verfolgen.«[7]

Dieses Gesetz ist sicher ein Segen gewesen, genau wie die Trennung der Pharmazie von der Heilkunst, die den Arzt aus dem Interessenkonflikt löste, dem Patienten Arzneien zu reichen, die er selbst hergestellt hatte. Es wurden genaue Ausbildungsvorschriften erlassen, sowohl für den Arzt wie für den Pharmazeuten.

Der Kaiser gab den Kämmerern Apuliens am 8. Juni 1231 folgenden Befehl:

»Im ganzen Bereich ihrer Gerichtsbarkeit die Schlachthäuser außerhalb der Städte an geeigneten Stellen gemäß dem Ratschlag der Einwohner verlegen zu lassen, damit das Vieh auf den Bänken des Hofes geschlachtet und verkauft wird, die die Vögte nach Anordnung der Kämmerer errichten lassen, und kein anderer Bänke im Schlachthaus habe, sondern nur an den Bänken des Hofes verkauft werde, auf daß der Staatsschatz gemehrt werde.«[8]

Dieser Befehl wird nicht nur dem Wohl des Staatsschatzes gedient haben, sondern auch der Einhaltung der Hygienevorschriften. Aus gleichem Antrieb befiehlt der Kaiser den Gerbern und Färbern, ihr Handwerk nicht in der Nähe von Städten und Ortschaften auszuüben, damit die Luft nicht verpestet wird. Das alles ist sehr weitschauend.

Aber beklemmend ist die Einmischung des Staates in das private Leben seiner Untertanen, wenn es unter Titel dreiundzwanzig des dritten Buches der Konstitutionen heißt:

»Zur Wahrung der Unserer Krone gebührenden Ehre verordnen Wir mit gegenwärtigem Erlasse, daß kein Graf, Baron oder Ritter oder irgendein anderer, der Baronien, Burgen oder Lehen von Uns oder einem anderen innehat ... ohne Unsere Genehmigung eine Gattin heimzuführen wage, seine Töchter, Schwestern oder Nichten oder sonstwelche Verwandten, die er selbst verheiraten kann oder soll, zu vermählen oder seine Söhne mit beweglichem oder unbeweglichem Gute zu begaben ...«[9]

Ein unheimlicher Vergleich drängt sich auf, wenn man Friedrichs Eheverbot mit Ausländern, gegeben im Dezember 1233 zu Syrakus, liest:

»Da Unser Erbreich Sizilien löbliche Sitten seiner Bewohner zu entwickeln pflegt ... bedauern Wir, daß es oft vorgekommen ist, daß infolge der Mischung vieler Volksstämme die Reinheit des Reiches durch fremde Sitten Schaden erlitt. Da nämlich die Bewohner Siziliens sich mit den Söhnen Fremdgeborener vermischten, wurde die Reinheit der Menschen verdunkelt ...«

Aus diesem folgernd befiehlt der Kaiser:

»... daß es keinem der Söhne und Töchter des Reiches erlaubt sein soll, die Ehe mit Ausländern und Fremdgeborenen, die nicht aus dem Reiche stammen, ohne besondere Erlaubnis einzugehen, dergestalt, daß kein Angehöriger des Reiches die Tochter eines Fremden zur Gattin heimzuführen wage. Diejenigen, die dagegen handeln, bestrafen Wir mit Einziehung all ihrer Güter.«[10]

Unter dem Eindruck der öffentlichen Meinung mußte er noch im Jahre 1231 seinen Befehl abändern, und so dekretiert er: »... haben Wir auf Antrieb der Menschlichkeit aus wohlwollender Erwägung bestimmt, daß jeder, der, begierig nach Sicherheit und Ruhe in Unser Königreich kommen will, um hier zu wohnen, wozu Wir ihn gern und freudig einladen, nach Übersiedlung seiner ganzen Familie, sicheres Glück genieße und sich außer der Fülle Unserer Gnade ... der Befreiung von öffentlichen Sammlungen und Erhebungen auf zehn Jahre erfreue.«[11]

Die Konstitutionen von Melfi sind die konsequente Weiterführung der Assisen von Capua.

Die staatlichen Handelsmonopole werden erweitert. Der Staat bzw. der König ist Erzeuger und Händler in einem. Handels- und Produktionsmonopole werden verfeinert und ausgebaut.

Wie ein dünnmaschiges, stählernes Netz legt sich der Wille des Kaisers über Länder und Menschen. Namentlich der Adel und die königlichen Lehnsträger werden fest an die Krone gebunden:

»Nach dem Tode eines Barons oder eines Ritters, der von einem Grafen oder von einem anderen Baron eine Baronie oder ein Lehen innehat, das in den Grundbüchern Unserer Herrschaft verzeichnet ist, wollen Wir, daß der Tod des Heimgegangenen durch den Grafen oder den Baron, von dem er das Genannte hat, Unserer Hoheit gemeldet wird, und was und wie groß das ist, was der Heimgegangene von ihm hatte. Wir wollen ferner, daß der bewegliche Besitz des Heimgegangenen Stück für Stück aufgezeichnet wird, und befehlen, daß dies öffentlich niedergelegt, und Unserm Hofe zugesandt wird, damit es auf Unsere Weisung hin demjenigen zugeschrieben wird, dem es zusteht ...«[12]

Nimmt man zu all dieser Ausweitung der königlichen Macht die Verstaatlichung des Grundbesitzes, die Handelsmonopole, die Einnahmen aus Gerichtsgebühren, Zöllen, Strafgeldern, die nun fast jährlich erhobene Einkommensbesteuerung, Kollekte genannt, sie hätten Friedrich II. zu einem reichen Fürsten machen müssen. Dennoch, der Satz, »da in unserer Kasse kein Geld vorhanden ist«, wird zu einer fast rituellen Floskel in Friedrichs Briefen seiner Spätzeit. Sein Großvater, König Roger II., der als der reichste Fürst seiner Zeit galt, hatte nicht solche Lasten auf die Schultern seiner Untertanen gewälzt wie es der Enkel tat. Doch das Vielfache an Einnahmen reichte dem Enkel nicht.

Trotz aller Versuche des Kaisers, seine Beamtenschaft zu einem »Orden der Gerechtigkeit« umzuformen, war die sizilische Verwaltung die korrupteste der Zeit.

Ein Sinnbild dafür ist ihr oberster Beamter, der Großhofjustitiar und Logothetes, Petrus de Vinea, dessen Schicksal wir noch näher betrachten werden.

Das Maß der Bedrückung, steuerlicher und lehnsrechtlicher Art, zeigt der Kaiser selbst auf, wenn er in seinem Testament bestimmt, daß Steuern und Lasten der sizilischen Bevölkerung zurückgeführt werden sollen auf den Stand der Zeit König Wilhelms II. (1153–1189).

Deutsche Querelen und lombardischer Freiheitswille

Während der Kaiser das Netz seiner Herrschaft im Königreich Sizilien festigte, gab es Sorgen in Deutschland und der Lombardei.

Zehn Jahre war der Kaiser nicht mehr in Deutschland gewesen, und auch in der Lombardei war er nicht in der Machtposition, die er für erforderlich hielt. Berührte der Kaiser lombardische Fragen, so traf er beim Papst damit eine empfindliche Schmerzzone, denn die Freiheit des Kirchenstaates war eng verbunden mit einer Lombardei, die sich in einer gewissen Unabhängigkeit vom staufischen Kaisertum befand.

So berief der Kaiser für den 1. November 1232 einen Reichstag nach Ravenna. Geladen waren die Bürgermeister der lombardischen Städte, führende Fürsten Nord- und Mittelitaliens, Deutschlands, und des Kaisers Sohn, der deutsche König Heinrich (VII.).

In den lombardischen Rathäusern spitzte man die Ohren, als man die kaiserliche Ladung zum Reichstag studierte. War da doch zu lesen: »... Denn wisset, daß Wir mit aller Heiterkeit der Seele und des Leibes zur Feier dieses Reichstages als Urheber des Friedens kommen, in der Absicht, die Lage des Reiches zu festigen, die Zwistigkeiten beizulegen auf den Rat des höchsten Priesters, mit Beistand der Fürsten und der Hilfe der Getreuen.«[1]

Was der Kaiser unter dem Wort »die Lage des Reiches zu festigen« verstand, das hatten die hellwachen Lombarden im Königreich Sizilien aufmerksam beobachtet.

Sofort sperrten sie, genau wie im Jahre 1226, die Alpenpässe. Erneut schlossen sich die Städte zum Bündnis zusammen. Friedrich hatte sie in eine neue Einigkeit getrieben. Angesichts der Tatsache, daß nur wenige deutsche Fürsten den Kaiser in Ravenna erreichten, wurde der Reichstag auf Weihnachten vertagt. Inzwischen, so hoffte der Kaiser, müßte es den Fürsten gelingen, den Tagungsort auf dem Seeweg über Venedig zu erreichen.

In diesen Wochen des Wartens ließ der Kaiser die Kapelle der Galla Placidia (390–450) freigraben, die von Geröll fast bedeckt war. So rettete er, und wir müssen es ihm danken, die einzigartigen Mosaiken dieses römischen Kaiser-Mausoleums aus dem 5. Jahrhundert.

Inzwischen trafen die deutschen Fürsten ein. Teils hatten sie den Seeweg gewählt oder auf verborgenen Pfaden die Alpensperren der Liga überwunden. Einer aber, auf den der Kaiser in besonderer Weise wartete, war nicht gekommen, sein Sohn König Heinrich (VII.). Es ist notwendig, den Blick nach Deutschland zu wenden.

Der Sohn des Kaisers

Im Urteil der Geschichte wird König Heinrich (VII.) als ein leichtfertiger, junger Mann dargestellt, der sich aus Übermut gegen den kaiserlichen Vater empört. Allzusehr verdunkelte der Schatten des großen Vaters eine gerechte Beurteilung des Sohnes.

Der Zwiespalt, der sich zwischen Vater und Sohn auftat, basierte auf dessen Wahrung der deutschen Königsrechte, die der römische Kaiser im Rahmen seiner imperialen, auf Sizilien und Italien ausgerichteten Politik, aufzugeben bereit war. Schon im Jahre 1220 hatte Friedrich II. durch das kollektiv an die geistlichen Fürsten erteilte Privileg, die sogenannte »Confoederatio cum principibus ecclesiasticis«, das heißt durch Preisgabe deutscher Königsrechte, die Zustimmung der geistlichen Fürsten zur Königswahl seines Sohnes Heinrich erkauft. Heinrich Mitteis sagt dazu: »Er (Friedrich II.) wollte für seinen Sohn ein Unterkönigtum in Deutschland schaffen, das ihm selbst freie Hand für die Neuordnung Siziliens und Italiens geben sollte.«[1]

Während der Kaiser seinen Kreuzzug führte, hatte der junge König Heinrich (VII.) einen ebenso eindrucksvollen Beweis seines Mutes wie seiner Herrscherbegabung erbracht. In Regensburg, der bairischen Herzogsresidenz, war ein päpstlicher Legat freundlich aufgenommen worden, der in Gemeinschaft mit dem Baiernherzog in seiner Eigenschaft als Reichsverweser einen Thronwechsel zugunsten des Welfen Otto von Lüneburg durchführen wollte.

Der junge König, im Kreise seiner Ministerialen, der Herren von Neiffen und Justingen, der Bolanden, Thann und Winterstetten, sah sich vor einer antistaufischen Verschwörung und brach mit einem schwäbischen Ritterheer in Baiern ein. Der Angriff war so überraschend und wirkungsvoll, daß der bairische Herzog nicht zur Gegenwehr kam und seinen Sohn als Geisel stellen mußte. Der päpstliche Legat entzog sich durch Flucht nach Straßburg. Das königliche Heer folgte ihm und belagerte die Stadt.

Aber der rasche Angriff des jungen Königs hatte die Einigkeit der Reichsfürsten, namentlich der Geistlichen, herausgefordert. In Klarheit und Schärfe forderten sie den König auf, die Belagerung der Bischofsstadt aufzuheben und das Schwabenheer zu entlassen. König Heinrich (VII.), eben noch strahlender Sieger, der sich als Retter seines Vaters fühlte, und seine schwäbischen Ministerialen wichen vor der Fürstenmacht zurück.

Mit dieser Stunde begann die Erosion von König Heinrichs (VII.) Königtum. Auch in der Besetzung des Regensburger Bischofsstuhles unterlag der König dem Fürstenwillen. In seiner Städtepolitik scheiterte er, als er einigen Bischofsstädten in Flandern erlaubte, sich zu einem Städtebund gegen ihre bischöflichen Herren zusammenzuschließen.

Die Fürsten erzwangen am 1. Mai 1231 auf dem Reichstag zu Worms vom König das grundlegende »Statutuum in favorem principum«, das in seinen Zugeständnissen noch über die »Confoederatio cum principibus ecclesiasticis«, das Friedrich den geistlichen Fürsten im Jahre 1220 gewährt hatte, hinausging. Die Stärke der Fürsten beruhte auf dem Bewußtsein, daß sie – als Bürgen des Kaisers – diesen jederzeit im Sinne ihrer Interessen in die Pflicht nehmen konnten. Und wenn es sein mußte, auch gegen den eigenen Sohn.

Die Inhalte des Statutuums waren gezielte Artikel zur Minderung und sogar zur Aufhebung der königlichen Gewalt. Die deutsche Krone verzichtete auf das Königsrecht der Errichtung von Wehranlagen (Burgenbau), auf den Bau neuer Städte sowie neuer Münzstätten. Ferner wird den Fürsten das königliche Geleitrecht überlassen. Ein Regal, das mit der Zunahme des Verkehrs von großer finanzieller Bedeutung wurde.

Die Fürsten üben in ihren Territorien die uneingeschränkte Gerichtsbarkeit aus. Damit ist die Rechtseinheit innerhalb des deutschen Königreichs aufgegeben. Die Blutgerichtsbarkeit wurde nicht mehr vom König, sondern von den jeweiligen Landesherren verliehen. So wurde die Rechtsprechung in Deutschland für sieben Jahrhunderte in die unterschiedlichsten Landesrechte aufgesplittert. Natürlich richtete sich das Statutuum auch gegen die Städte und ihre Freiheitsbestrebungen. Den Territorialherren wurde die volle Gewalt über die Städte ihrer Landeshoheit festgeschrieben. Trotzdem waren die Jahre von 1254 nicht weit entfernt, in denen der rheinische Städtebund siebzig Städte unter der Führung von Mainz und Worms vereinte, um in kaiserloser Zeit den Landfrieden zu wahren.

Auf dem Reichstag zu Ravenna Ende 1231 trafen dann die deutschen Fürsten beim Kaiser ein. Aber der Sohn, König Heinrich (VII.), erschien nicht. Die Fürsten wurden beim Kaiser, ihrem Bürgschaftsgläubiger, vorstellig, der ihre Bürgschaft benötigt hatte, um sich aus dem päpstlichen Bann zu lösen und zum Frieden von San Germano zu gelangen. Der Kaiser war in seinen Entscheidungen nicht mehr frei. Aber zur Unterwerfung der Lombardei brauchte er die Kampfkraft der deutschen Fürsten. Zum zweiten stand er, als ihr Bürgschaftsgläuber, in ihrer Schuld. So mußte er das unglückselige Statutuum von Worms bestätigen. Das war der Preis, und der Kaiser zahlte ihn.

So berief er für Ostern 1232 einen neuen Reichstag nach Aquileja, zu dem König Heinrich (VII.) dringlich geladen war. Diesmal befolgte Heinrich den väterlichen Befehl. Schon im Aufbruch begriffen, unterlief er die Wormser Beschlüsse und bestätigte den Wormsern alle ihnen vom Reich erteilten Privilegien, darunter die ausdrückliche Berechtigung, einen Stadtrat zu bilden und ein Rathaus zu bauen. Dies war ein glatter Affront gegen den Bischof von Worms und das dort beschlossene Statutuum.

Kurz vor Aquileja, in Cividale, erreichte den König der kaiserliche Befehl, hier bis auf Abruf zu verharren. Er, der vielleicht auf das Lob des Vaters gehofft hatte, weil er die kaiserfeindliche Verschwörung des Baiernherzogs niedergeschlagen hatte, wurde jetzt einer harten Demütigung unterworfen.

Der Kaiser war auch persönlich gegen seinen Sohn erzürnt. Dieser hatte die Absicht, sich von seiner sieben Jahre älteren Gattin, Margarethe von Österreich, scheiden zu lassen, um seine Jugendliebe Agnes von Böhmen zu heiraten. War es kaiserliche Diplomatie oder der Befehl des böhmischen Königs? Agnes von Böhmen löste das Problem auf zeitgemäße Weise und trat in ein Kloster ein.

Dem jungen König, der in Cividale Geduld üben mußte, wurde aufgetragen, die Reichsfürsten – die Feinde seines Königtums – anzurufen, damit er durch ihre Vermittlung die kaiserliche Gnade wieder erlange.

Heinrich entsprach dem Befehl, gestand dem Kaiser seinen Ungehorsam ein, worauf der Reichstag nach Cividale verlegt wurde. Dort schwor König Heinrich (VII.) im Angesicht seiner fürstlichen Widersacher, das vom Kaiser bestätigte Statutuum zugunsten der Fürsten zu achten. In einem urkundlich erhaltenen Schreiben mußte der deutsche König seine Fürsten bitten, ihn als Rebellen zu behandeln, wenn er erneut in Ungehorsam verfallen sollte. Ja, Heinrich mußte den Papst bitten, ihn ohne jegliche Warnung zu bannen, wenn er die in Cividale geleisteten Schwüre brechen würde. Dies war mehr als eine moralische Selbstknebelung, es war die schwerste Beschädigung des deutschen Königsamtes.

Die Territorialmächte hatten gesiegt. Die deutschen Königsrechte waren für einen zu erhoffenden Sieg über die Lombardei geopfert.

Selbst ein so großer Bewunderer Friedrichs II. wie Ernst Kantorowicz stellt fest:

»Je mehr sich die Teilherrschaften befestigten, desto weniger war an einen deutschen Einheitsstaat zu denken, und der Vielspältigkeit Deutschlands hat gerade sein (Friedrichs II.) Verfahren Dauer verliehen: Den festen Zusammenschluß der Deutschen zu einem ›Deutschen Staat‹ hat Friedrich II. endgültig verhindert.«[2]

Trotz dieser Sachlage verstummen die Stimmen nicht, die in der Politik Friedrichs II. ein segensreiches Wirken für die Einheit Deutschlands erblicken wollen. Ein Exempel unerschütterlicher Stauferverehrung liefert Paul Kern mit seiner Bemerkung: »Ohne Zweifel ließe auch das Finanzwesen die Fürsorge der Staufer für das Reich deutlich erkennen, *wenn wir darüber halbwegs unterrichtet wären.*«[3]

Das »Statutuum in favorem principum« ist mitunter als eine deutsche »Magna Charta« gesehen worden. Dies ist nicht der Fall. Die »Magna Charta«, die die englischen Barone im Juni 1215 ihrem König abrangen, war ein Vertrag zur Kontrolle der königlichen Macht durch einen Rat der fünfundzwanzig Barone. Das »Statutuum« aber war Abgabe und Aufgabe königlicher Rechte an die deutschen Fürsten und die Geburtsstunde der deutschen Territorialherrschaften.

Der Aufstand des Sohnes

Den Staufern und dem Glanz, den sie ausstrahlen, haftet trotz aller oftmals brutalen Machtpolitik etwas Irrationales an, der Versuch, die Realitäten durch »Nichtwahrnehmung« zu überwinden. Auch der so oft gescholtene König Heinrich (VII.) trägt dieses Stauferzeichen. Es scheint in der Rückschau, daß er die Schwüre von Cividale verdrängt, daß er dem schweren Schatten des Vaters entfliehen will.

Am schwäbischen Königshof nahm das Gewicht der Herren von Neiffen und Justingen nicht ab, sondern zu. Bei der Besetzung vakanter Bischofssitze wurde der fürstliche Hochadel übergangen. Herren aus Schwaben, dem kleinen Adel entstammend, kamen auf die Bischofsstühle von Worms, Speyer, Würzburg und Augsburg. Bei der Berufung in den Kronrat wurde der Erzbischof von Salzburg zugunsten des Abtes von St. Gallen übergangen. Dies wurde als offener Affront gegen die Reichsfürsten empfunden.

Nun hätte man ein massives Eingreifen der Reichsfürsten erwartet. Seltsamerweise blieb es an der Fürstenfront still. Sogar der Bischof von Regensburg (1227–1247), der mehr des Kaisers Kanzler als der des Königs war, wiegelte ab und bewegte den Erzbischof von Mainz, die Bischöfe von Bamberg, Hildesheim und Osnabrück zur Ruhe anzuhalten.

Die schweigende Fürstenopposition mußte es hinnehmen, daß der mächtige Herzog von Baiern, Ludwig I. (1183–1231), von einem Assassinen ermordet wurde. Man munkelte, daß der Kaiser selbst in diesen Mord verstrickt war, denn es war ja bekannt, daß er zu dem Alten vom Berge und seiner ihm blind ergebenen Mörderschar der Assassinen Verbindung hatte. Selbst der Abt Albert von Stade spricht davon in seinen Annalen unter dem Jahre 1231: »Der Herzog Ludwig I. von Baiern wurde auf Betreiben des Kaisers von einem Mörder getötet; dieser aber wurde, obwohl er zu fliehen versuchte, niedergestoßen.«[1]

Andere Chronisten berichten, daß der Mörder gefangengenommen wurde und trotz schrecklichster Folter seinen Auftraggeber nicht preisgab. Diesen in der Person des Kaisers zu suchen, ist trotz Alberts Hinweis nicht begründet.

Im Verlauf dieser Wirren gelang es König Heinrich (VII.), der Person des neuen Baiernherzogs Ottos II. (1231–1253) habhaft zu werden. Zur Erweiterung der königlichen Macht gehörte der Überfall auf den kaisertreuen Markgrafen Hermann V. (1190–1243) von Baden und der Angriff auf die Burgen der dem Kaiser ergebenen Brüder, der Grafen von Hohenlohe.

Das höchste Mißfallen, vor allem des Papstes, erregte König Heinrich mit einer Tat, durch die er in Deutschland allgemeine Sympathie fand.

Auch in Deutschland war das Feuer religiösen Wahns ausgebrochen und der Papst hatte einem ihm wohlbekannten Mönch, Konrad von Marburg, bekannt als Beichtvater der heiligen Elisabeth, den Auftrag zur Ketzerbekämpfung gegeben. Konrad, ein schlimmer Fanatiker, und seine Helfer Konrad Dors und Johannes, handelten nach dem Grundsatz, so die Wormser Annalen:

»Hundert Unschuldige wollen wir verbrennen, wenn nur ein Schuldiger darunter ist. Da erzitterte das Land vor ihnen, und auch die Mächtigen waren machtlos.«

Dem der Ketzerei angeklagten Grafen Heinrich von Sayn gelang es, sein Verfahren vor ein Fürstengericht unter Vorsitz von König Heinrich zu bringen. Hier konnte der blutgierige Mönch Konrad nur als Ankläger auftreten und nicht mehr als Richter und Ankläger in einer Person. Der Erzbischof von Trier erklärte am Ende des Prozesses: »Mein Herr der König wünscht, daß die Sache vertagt werde. Graf Sayn geht von hier zurück als ein gutkatholischer Mann und als nicht überführt.«

Einige Ritter aus dem Gefolge der Grafen Döhrenbach und Sayn erschlugen wenig später den verhaßten Inquisitor.

Der König hatte durch diesen Prozeß in Deutschland an Ansehen gewonnen. Auch die drei rheinischen Erzbischöfe standen in dieser Frage hinter ihm. Der Kaiser dagegen, der gerade seine Ketzergesetze in Italien drastisch verschärft hatte, war ebensowenig wie der Papst über den deutschen König froh.

Der Absturz

Inzwischen hatten die beiden Grafen Hohenlohe und der Markgraf von Baden bei Kaiser Friedrich II. Beschwerde geführt. Dieser gab dem Sohn den Befehl, die zerstörten Burgen auf eigene Kosten wieder aufzubauen, genommene Geiseln freizugeben und vollen Schadensersatz zu leisten.

König Heinrich ließ durch den Bischof von Hildesheim ein Rechtfertigungsschreiben erstellen, das seine Verdienste herausstellte, als er während des väterlichen Kreuzzuges die Pläne eines päpstlichen Gegenkönigtums durch seinen raschen Angriff auf Baiern zunichte gemacht hatte. Es heißt dort weiter, daß der »Herr Vater auf Grund von Angebereien einzelner Fürsten und durch den Heiligen Stuhl mit dem Bann bedrohen läßt, was ein verderbliches Beispiel ist, auch jeglichem Rechte zuwiderläuft, denn wir sind weder eines Verbrechens überführt noch geständig, ja noch nicht einmal zu einer Rechtfertigung aufgefordert worden«.[1]

Im Sommer 1234 besuchte der Kaiser mit seinem sechsjährigen

Sohn Konrad den Papst, der vor den aufständischen Römern nach Rieti geflohen war. Er bemühte sich, eine gemeinsame Linie gegen den Lombardenbund herzustellen. Bei dieser Gelegenheit gab der Papst dem Trierer Erzbischof Dietrich (1212–1242) den Bannungsauftrag gegen König Heinrich (VII.).

Als sich am schwäbisch-staufischen Hof das Gerücht durchsetzte, der Kaiser werde selbst nach Deutschland kommen, verlor König Heinrich das Augenmaß. Er berief Ende September 1234 einen Hoftag nach Boppard, getragen von seinen schwäbischen Getreuen und seinem Anhang in den Städten. Aber auch die Bischöfe von Augsburg, Würzburg und Worms standen an seiner Seite.

Es kam zur offenen Rebellion, zur Absage des Königs von Deutschland an den Kaiser des Imperiums. Um dem Fall auch außenpolitische Dimension zu geben, sandte der König seine Getreuen, Anselm von Justingen und Heinrich von Neiffen, die gleichen, die vor fast zwanzig Jahren den Jüngling Friedrich zur Königsfahrt nach Deutschland geleitet hatten, zu den lombardischen Reichsfeinden. In der Hoffnung, dem Kaiser die Alpenübergänge sperren zu können, bestätigte Anselm von Justingen in Vertretung des Königs die Rechtmäßigkeit des lombardischen Städtebundes.

Weiterhin wurde erklärt, der König betrachte alle Feinde der Lombarden – die vom Kaiser mit der Reichsacht belegt waren – als seine Feinde, somit auch den Vater und Kaiser. Er versicherte, den Bund von allen Abgaben und Leistungen freizuhalten. Damit bewirkte der deutsche König die Reichsunmittelbarkeit des Lombardenbundes und behandelte ihn wie einen souveränen Staat. Dafür handelte Heinrich (VII.) die Zusage der Lombarden ein, ihn als König anzuerkennen. Damit fiel er aus den Rechtsvorstellungen seiner Zeit hinaus, er wurde zum Rebell und Verräter.

Selbst der Papst konnte dies nicht sanktionieren und sprach sogar den Lombarden seinen Tadel aus. Einmal brauchte er noch immer die Hilfe des Kaisers gegen die aufrührerischen Römer, jedoch mußte sein Verhalten gegenüber der Lombardenliga so moderat sein, damit er sie sich als potentielle Verbündete gegen den Kaiser erhielt.

Darum signalisierte man den Lombarden, trotz erteiltem Tadel: »Nichts kann dabei euch zum Schaden gereichen, denn Wir werden stets auf euren Vorteil bedacht sein.«[2]

Während Anselm von Justingen in Mailand Verträge schloß,

wirkte Heinrich von Neiffen in Paris. Er teilte König Ludwig IX. (der Heilige; 1226–1270) die bevorstehende Ehe Kaiser Friedrichs II. mit der englischen Prinzessin Isabella mit. Die Absicht war, durch diese neue staufisch-englische Eheverbindung Frankreich in Gegensatz zum Kaiser, besser noch in ein Bündnis mit König Heinrich (VII.) zu bringen.

Aber die kaiserliche wie die päpstliche Diplomatie waren überlegen. Beide hatten den französischen König von der geplanten Ehe in Kenntnis gesetzt, so daß die von Heinrich von Neiffen erhofften Reaktionen ausblieben. Im Frühjahr 1235 schrieb der Papst an den französischen König:

»Da Wir die Eheschließung zwischen Unserem in Christo geliebten Sohn Friedrich … und der Schwester des erlauchten Königs der Engländer jüngst ausgehandelt und eidlich bekräftigt haben, haben Wir, da es Uns im Sinne des Herrn zu liegen schien, diese Verbindung zustande zu bringen, dem vorgenannten König aufgetragen, pflichtgemäß zu ihrem Vollzug zu schreiten. Damit Du nun aber daraus keinen Argwohn schöpfst, ersuchen Wir und ermahnen Wir Deine Hoheit … es … für sicher zu halten, daß von Uns und dem genannten Kaiser nichts geschehen wird, was Deiner Lage auch nur im mindesten abträglich ist, zumal der Kaiser sehnlichst wünscht, daß die besondere Freundschaft, die zwischen seinen und Deinen Vorfahren von alters her blühte, zwischen Dir und ihm nicht nur fest bestehen bleibe, sondern durch dauernde Vermehrung wachse.«[3]

Der Kaiser schreibt wenige Tage später an König Ludwig:

»Wir mußten also auf Grund solcher Apostolischen Mahnungen und Bitten …, die beschworene Ehe zum Vollzug bringen. Dabei aber verharren Wir Euch gegenüber in der Beständigkeit der Liebe, und wie die gegenseitige Zuneigung von Unseren und Euren Vorfahren bewahrt wurde, und Wir mit Eurem Großvater und Vater erlauchten Angedenkens verbürgte Freundschaft hielten, so wollen Wir sie auch zu Unseren glückhaften Zeiten mit Euch unerschütterlich halten.«[4]

Bevor der Kaiser nach Deutschland zog, hatte er mit einem Schreiben an alle deutschen Fürsten das Terrain vorbereitet: »Hiermit richten Wir einen allgemeinen Aufruf an die Fürsten als Glieder Unseres Reiches, aus deren Zusammensetzung sich der eine erlauchte Körper des Reiches ergibt …«

Welch eine Ansprache, ein jeder Fürst ist Teil des erlauchten

Körpers des Reiches, hat Teilhabe an Reich und Imperium. Gegen eine solche Diktion konnten die biederen schwäbischen Ministerialen des Königs nicht mithalten. Und unter den Ruhmeswolken kaiserlichen Lobes – meisterhaft getarnt – appellierte der Kaiser an Besitzgier und menschliche Bestechlichkeit, wenn er ausruft: »Wenn Wir nur jeden von Euch mit entsprechenden Geschenken freigebig zu danken vermöchten, wie Wir es willens *waren* und *sind!*«

Um die Fürsten zu ehren, hatte er seinen Sohn in Deutschland gelassen, den Sohn, den die Fürsten »in einmütiger Willensäußerung um Unserer Ehre und Huld willen auf den königlichen Thron erhoben haben. Mit Recht mußte er darum verpflichtet sein, Euch mit den Zeichen besonderer Liebe zu behandeln ... Aber, wie Wir schmerzerfüllt feststellen: Unsere Hoffnung erwies sich als eitel ... Nach mancherlei Verachtung Unserer Befehle und vielen Übertretungen Unserer Gebote wandte er sich unüberlegt gegen die Uns ergebensten Fürsten, die Leuchten und Spitzen Unseres Reiches, folgte dem Rat derer, die wegen Ungehorsams und Undanks Unserer Gnade verlustig gegangen waren ...«

Und nun holt der Kaiser zum großen Rundumschlag aus: »Da Uns dies bekannt wurde, konnten Wir, weil er Unsere Augäpfel, nämlich Unsere Fürsten, angriff, uneingedenk jedes Dienstes, den sie einst Uns und ihm selbst großmütig geleistet hatten, und undankbar, es nicht geduldig ertragen, ohne das persönliche Opfer, nach Deutschland zu kommen, auf Uns zu nehmen ... Was er in leichtfertiger Weise versuchte und wie er sich nicht scheute, unter Zurücksetzung der Furcht Gottes und des Gehorsams gegen seinen Vater, schauderhafte Dinge gegen die Ehre Unseres Namens ins Werk zu setzen, indem er Geiseln von Unseren Getreuen nahm, Burgen besetzte und unbesonnenerweise Männer dazu verleitete, die Treue zu Uns zu vergessen ...«[5]

Da wird mit sizilischem Golde gelockt, da werden die Fürsten zu »Augäpfeln« des Kaisers erhoben. Aber nicht genug damit. In einer konzertierten Aktion schreibt der Papst an die geistlichen Fürsten Deutschlands und fordert sie auf, König Heinrich ... »vom Abwege des Verbrechens klug und tatkräftig auf den Pfad der Gerechtigkeit unter Wegräumung jedes verzögernden Hindernisses zurückzuführen ...«

Und nun schwingt der Papst die Keule der Apostolischen Macht und verkündet: »Wahrlich, Wir haben beschlossen, um Unserem

Bitten um so stärkere Wirkung zu verschaffen, diejenigen, die von ihren dem genannten Herren (König Heinrich) geleisteten Eiden gebunden sind, ihrer zu entbinden, indem Wir sie als nichtig erklären.«[6]

Der Kaiser hatte seinen Zug nach Deutschland gewonnen, ohne einen Schritt marschiert zu sein. Und so ist es konsequent, wenn er mit geringer, dafür aber mit um so prunkvollerer Begleitung Anfang Mai 1235 von Foggia aus seinen Marsch antrat.

In Cividale erwarteten ihn die Abgesandten der Reichsfürsten und der Städte. Mitte Juni erreichte er Regensburg. Dort vereinbarte er mit dem Baiernherzog Otto II. (1231–1253) die Verlobung seines siebenjährigen Sohnes Konrad mit der Tochter des Herzogs. Allerdings fand die offizielle Verlobung erst acht Jahre später statt.

Ein wunderlicher Zug war es, der sich da durch Deutschland schob. Der Ebersbacher Chronist erzählt uns davon:

»Er aber fuhr, wie es kaiserlicher Majestät geziemt, mit großer Pracht und Herrlichkeit einher, mit vielen Wagen, beladen mit Gold und Silber, Batist und Purpur, Edelsteinen und kostbaren Geräten, mit vielen Kamelen und Dromedaren. Viele Sarazenen und Äthiopen, die verschiedenster Künste kundig waren, mit Affen und Leoparden, bewachten sein Geld und seine Schätze. So gelangte er inmitten einer zahlreichen Menge von Fürsten und Kriegsleuten bis nach Wimpfen.«[7]

König Heinrich (VII.), von allen Anhängern verlassen, war in die politische Isolation getrieben. So gab er den kaiserlichen Unterhändlern seine Bereitschaft zur Unterwerfung kund. Dieses schwere Amt, zwischen Vater und Sohn zu vermitteln, hatte der getreue Hermann von Salza übernommen.

Kaiser – Richter – Vater

Die Tage vom 25. bis 28. Januar 1077 gelten als Tage tiefster Erniedrigung deutschen Königs- und Kaisertums. Damals flehte auf den Schneefeldern vor Canossa Kaiser Heinrich IV. mit nackten Füßen im Büßergewand um die Gnade des Papstes, ihn vom Banne zu lösen.

Nun lag wieder ein deutscher König, zu Boden ausgestreckt, vor dem Richterstuhl eines Oberherrn. Der hüllte sich in steinernes Schweigen. Der König wagte nicht, sich zu erheben. Unerträglich die Situation, unerträglich die Entwürdigung eines deutschen Kö-

nigs. Dauerte die Demütigung Stunden oder Minuten? Wir wissen
es nicht.

Wir wissen nur, daß die Unerträglichkeit der Demütigung des
Königs so groß war, daß einige beherzte Fürsten, an sich ja Feinde
des Königs, den unerbittlichen Vater baten, die Beschämung von
König und Krone zu beenden. Dann erst gab der Kaiser dem Ge-
demütigten das Zeichen, sich zu erheben.

Wo blieb die Großmut eines Karls des Großen, der den rebellischen Sohn zwar ins Kloster schickte, ihn aber nicht entwür-
digte?

Wo blieb die Haltung eines Otto des Großen (936–973), gegen
den sich der eigene Bruder, Herzog Heinrich von Baiern († 955),
verschwor, gegen den der eigene Sohn, Herzog Liudolf von
Schwaben (949–957), und der Schwiegersohn, Herzog Konrad der
Rote († 955), die Waffen erhoben? Doch als sie sich unterwarfen,
nahm der König sie wieder auf und führte sie in den Frieden seiner
Gnade zurück. Mehr noch, sie wurden zu Stützen der Krone. Der
Schwiegersohn Konrad der Rote von Lothringen fiel in der
Schlacht auf dem Lechfeld, deren strahlender Held er war. Der
Sohn, Herzog Liudolf, starb im Dienste des Reichs in Italien.

Kaiser Friedrich rechtete hart mit dem Sohn: »Und als der Kaiser dem Sohne in die Augen sah, da sprach er manches mit ihm,
schwere und harte Worte, und geriet in solche Erregung, daß er ihn
festnehmen ließ. ›Wer sind nun alle deine Anhänger?‹ fuhr er ihn
an, und Heinrich gab alle Namen bekannt, aber er konnte keine
Gnade erlangen, sondern ward ins Gefängnis geführt, einen Turm
zu Worms, der da heißt ›Luginsland‹.«[1] Dann verbannte der gnadenlose Vater und Kaiser den Sohn in apulische Kerker. Heinrich
kam auf die Burg Rocca di San Felice in Venosa, in der Nähe von
Melfi, in strenge Haft.

Einen Brief des Kaisers an den Burgkastellen deutet man als Zeichen für Friedrichs väterliches Herz: »… Wir haben vernommen,
daß Unser Sohn Heinrich, der in Rocca San Felice weilt, nicht so
gekleidet ist, wie es erforderlich ist. Deshalb befehlen Wir Deiner
Treue, auf Anforderung und Anordnung des Justitiars der Basili-
cata, Unseres getreuen Thomas, … diesem Unserem Sohne anstän-
dige Kleider anfertigen zu lassen.«[2]

Kurz darauf wurde Heinrich nach Nicastro gebracht, dort blieb
er bis zum 2. Februar 1242. Wahrscheinlich liegt hier der Grund
für des Kaisers Kleiderbefehl. Er wollte den Sohn während der

Verlegung nicht in so heruntergekommener Aufmachung in der Öffentlichkeit vorzeigen.

Dann kam eine neue kaiserliche Anordnung, in welcher »… der Kaiser befahl, ihn auf die Burg San Marco in Vallegrati zu bringen. Als er auf dem Berg, der zwischen Nicastro und Martirano liegt, anlangte, warf er sich vom Pferd zu Boden und war so gut wie tot. Seine Wächter brachten ihn, so gut sie konnten, nach Martirano, wo er sein Leben beschloß und daher in der Kirche von Cosenza beerdigt wurde.«[3]

Dieser Bericht wird ergänzt durch Rolandini Patavini Chronica: »Einige sagen, er habe sich mitsamt seinem Pferde von der Höhe des Berges in eine Schlucht gestürzt, und sich so durch den Tod der väterlichen Strafe entzogen, andere behaupten, er sei in einem finsteren Kerker gestorben.«[4]

Der Selbstmord eines deutschen Königs, auch eines abgesetzten, paßt nicht ins Geschichtsbild deutscher Historiker. Wenn aber ein Mensch jemals zum Freitod prädestiniert war, dann Heinrich (VII.). Von den Höhen des Königtums hinabgestürzt in die Kerker des unerbittlichen Vaters, ohne Hoffnung auf Gnade, war die Versuchung groß, aus der Erbarmungslosigkeit des Vaters in die Barmherzigkeit des Todes zu fliehen.

Der Aufstand der Söhne gegen die Väter ist so alt wie das Patriarchat. Ebenso alt aber ist auch die Geschichte vom verlorenen Sohn, der, zum Vater zurückfindend, Liebe und Heimstatt erfährt.

Der Kaiser benutzte den Tod des Sohnes zur vollendeten Selbstdarstellung. Zweifellos wäre Friedrich II. in unserer heutigen Medienwelt der »Master jeder Show«. Vernehmen wir seine Stimme, wenn er zur sizilischen Geistlichkeit spricht:

»Tief müssen Wir das Geschick Unseres erstgeborenen Sohnes Heinrich betrauern, und die Natur trieb eine Flut von Tränen aus Unserem Innersten, die bisher der Schmerz über die Kränkung und die Starre der Gerechtigkeit zurückgehalten hatten. Vielleicht werden sich harte Väter wundern, daß der von öffentlichen Feinden unbesiegte Cäsar von häuslichem Schmerz hat besiegt werden können … Wir sind jedoch weder die ersten noch die letzten, die durch die Übergriffe von Söhnen Schaden erlitten, und nichtsdestoweniger an ihrem Grabe weinen.«[5]

Dann befiehlt der Kaiser, hier einem Abt, daß alle Geistlichen seiner Abtei eine Totenfeier feierlich zu begehen haben und die Seele des toten Königs mit Meßgesängen Gottes Barmherzigkeit anzuempfehlen. Auch erwartet der Kaiser, daß alle seinen Schmerz getreulich mit ihm tragen und fühlen.

In einem Schreiben an die Bevölkerung von Messina steigert sich der Kaiser:

»Wer könnte die strömenden Bäche der Tränen zurückhalten, wenn er sich die Weisheit eines solchen Sohnes ins Gedächtnis ruft? Welche auch noch so beredte Zung vermöchte die Kühnheit eines so ruhmreichen Königs erschöpfen? Oder welche Feder könnte seine Freigebigkeit beschreiben? Wehe mir! so rufe ich, mein Sohn, wehe mir! den jeder Feind fürchten mußte, der von allen geliebt wurde und die Freude des ganzen Erdkreises war.«[6]

Wie soll man das verstehen? Was bedeuten die Lobpreisungen des Sohnes, dessen Weisheit, dessen Kühnheit auf einmal so gerühmt werden, der die Freude des ganzen Erdkreises war? Woher dieser Sinneswandel?

Friedrich II. ist nur zu verstehen, wenn man begreift, daß sich dieser Mann als Mittelpunkt des Universums empfand, und sein übersteigertes Ego, das sich wie eine Taucherglocke über die Zeit und die Menschen stülpte, erkennt.

Der Sohn wird hochgelobt, damit der Erdkreis den Verlust, das Leid, die Trauer des Vaters erfühlt und würdigt. Und so werden die Untertanen aufgerufen, einzustimmen in den Schmerz dieser Wehklage, »da die Majestät eines solchen Fürsten die Tränen vieler fordert, weil er vielen ein Schild der Verteidigung und des Heiles war«.[7]

In einem dritten Schreiben an alle Untertanen über den Tod des Sohnes zeigt der Kaiser die Vielfalt und Farbigkeit seiner Palette. Nunmehr wird die Bosheit des Sohnes herausgestellt und die Pflicht des Vaters und Kaisers zur Strafe: »Beim Tode des Sohnes leidet die Natur und zwingt die väterliche Liebe zu Tränen, die sie den Kränkungen des Sohnes versagte, und wenn auch die Bosheit dem Sohne die Zuneigung entzogen hatte, so nahm sie dem Vater doch nicht das liebevolle Wohlwollen.

Wenn die Herrschbegierde Unserem Erstgeborenen Heinrich die kindliche Liebe nahm, so versagte die verletzte Elternliebe dennoch nicht, was des Vaters Pflicht war. Denn jede Tat, die ihrer Natur nach unter Fremden weniger schwer genommen wird, wiegt, gegen den Vater begangen, infolge der Verletzung der kindlichen Ehrfurcht überaus schwer, und nichts kann durch die elterliche Härte und Lieblosigkeit entschuldigt werden, wenn es unehrbieti-

ger Weise gegen den Vater begangen wird ... Unser aller Welt bekannte Strafe bewirkte also, daß das Vorgehen den Eltern von Söhnen zum Schutze bekannt wurde und den Söhnen als Beispiel diene.«[8]

So, nun wissen wir es. Die harte Strafe, die der Kaiser über seinen Sohn verhängte, hat er nur befohlen, um ein warnendes Beispiel zu setzen zum Schutze aller Väter gegen rebellische Söhne.

Und wieder ruft der Kaiser seine Untertanen zur Trauer auf,
aber im Mittelpunkt steht nicht der junge, unglückselige Sohn,
sondern der Vater, der Kaiser, der »über den Tod seines Erstgeborenen bittersten Schmerz erleiden muß, den die Härte des Todes
verursacht, damit das Maß Eurer Bestürzung verrät, wie sehr Ihr
uns in Liebe zugeneigt seid«.[9]

Das Maß der Bestürzung und nicht die Trauer um den Sohn soll
deutlich machen, wie sehr die Untertanen den Kaiser lieben.

Der Sieger schreibt die Geschichte. Der Sieger war der Kaiser.
So kommt es zu einem harten Urteil über den deutschen König
Heinrich (VII.). Weltliche wie kirchliche Schriftsteller stimmen
dem Kaiser zu. Heinrich (VII.) verteidigte nur die Rechte der deutschen Krone und sah zukunftsorientiert in den aufsteigenden Städten und in den Ministerialen, die zur neuen Ritterschaft aufstiegen,
die aufbauenden Kräfte der kommenden Zeit. Zu Recht nennt
Heinrich Mitteis den Kaisersohn »den hochbegabten jungen
König«.[10]

So geriet er nicht als Sohn, sondern als deutscher König in Gegensatz zur kaiserlichen Politik. Der Kaiser sah im »männer-
strotzenden Germanien« nur die militärische Kraft, sein Traum-
reich im Süden zu erobern. Heinrichs Sünde war, sich mit den lombardischen Reichsfeinden zu verbünden. So fiel er aus Maß und
Recht.

Dennoch gibt es freundliche Gedanken. Indem er sich, wiederum gegen den Willen des Vaters, der gerade die Ketzergesetze verschärft hatte, stellte und den Ketzermeister Konrad von Marburg
in die Schranken wies und gerechtes Gericht forderte und hielt,
hat er die Ketzerfeuer ausgetreten und Deutschland vor dem Wahn
der Ketzerverbrennung bewahrt. Eine menschenfreundliche Tat.
Eine solche ist von seinem kaiserlichen Vater nicht überliefert.

Das Volk hat den König Heinrich (VII.) nicht vergessen. Ein
Gefühl blieb lebendig, daß mit diesem Manne die Möglichkeit
einer anderen deutschen Politik untergegangen ist. Der Epiker Ul-

rich von Türheim, aus schwäbischem Adel, von 1236 bis 1256 be-
urkundet, faßt die Empfindung der Zeit in den Vers:

> Des Königs Tod
> schuf mir die Not
> daß Freude mir entwich.
> Ich meine König Heinrich.[11]

DIE ENGLISCHE HEIRAT

So wie der Papst die erste und zweite Ehe Friedrichs initiiert hatte, so übte er auch über die dritte Ehe bestimmenden Einfluß.

Dabei muß man eingestehen, daß der Papst für Friedrich kein schlechter Eheberater gewesen war. Die erste Ehe Friedrichs mit Constanze von Aragon sollte ihm die Militärmacht geben, mit der er seine Herrschaft über Sizilien aufrichten konnte. Daß die aragonesische Ritterschaft, kaum in Sizilien gelandet, einer Seuche anheimfallen sollte, war nicht vorhersehbar.

Die zweite Ehe mit Isabella/Jolanthe von Brienne brachte dem Kaiser die begehrte Krone Jerusalems. Die dritte Ehe mit Isabella Plantagenet von England sollte das staufische Verhältnis zu England verbessern und innenpolitisch das Signal zum endgültigen staufisch-welfischen Frieden sein.

Allen Ehen gemeinsam war, daß der Papst dem Kaiser Gattinnen wählte aus Ländern, die unter der Lehnshoheit des Papstes standen. Glaubte der Papst seine Stellung als Oberlehnsherr zu stärken, wenn er den Kaiser mit Frauen aus päpstlichen Lehnsländern verband?

Ein Schatten fiel auf die englische Ehe. Der Schatten des eingekerkerten Sohnes Heinrich. Hatte doch der Erzbischof von Köln, Engelbert I. (1216–1225), in seiner Eigenschaft als Reichsverweser für den jungen König Heinrich die schöne, englische Prinzessin zur Gattin ausersehen. Auf kaiserlichen Befehl hatte Heinrich dann die österreichische Herzogstochter Margarete von Babenberg († 1267) heiraten müssen.

Das außenpolitische Risiko, daß die politischen Beziehungen zum verbündeten, staufertreuen Frankreich Schaden nehmen konnten, räumte der Papst beiseite, indem er einen Brief an König Ludwig IX. schrieb und jeden Verdacht, daß der neue Ehebund gegen Frankreich gerichtet sein könnte, ausräumte. Der Kern dieses Briefes wurde bereits vorgestellt.

Wie bei den anderen Eheverbindungen Friedrichs wurde das Ehehindernis der zu nahen Verwandtschaft vom Papst per Sonderdekret ausgeräumt. Der englische Chronist Roger von Wendover († 1236) hat uns einen anschaulichen Bericht des kaiserlichen Ehespektakels überliefert:

»Im selben Jahr (1235) kamen im Monat Februar zwei Deutschordensritter, von Kaiser Friedrich geschickt, mit anderen Rittern und Gesandten, unter ihnen Petrus von Vinea, zum König von England nach Westminster, die ein mit Gold gesiegeltes Schreiben überbrachten, worin der Kaiser Isabella, die Schwester König Heinrichs II. (1216–1272), zur Ehe verlangte.«[1]

Dann erzählt Roger, wie sich der König mit seinen Bischöfen und Großen berät, um dann schließlich seine Einwilligung zu geben. Roger schenkt uns die folgende naive wie schöne Betrachtung:

»Als nun die Gesandten baten, die Prinzessin sehen zu dürfen, schickte der König vertraute Leute nach dem Turme von London zu seiner Schwester ... Diese führten sie ehrfurchtsvoll nach Westminster und stellten in Gegenwart des Königs die im einundzwanzigsten Lebensjahr stehende, schöne Prinzessin, prangend im Schmucke der Jungfräulichkeit und geziert mit königlichen Kleidern und Sitten, den kaiserlichen Gesandten vor. Nachdem sich diese einige Zeit an ihrem Anblick geweidet hatten ... bekräftigten sie im Namen des Kaisers das Ehebündnis durch einen Eid und boten ihr in seinem Namen den Verlobungsring; und nachdem sie ihr diesen an den Finger gesteckt hatten, begrüßten sie sie als Kaiserin des römischen Reiches mit dem einstimmigen Ruf: ›Es lebe die Kaiserin, sie lebe!‹«[2]

Natürlich waren die Bedingungen des Ehevertrages bereits vorher, am 15. November 1234, ausgehandelt worden, darunter die Morgengabe der künftigen Kaiserin:

»Wir schenken dem vorgenannten Richter auch Vollmacht und geben ihm den besonderen Befehl, dieser Herrin in unserem Namen als Morgengabe zu übereignen: Val Mazzara mit seinen Städten, Burgen und Landgütern, Besitzungen, bebauten und unbebauten Ländereien, Wasserläufen und Zugehörigkeiten, sowie auch die Herrschaft über Monte San Angelo, mit allen Städten, Burgen und Dörfern, Besitzungen, bebauten und unbebauten Ländereien, Wasserläufen und Zugehörigkeiten, wie beide Gaben, die andere Königinnen Siziliens unbestritten zu besitzen pflegten.«[3]

Vergleicht man die Morgengabe Kaisers Friedrichs II. mit der Kaiser Ottos II. (961–983) an seine Frau, die Kaiserin Theophanu († 991), so mutet die Ausstattung des Staufers fast ärmlich an.[4]

Die Braut hingegen brachte ihrem kaiserlichen Gemahl eine Mitgift von dreißigtausend Mark Silber, umgerechnet sechstausendneunhundertneunzig Kilogramm Silber.

Roger erzählt vom Abschied Isabellas von England und dem königlichen Bruder. Von Erzbischof Heinrich I. von Köln (1225–1238) geleitet, bestieg sie am 11. Mai die Schiffe und landete drei Tage später in Antwerpen, auf kaiserlichem Gebiet. Von dort ging die Reise nach Köln. Der Empfang der Kaiserin in Köln muß besonders herzlich gewesen sein. Roger berichtet:

»Als man dort ihr Herannahen erfuhr, zogen ihr zehntausend Bürger aus der Stadt mit Blumen und Palmzweigen entgegen. Es kamen auch – ein besonders ausgedachtes Kunstwerk – Schiffe, die scheinbar auf dem Trockenen ruderten und nun von versteckten, durch seidene Decken verhüllten Pferden gezogen wurden. In diesen Schiffen spielten Geistliche auf wohlklingenden Instrumenten zur Freude der Zuhörer liebliche Weisen.« (Man sieht, der Kölner Rosenmontagszug hat ehrwürdige Traditionen.)

»Unter solchen Freudenbezeugungen führten sie die Kaiserin durch die anläßlich ihrer Ankunft festlich geschmückten Hauptstraßen der Stadt. Da diese aber bemerkte, daß alle anderen und besonders die edlen Matronen, die auf ihren Söllern saßen, ihr Antlitz zu sehen wünschten, nahm sie Hut und Schleier ab, so daß alle sie ungehindert anschauen konnten. Darob lobte man sie nicht wenig, weidete sich an ihrem Anblicke und pries ihre Schönheit wie ihre Herablassung aufs höchste.«[5]

Sechs Wochen mußte Isabella in Köln warten, bis der Erzbischof von Köln und der Bischof von Exeter sie mit großem Gefolge zum Kaiser führten. Am 15. Juli 1235 war in Worms die glanzvolle Hochzeit. Roger von Wendover meldet stolz:

»Bei dem Feste der Vermählung der Kaiserin Isabella, der Schwester des Königs von England, waren bei Mainz und bei Worms vier Könige, elf Herzöge und dreißig Grafen und Markgrafen zugegen, ohne die Kirchenfürsten. In der ersten Nacht aber, wo der Kaiser mit ihr schlief, wollte er sie nicht fleischlich erkennen, bevor ihm nicht die geeignete Stunde von Astrologen angezeigt worden war.«[6]

Wir sehen, der scheinbar so rationale und als »erster« moderner Mensch auf dem Throne apostrophierte Kaiser war nicht frei von den Irrtümern seiner Zeit.

Kehren wir noch einmal zu Rogers Bericht zurück: »Nachdem aber der Beischlaf in der frühen Morgenstunde vollzogen war, gab er sie als eine Schwangere unter sorgfältige Aufsicht mit den Worten: ›Gib acht auf Dich, denn Du hast einen Knaben empfangen.‹«[7]

Der Knabe hieß »Margaretha« und ward am Ende des Jahres 1236 geboren.

Roger schließt seinen Hochzeitsbericht mit den Worten: »Nachdem also die Hochzeit vier Tage hindurch mit großer Pracht gefeiert worden war, nahmen der Bischof von Exeter und die übrigen, die mit der Kaiserin gekommen waren, Urlaub vom Kaiser und kehrten voller Freude nach England zurück … Nachdem nun fast alle Leute beiderlei Geschlechts, die am Hofe der Kaiserin in ihrer Heimat ausgebildet waren, zurückgeschickt wurden, übergab der Kaiser seine Gemahlin vielen maurischen Eunuchen und ähnlichen alten Ungetümen zur Obhut.«[8]

Eine andere Quelle dazu berichtet: »Seine drei Gemahlinnen hielt er in einem gomorrhäischen Labyrinth verschlossen, fast unsichtbar und fern von den Augen der Kinder; die Enge des Kerkers bedrückte sie so, daß ihnen Sterben Wonne und Leben Marter wurde.«[9]

Spätestens jetzt ist der Zeitpunkt gekommen, den Kaiser und sein Verhältnis zu Frauen zu betrachten.

Friedrich II. und seine Frauen

Zu den Binsenwahrheiten gehört, daß der Mensch nur das weitergeben kann, was er empfangen hat. Hat er keine Liebe empfangen, so kann er sie nicht weitergeben.

Friedrich wurde am 26. Dezember 1194 in Jesi geboren. Seine Mutter, die Kaiserin Constanze, gab das Kind der Herzogin von Spoleto aus der schwäbischen Adelsfamilie von Urslingen zur Erziehung. Knapp drei Jahre später, im Jahre 1197, beim Tode des kaiserlichen Vaters, wurde der Knabe nach Palermo gebracht. Ein Jahr später, beim Tode seiner Mutter am 27. November 1198, stand der Vierjährige alleine da. Die Mutter, Kaiserin Constanze, hatte den kleinen Sohn nicht aus emotionalen Gründen vom Herzoghof in Folignano zum Königshof nach Palermo geholt, sondern, um ihn zum König von Sizilien krönen zu lassen, um die Nachfolge zu sichern.

Wie sollte ein Mensch, der in einer emotionalen Isolation groß wurde, den liebevollen Weg zum anderen Geschlecht finden? In späteren Jahren hat Friedrich seinen bekannten Versuch mit neugeborenen Kindern gemacht. Die Ammen, die er ihnen gab, durften mit den Kleinkindern weder sprechen noch ihnen liebevolle Zuwendung geben.

Friedrich, so heißt es, wollte erfahren, welche Sprache Kinder sprechen, wenn sie ohne Gesprächspartner groß werden. Er wollte so die Ursprache der Menschheit aufspüren, war es Hebräisch, Lateinisch, Griechisch oder eine unbekannte Sprache? Es gab keine Sprache, es war der Tod der Kinder, die ohne Ansprache, ohne Zuwendung starben.[1]

War dieses erstaunliche Unterfangen Friedrichs II. nicht der monströse Versuch, der lieblosen Verödung, der Vereinsamung seiner eigenen Jugend nachzuspüren?

Gewiß, man hatte ihn nicht in das Gefängnis der Sprachlosigkeit geworfen. Da ist ja jener Lehrer, Wilhelm Francisius, da ist auch jener sarazenische Gelehrte, der in Friedrich die Liebe zur islamischen Kultur weckte. Aber wer hat mit ihm über das Geheimnis menschlicher Liebe gesprochen? Wurden ihm diese zartesten menschlichen Beziehungen von den Söldnern des Marquard von Anweiler oder des Wilhelm Capparone beigebracht?

War es da nicht einfacher, vor allem, als man über die absolute Macht verfügte, die Frauen, so wie es die Moslems taten, in Häuser einzuschließen, sie von Eunuchen bewachen zu lassen und, wenn Triebbedürfnisse vorlagen, sich ihrer zu bedienen?

Der Mann des 13. Jahrhunderts hatte trotz Minnesang einen großen Abstand zur Frau. Schreibt doch selbst ein so erlauchter Geist wie Thomas von Aquino (* um 1225–1274) in seiner Summa Theologica:

»Es war notwendig, daß das Weib ins Dasein trat, wie die Schrift sagt, als die Gehilfin des Mannes, zwar nicht als Gehilfin zu einem anderen Werke (als dem) der Zeugung, wie einige behaupten, da ja der Mann zu jedem sonstigen Werke eine bessere Hilfe in einem anderen Manne findet als im Weibe, sondern (sie ist notwendig) als Gehilfin beim Werke der Zeugung.«[2]

Während an den europäischen Höfen der Minnesang zum Lob der Frau aufblühte, erscheint im Dichterkreis um Friedrichs Hof kein Ruhmeslied auf eine der Kaiserinnen. Der Kaiser ist es, der im Mittelpunkt steht, nein, er steht nicht im Mittelpunkt, er ist der Mittelpunkt.

Er ist der Mitbegründer der sizilischen Dichterschule, von der der große Dante Alighieri sagte: »Und weil der königliche Thron in Sizilien war, so kam es, daß alles, was unsere Vorläufer in der Volkssprache hervorgebracht haben, sizilisch genannt wird.«[3]

Vom dichtenden Kaiser selbst sind drei Kanzonen überliefert,

von denen eine Strophe vorgestellt wird. Es ist ein schwermütiges
Lied an eine schöne Orientalin, die Base seiner zweiten Frau Isa-
bella/Jolanthe von Brienne, mit der er sie in der Hochzeitsnacht
betrogen haben soll:

> Zur Blum aus Syrierland,
> mein Lied, den Gang nun lenke,
> und sag ihr, die mein Herz gefangenhält,
> daß sie in Höfischkeit
> gar minniglich gedenke
> des, der sich ganz in ihre Dienste stellt
> und nun aus Minne leidet sehnende Not,
> wenn er nicht ganz erfüllet, was sie gebot!
> Und bitte sie in ihrer holden Güte,
> daß sie ein stetes Herze mir behüte![4]

Ernst Kantorowicz stellt fest: »Selbst den Schein des Häuslichen
und des Gemütes mußte dieser Monarch meiden, der sich wohl
eher mit seinen sarazenischen Belezzen als mit seiner legitimen
Gattin zeigen durfte, so daß ihm der englische König grollte, daß
die Kaiserin nach Jahren der Ehe noch niemals öffentlich unter der
Krone gegangen sei.«[5]

Aber der Kaiser mußte nicht den Schein des Gemüts meiden,
vielmehr war sein Gemüt in seiner Jugend nicht entwickelt worden. So bannte er seine Gattinnen, die ja vor Gott und dem Gesetz
Ansprüche an ihn hatten, in die goldenen Käfige sarazenischer
Frauenhäuser.

Einzig zu seiner ersten Frau, der aragonesischen Constanze,
scheint ihn ein tieferes Gefühl bewegt zu haben. Die siebenundzwanzigjährige Constanze heiratete Friedrich als einen Fünfzehn-
jährigen und gebar ihm im Jahre 1211 den Thronfolger Heinrich
(VII.). Hatte Constanze, als Witwe des ungarischen Königs Imre
(1196–1204), mit Ehe- und größerer Lebenserfahrung die Möglichkeit gefunden, zu dem unerfahrenen königlichen Jüngling ein
tieferes, vielleicht mütterliches Gefühl zu entwickeln?

Fast scheint es so. Denn er hat der toten Gemahlin Ehren erwiesen, wie nach ihr keiner Frau. Er ließ sie als einzige in der kö-
niglich-kaiserlichen Grablege zu Palermo bestatten, dort, wo seine
Mutter, Kaiserin Constanze und sein Vater, Kaiser Heinrich VI.,
ruhen. Die beiden anderen Gattinnen, Isabelle/Jolanthe von
Brienne und Isabella von England, wurden in der Krypta des

Domes von Andria beerdigt. Auch wenn nicht anzunehmen ist, daß die Gräber der beiden Kaiserinnen damals im heutigen traurigen Zustand waren, so läßt alleine die kleine Krypta des Domes von Andria keine wirklich kaiserliche Begräbnisstätte zu.

Dann ehrte Friedrich II. seine Gemahlin Constanze durch ein weiteres bedeutsames Symbol. Er gab ihr seine eigene Krone mit ins Grab.

Der emotionale Abstand zu den beiden letzten Gattinnen ist auffallend. Frühere Kaiser traten gemeinsam mit ihren Gemahlinnen als Stifter in Urkunden auf. So Kaiser Otto II. und seine Gattin, Kaiserin Theophanu, Kaiser Heinrich II. (1002–1024) und seine Frau, die Lützelburgerin Kunigunde († 1033), Kaiser Friedrich Barbarossa und Beatrix von Burgund. Ja, noch Friedrichs II. Vater, Heinrich VI. und seine Frau Constanze erscheinen in Urkunden von Stiftungen und Vergabungen gemeinsam. Bei Friedrich II. erlosch dieses herrscherliche Verhalten, in dem sich Kaiser und Kaiserin als Einheit darstellten.

Da ist dann noch das besondere Liebesverhältnis mit der Markgräfin Bianca Lancia d. J. (*1210–1235), die seit 1227 mit dem Kaiser verbunden war. Daß es sich hier um eine tiefere Bindung handelte, zeigt sich daran, daß er in den Jahren von 1227–1234, in denen er mit ihr lebte, keine nachweisbaren Liebesbeziehungen zu anderen Frauen hatte. Um die Kinder aus diesem Bunde, Constanze, die spätere Kaiserin von Nicäa, und Manfred, den späteren König von Sizilien, und eine weitere Tochter, Violante, spätere Gräfin von Caserta, zu legitimieren, wurde um die Wende 1233/34 die Ehe in »articulo mortis« geschlossen. Diese Ehe, kurz vor oder nach dem Ableben der Bianca, wurde aus Nützlichkeitszwecken vollzogen. Dem Kaiser war es wichtig, möglichst viele thronfolgeberechtigte Nachkommen zu haben.

Dann ist da noch eine sehr frühe Beziehung mit der Tochter eines sizilischen Grafen, die im Jahre 1212 Friedrich II. einen Sohn namens Friedrich von Pettorano gebar. Dieser konnte weder die Gunst noch die Liebe des Vaters gewinnen, der dem Sohne das beträchtliche mütterliche Erbe vorenthielt. Unter den Frauen, deren sich Friedrich bediente, ist auch jene vornehme schwäbische Adelige namens Adelheid, in der man eine Tochter Konrad von Urslingens, Herzog von Spoleto, vermutet. Sie stammte wohl aus dem Geschwisterkreis des herzoglichen Paares Urslingen–Spoleto, in dem Friedrich die ersten drei Jahre seiner Kindheit verbrachte.

Genauso, wie er in den Geschwisterkreis der frühen Jugend einbricht, so wenig verschont er ihm nahestehende Hofkreise. Manna, die Nichte des Erzbischofs von Messina, wird von ihm geschwängert und bringt einen Sohn, den Grafen Richard von Theate, zur Welt, der als Generalvikar der Mark und Spoleto Verwendung findet.

Der Sohn der schwäbischen Jugendgespielin Adelheid, aus dem Hause Urslingen, Heinz, der spätere König Enzio, war dem Herzen des Kaisers besonders nahe.

Aus einer Verbindung mit Maria (alias Mathilde) von Antiochia entspringt der Sohn Friedrich von Antiochia, den wir später sowohl als Generalvikar der Mark wie der Toskana und als Podestá von Florenz wiederfinden.

Das Haus der Markgrafen von Lancia wird von Friedrich gleich zweimal beglückt. Vor seiner Verbindung mit Bianca Lancia hatte er eine Verbindung mit einer Verwandten, vielleicht der Schwester der Bianca. Sie gebar ihm die Tochter Selvaggia, die mit dem Tyrannen Ezzelino von Romano verheiratet wurde.

Wir erinnern uns, daß er in Brindisi im November 1225 eine Beziehung zu einer Begleiterin oder Verwandten seiner Frau Isabella/Jolanthe in der Hochzeitsnacht begonnen hatte, aus der die Tochter Biancafiore/Blanchefleur entstammte, die als Dominikanerin lebte und starb.

Die sizilische Überlieferung kennt eine Ruthina/Ruchina de Volvesolsen, wohl personengleich mit Richina von Wolfsöden, die eine Tochter Margarethe gebiert. Diese heiratet Thomas von Aquino, Graf von Acerra, einen Verwandten des heiligen Thomas von Aquino.

Weitere Kindernamen tauchen auf, Gerhard, Jordanes/Giordano, Emma und eine Johanna, deren Mütter unbekannt sind. Es können aber auch Namen von totgeborenen Kindern der legitimen Ehefrauen sein.[6]

Mit den vorgenannten Frauen, die ja alle Damen von Stand sind, ist der sexuelle Appetit des Staufers nicht gesättigt. Hinzu kommen flüchtige Begegnungen, aber auch das Interesse an seinen schönen Sarazeninnen in Lucera.

Amüsiert liest man, wenn der Kaiser seine Söhne, Heinrich (VII.) wie Konrad IV., in seinen Briefen auffordert, Zucht und Sitte zu wahren.

Bevor der Kaiser 1236 Deutschland verläßt, ehrte er eine Frau in besonderer Weise: die heilige Elisabeth von Thüringen, die verstorbene Frau seines Verwandten, des auf dem Kreuzzug bei Otranto verstorbenen Landgrafen Ludwigs IV. von Thüringen. Er wohnte der Erhebung der Heiligen bei und ehrte ihren Leichnam mit einer seiner Kronen. Die Teilnahme Friedrichs ist durch ein eigenes Schreiben von ihm an den Ordensgeneral der Franziskaner bestätigt.

Was trieb den Kaiser dazu, an dieser Ehrung der heiligen Frau teilzunehmen? An Frömmigkeit kann man bei der Gesamtheit seines Lebens schwer glauben. Wie immer finden wir die Antwort bei Friedrich immer im Politischen und in der Nützlichkeit.

Er war ja erfüllt vom kommenden Feldzug gegen die Lombarden und ihrer Niederwerfung, und er wußte genau, daß dieser Kampf eine schwere Belastung seines Verhältnisses zu Papst und Kirche bringen würde. Es wird ihm wohl daran gelegen haben, sich demonstrativ als einen guten katholischen Fürsten darzustellen.

DER MAINZER REICHSLANDFRIEDEN VON 1235

Am 15. August 1235 vollzog Friedrich eine glanzvolle Veranstaltung, den Reichstag zu Mainz, auf dem er den Reichslandfrieden verkündete.

Erinnerungen werden wach an die kaiserlichen Hoftage Friedrich Barbarossas zu Mainz im Jahre 1184. Dort feierte der Kaiser die Schwertleite seiner Söhne König Heinrich und Herzog Friedrich im »Fest Ohnegleichen«. Eine Selbstdarstellung mittelalterlichen Rittertums in glanzvollster Weise.

Vier Jahre später, 1188, wiederum in Mainz, zeigte Kaiser Friedrich Barbarossa auf einem Hoftag die Spannungsweite der ritterlichen Welt, die Bereitschaft, das Kreuz zu nehmen, um als »miles Christi« das Heilige Land zu befreien. »Hoftag Jesu Christi« wurde dieser Tag genannt, an dem die deutsche Ritterschaft den Kreuzzug gelobte.

An Kaiser Friedrichs II. Mainzer Hoftag im Jahre 1235 stand sein Gott »*Das Gesetz*« im Mittelpunkt, als er den Mainzer Landfrieden verkündete.

Friedrichs II. Landfriedensgesetz beginnt mit der Rehabilitation seines harten Urteils über den Sohn Heinrich (VII.). Seine persönliche Betroffenheit formt er um in ein Gesetz. Alles ist an diesem Manne öffentlich, es gibt nichts Privates, nichts, was er nicht zum Staatsakt erhebt. Ob der Beischlaf mit seinen legitimen Gattinnen – wenn der Cäsar Söhne zeugt –, der Tod seiner in sarazenischen Frauenhäusern verborgenen Gattinnen, alles wird zum Spektakulum. Hören wir Friedrichs Stimme im Landfriedensgesetz:

»Welcher Sohn seinen Vater von seinen Burgen verstößt oder von anderem Gute oder es brennt oder raubt, oder wider seinen Vater zu seinen Feinden schwört, so daß er auf des Vaters Ehre oder Verderbnis geht ... der Sohn soll Eigen und Leben und fahrende Habe verlieren und alles Erbgut von Vater und Mutter auf ewige Zeiten, daß ihm weder Richter noch Vater zum Gute verhelfen können.« Und nochmals bekräftigt der Kaiser: »... Welcher Sohn an seines Vaters Leib gerät oder ihn freventlich angreift ...« Vernehmen wir die Verdammungsformel in Mittelhochdeutsch: »... derselb si erloss und rechtlos ewiglîchen, also dass er nimer wider komen moge zu sînem rechten.«[1]

Das Wichtigste am Mainzer Landfrieden sind nicht seine Inhalte, sondern daß zum erstenmal ein Gesetz in deutscher Sprache verkündet und auch in deutscher Sprache schriftlich niedergelegt wird.[2]

Dies ist für Deutschland eine der wichtigsten Taten, die der Kaiser in seiner Regierungszeit bewirkte. Dadurch, daß die deutsche Sprache auch für den staatlichen Hoheitsakt eingesetzt wurde, hat er der deutschen Sprache entscheidende Impulse gegeben. Ein Verdienst, das nicht gering gesehen werden darf. Denn mehr als Gesetze formt, eint und bildet die Sprache ein Volk. Und nur durch gemeinsame Sprache kann sich einmal ein gemeinsamer Wille bilden.

Untersucht man die neunundzwanzig Artikel des Landfriedens, so erkennt man bald, daß auch dieses Gesetz dem Denken Friedrichs entspricht. Der Kaiser referiert über Rechte, die er schon 1220 in der »Confoederatio cum principibus ecclesiasticis« und 1230/31 im »Statutuum in favorum principibum« aus der Hand gegeben und den Reichsfürsten überlassen hatte. Seitdem ist die Gerichtsbarkeit in den Händen der Fürsten.

Was nutzt es da, wenn er das Amt eines Reichshofjustitiars schuf, der als der Stellvertreter des Kaisers Recht spricht? Rechtsgelehrt und freigeboren soll er sein, ein Laie also, dem es »an den Leib geht«, wenn er Unrecht spricht. Da die Landesherren, »die die Gerichtsbarkeit unmittelbar von uns selbst zugesprochen erhielten«, diesem obersten Richter nicht unterstanden, blieb von diesem pompösen Amt nicht einmal Schall und Rauch.

Auch über Zölle, Münze, Geleit spricht der König. Er versucht darzulegen, daß er die Quelle dieser Rechte sei, bei ihm liege die Kompetenz und diese habe er an die Fürsten nur zur Ausführung delegiert. Aber in Wahrheit ist an eine Rücknahme und Einengung der Rechte der Landesherren nicht zu denken, denn der Kaiser braucht von ihnen den Schwur, ihm Heeresfolge nach Italien zu leisten, um die Freiheit der lombardischen Städte niederzuwerfen.

In einem Schreiben an den Papst, man möchte es einen Bekennerbrief nennen, ruft er der Welt zu: »Italien ist mein Erbe! Das weiß die ganze Welt. All seine Kraft an Fernliegendes zu setzen und das Eigene darüber zu vernachlässigen, wäre ehrgeizig und töricht zugleich, besonders da der Übermut der Italiener und vor allem der Mailänder Mich mit Beleidigungen herausgefordert hat, indem sie Mir in keinem Stücke die schuldige Ehrfurcht erweisen.«[3]

Das, was ihn treibt, ist Italien, sein Erbe!

Dazu braucht er den Spruch der deutschen Fürsten. Und damit

die Fürsten, »seine Augäpfel«, ganz befriedigt sind, bringt er ein weiteres Opfer.

Der Kaiser zelebrierte das Ereignis, zu dem der Reichstag den glänzenden Hintergrund bot. Die endgültige Aussöhnung zwischen Welfen und Staufern, zwischen Welf und Waibling. Der Enkel Heinrichs des Löwen, der dem päpstlichen Angebot eines Gegenkönigtums widerstanden hatte, kniete vor Friedrich II., dem Enkel des großen Barbarossa, der einmal das welfische Herzoghaus vernichtet hatte, nieder und legte unter dem Reichskruzifix seine Hände in die des Kaisers und schwor ihm Treue.

Die Hände in die Hand des Herrn zu legen, war ein uralter germanischer Rechtsritus. Mit dieser Gebärde, der »immixtio manuum«, war der Welfe Otto des Kaisers Vasall geworden und empfing aus dessen Händen die Fahnen seines neuen Herzogtums Braunschweig-Lüneburg als erbliches Lehen. Friedrich II. erschien das Ereignis so wichtig, daß er befahl: »Es solle dieser Tag in alle Annalen des Reiches eingezeichnet werden, weil er das Reich um einen neuen Herzog gemehrt habe.«[4]

Dann nahm der Kaiser den Schwur der Reichsfürsten zum Reichsfeldzug nach Italien entgegen. Am anderen Tage zelebrierte der Erzbischof von Mainz ein Hochamt im Dom, an dem der Kaiser unter der Krone teilnahm. Der Kaiser feierte dann gemeinsam mit seinen Fürsten und zwölftausend (?) Rittern das letzte große Reichsfest auf deutschem Boden.

Den Winter verbrachte er auf seinem Großhof im Elsaß, dem liebsten seiner Erblande in Deutschland, das ihn mit seiner sonnenreichen Hügellandschaft am meisten an sein geliebtes Apulien erinnerte.

Hier sehen wir auch die junge Kaiserin Isabella an seiner Seite. Auch eine andere Frau taucht auf. Adelheid, das schwäbische Edelfräulein seiner Jugendtage. Sie führte ihm das gemeinsame Kind, den Knaben Enzio, zu. Bezaubert von ihm, in dem er sein Ebenbild sah, nahm er ihn zu sich. Er sollte sich nie mehr von ihm trennen. Erst ein böses Schicksal riß ihn von seiner Seite.

Dieser Winter im Elsaß war voller politischer Aktivitäten. Friedrich mußte den schwäbischen Adel wieder an sich binden, der ja auf seiten seines Sohnes gestanden hatte. Anders als in Sizilien, behandelte er die ehemaligen Anhänger seines Sohnes mit Großmut und brachte sie so wiederum in seine Gefolgschaft. Selbst Bischof Landulf von Worms und Anselm von Justingen fanden die kaiserliche

Gnade. Nur Heinrich von Neiffen war nach Wien, an den Hof des Babenbergers, geflohen. Der österreichische Herzog war der einzige Reichsfürst, der nicht in Mainz erschienen war und auch frühere Ladungen nicht befolgt hatte. Heinrich von Neiffen hatte sicher dabei mitgewirkt, den Babenberger-Herzog dem Kaiser zu entfremden.

Aus elsäßischen Tagen ist ein Fall überliefert, der Friedrich als den toleranten Fürsten zeigt, wie ihn die deutsche Geschichtsschreibung liebt.

In Fulda und seinem Umland waren Judenpogrome ausgebrochen. Die Juden wurden beschuldigt, an zwei christlichen Knaben einen Ritualmord begangen zu haben. Juden und Christen erschienen rechtsuchend in Hagenau. Die Christen brachten zum Beweis zwei halbverweste Leichen mit. Der Kaiser befand: »Wenn sie tot sind, dann geht und begrabt sie. Zu etwas anderem taugen sie doch nicht.« Der Kaiser, der Juden und ihre Gebräuche von Sizilien her kannte, sprach sie frei.

Danach aber befahl der Kaiser eine umfassende Untersuchung des Vorfalls. Zunächst forderte er das Urteil der geistlichen und weltlichen Fürsten an:

»Diese, da sie verschiedene waren, äußerten verschiedene Meinungen … So sahen Wir aus Unseres Wissens geheimen Tiefen voraus, daß nicht einfacher gegen die des genannten Vergehens beschuldigten Juden einzuschreiten sei, als durch solche Leute, die Juden gewesen und zum Kult des christlichen Glaubens bekehrt waren, die gleichsam als Gegner nicht verschweigen würden, was sie hierüber gegen jene oder die mosaischen Bücher oder mit Hilfe der Reihe des Alten Testaments wissen konnten. Obwohl nun Unsere Weisheit durch die vielen Bücher, die Unsere Erhabenheit kennengelernt, die Unschuld genannter Juden vernünftigerweise für erwiesen hielt, so haben Wir doch zur Genugtuung nicht weniger des ungebildeten Volks als des Rechts aus Unserem voraussichtigen heilsamen Entschluß und im Einvernehmen mit den Fürsten, Großen, Edlen, den Äbten und Kirchenmännern über diesen Fall an alle Könige der abendländischen Zonen Sonderboten entsandt, durch die Wir aus ihren Königreichen im Judengesetz erfahrene Neugetaufte in möglichst großer Zahl vor Uns beschieden haben.«[5]

König Heinrich von England antwortete sofort und erklärte seine Bereitschaft zur Mithilfe. Man darf davon ausgehen, daß eine große allgemeine Bereitschaft zur Mitarbeit da war. So kam es wohl zum ersten gesamteuropäischen Untersuchungsausschuß, der feststellte, daß in den Schriften der Hebräer keinerlei Forderungen nach Ritualmorden zu finden seien, ja daß Talmud und Thora hohe Strafen sogar gegen blutige Tieropfer festsetzten.

Daraufhin verfügte der Kaiser, daß künftighin solche Vorwürfe gegen die Juden im ganzen Reich verboten wurden.

Das zerbrechliche Bündnis mit den Reichsfürsten

Der Schwur der Reichsfürsten auf dem Mainzer Hoftag gab die trügerische Illusion von Einheit und Geschlossenheit. Betrachtete Friedrich II. das Ergebnis seiner Zugeständnisse an die Reichsfürsten, so ergab sich folgendes Bild: Dem neuen Herzog von Braunschweig-Lüneburg hatte er bereits in Mainz Dispens für die Italienfahrt gewähren müssen, damit er die Dinge in seinem neuen Herzogtum in Ordnung bringen konnte. Auf das bairische und böhmische Heeresaufgebot mußte er auch verzichten, da diese die Reichsrechte gegen den aufsässigen Österreicher Friedrich den Streitbaren durchsetzen sollten. Der deutsche Nordwesten, unter der Führung des Erzbischofs von Köln, preßte dem Kaiser, unter Berufung auf die Freistellung des Herzogs von Braunschweig-Lüneburg, ebenfalls den Verzicht auf die Heerfahrt nach Italien ab. So blieb dem Kaiser nur das staufische Schwaben, das schon immer die Hauptlast staufischer Kriege und Träume getragen hatte.

Eigenartig, der gleiche Kaiser, der in Sizilien gegen den Willen des Adels den starken zentralistischen Staat, viele nannten ihn eine Tyrannis, durchgesetzt hatte, vollzog in Deutschland immer nur eine Politik der halben Maßnahmen und begnügte sich mit trügerischen Wunschvorstellungen.

Der Zug nach Italien

So wurde der groß angekündigte Feldzug, der »die Exekution der Reichsrechte« in Italien erzwingen sollte, ein unscheinbares militärisches Unternehmen.

Mit tausend schwäbischen Rittern zog Friedrich im Sommer 1236 nach Italien und gelangte im August in die Nähe von Verona, das von Gebhard von Arnstein mit fünfhundert Soldrittern und hundert Soldschützen gehalten wurde.

Papst Gregor hatte mit tiefer Sorge den klingenden Schwur der deutschen Fürsten zur Bekämpfung der rebellischen Lombarden vernommen. Einerseits hatten sich die Lombarden, als sie sich mit dem jungen König Heinrich (VII.) gegen den Kaiser verbanden, gegen das Reichsrecht vergangen, worauf der Kaiser sie mit der Reichsacht belegt hatte. Andererseits hatte Papst Gregor Heinrich (VII.) mit dem Kirchenbann gestraft, weil er seine Schwüre von Cividale gebrochen hatte. Der Papst hatte den Kaisersohn gebannt, schwerlich konnte er das Tun von Heinrichs (VII.) Bundesgenossen gutheißen. Aber an einem Sieg des Kaisers über die Lombarden konnte dem Papst auch nicht gelegen sein. Dann war ja wieder der Kirchenstaat von Nord- wie von Süditalien her von des Staufers Macht bedroht. Der Papst wäre zum deutschen Reichsbischof herabgesunken und auch Rom wäre eine kaiserliche Stadt geworden. Willenserklärungen Friedrichs II. in dieser Richtung werden wir noch kennenlernen.

Die Einmütigkeit der Kurie war keineswegs geschlossen. Die beiden Großhofrichter, Petrus von Vinea und Thaddäus von Suessa, die im kaiserlichen Auftrag in Rom weilten, wußten, daß einflußreiche Mitglieder der Kurie – wie der Kardinal Colonna und der Genuese, Kardinal Sinibald Fiesco – der Meinung waren, der Papst täte besser daran, einen erträglichen Frieden zwischen Kaiser und der Lombardenliga zu schaffen, als mit verdeckten Waffen zu versuchen, sie zur Speerspitze wider den Kaiser zu machen.

Auch der Kaiser war in einer empfindlichen Lage. Das große Reichsheer, in Mainz feierlich beschworen, war auf tausend Ritter zusammengeschmolzen. Zwar hatte er die Hilfe Ezzelino von Romanos erhalten und auch aus einigen kaiserlichen Städten Italiens hatte er Zuzug bekommen, aber der Kaiser war sich seiner militärischen Schwäche durchaus bewußt. Er sandte seinen treuen Hermann von Salza nach Rom, der dort einen profunden Vorschlag unterbreitete. Stellung einer Kaution von dreißigtausend Silbermark von seiten der Lombarden und bei erneuter Untreue erneute Verhängung der Reichsacht und des Kirchenbannes.

Dem Papst konnte natürlich keine Vermittlung gelingen, die von ihm gar nicht gewollt war.

Die Lombardenstädte dachten verständlicherweise an die Erhaltung ihrer Rechte, die ihnen im Frieden von Konstanz im Jahre 1183 von Friedrich Barbarossa zugebilligt worden waren. Außer der Anerkennung der kaiserlichen Oberhoheit, lebten sie in einer weitgehend kommunalen Autonomie mit eigener Gerichtsbarkeit, Selbstverwaltung, eigener Zoll- und Steuerhoheit und einem Militärwesen von hoher Schlagkraft. All das stand für sie auf dem Spiel, wenn es dem Kaiser gelang, »die Erneuerung der Reichsrechte« durchzuführen.

Die von Friedrich geplanten Reichstage von Piacenza und später von Cremona kamen nicht zustande.

Die großangesagte »Exekution des Rechtes« zerbröselte in Einzelaktionen. Zwar bekam der Kaiser mit Hilfe des Ezzelino von Romano die Stadt Verona, die Trevisaner Mark und die wichtige Verbindungsstraße nach Cremona in die Hand, aber in Wirklichkeit waren seine Truppen gegenüber dem lombardischen Heer zu schwach, um einen eindrucksvollen Sieg zu erfechten.

So zog der Kaiser im Spätherbst, bevor der Schnee die Pässe sperrte, die Konsequenzen und verließ die Lombardei. Sein Entschluß war, in die österreichischen Kämpfe einzugreifen, einmal um den rebellischen Friedrich den Streitbaren niederzukämpfen, und um dann mit den freigewordenen bairischen und böhmischen Aufgeboten im kommenden Jahr verstärkt in der Lombardei auftreten zu können.

Die Wahl König Konrads IV. zu Wien im Jahre 1236

Als Kaiser Friedrich II. Österreich erreichte, war die Entscheidung zu seinen Gunsten durch bairische und böhmische Waffen bereits gefallen. Aber auch diesem Sieg haftete etwas Flüchtiges, Vergängliches an. Zwar war Friedrich der Streitbare von Österreich besiegt, aber er hatte sich noch nicht unterworfen und hielt noch immer wichtige Positionen.

In Wien aber wurde große Politik gemacht. Dem Kaiser lag daran, die dynastische Lücke, die durch die Absetzung seines Sohnes Heinrichs (VII.) entstanden war, zu schließen. So wurde der neunjährige Konrad von den versammelten Fürsten zum römischen König gewählt, und damit zum Nachfolger im Kaiseramt.

Dann zog der Kaiser, was seit Jahrhunderten nicht mehr gelungen war, das Herzogtum Österreich als erledigtes Lehen zugunsten des Reiches ein. Der Beifall der deutschen Historiker trübt sich bei der Erkenntnis, »daß dieser Staatsakt von bezwingender Kühnheit« – wie Rudolph Wahl das Unternehmen nennt – ein glatter Rechtsbruch war. Denn Friedrich Barbarossa hatte im Jahre 1156, als er die Babenberger durch das »Privilegium minus« mit Österreich begabte, weil sie friedlich auf das Herzogtum Baiern zugunsten des Welfen Heinrichs des Löwen, verzichtet hatten, in Paragraph vier des Privilegiums festgeschrieben:

»Auf daß nun aber hierdurch nicht Ehre und Ruhm Unseres geliebten Onkels gemindert erscheine, haben wir auf Rat und Urteil der Fürsten, wie es Herzog Wladislaw von Böhmen unter der Zustimmung aller Fürsten vortrug, die Markgrafschaft Österreich zum Herzogtum zu erheben und dieses Herzogtum mit allen Rechten Unserem geliebten Onkel Heinrich und seiner erhabenen Frau Theodora zum Lehen zu geben, und durch ewiges Gesetz festgelegt, daß sie selbst, und nach ihnen ihre Kinder, und zwar Söhne wie Töchter, das genannte Herzogtum durch Erbrecht vom König besitzen und behalten sollen.«[1]

Hätte sich Friedrich II. an das von seinem Großvater Friedrich I. gesetzte Reichsrecht gehalten, so hätte das Herzogtum zumindest seinen Enkeln gegeben werden müssen, da die Frau seines Sohnes Heinrichs (VII.), die Babenbergerin Margarethe, ins Kloster gegangen und damit aus der Thronfolge ausgeschieden war.

Die Stadt Wien wurde auf ewige Zeiten zur freien Reichsstadt erhoben, aber alle diese Konstruktionen waren nicht von Dauer.

Wenige Jahre später regierte Friedrich der Streitbare wieder in seinem Erbherzogtum Österreich, wie es ihm von Recht und Gesetz her verbrieft war. Hier in Wien knüpfte Friedrich II. auch Kontakte zu jenem Kaufmann Peter Baum, mit dem er in späteren Jahren Warentermingeschäfte in Weizen machte.

Für das Frühjahr 1237 hatte der Kaiser einen Reichstag nach Speyer einberufen, um die Wiener Königswahl seines Sohnes Konrad auf altfränkischem Boden bestätigen zu lassen. Der Erzbischof von Mainz, Siegfried von Eppstein, wurde zu Konrads Vormund und zum Reichsverweser bestellt. Die Vorbereitungen zum zweiten großen Lombardenfeldzug wurden mit Energie betrieben. Im Sommer 1237 versammelte sich ein großes Heer auf dem Lechfelde, um nach Italien zu ziehen.

Wieder einmal ließ der Kaiser einen Knaben zurück, der König von Deutschland sein sollte. Die reduzierte Macht des jungen Königs drückt sich in seinen Urkunden aus, in denen es heißt: »Namens unseres Herrn und Vaters« oder aber »Namens der durch uns vertretenen kaiserlichen Gewalt«.

Wie sollte ein solch reduziertes Königtum sich dem Mongolensturm des Jahres 1241 entgegenwerfen, wie dies die Kritiker König Konrads IV. fordern?

DIE SCHLACHT VON CORTENUOVA UND DAS ÜBERMASS DES TRIUMPHES

Inzwischen versammelten sich die deutschen Aufgebote auf dem Schicksalsgrund der Deutschen, dem Lechfeld. Noch einmal versuchte der Papst, die Macht des Kaisers anerkennend, eine Verzögerung durch ein Verhandlungsangebot zu erreichen.

Er fand darin die Unterstützung des Deutschordensmeisters Hermann von Salza. Hermann wollte um fast jeden Preis den endgültigen Bruch zwischen den beiden Universalmächten des Mittelalters, dem Papst- und dem Kaisertum, verhindern. Seine Erkenntnis war, daß die eine Macht die andere nur durch die Preisgabe der eigenen Weltgeltung überwinden konnte.

Die Vermittlung scheiterte an Venedig, obwohl die Lombardenliga schon weitgehende Zugeständnisse gemacht hatte. Der Sieg des kaisergetreuen Ezzelino von Romano in der Trevesiner Mark war der stolzen Seehandelsrepublik als ein bedrohlicher Vorstoß in die eigene Machtsphäre erschienen. Dazu müssen wir wissen, daß in Piacenza ein venezianischer Podestà regierte, ebenso wie im mächtigen Mailand, wo diese Funktion durch den Sohn des Dogen von Venedig, Pietro Tiepolo, ausgefüllt wurde. An dem von Venedig gesteuerten Einspruch Piacenzas zerbrach das Vermittlungsangebot.

Der enttäuschte Hermann von Salza ging nach Salerno, seine Krankheiten auszuheilen. Anderthalb Jahre später starb er dort. Neben seiner Tätigkeit als getreuer Makler zwischen Kurie und Reich war sein großer Erfolg, daß in der Goldenen Bulle von Rimini, ausgestellt durch den Kaiser, der Deutsche Orden die Landesherrschaft über Preußen erhielt. Dies scheint Friedrichs II. wichtigste zukunftsweisende Tat für die Geschichte Deutschlands gewesen zu sein.

Zehn Tage lang marschierte das deutsche Heer des Kaisers bis nach Verona. Aber es marschierte nicht unter dem Zeichen des Kreuzes, sondern zeigte auf seinen Bannern die alten römischen Adler. In Verona standen schon siebentausend sarazenische Bogenschützen bereit und die Aufgebote der Mark Treviso. Dazu kamen Truppen aus den kaisertreuen Städten Cremona, Parma, Reggio und Modena.

Von der kaiserlichen Übermacht beeindruckt, öffnete Mantua seine Tore und ergab sich. Dann wandte sich der Kaiser gegen

Brescia und forderte die Übergabe der Stadt. Bis nach Brescia selbst konnte er nicht vordringen, denn die der Stadt vorgelagerte Burg auf dem Monte Chiaro lag wie ein Sperriegel davor. Durch den heldenhaften Widerstand dieser Festung gelang es dem Heer der Liga, bis nach Brescia vorzustoßen. Das entflammte den Mut der Belagerten aufs Neue. Doch nach vierzehn Tagen mußte sich die Feste auf dem Monte Chiaro ergeben, allerdings unter der Maßgabe des freien und ehrenvollen Abzugs.

Der Kaiser brach sein Wort. Die abmarschierende Besatzung wurde abgeschlachtet oder gefangengenommen.

Vor den Mauern von Brescia belauerten sich die Gegner. Das Lombardenheer scheute die offene Feldschlacht. So verging der Oktober. Es war für beide Heere Zeit, in die Winterquartiere zu ziehen. Der Kaiser griff zu einer Kriegslist. Er ließ die Truppen Cremonas und die Fußtruppen der städtischen Aufgebote in Richtung Cremona abziehen. Er selbst legte sich mit seiner gesamten Reiterei und den sarazenischen Bogenschützen zwei Tage lang abwartend bei Soncino in den Hinterhalt. Das Lombardenheer, getäuscht durch den Abmarsch der städtischen Truppen nach Cremona, wagte nun auch den Abzug aus den schützenden Mauern Brescias in die Winterquartiere.

Als der Kaiser durch seine Späher die Nachricht erhielt, die Lombarden hätten den Fluß Oglio überschritten und sich bei Pontoglio gelagert, brach er am Morgen des 27. November 1237 von Soncino auf und packte mit seinen schnellen deutschen Rittern bei Cortenuova die überraschten Lombarden.

Um den Fahnenwagen Mailands geschart, kämpften die Lombarden ihren verzweifelten Kampf. Doch in der beginnenden Nacht flohen sie, wurden zersprengt und zusammengeschlagen und räumten Cortenuova. Im Morgengrauen übernahm die kaiserliche Reiterei die Verfolgung der Fliehenden. Dreitausend Mann Fußvolk, hundert lombardische Ritter, darunter der Podestà von Mailand, der venezianische Dogensohn Pietro Tiepolo, wurden gefangengenommen. Eine gewaltige Beute, darunter der Fahnenwagen Mailands, Symbol lombardischen Freiheitswillens, fiel in die Hand des Kaisers.

Ein überwältigender Sieg in einem Krieg, der, von deutschen Reichsfürsten beschlossen und vom Willen des Kaisers beseelt, geführt worden war. Ein Sieg, nicht erstritten unter dem christlichen Kreuz oder unter dem Siegeszeichen der Deutschen, dem blauen

Michaelsbanner, sondern unter den römisch-heidnischen Adlern des antiken Roms, und so lautete der Schlachtruf auch nicht wie einstmals »Christ will es«, sondern »Rom und der Kaiser«.

Cortenuova ist nicht nur ein überwältigender Schlachtensieg, es ist auch eine Wende im Leben und im Selbstverständnis des Kaisers. Er läßt das germanisch-christliche Kaisertum eines Karl des Großen, eines Otto des Großen, eines Heinrich II. und das seines Großvaters Friedrich Barbarossa hinter sich zurück, und sieht sich im Glanze göttergleichen antiken Cäsarentums.

Sein Triumphzug in Cremona ist der Einzug eines römischen Imperators.

Cremona, mit bunten Tüchern und Fahnen geschmückt, auf denen das Wort des Tages stand »Rom und der Kaiser«, auf den Straßen jauchzten siegestrunkene Menschen »Rom und der Kaiser« und der Cäsar selbst im sieghaften Lorbeer und in der Hand das altrömische Feldzeichen.

Und hinter ihm in leichtem Trab die deutschen Ritter, von denen der italienische Chronist schreibt: »Die schönsten, die jemals unser Land betraten, vorzüglich bewaffnet, sitzen sie wie angegossen auf ihren Pferden, mannhafte Ritter von hoher Gestalt, Jünglinge noch und dennoch von unerschrockener Kühnheit. Einfach, fromm und ohne Trug kommen sie aus ihrer Heimat, schnell aber werden sie von den Unseren verdorben.«[1]

Dann folgen die Sarazenen, fremdartig in bunten Gewändern, danach die Musikanten mit Cimbelklang, tubablasend und ekstatische, nie gehörte Trommelwirbel. Und dann das Ereignis an sich: Ein riesiger Elefant, geschmückt mit römischen Adlern, auf seinem Rücken eine Laube, in der Mohrenknaben aus silbernen Trompeten bliesen. Als Gipfel des Triumphes und als Übermaß der Demütigung des geschlagenen Feindes: der Elefant zog Mailands Fahnenwagen hinter sich her. Mailands Freiheitssymbol gegen cäsarische Tyrannenmacht, das Sinnbild der Bürgerfreiheit, nunmehr geschändet. Aber genug ist nicht genug!

Am gesenkten Fahnenmast, gebunden und gefesselt, der Podestà von Mailand, Pietro Tiepolo. Dahinter folgend, im langen trostlosen Zug, das Heer der Gefangenen mit gebeugtem Nacken und bloßen Füßen. Zerstoben das Wort, das er dem Papst im Mai 1236 schrieb: »Außerdem bin ich ein Christ und ein, wenn auch unwürdiger, Diener Christi, gerüstet, die Feinde des Kreuzes zu bekämpfen.«[2]

Im Jauchzen der silbernen Trompeten, im Flattern der römischen Adler, werden alle diese Sentenzen zu blassen Worten. Siegend erhebt sich der römische Cäsar, der *Felix Imperator.* Aber Friedrich begnügt sich nicht mit diesem Siege. Er feiert eine rhetorische Orgie. *Rom,* das *Rom* der Cäsaren, überschüttet er mit Wortkaskaden.

Rom ist nicht mehr die Stadt des Papstes, nein, Rom ist die Stadt des Cäsaren!

Mit den Worten fließt Gold nach Rom, um dem Papst die Stadt zu entwinden und zur Stadt des Cäsar zu machen.

Zum sizilischen Gold, zu den betörenden Worten, sandte der Cäsar als Zeichen des Sieges den mailändischen Fahnenwagen. Er war für den Kaiser das Symbol der eigenen Macht und des Sturzes des verhaßten Mailand.

Der Fahnenwagen wurde von den Römern auf dem Kapitol auf fünf Marmorsäulen gestellt, und eine Inschrift verkündete:

Friedrichs des Zweiten Geschenk, o Rom des erhabenen Kaisers,
halte den Wagen stets hoch in Ehren hinfort!
Denn zu künden den Sieg des Kaisers, der ihn erobert,
kam er als Beute hierher, Mailand zur ewigen Schmach.
Hier zur Schande der Feinde steht er, zur Ehre der Hauptstadt.
Liebe zu Rom befahl, ihn zu senden nach Rom.[3]

Doch hören wir, was der Cäsar den Römern und Rom, das ja noch immer die Stadt des Papstes ist, zuruft:

»Den Glanz der Hauptstadt in den Zeiten Unserer Herrschaft zu erhöhen ... verpflichtet Uns die übermächtige Vernunft ... Denn seht, da der Triumph notwendig auf seine natürliche Ursache zurückgeführt wird, könnten Wir die kaiserliche Würde nicht erhöhen, ohne dabei die Ehre der Hauptstadt, die Wir als den Ursprung des Reiches anerkennen, zu erhöhen ... Auch würde sich Unser Eifer von der Beachtung jeglicher Vernunft entfernen, wenn Wir, die Uns der Glanz des Römischen Kaisers umstrahlt, die Römer des Jubels über den römischen Sieg unteilhaftig ließen, wenn Wir Euch um die Frucht des Unternehmens, das Wir in Eurem Namen durchführten, da Wir die Empörer gegen das Römische Reich unter dem Schlachtruf des römischen Namens besiegten, betrögen, wenn Wir den Glanz und den Ruhm Unserer Herrschaft nicht in die königliche Stadt trügen, die Uns, wie eine Mutter den Sohn aus ihren Armen, nach Deutschland gesandt hat, um den Gipfel des

Kaisertums zu erklimmen ... Empfanget dankbar, Quiriten, die Siegeszeichen Eures Imperators!«[4]

Dieser Brief und die Aufstellung des Fahnenwagens auf dem Kapitol wird, nach Otto Vehse, als der Gipfel der kaiserlichen Propaganda angesehen. Darüber hinaus ist dieser Brief ein gefährlicher politischer Sprengsatz. Das päpstliche Rom wird zum Rom des Cäsar erklärt. Nicht der Papst hat Friedrich mit Geld versehen und – über die Bischofssitze geleitet – nach Deutschland gesandt. Zwar hatten die Römer Friedrich II. im Jahre 1212 zugejubelt, denn Rom jubelt leicht, aber daraus den Auftrag des römischen Volkes zur Erlangung der Kaiserherrlichkeit zu machen, ist Friedrichs Wahn und grober Undank gegenüber dem Papst. Von diesem Tage an war die zweite päpstliche Bannung vorgegeben wie die Erkenntnis, die später von Papst Innocenz IV. exekutiert wurde, daß mit diesem Kaiser kein ersprießliches Zusammenleben möglich war.

Ein zweites Beispiel kaiserlicher Hybris ist die Zurückweisung der mailändischen Unterwerfung nach dem Sieg von Cortenuova. So wie in der tiefsten Niederlage im Menschen die Läuterung und daraus der Keim neuen Auftriebs erwachsen kann, so kann im Sieg der Beginn des Niedergangs, der Anfang vom Ende enthalten sein.

Der Sieg von Cortenuova zeigt das unheilvolle Charakterbild Friedrichs. So wie er in maßlosem Zorn dem am Boden liegenden, sich unterwerfenden Emir Ibn-Abbad die Lende mit dem Sporn aufriß, so handelte er auch gegenüber Mailand.

Sein erster Fehler war die übertriebene Demütigung der Besiegten beim Einzug in Cremona, vor allem die Entwürdigung des Dogensohnes Pietro Tiepolo, die automatisch die Feindschaft Venedigs vertiefte. Zweitens: die Brüskierung des Papstes durch die Aufstellung des Fahnenwagens in Rom, und der schlimme Brief, in dem er Rom zur kaiserlichen Stadt ausrief. Zum Schluß kommt die überhebliche Zurückweisung der mailändischen Unterwerfungsbereitschaft. Ganz nahe war der Kaiser seinem Ziel, seine drei Reiche, Sizilien, Italien und Deutschland, räumlich zu vereinen. Er hatte dieses hohe, staatsmännische, überzeitliche Ziel verwirkt, um des augenblicklichen zeitlichen Triumphes willen. In der Hybris von Cortenuova ist der Niedergang der kommenden Jahre eingebunden.

Matthäus von Paris, kein kaiserfeindlicher Chronist, urteilt: »In jenen Tagen schickten die Mailänder aus Furcht vor der kaiserli-

chen Majestät zu ihrem Herrn und Kaiser, und baten so inständig
wie sie konnten, daß er, den sie offen als ihren wahren und angestammten Herrn anerkannten, seine Ungnade von ihnen abwen-
den, dem Streite ein Ende machen und sie als seine Getreuen unter
die Flügel seines mächtigen Schutzes nehmen und beschirmen möge, wogegen sie ihm in Zukunft als ihrem Kaiser und Herrn mit der
gebührenden Ehrerbietung dienen wollten. Zum Zeichen ihrer Ergebenheit wollten sie ihm, um in den Armen seiner Gnade sicher
zu sein und damit er ihres früheren Widerstandes nicht mehr ge-
denke, ihren ganzen Schatz an Gold und Silber freiwillig ausliefern, darüber hinaus alle ihre Banner zum Zeichen ihrer Unterwerfung, ihres Gehorsams und seines Sieges vor seine kaiserlichen
Füße legen und verbrennen; ferner wollten sie ihm, sobald er im
Dienste des Kreuzes ins Heilige Land ziehe, jährlich zehntausend
Bewaffnete stellen, zum Nutzen der Kirche und seiner Ehre, unter
der Bedingung, daß er die Bürger vorbehaltlos begnadige und ihre
und der Stadt Verfassung unverändert bleibe.

Aber all dies verwarf der Herr Kaiser trotzig, indem er unerbittlich forderte, daß die Bürger sich insgesamt mitsamt ihrer Stadt
und allen ihren Besitzungen bedingungslos seinem Willen unterwerfen sollten. Auf diese tyrannische Forderung antworteten die
Bürger einmütig, daß sie dies auf keinen Fall tun würden und sagten: ›Wir fürchten, durch Erfahrung belehrt, Deine Härte. Lieber
wollen wir hinter unseren Schildern, durch Schwert, Lanze oder
Pfeile fallen, als am Galgen oder durch Hunger und Feuer um-
kommen.‹ Von da an begann der Kaiser die Gunst vieler zu verlieren, weil er ein unversöhnlicher Tyrann geworden war, und die
Mailänder verdienten es, daß sie wegen ihrer Demut gelobt und er-
mutigt wurden.«[5]

Die Zusammenfassung aller Kräfte

Mailand hatte inzwischen seinen Bund mit Brescia, Piacenza, Alessandria, Bologna und Faenza erneuert und war zu neuem Kampf
entschlossen. Dabei hatte auch die Erfahrung mitgespielt, daß ein
Frieden um jeden Preis schließlich immer zu haben sei.

Vorerst aber leuchtete die Sonne des Kaisers. Nach dem
Triumph von Cortenuova hatte sich Lodi ergeben. Auf einem Hoftag zu Padua nahm er die Unterwerfung von Vigevano, Novara
und Vercelli entgegen. Auch in Florenz wuchs die kaiserliche

Macht. Durch Mitwirkung des kaiserlichen Legaten Gebhard von Arnstein wechselten die Florentiner ihren mailändischen Podestà gegen den Römer Angelo Malabranca, einen Mann des Kaisers, aus.

Aber der Kaiser brauchte ein neues Heer, um den Freiheitswillen der Städte zu brechen. Doch aus Deutschland kam kaum noch Hilfe. Die Schwüre der Fürsten in Mainz schienen verhallt. So blieb Friedrich nur der Rückgriff auf Schwaben, das seit Jahren die Last des kaiserlichen Kampfes trug.

Es gelang ihm aber, die Kaiseridee zu mobilisieren, indem er Europas Könige zur fürstlichen Solidarität aufrief. Friedrich verstand es, den Königen zu suggerieren, es werde durch die aufrührerischen Lombarden weniger der Kaiser als das monarchische Prinzip an sich angegriffen. Dem König von Frankreich rief er zu: »Euch, und die übrigen Könige des Erdenrunds geht dieses an. Drum habt Eure scharfen Ohren und Augen offen und achtet sorglich, welches Vertrauen zum Aufruhr allen denen gegeben werde, die sich dem Joche der Herrschaft entziehen wollen, wenn das römische Reich durch diese Art der Eroberung Einbuße erlitte.«[1]

An König Bela von Ungarn geht der Appell: »Wenn also der kaiserliche Arm mit der Könige Macht bewehrt wird, wenn zu gemeinsamer Hilfe mancherlei Bande die Fürsten verpflichten und sie aus freiem Willen zusammenwirken: dann weicht von den Völkern jeder Mut zum Aufruhr, und der Untertanen Verschwörung hört auf, welche in den Zonen Italiens so anwuchs, daß die Rebellen – schnitte und risse sie Unsere Kraft nicht an der Wurzel aus – des Lasters Beispiel vielfach in die fernsten und entlegensten Gegenden trügen, vollends aber zu den Nachbarn.«[2]

Der Kaiser schockt die Könige mit der Vision, daß die »verruchte Freiheit«, die jetzt noch auf Italien beschränkt ist, sich über die ganze Welt verbreiten würde. Denn die Rebellen, die Ketzer sind es, die sich der gottgewollten Herrschaft widersetzen, Ketzer gegen den Staat und die Justitia. Jetzt versteht man die Waffe, die sich Friedrich mit den Ketzergesetzen von 1232 geschaffen hat. Sie sind das Exekutionsschwert gegen die Freiheit der lombardischen Städte.

Der Zweite Weltkrieg war der erste Krieg, dessen exemplarisches Medium der Rundfunk war. Friedrich II. hat den Brief, und so wie er es sah, den »Staatsbrief«, als Medium im Kampf gegen die Päpste gebraucht. Seine persönliche Tragik war, daß er ebenbürtige, ja sogar überlegene Gegner hatte.

Aber der erstaunliche Mann fand bei den Königen und Mächtigen der Welt Verständnis. König Konrad zog im Frühjahr 1238 mit seinen Deutschen, richtiger mit seinen Schwaben, über die Alpen und traf in Verona ein. Die Könige von Frankreich, England, Ungarn und Kastilien schickten ihre Ritter. Der Kaiser von Nikäa, Johann Vatatzes, hatte seine Griechen und der Sultan Malik el-Kamil seine Araber nach Italien gesandt. Hatte man sich an Friedrichs Sarazenenheer aus Lucera gewöhnt, so war es doch etwas ganz Neues, moslemische Kämpfer eines arabischen Monarchen auf italischer Erde zu sehen. Dazu kamen Mannschaften aus Florenz und Toskana, Soldaten aus der kaiserlichen Lombardei, aus der Romagna, den Marken, ja selbst aus Rom. Daneben die Truppen des Ezzelino von Romano aus der Mark Treviso.

Dieses gewaltige, buntgewürfelte Heer, dem etwas Operettenhaftes anhaftete, wurde nun zur Belagerung gegen die kleine Felsenstadt Brescia angesetzt.

Das Fatale war, daß die Siege, die staufische Heere erkämpften, zumeist von deutschen Ritterscharen errungen wurden. Aber in einem Belagerungskrieg kamen deren Fähigkeiten nicht zur Geltung. Zwar führte auch der Kaiser Belagerungsgerät mit, doch schon der Auftakt begann mit einem Mißgeschick.

Der König von Kastilien hatte dem Kaiser als besondere Dedikation einen spanisch-arabischen Ingenieur gesandt, der als ein Genie im Bau von fahrbaren Türmen, Schleudern und Rammböcken galt. Es hieß, seine Kunst sei so groß, daß ihr kein Mauerwerk widerstehen könne. Für so wertvoll und wichtig galt dieser Mann, daß Ezzelino von Romano ihn dem Kaiser in einem Käfig angekettet überstellte.

Trotz aller Sicherungsmaßnahmen fiel der so wichtige Ingenieur namens Calamandrinus in die Hände der Brescianer. Die wußten ihn besser an sich zu binden als mit Käfig und Ketten. Sie gaben ihm eine Tochter der Stadt zur Frau und schenkten ihm Haus und Hof. Bald zerstörten die zielgenauen Geschosse des Calamandrinus die kaiserlichen Belagerungstürme. Der Kaiser erinnerte sich der Taten – besser der Untaten –seines Großvaters Friedrich Barbarossas vor Crema um die Jahreswende 1159/60, und kettete wie dieser Gefangene an seine Türme, hoffend, daß die Brescianer diese Türme nicht beschießen würden. Genausowenig wie die Unmenschlichkeit des Großvaters den Sieg brachte, versagte auch die des Enkels. Hatten die Staufer, durch die Größe und Weite ihrer Ziele, die Dimensionen der Menschlichkeit verloren?[3]

Wochenlang wurde mit unerbittlicher Grausamkeit gekämpft.
Doch Brescia widerstand.

Der Kaiser schickte als Unterhändler Orlando von Rossi, den
Schwager des späteren Papstes Innocenz IV., in die Stadt, doch der
verriet ihn. Er ermutigte die Verteidiger zum Ausharren, berichtete ihnen von Seuchen im kaiserlichen Lager und wie sich Mißgunst
und Hader im multinationalen Heer des Kaisers ausbreiteten.

Noch einmal führte der Kaiser einen Großangriff auf die Stadt.
Als auch dieser mißlang, brach er nach zwei Monaten die Belagerung ab. Das Heer des Kaisers und der Könige Europas war vor
den Mauern einer kleinen italischen Felsenstadt gescheitert. Nach
dem glänzenden Sieg von Cortenuova nun die triste Niederlage
vor Brescia. Die Lombarden aber zogen eine bleibende Lehre aus
diesen Ereignissen. Für sie galt es, die offene Feldschlacht zu meiden und den Krieg aus der relativen Sicherheit ihrer städtischen
Mauern zu führen.

Der Papst – die Seele des Widerstandes

Gemeinsam mit dem Papst war die Welt Zeuge der kaiserlichen
Niederlage und der Brüchigkeit seiner Macht geworden. Bewun-
dernswert der Mut und die Kraft, mit der der siebzigjährige Papst
die Gegenkräfte sammelte. Zunächst verband er die Seemächte Venedig und Genua gegen den Kaiser. Er sandte den Kardinal Montelongo, des Kaisers besten Feind, in die Lombardei. Dieser Prälat,
ebenso erfahren als Diplomat wie als Feldherr, verstand es, die
noch immer bestehenden Rivalitäten zwischen den Städten auf-
zulösen und auf das gemeinsame Ziel, die Bekämpfung des Kaisers,
zu konzentrieren. Aus den Rebellen gegen Kaiser und Reich machte er Verteidiger und Vorkämpfer der Kirche.

Nach dem Mißerfolg von Brescia konnte Friedrich II. an einem
erneuten Waffengang nicht gelegen sein. Er war zu Verhandlungen
bereit und unterwarf sich in Cremona einem Verhör durch päpstliche Legaten. In vierzehn Punkten stellte der Papst seine Klagen
gegen Friedrich vor. Immer ging es um Verstöße des Kaisers und
seiner Beamten gegen die sizilische Kirche und Verletzungen des
Friedens von San Germano.

Damit hatte der Papst seine Strategie für eine erneute Bannung
des Kaisers konzipiert. Nur im Nebenbei berührte der Papst die
Lombardenfrage, wobei er dem Kaiser den Vorwurf machte, durch

den Lombardenkrieg die Sache des Heiligen Landes zu vernachlässigen, ja sogar zu schädigen. Beide Seiten waren scheinbar noch immer versöhnungsbereit. Obwohl sich beim Papst innerlich seit den römischen Provokationen des Kaisers ein Bruch vollzogen hatte.

Um so mehr erstaunt des Kaisers nächster Zug. Nach der Schwertleite seines nunmehr zwanzigjährigen Sohnes Enzio, (nach den Worten des Kaisers) »in Wuchs und Antlitz Unser Ebenbild«, verkündete er die Verlobung dieses Sohnes mit Adelasia, der Erbin zweier sardischer Provinzen. Die Provokation bestand darin, daß Sardinien päpstliches Lehen war, was auch Friedrich II. anerkannt hatte. Stolz nannte sich Enzio »König von Torre und Galura«, später nur noch König von Sardinien.

Wer Frieden mit dem Papst wollte, konnte unmöglich einen Streit über Sardinien vom Zaune brechen. Zwar gingen noch immer kaiserliche Boten nach Rom, in dem jetzt die kaiserliche Partei unterlegen war, aber selbst hochkarätige Gesandte wie der Erzbischof Berard von Palermo und der Großrichter Thaddäus von Suessa wurden vom Papst nur noch hingehalten.

Während der kaiserliche Hof in den ersten Monaten des Jahres 1239 im Kloster Santa Justina, nahe Padua, residierte, und auch die Kaiserin im nahen Brentatal in Noventa mit ihren Damen Hof hielt, während der Kaiser mit seinen Falken jagte und mit seinen Leoparden Großwild hetzte, braute sich über der idyllischen Frühlingslandschaft ein Unwetter zusammen.

Um dem Papst entgegenzutreten, hatte Friedrich II. einen Brief an die Kardinäle der Kurie geschrieben, mit dem Ziel, sie dem Papst zu entfremden, zumal es in der Kurie auch einflußreiche Kardinäle gab, die gerne einen kaiserfreundlichen Kurs gesehen hätten. Andererseits hatten ja auch die Päpste immer wieder versucht, einen Keil zwischen den Kaiser und die Reichsfürsten zu treiben.

Doch mußte der kaiserliche Brief in dieser Situation als eine weitere, unerträgliche Provokation angesehen werden. Schauen wir in das kaiserliche Schreiben an die Kardinäle hinein, in dem folgende Behauptung aufgestellt wird:

»… Denn an allem, was der Inhaber des Stuhles Petri zu beschließen vor hat oder zu verkünden beschlossen hat, steht Euch (den Kardinälen) gleiche Teilhabe zu … Wer nämlich sollte sich nicht verwundern, … daß, gestärkt durch die Versammlung so vieler ehrwürdiger Väter, der Inhaber des Thrones der allgemeinen Kirche – wäre er nur ein gerechter Richter! – unberaten vorgehen

will und, brennend von persönlicher Verärgerung, gegen den römischen Fürsten, den Beistand der Kirche, der zur Verbreitung des
Evangeliums eingesetzt ist, den Spruch der Absetzung zu erlassen
und zugunsten der lombardischen Empörer das geistliche Schwert
zu ziehen beabsichtigt.«[1]

Damit stellt der Kaiser dem Papst das Kardinalskollegium als
gleichwertigen, entscheidungsbefähigten Partner zur Seite. Nun
greift der Kaiser zur massiven Drohung:

»Deswegen bedauern Wir es nicht ohne Grund, wenn der Apostolische Vater Uns so schwer zu beleidigen beabsichtigt; denn, da
ein so schweres Unrecht einen entschlossenen Mann trifft, erlaubt,
selbst wenn Wir es geduldig ertragen wollten, die Ungeheuerlich-
keit der Sache nicht, daß Uns das scharfe Vorgehen nicht zu der
Rache, die die Cäsaren zu üben pflegen, treibt …

Deshalb bitten Wir Eure verehrungswürdige Gemeindschaft,
Ihr möget die Sinnesweise des höchsten Priesters … in wohlüber-
legter Mäßigung einschränken … Denn obwohl Wir auf Euer Heil
und Eure Ehre bedacht sind, werden Wir nicht gleichmütig von
der Verfolgung der Missetäter absehen können, ja, selbst wenn Wir
dem Anführer nicht entgegentreten könnten, wäre es Uns gesetzlich erlaubt, das Unrecht, das Wir nicht verhindern können, mit
Unrecht abzuwehren.«[2]

Diese Drohungen richten sich nicht nur gegen den Papst, sondern auch gegen die Kardinäle, wenn es ihnen nicht gelingt, den
Papst zum Sinneswandel zu bringen. Die Empörung der Römischen Kurie findet beim Papstbiographen ihren Niederschlag:

»Wer darf an der Heiligkeit dessen zweifeln, der die päpstliche
Würde bekleidet! Ein Ketzer, wer den Apostolischen Stuhl erschüttert! Denn da die heiligsten Urkunden den Inhaber des hochheiligen Bischofssitzes für heilig erklären, verdient die Strafe des
Schänders am Heiligtum, wer die Gewalt des römischen Bischofs
in Zweifel zieht.«[3]

Die zweite Bannung Kaiser Friedrichs II.

Betrachtet man rückschauend nochmals das Verhalten des Kaisers,
so hat er den Papst geradezu zum Bannspruch getrieben. Denken
wir an sein Schreiben an die Römer, in dem er das päpstliche Rom
zur Hauptstadt des Imperiums ausruft. Erinnert man sich an die
Aufstände, die in Rom mit kaiserlichem Geld gegen den Papst ge-

schürt wurden, betrachtet man den unsinnigen Einbruch in die päpstlichen Lehnsrechte in Sardinien, dann die plumpe Drohung gegen Papst und Kardinalskollegium, dann ist der Bannspruch die Logik aus dieser kaiserlichen Politik, die die Züge der Leichtfertigkeit trägt.

In seinem Bannspruch behandelt der Papst die Lombardenfrage am Rande. Daß Friedrich im Frieden von San Germano, in dem er die Freiheit der sizilischen Kirche beschworen hatte und wo er selbst erklärt, er wolle, falls er die Friedensbestimmungen nicht halte, auch ohne päpstlichen Spruch gebannt sein, das ist die Schlinge, die er sich selbst gelegt hat und die der Papst jetzt zuzieht.[1]

Als Papst Gregor IX. am Palmsonntag 1239 seine Bannbulle gegen den Kaiser aussprach, tat er nur das, wozu sich Friedrich im Frieden von San Germano selbst verurteilt hatte. Der päpstliche Bannspruch in seinen Hauptpunkten lautet:

»Wir exkommunizieren und anathematisieren aus der Machtvollkommenheit des Vaters, des Sohnes und des Heiligen Geistes, der Apostel Petrus und Paulus und Unserer eigenen ›Friedrich‹, den man Kaiser nennt, deswegen, weil er in der Stadt Rom gegen die Römische Kirche eine Empörung angestiftet hat, durch die er den Römischen Priester und seine Brüder von ihren Sitzen zu vertreiben beabsichtigte, und gegen die Privilegierten der Würde und der Ehre des Apostolischen Stuhles, gegen die Freiheit der Kirche, gegen die Eide, durch die er gebunden ist, leichtfertig der Kirche entgegentrat.«

Und nun wird aufgelistet:

»Wir exkommunizieren … ihn ferner deswegen: weil er einige Bistümer und einige freie Kirchen in seinem Königreich nicht besetzen läßt …, weil in seinem Königreich Geistliche gefangengesetzt und eingekerkert, enteignet und getötet werden …;

weil er kirchliche Besitztümer und die Insel Sardinien in Besitz nahm gegen seinen Eid, durch den er diesbezüglich der Kirche verbunden ist …;

weil in seinem Königreiche Abgabe und Sonderleistungen gegen den Friedensvertrag von Kirchen und Klöstern von ihm erpreßt werden …;

weil gegen den Friedensvertrag diejenigen, die der Kirche anhingen, aller ihrer Güter beraubt und verbannt werden wie Geächtete, während ihre Frauen und Kinder gefangengesetzt werden …

Alle aber, die ihm durch den Treueeid verpflichtet sind, erklären Wir dieses Eides entbunden und verbieten strengstens, ihm, solange er mit der Exkommunikation belegt ist, die Treue zu bewahren ...

Weil er außerdem auf Grund seiner Reden und Handlungen von vielen, ja geradezu auf dem ganzen Erdkreis schwer angeklagt wird, daß er nicht den rechten katholischen Glauben habe, so werden Wir mit Gottes Hilfe an geeigneter Stelle und zur rechten Zeit so vorgehen, wie es in solchen Dingen der gesetzliche Gang vorschreibt.«[2]

Der Bannstrahl erreichte den Kaiser in Padua. Wiederum umging er die päpstliche Kompetenz und wandte sich an die Kardinäle. Er lobpreist sie als die Leuchten über dem Berge, die das Haus Gottes lenken, und fordert eine allgemeine Kirchenversammlung unter Zuziehung der Fürsten Deutschlands und aller Könige und Fürsten des Erdkreises.[3]

Mit dem Versuch, die Kardinäle gegen den Papst zu stellen und auf einer gemischten Synode aus geistlichen und weltlichen Herren gegen den Papst sein Recht zu erlangen, erhöht er den Zorn des Papstes, dessen Groll wir vernehmen:

»Es steigt aus dem Meer die Bestie voller Namen der Lästerung, die mit den Tatzen des Bären und dem Rachen des Löwen wütet ... Mit eisernen Krallen und Zähnen will sie alles zermalmen und mit ihren Füßen die ganze Welt einstampfen, um die Mauern des katholischen Glaubens zu zerbrechen ... Höret auf zu erstaunen, daß der das Schwert des Unrechts gegen Uns zückt, der sich bereits erhebt, um den Namen des Herrn von der Erde zu vertilgen! Vielmehr, um mit offener Wahrheit seinen Lügen widerstehen und seine Betrügereien mit dem Beweise der Reinheit widerlegen zu können, blicket aufmerksam auf das Haupt, die Mitte und das Ende dieser Bestie: Friedrichs, des sogenannten Kaisers.«[3]

Die verbale Auseinandersetzung zwischen Kaiser und Papst eskaliert, verliert die Menschlichkeit und steigert sich in die Dimension einer dämonischen Apokalypse. Vernehmen wir Friedrichs Antwort:

»... Aber der da sitzt auf dem Lehrstuhl verkehrten Dogmas, der Pharisäer, gesalbt mit dem Öle der Bosheit über seine Genossen, der römische Priester unserer Zeit, er begehrt sinnlos zu machen, was aus Nachahmung himmlischer Ordnung herabgestiegen ist ... Da hat er geschrieben – der Papst bloß dem Namen nach – Wir seien die Bestie, die aus dem Meere steigt, voll Namen der

Lästerung, mit des Pardels Buntheit übermalt. Und Wir behaupten, er sei jenes Ungetüm, von dem man liest: es ging heraus ein anderes Pferd, ein rotes, aus dem Meere, und der darauf saß nahm den Frieden von der Erde, daß die Lebenden sich untereinander erwürgten (Off. 6, 4) … Er selbst ist der große Drache, der das ganze Erdrund verführt hat, der Widerchrist, zu dessen Vorläufer er Uns gemacht hat; und ein anderer Balaam, gedungen um Geld, daß er Uns verfluche, Fürst unter den Fürsten der Finsternis, welche die Weissagungen mißbraucht haben; dieser ist der Engel, welcher hervorspringt aus dem Abgrund; welcher Schalen hält voller Bitternis, daß er dem Meere und dem Lande schädlich sei.«[4]

Dann legt der Kaiser ein Glaubensbekenntnis ab und setzt sich mit dem immer wieder gegen ihn erhobenen Vorwurf auseinander, er habe Moses, Christus und Mohammed als Betrüger bezeichnet: »Ferne sei, daß das von Unseren Lippen gekommen wäre, da Wir offensichtlich Gottes einzigen Sohn, gleichzeitig und gleichaltrig dem Vater und Heiligen Geist, Unseren Herrn Jesus Christus, seit Anbeginn und vor der Zeitlichkeit gezeugt … welcher von der ruhmreichen Jungfrau Maria geboren ist, gelitten hat alsdann und gestorben ist nach dem Fleische und der anderen Natur, die er im Schoße der Mutter angenommen, durch Kraft der Gottheit aber vom Tode nach drei Tagen erstanden ist.

Von Mohammeds Körper dagegen haben Wir gelernt, daß er in der Luft hänge, von Dämonen umlagert – von seiner Seele, sie sei den Martern der Hölle übergeben: dessen Werke finster waren und gegen die Gestze des Erhabenen. Moses aber kennen Wir als Freund Gottes und Vertrauten nach der wahren Lehre der Schrift …

Und weil die Beleidigungen nicht vorübergehend sind, die Unserer Majestät ständig zugeführt werden, und Wir den Geist ihretwegen nicht sänftigen können … so werden Wir zur Vergeltung gezwungen, Ihr aber (die Kardinäle), die ihr zu verständiger Beratung eingesetzte Männer seid, an Sinn und Vernunft Erhabenheit besitzend, ruft Unseren brüllenden Widersacher von dem Vorgehen … völlig zurück, und habt dabei acht auf der Dinge Folgen … andernfalls wird hier und dort das Land fühlen, wie gegen den Verfolger und die ihm anhängenden Fürsten und Förderer der Augustus vorgeht und wie er mit Eisen cäsarische Rache bringt.«[5]

Auch dieser Brief war wieder unter Umgehung des Papstes direkt an die Kardinäle gerichtet, und auch ihnen drohte das Eisen cäsarischer Rache.

Die Ruhe vor dem Sturm

Die beiden großen Gegner verfestigten ihre Positionen. Friedrich legte eine gesamte Sperre über das Königreich. Die Insel genau wie Festlandsizilien wurden durch das waffenstarrende Burgensystem abgeschirmt. Keiner kam ohne den Willen des Kaisers aus dem Königreich herein oder heraus. Die Bettelorden wurden verjagt. Damit verlor der Papst seine besten Helfer und Propagandisten. Die fünfunddreißig unbesetzten Bischofssitze Siziliens wurden mit kaisertreuen, zumindest kaiserfreundlichen Prälaten besetzt. Im ganzen Königreich wurde der päpstliche Bann ignoriert. Messen wurden gehalten, Sakramente gespendet, so, als habe der Papst niemals seinen Bann gegen Friedrich geschleudert. Priester, die sich dem widersetzten, verschwanden in den Kerkern sizilischer Kastelle. Der unverbrüchliche Freund des Kaisers, Erzbischof Berard von Palermo, übernahm die Funktion eines Primas und Patriarchen des Königreiches.

In der Lombardei sorgte der Zuzug schwäbischer Ritter dafür, daß die kaiserlichen Städte und Bastionen gehalten wurden. Der Papst stellte sich nunmehr offen auf die Seite der Lombarden. Der begabte päpstliche Legat Gregor von Montelongo gab dem Städtebund solch festen Halt, daß es nirgends gelang, den Widerstand Mailands und der Liga zu brechen.

Nun durchschnitt Friedrich II. auch äußerlich jede Bindung an Rom. Hatte er sich mehrfach und zum letztenmal im Frieden von San Germano eidlich verpflichtet, das Königreich Sizilien nicht mit dem Reich zu vereinen, so schob er jetzt jeden Anschein beiseite. Das Familiarenkolleg, die Zentralbehörde des Königreichs, wurde aufgelöst und dem kaiserlichen Großhof in Italien angeschlossen. Es gab nur noch eine einzige einheitliche Reichsverwaltung. Alle Institutionen wurden zusammengefaßt, die Justiz ebenso wie die Finanzverwaltung oder die kaiserliche Flotte.

Zwei Regionen trugen die Hauptlast des künftigen Kampfes. Das Königreich Sizilien, das durch eine rigorose Steuerpolitik bis zur Unerträglichkeit erpreßt wurde, um den enormen Finanzbedarf des Kaisers zu decken, und in Deutschland das Herzogtum Schwaben mit seiner Ritterschaft.

Auch in Deutschland spiegelte sich der Kampf zwischen Kaiser und Papst wider. Hatte der Kaiser erhofft, die Fürsten, »seine Augäpfel«, stellten sich nunmehr an seine Seite, bereit zur Heerfahrt nach Italien, so erfüllte sich diese Hoffnung nicht. Zu sehr waren die Fürsten, die weltlichen wie die geistlichen, damit beschäftigt, ihre Landesherrschaft auszubauen. Der Baiernherzog war in engste Beziehungen zur Kurie getreten, und der Streit mit dem österreichischen Friedrich nicht beendet.

Auf einem Reichstag zu Eger im Juni 1239 hatten sich die deutschen Fürsten zu einer Friedensvermittlung zwischen Kaiser und Papst aufgeschwungen. Allerdings lösten sie sich nicht aus ihrem Treueverhältnis zum Kaiser, sehr zum Ärgernis des Papstes. Am 2. Juni 1239 fand unter dem Vorsitz von König Konrad eine Synode in Mainz statt. Sächsische, schwäbische und fränkische Bischöfe nahmen daran teil. Wahrscheinlich wurde beschlossen, die Exkommunikation des Kaisers in deutschen Landen nicht zu veröffentlichen.

Für den Kaiser griffen die Städte des deutschen Südens zu den Waffen. Im Winter 1239/40 zogen Truppen aus Augsburg, Ulm, Donauwörth, Lauingen, Nördlingen, Aufkirchen, Murnau, Ansbach, Dinkelsbühl, Gemünd, Lentersheim, Hall, Nürnberg, Weißenburg a. S. und Greding über die Alpen nach Italien, dem Kaiser zu Hilfe. Die Städte wurden im nächsten Jahr daraufhin mit dem päpstlichen Bann belegt.[1]

War die Haltung der Reichsfürsten gespalten, so war es die der geistlichen Fürsten auch. Der Landgraf von Thüringen und der Markgraf von Meißen stellten sich vor den Kaiser. Otto von Baiern und Wenzel von Böhmen kündigten König Konrad und damit dem Kaiser den Frieden. Der überwiegende Teil der Fürsten sprach sich für eine Friedensvermittlung aus. Die Bischöfe fanden die Formel, die geistliche und weltliche Macht seien aufgefordert, einträchtig miteinander zu wirken. Und schließlich seien die Bischöfe sowohl Priester als auch Fürsten des Reiches und somit in einer doppelten Treuepflicht.

Die Antwort des Papstes auf die Haltung des deutschen Episkopats war der Befehl, die Exkommunikation des Kaisers bekanntzumachen und in Deutschland und den Nachbarländern das Kreuz gegen den Kaiser zu predigen.

Man sieht, die Friedensbemühungen der deutschen Fürsten und der deutschen Bischöfe waren und konnten nicht erfolgreich sein.

Bedenkt man die Flut der Verdammungen, die schlimmen verbalen Verletzungen, die sich beide Oberhäupter der Christenheit zugefügt hatten, Wunden, die sich nie mehr schließen sollten, so mußten die Dinge jetzt auf eine Entscheidung zulaufen.

Der Angriff auf den Kirchenstaat

Endlich, so scheint es, kommt in Friedrichs Politik zwar keine Moral, aber doch eine entschiedenere Klarheit. Es hatte für ihn von jeher nur zwei Möglichkeiten staatlicher Behauptung gegeben. Einmal die vielfach beschworene Trennung zwischen Königreich und Imperium einzuhalten, das heißt, das Sicherheitsbedürfnis des Papstes für seinen Kirchenstaat zu respektieren, aus der Erkenntnis heraus, daß sich der Kirchenstaat davor schützen mußte, zwischen einem süditalischen und nord-mittelitalischen Stauferreich zerrieben zu werden. Solange Friedrich versuchte, unter permanentem Eidbruch diese Möglichkeit durchzusetzen, mußte der Papst mit den Gegnern des Kaisers, den lombardischen Städten, paktieren, um ein Gegengewicht gegen die staufische Umklammerung bilden zu können.

Dann gab es noch die andere Möglichkeit, die Freiheit der lombardischen Städte zu wahren, den Kirchenstaat zu zerschlagen, den Papst unter kaiserliche Kontrolle zu zwingen oder, wenn das nicht gelang, einen Gegenpapst zu inthronisieren.

Friedrich jedoch hatte immer versucht, eine dritte Möglichkeit zu realisieren: Niederringung der Lombardenliga unter Duldung oder Hinnahme des Papstes. Schaffung einer Landbrücke zwischen Süd- und Norditalien, durch Rückeroberung des dem Papst abgetretenen Herzogtums Spoleto und der Mark Ancona.

Diese Einschließung des Kirchenstaates, die kein Papst und keine Kurie hinnehmen konnte, hatte Friedrich in den verschiedensten Formen immer wieder versucht, wobei er vor Wort- und Eidbruch nicht zurückschreckte. Im Nichterkennen der Undurchführbarkeit dieses Grundmusters seiner Politik liegt sein Untergang begründet.

Nun hatte sich der Kaiser zum konsequenten Kampf gegen das Papsttum entschlossen.

Im Januar 1240 marschierte König Enzio, vom Vater zum Generallegaten von Italien ernannt, ins Herzogtum Spoleto ein. Diesen Einbruch in päpstliche Hoheitsgebiete nannte Friedrich »die Wiederherstellung der Reichsrechte in Italien«. Und während sein Sohn, König Enzio, in Spoleto einmarschierte, predigte der Kaiser von der Kanzel des Doms in Pisa den Gläubigen. Eine unerhörte Häresie des Gebannten, der anscheinend jegliches Maß verloren hatte.

Friedrich, der jetzt selbst aufbricht, päpstliches Land zu erobern, kündigte sich im Januar 1240 den Städten Viterbo, Foligno
und Tivoli mit den Worten des Vorläufers Christi an: »Bereitet den
Weg des Herrn, und machet gerade seine Pfade! Entfernt die Rie-
gel Eurer Tore, daß Euer Kaiser komme, den Rebellen schrecklich
und Euch milde, bei dessen Anblick die Geister ruhen mögen, die
Euch so lange plagten.«[1]

Im August 1239 hatte er bereits in messianischem Wahn an seine Geburtsstadt Jesi geschrieben:

»Jesi, die adelige Stadt der Mark, Unseres Ursprungs erlauchten
Anbeginn, wo Unsere göttliche Mutter Uns zum Licht gebracht,
wo Unsere Wiege geschimmert hat, mit innigster Neigung zu emp-
fangen: möge aus Unserem Gedächtnis nicht entschwinden seine
Stätte, und Unser Bethlehem, des Cäsars Land und Ursprung, in
Unserer Brust zutiefst verwurzelt bleiben.«[2]

Und nun wandelt er das Matthäus-Evangelium (2, 6) auf sich um
und fährt fort:

»So bist du, Bethlehem, Stadt der Marken, nicht die kleinste unter Unseres Geschlechtes Fürsten: denn aus dir ist der Herzog
kommen, des römischen Reiches Fürst, der über dein Volk herrsche und es schirme und nicht gestatte, daß es fürder fremden Händen gehorcht.«[3]

Ohne Zweifel hatte nach der zweiten Bannung bei Friedrich II.
ein Realitätsverlust eingesetzt. Ließ er sich noch, wohl um 1229,
von dem Schönredner Nikolaus von Bari in der Kathedrale von Bitonto feiern, so war dies ja noch ein Akt von passiver Hinnahme,
obwohl jeder Mächtige die Lobredner hat, die er haben will.
Führen wir uns kurz Nikolaus von Bari in Auszügen zu Gemüte:

»Groß ist der Herr Kaiser nach der Art seines Adels, da er sein
Geschlecht ableitet von den Kaisern und Königen dieser Welt; *der
vom Himmel kommt, ist über alle,* das heißt, wer vom kaiserlichen
Geschlecht abstammt, ist edler als alle ... Er ist erhabener Adel,
Beispiel des Erdkreises, Zierde der Menschen, Leuchte im Umgang
und aller Gerechtigkeit Anfang.«

Über viele Seiten geht diese hymnische Lobpreisung, und es be-
darf besonderer Fähigkeiten, ein Loblied in solcher Form hinzunehmen, in dem sich eine byzantinische Kaiserverehrung über-
schlägt:

»Wohlan denn, Geliebteste, lasset ihn uns grüßen mit dem Erz-
engel Gabriel: Gegrüßet seist DU, Herr Kaiser, voller Gnade Got-

tes, der Herr sei mit Dir; vernimm: er war, ist und wird sein; er war im Knaben- oder Jünglingsalter, als Herodes den Knaben zu verderben suchte, und tot sind alle, die solcherart suchten; er ist ja auch in den gegenwärtigen Kämpfen, als die Kinder der Fremde, die alt wurden in Übeltaten und lahmten auf den Pfaden der Treue; und er wird sein in Ewigkeit in allen Taten des Vaters, da der Herr eure Hände gelehrt hat zum Kampf und eure Fäuste zum Krieg. Gebenedeit bist Du unter den Königen, und gebenedeit sei die Frucht Deines Leibes, das heißt; die schönste Frucht, König Konrad, Euer heißgeliebter Sohn.«[4]

Das Wunder von Rom

Friedrich setzte seinen Siegesmarsch über die Grenzen des Kirchenstaates fort. Freiwillig öffneten viele Städte und Orte vor dem Kaiser ihre Tore, darunter Montefiascone, Viterbo, Orta und Sutri. Schon im Februar war Friedrich bis auf einen Tagesmarsch an Rom herangekommen. Ob die Mehrheit der Römer kaiserlich war, ist ungewiß. Tatsächlich gab es eine starke kaiserliche Partei unter Führung der senatorischen Familien der Colonna.

Der Papst hatte sich in die Engelsburg zurückgezogen. Nur wenige Getreue waren noch um ihn. Aber der alte, ehrfurchtgebietende Mann glühte noch immer in heiligem Feuer, nie wankend, nicht zweifelnd an seinem gottgewollten Auftrag.

Der Kaiser jedoch vor den Toren der Stadt, die Macht seines Heeres entfaltend, hatte geschworen, nicht mehr, wie vor zwölf Jahren, vor den Toren Roms haltzumachen.

In Rom jagten sich Gerüchte und Parolen. Die Päpstlichen streuten aus, der Kaiser wolle St. Peter in einen Pferdestall verwandeln und die Altäre in Futterraufen. Seine Hunde aber wolle er mit den Hostien, dem Leib des Herrn, füttern.

Kaiserlich Gesinnte aber sollen dem Papst prophetische Verse in seine Privatgemächer gelegt haben:

> »Vorgeschick will und Sternenlauf zeigt und Flug der Vögel:
> Bald fürwahr werde ich, Friedrich, zum Hammer der Welt!
> Roma, wankend schon lang, erschlafft in alter Verwirrung,
> Wird zerbrochen und bleibt nimmer des Erdrunds Haupt.«[1]

Der Papst soll darauf, ebenfalls in Versen, mit großer Würde geantwortet haben:

»Vorgeschick schweigt und Sternenlauf schweigt,
  nichts künden die Vögel;
Fruchtlos strengst Du Dich an, St. Petri Schiff zu versenken!
Schwankts auch, so geht es doch niemals unter, das Schiff.
Was die göttliche Hand vermag, Julianus spürt es, der Kaiser.
Folgst Du ihm nach, so trifft auch Dich die Rache des Herrn.«[2]

Die Römer schmückten ihre Stadt mit Lorbeer zum Empfang ihres Cäsaren, trugen Transparente, jubelten: *Ecce Salvator! Ecce Imperator! Veniat; Veniat Imperator!*

Da flogen die Tore der Engelsburg auf und der Papst erschien, umgeben von seinen wenigen Getreuen. Es war der 24. Februar 1240, das Fest Petri Stuhlfeier, auf der das Schicksal der Papstkirche auf schmalem Grate stand. Die Entscheidung, ob Rom der Mittelpunkt der Christenheit, oder etwas ganz Neues, eine antikheidnische Stadt des Weltcäsars werden würde, stand noch aus.

Die Römer gossen ihren Hohn über den uralten Mann aus, der sich der neuen Weltgeltung ihrer Stadt entgegenstellte.

Der Papst hielt die Prozession an. Und in der brodelnden Glut von Hohn und Spott zeigte er auf den Reliquienschrein mit dem Holz vom Kreuze Christi und den Häuptern der Apostel Petrus und Paulus. Er stellte dem Hohn der Römer und der Macht des Kaisers vor den Toren der Stadt die Spiritualität der Römischen Kirche entgegen, die sich in den Reliquien verkörperte. Er zeigte auf die Apostelhäupter und rief der johlenden Menge zu: »Hier sind die römischen Altertümer, um derentwillen eure Stadt verehrt wird! Hier die Kirche und die Reliquien der Römer, die ihr bis zum Tode zu schützen habt! Ich kann nicht mehr tun als ein anderer Mensch: aber ich fliehe nicht, denn ich erwarte hier die Barmherzigkeit Gottes.«[3]

Dann nahm er die Papstkrone, die Tiara, vom Haupt, setzte sie schützend über die Apostelhäupter und rief: »Ihr Heiligen, verteidigt Rom, wenn die Römer Rom nicht mehr schützen wollen.«[4]

»O Rom«, wie ein zeitgenössischer Chronist ausruft, »die Hure, die sich geil jedem ihr nahenden Mann anbietet.«[5]

Die Römer warfen sich dem starken Manne, dem uralten Papst, den man hundertjährig wähnte, in die geöffneten Arme. Er war der Fels, der starke, der unerschütterliche im Glauben, auf den Christus seine Kirche gegründet hatte. Die Römer rissen sich die kaiserlichen Adler, die sie sich schon angeheftet hatten, von den Kleidern. Sie jauchzten dem Papst zu und nahmen das Kreuz als Zeichen, Rom und die Kirche zu verteidigen. Christus hatte den Cäsar bezwungen.

Nun stand der Kaiser vor den Mauern der Stadt, er, der sich hatte erheben lassen wie vor ihm kein Mensch der Christenheit. Der Erlöserkaiser, der vergöttlichte Mensch. Ein in Gefangenschaft geratener kaiserlicher Notar ruft ihn an: »O Hafen des Heils der Gläubigen! auf Euch, Eure Heilsnähe richten wir unsere Hoffnung. Oh, unseres Lebens eingeborener Lebenshauch, der Ihr durch Eure Kraft und Gnade uns von den Toten erweckt! Es überkomme aus unseren Martern Barmherzigkeit Euer Herz: führet heraus Israels Söhne aus Ägypten, sendet Erlösung Euren Knechten.«[6]

Wie entscheidet sich der Kaiser, der sich über jedes menschliche Maß erheben ließ, hier vor Rom?

Angriff auf die Ewige Stadt? Sicher wird sich das wankelmütige Volk von Rom zu seinen Füßen niederwerfen und voller Verlegenheit die Ekstase vergessen, in die es sich durch einen schwachen Greis und einige vermoderte Reliquien treiben ließ. Die kaiserlichen Adler werden sich sieghaft erheben und der Cäsar wird sich mit seiner Stadt vermählen!

Nichts von dem geschieht. Mißt man Friedrichs II. Taten an dem Rausch seiner Worte, so werden sie zu dem was sie sind, glitzernde, aufgeblasene Worthülsen, mit denen ein schwacher Mensch sich und die Seinen der Wirklichkeit entrückt.

Der Kaiser und sein Heer zogen ab! Die Eroberung Roms unterblieb. Mit dunklen Flüchen gegen die »von Babylons Kelch trunkenen Römer« und der noch kleinlicheren Behauptung: »Nur einige Knaben und alte Weiber und wenige Söldlinge waren den Tränen und Bitten des Papstes gefolgt und hätten das Kreuz gegen den Kaiser genommen«[7], zog er sich am 15.3.1240 aus dem Kirchenstaat nach Apulien zurück. Den Grafen Richard von Theate legte er mit vierhundert Rittern nach Viterbo. Mit grausamer Wut ließ er diejenigen, die gegen ihn das Kreuz genommen hatten, verfolgen: Dem einen wurde ein Kreuz in die Stirn gebrannt, anderen die Hände oder Ohren oder Nase abgeschnitten, andere lebendig verbrannt oder sogar gekreuzigt.[8]

ORIENTIERUNGEN – DESORIENTIERUNGEN

Hatte Kaiser Friedrich I. (Barbarossa) aus der Niederlage von Legnano im Jahre 1176 die Erkenntnis gewonnen, daß der Frieden mit dem Papst unumgänglich war, wenn das Reich blühen sollte, so vollzieht sich bei seinem Enkel dieser Erkenntnisprozeß nicht. Zwar will auch er Frieden mit dem Papst, aber unter seinen Vorstellungen.

Der neue Deutschordensmeister, Landgraf Konrad von Thüringen, verhandelte mit des Kaisers Wissen mit dem Papst im Auftrage der deutschen Reichsfürsten. Aber die Verhandlungen endeten ohne Erfolg, weil der Papst seine lombardischen Verbündeten in diesen Frieden einbezogen haben wollte.

Friedrich II. war vor Brescia gescheitert, ebenso wie vor den Mauern Roms. Dies hätte die Stunde der Neuorientierung seiner Politik sein müssen.

Dann hätte der Weg zurück nach Deutschland geführt, zum Ausbau seiner schwäbischen Hausmacht, bereichert um das babenbergische Österreich. Diese beiden Herzogtümer, in Friedrichs Hand zusammengefaßt, wären selbst einer Koalition der Reichsfürsten gewachsen gewesen und hätten die Königsmacht in Deutschland neu aufrichten können. Fünfundzwanzig Jahre später ist Rudolf von Habsburg (1273–1291) diesen Weg gegangen und hat damit seiner Dynastie die siebenhundertjährige Vormacht im Reich eröffnet. Kein Papst hätte einem Friedrich II., der die Machtinstrumente deutschen Königtums wieder beherrschte, auf Dauer widerstehen können, und auch das stolze Mailand hätte sich beugen müssen.

Aber Friedrich dachte an das Abendland nicht von Deutschland aus, sondern vom Standort Italien. So war er in der langen Folge germanisch-deutschen Kaisertums im wirklichen Sinne kein deutscher Kaiser, sondern ein römischer Cäsar, rückwärts gewandt – die Antike als Vorbild.

So wurde für ihn Italien und der italische Staat Vision und Lebensaufgabe. Jedoch verkannte er, daß zu dieser Zeit die staatliche Einheit Italiens nicht Ziel italischen Denkens war, und so mußte das, was er dort errichtete, ein Zwangsstaat werden.

Nachdem der Kaiser Rom den Rücken gekehrt, zog er ins geliebte Foggia in Apulien. Dort empfing er die Abordnungen von siebenundvierzig sizilischen Kommunen, um von ihnen neue Steuern, Kollekten genannt, zu erheben. Der Finanzbedarf des Kaisers war ungeheuerlich. Die schärfsten Steuern im Königreich reichten ihm nicht, stießen aber an natürliche Grenzen. Anleihen wurden zu Wucherzinsen aufgenommen. Die Erträge künftiger Steuern verpfändet. In Rom, Venedig, Genua, Pisa, Florenz, ja sogar in Wien erschienen kaiserliche Agenten, um Kredite aufzunehmen. Der Erfindungsreichtum des Kaisers war unbegrenzt. So ließ er statt seiner berühmten Goldaugustalen solche aus Leder prägen, mit der Verpflichtung, sie zu bestimmter Zeit in Goldaugustalen umzutauschen. Um dieses Versprechen einzulösen, brach er in die letzten Reserven des Königreiches ein, in den Gold- und Silberschatz der Kirchen. Daß dies seinen Ruf, »der wahre Antichrist« zu sein, verfestigte, ist nicht verwunderlich.

Doch nie reichte das Geld aus, das der italische Zwangsstaat verschlang. Ein Heer apulisch-sizilischer Beamter ergoß sich nach Reichsitalien. Richter, Notare, Steuereintreiber oder kaiserliche Podestàs, alle waren durch Friedrichs Beamtenschule geprägt. In dieser Zeit ist das Wort vom apulischen Joch in Italien entstanden, als die gnadenlose, im sizilischen Königreich vorgeprägte Form der Verwaltung, Italien niederdrückte und erpreßte.

Nach sechs Wochen stand der Kaiser wieder vor Rom. Wieder verweilte er vor den römischen Mauern, denn eine Delegation der deutschen Reichsfürsten, unter ihnen der Deutschordensmeister Landgraf Konrad von Thüringen, stand in Verhandlungen mit dem Papst um einen neuen Frieden. Als diese nicht enden wollten, zog der Kaiser nach Norden.

Die Bologneser – im Bündnis mit Venedig – hatten die kaisertreue Stadt Ferrara genommen. Dazu hatte Ravenna im Vorjahr die kaiserliche Seite verlassen und Friedrichs II. Herrschaft war gefährdet. Schnell stand der Kaiser vor Ravenna, das sich nach sechstägiger Belagerung ergab. Das nächste strategische Ziel wäre Bologna gewesen. Doch vorher mußte das kleinere, aber stark befestigte Faenza genommen werden, das südlich von Bologna gelegen, den Rücken des kaiserlichen Heeres bedroht hätte.

Trotz der schlimmen Erfahrungen von Brescia, wo sich gezeigt hatte, wie schwer eine gut befestigte Stadt zu nehmen war, ging der Kaiser das Wagnis ein. Er mußte die ganze Stadt umzingeln, außerdem für seine Truppen Holzunterkünfte bauen, da der Winter bevorstand und die Belagerung sich über acht harte Monate hinzog.

Um das kämpfende Faenza zu entlasten, griffen die Venezianer mit ihrer Flotte die apulischen Küstenorte Termola und Vasto an und äscherten sie ein. Als es ihnen auch noch gelang, eine kaiserliche Galeere, aus Jerusalem kommend, zu erobern, ließ der Kaiser in blindem Zorn den bei Cortenuova gefangenen Mailänder Podestà, den venezianischen Dogensohn Pietro Tiepolo, in einen Ledersack einnähen, an einem Galgen aufhängen und qualvoll sterben. Erst im April 1241 ergab sich das tapfere Faenza.

Ein Konzil, das ins Wasser fiel

Wie erinnerlich, hatte Kaiser Friedrich II. kurz nach seiner zweiten Bannung im März 1239 einen Brief an die Kardinäle geschrieben, sie als »Beisitzer Petri, Senatoren und Angeln der Welt« bezeichnet und sie aufgefordert, die christliche Welt zu einem großen Konzil einzuladen, besetzt mit der bischöflichen Geistlichkeit wie mit den weltlichen Fürsten. Er, Friedrich, sei bereit, vor diesem Konzil gegen seinen Ankläger, den Papst, anzutreten und seine Unschuld zu beweisen.

Warum er selbst von seinem Kaiserrecht, ein Konzil einzuberufen, nicht Gebrauch machte, ist nicht verständlich.

Dieses – von Friedrich gewünschte – Konzil fand nicht statt. Statt dessen griff der Papst die Konzilsidee auf mit den nichtssagenden Worten, »es seien Dinge der Welt und der Kirche zu beraten«. In Wirklichkeit ging es ihm darum, Gericht über den Kaiser zu halten und seine Absetzung durchzudrücken.

Der Papst verhandelte auch ohne Scheu mit präsumptiven Thronkandidaten. Ein Dänenprinz, vom Papste ausersehen, winkte ab. Das französische Königshaus, in dem der Gedanke eines französischen Kaisertums seit Karl dem Großen lebendig war, erklärte durch den auserwählten Kandidaten, den Bruder König Ludwigs IX. (der Heilige), Graf Robert von Artois: »Wen das königliche Geblüt zum Throne Frankreichs erheben könne, sei vornehmer als irgendein Kaiser, der nur durch Wahl zum Throne gelange.«[1]

Friedrich, der von diesen Plänen erfuhr, schwor grimmige Rache. Er schritt zur direkten Aktion und verkündete, daß seine Reiche für den Durchzug der Prälaten zum päpstlichen Konzil gesperrt seien. Damit war das Konzil kaum mehr durchführbar, denn der Weg nach Rom führte nun einmal durch kaiserliche Lande.

Sogleich erging an alle Untertanen der Befehl:

»Da es nicht nur den Nahen und Fernen, sondern dem gesamten Erdkreis bekannt ist, welcher Zwist durch den Römischen Priester allgemein ausgebrochen ist ... halten Wir es für nötig und nützlich, deren üblen Erfindungen und Versuchungen entgegenzutreten ... und befehlen Kraft kaiserlicher Vollmacht unter Strafe der Entziehung Unserer Gnade und der Verhängung der Reichsacht auf ewig, alle Prälaten, Erzbischöfe, Bischöfe, Äbte und Prioren, sowie die Vorgesetzten oder Abgeordneten, die durch Euer Land zur Römischen Kurie zu Wasser oder zu Lande ... in Person und Sache aufzuhalten, zu behelligen und festzunehmen.«[2]

Der Kaiser suchte auch in den Reihen der Kirche um Verständnis für sein Handeln. So schrieb er am 27. Februar 1241 an das Generalkapitel der Dominikaner:

»Und während Wir durch die Emilia zurückmarschierten ... erfand jener Römische Priester eine neue Art und Weise, Uns zu schaden, indem er unter dem Deckmantel eines Konzils Unsere Rebellen und Feinde von allen Seiten zusammenrief, um sie, sobald er sie bei sich haben kann, in ihrem Aufruhr zu bestärken ...«[3]

Wiederum ergeht ein Brief des Kaisers an die Könige des Abendlandes. Er prangert an, daß sich der Papst mit Ketzern, Rebellen und Reichsfeinden verbünde. Daß er ein Konzil seiner Feinde einberufen wolle, um ihn, den Kaiser, vom Throne zu stoßen. Er appelliert an die Loyalität der Monarchen, sieht sich als Prellbock, der für alle anderen Fürsten den Angriff des Papstes abwehre.

Seine eigenen Eidbrüche sind vergessen. Immer noch erkennt er nicht, daß die Gesamtkonzeption seiner Politik die Gegnerschaft von Papsttum und Kurie herausfordern muß. Er beschwört die Könige, Verständnis für seine Grenzsperre zu haben und schreibt: »Deshalb ersuchen Wir Eure königliche Hoheit herzlich, allen und jedem Prälaten Eures Landes durch königlichen Erlaß bekanntzumachen, daß keiner im Vertrauen auf Unser sicheres Geleit zu der Kirchenversammlung komme. Denn, so gern Wir auch wegen der besonderen Liebe, die Wir zu Euch hegen, den Getreuen Eures Landes entgegenkommen, so würde es sich doch keineswegs für Uns geziemen, die übergroße Keckheit jener, die Unser Verbot leichtfertig verachten und dem Rufe Unseres Feindes folgen, gleichgültig zu ertragen.«[4]

Der Befehl, das Konzil zu meiden, wurde nur von den Prälaten des Imperiums befolgt: von Deutschen, Siziliern und Teilen des italischen Episkopats. Jedoch konnten die Prälaten aus Frankreich, England und Spanien die Ladung des Papstes nach Rom nicht verweigern.

Aus Sicherheitsgründen empfahl der Papst jenen Prälaten, den Seeweg über Genua zu wählen, von wo aus sie denn die Tibermündung erreichen sollten. Die Seereise ging auf Kosten der päpstlichen Kasse. Die aber war leer. Nun erleben wir das Kabinettstück einer Luftfinanzierung, bei der unsere heutigen Bankiers und Finanzminister vor Neid erblassen können.

Die Seerepublik Genua forderte für die Reise der Prälaten dreitausendfünfhundert Pfund. Eine sofortige Anzahlung von tausend Pfund, den Restbetrag von zweitausendfünfhundert Pfund einen Monat vor Abreise der Prälaten.

Nun hatte der verhandlungsführende Prälat weder die tausend Pfund Anzahlung noch die Restzahlung von zweitausendfünfhundert Pfund. So borgte er sich bei den genuesischen Kaufleuten die tausend Pfund Anzahlung und vertraute darauf, die einen Monat vor Abreise fällige Hauptschuld von zweitausendfünfhundert Pfund zahlen zu können. Die geschäftstüchtigen Genueser hatten bei Vertragsbruch eine Buße von tausend Pfund festgelegt, für die die Römische Kirche mit ihren Gütern haften mußte. Der Papst nahm das alles hin. Er wollte sein Konzil und die endgültige Abrechnung mit dem Kaiser, der ihn so oft überspielt und betrogen hatte.

Trotz dieser Geschäfte gab es in Genua eine starke kaiserliche Partei. An ihrer Spitze die großen Adelsfamilien der Doria, Spinola, Grilli, de Mari und viele andere. Durch sie wußte der Kaiser, welche Verträge im Winter 1240/41 ausgehandelt worden waren.

Der Kaiser stellte siebenundzwanzig Galeeren der sizilischen Flotte unter das Kommando des Admirals Anseldus de Mari, eines Genuesen, der noch bis Februar 1241 in Genua verweilt hatte und dem wohl alle päpstlich-genuesischen Absprachen bekannt waren. Der Admiral de Mari segelte noch im März nach Pisa, wo er sich mit einer gleichstarken pisanischen Flotte verband.

Am 25. April waren die Prälaten in Genua an Bord gegangen. Die genuesische Flotte war in einem Zustand, daß sich die seeerfahrenen Engländer weigerten, die Schiffe zu betreten. Alle anderen, die Prälaten der Lombardenliga, Franzosen und Spanier, waren unter Trompetenklang an Bord gegangen. Die Flotte passierte Pisa und wand sich durch die enge Straße von Piombino.

Acht Tage war man schon auf See, der römische Hafen Civita-vecchia war nicht mehr fern, da stieß am 3. Mai 1241 die kaiserli-che Flotte, verborgen zwischen den Inseln Monte Christo und Giglio, im Überraschungsangriff in den genuesischen Flottenver-band hinein. In blutigem Kampf wurde der Sieg errungen, drei feindliche Schiffe versenkt. Die auf ihnen reisenden Prälaten er-tranken, unter ihnen der Erzbischof von Besançon. Zweiund-zwanzig Schiffe wurden erbeutet, und nur drei Segler, an Bord die spanischen Prälaten, erreichten das rettende Genua.

Voller Triumph schrieb der Kaiser an seinen Schwager, den eng-lischen König:

»… Und als Unsere Galeeren ihre Galeeren angegriffen hatten, gab der hochmächtige Herr, der von der Höhe herabschaut und nach Gerechtigkeit urteilt, da er ihren Weg, ihre ausgesuchte Bos-heit und ihre unersättliche Begierde erwog, in Unsere Macht und Gewalt, der sie zu Lande und zu Wasser nicht entrinnen konnten, durch seine Gunst die vereinigten Legaten und Prälaten alle zu-gleich … Auf ihnen fielen in Unsere Hände die drei genannten Le-gaten samt Erzbischöfen, Bischöfen, Äbten und vielen anderen Prälaten, auch Boten und Vertreter von Kirchenfürsten, die auf mehr als hundert geschätzt werden, neben den Gesandten der auf-rührerischen Lombardei.«[5]

Der Sieg war für Friedrich die göttliche Bestätigung seiner Sen-dung. Sein Triumph über den Papst wurde durch den Sieg des kai-serlichen Pavia über Mailand bei Montelongo am 11. Mai 1241 überhöht.

Matthäus von Paris schildert die Leiden der gefangenen Präla-ten: »Sie mußten auf kaiserlichen Befehl eine langweilige, ungefähr drei Wochen währende Seereise machen, bis sie nach Neapel ka-men und in der, der Stadt benachbarten, vom Meere ganz umge-benen Burg aufs sorgfältigste verwahrt wurden. Aber nicht aller Ge-fangenschaft war gleich hart; denn die Lage des Palestriners war die schlimmste. (Gemeint ist Jacob von Palestrina, der dem Kaiser be-sonders verhaßt war.) Alle hatte jedoch bereits Krankheit und töd-liche Schwäche befallen. Auf ihrer langen Überfahrt waren sie nämlich gebunden und enge zusammengedrängt gewesen, von Hitze gefoltert, von Fliegen umschwärmt, die gleich Skorpionen stachen, gequält von Hunger und Durst, dabei den beliebigen Be-leidigungen gemeiner Matrosen preisgegeben … Und bald darauf (am 26. Juni 1244) ging auch der Herr Bischof von Praeneste, dem

Herrn Papst gehorsam bis in den Tod, von dieser elenden Welt zur Ruhe.«

Nach der Behauptung des Bruders Thomas, Kaplan des Kardinals Rainer von Viterbo, der einer der Eingekerkerten war, waren mehr als sechzig Prälaten ins Gefängnis geworfen und eingesperrt, nämlich Legaten, Kardinäle, Erzbischöfe, Bischöfe, Äbte, in einem nicht großen Hause bei Neapel, die alle wie die Schweine in ihren Kleidern in Haufen lagen, bis sie verteilt und anderswo eingesperrt wurden.[6]

Und der Papst? Er nahm den Fall von Faenza, den Seesieg von Monte Christo, den Triumph Pavias über Mailand hin und schwankte in seiner Haltung keine Sekunde. Friedrich war der Feind, ihn galt es zu bekämpfen, nicht einen Frieden mit ihm zu schließen. Die gefangenen Prälaten riefen ihn um Hilfe, um Erlösung an. Er aber bat sie, auszuharren, wie Christus am Kreuze, um des Glaubens willen. Der alte Mann, schon dicht an der Schwelle des Todes, blieb seinen heiligen Überzeugungen treu.

Die Völker staunten über diesen Kaiser, der getan, was vor ihm noch keiner gewagt hatte. Einhundert Prälaten einzufangen wie Verbrecher und sie in den Kerker zu werfen. Wohl gab es Stimmen des Lobes, des Preises, für den, der Rom und den Klerus in die Schranken gewiesen hatte. Aber ein späterer Zusatz der Weissagung der »großen Sibylle« ist überliefert:

»Das Meer wird vom Blute der Heiligen gerötet werden. Sie werden fortgeführt als Gefangene, und das Geschmeide der Braut des Lammes, das heißt der Kirche, bei Paripolome, das ist Neapel. Das Lamm dem Äußeren nach, ein Wolf nach seinen Taten, das ist Friedrich, wird das Nest der Philosophen, die Blume der Emilia, das ist Faenza, entblättern. Genährt mit der Milch der Braut des Lammes, das heißt der Kirche, die Friedrich zuerst erhöht hat, wird er sie mit Füßen treten und verachten.«[7]

Andere Stimmen des Zweifels, des Unbehagens an diesem Manne ohne Maß, melden sich. Die Troubadoure, die bislang dem Kaiser sangen, gehen auf Abstand, zeigen Schwächen des vorher Verherrlichten auf. Der kaisertreueste aller Troubadoure, Guilhelm Figueira, zeigt den neuen Kurs:

»Die feinsten Kenner tadeln sein Tun, aber ich will ihn nicht tadeln, vielmehr nenne ich ihn einen schlechten und ränkevollen Herrn, habgierig und geizig, und einen, der wenig Scham und Furcht vor etwas Schlimmem hat …

Und glaubt er, die Lombarden zu besiegen, so daß sie ihm ganz zur Verfügung seien, warum denn jagt er im Gebüsch und Gereute mit Hunden und Leoparden? Und wozu hat er den Elefanten? Wohl ist der Kaiser töricht, unwissend und ein Müßiggänger, wenn er das, was er tun will, ganz zu Ende zu führen vermeint.«[8]

Ein Jahr später, im Jahre 1240, fällt das Urteil bei dem Troubadour Uc de S. Ciri noch härter aus:

»Zu einem guten Ende muß der wohl kommen, und Gott muß es dem wohlbereiten, der edle Gesinnung und Rechtschaffenheit und die Kirche hochhält gegen den, der weder an Gott noch an sie glaubt, noch an ein Leben nach dem Tode, noch an das Paradies glaubt, und sagte, daß man nichts ist, sobald man den Atem verliert, und Grausamkeit hat ihm Frömmigkeit und Mitleid genommen, und nicht fürchtet er eine häßliche Sünde bei irgendeiner Sache zu begehen, und alle guten Taten enthört und erniedrigt er und gibt er auf …

Und wir wollen gehen, um dort in Apulien das Reich zu erobern, denn der, der nicht an Gott glaubt, darf kein Land besitzen.«[9]

Ist dieser Text schon ein Vorbote Karls von Anjou, der zwanzig Jahre später aufbrach, das Königreich Sizilien den Staufern zu entreißen?

Der Mongolensturm

Während Friedrich vor Faenza lag, bereit, die Stadt zu brechen, während er die Kraft fand, an seinem Falkenbuch zu arbeiten, während er mit seinen Jagdleoparden und Falken in »Busch und Gereute« jagte, drohte der in hundertjährigen Schüben immer wieder hervorbrechende Sturm aus den Tiefen Asiens Europa zu überborden. Der Anführer der schnellen mongolischen Reiterheere war Batu-Khan, der Enkel des sagenhaften Dschingis-Khan. Die russischen Fürstentümer waren bereits von Batus Heeren überrollt, und Anfang 1241 stand er in Ungarn. Eine andere Armee Batus hatte Polen unterworfen und zog jetzt nach Schlesien. Europa stand vor der geeinten Mongolenmacht aufgesplittert, ausgefasert in hundert Einzelinteressen, und die beiden Führer, Papst und Kaiser, ineinander verkrallt in tödlichem Streit.

Der Ungarnkönig flehte den Kaiser um Hilfe an. Ja, er war bereit, sich mit seinem Land unter die Lehnsherrschaft des Kaisers zu stellen. Dies wäre ein wichtiger Schritt zur Sicherung der deutschen Ostmarken gewesen. Aber eine reale Hilfe militärischer Art konnte der Kaiser dem Ungarnkönig nicht geben. Es blieben tönende Worte, die er Ende Juli 1241 dem bedrängten Ungarnkönig sandte:

»Daher nehmen Wir Deinen Eifer, Dich inzwischen mit dem Aufgebot Deiner Streitkräfte an der Seite Unseres geliebten, zum König der Römer erwählten Sohnes Konrad zu erheben, und die Angriffe und Überfälle der gemeinsamen Feinde zurückzuschlagen, damit sie kein freies Feld gewinnen können, bis Wir mit größter Macht zu ihrer endgültigen Vernichtung herannahen.«[1]

Der Kaiser, der nicht zu Hilfe kommen kann, der jetzt die große, einigende Zentralkraft Europas sein könnte und müßte, er überschüttet Europas Könige und Fürsten mit rauschenden Wortfontänen:

»Wie Posaunenstöße des über den Wolken thronenden christlichen Imperators hallten da des Kaisers Rufe über das Abendland hin – das übermächtige kaiserliche Europa zu sammeln, vor dessen siegreichen Adlern mit geknicktem Stolz der Drache, der ›Tatar‹, in den ›Tartarus‹ stürze. Zu den Kaiseradlern und zum lebenbringenden Kreuzesbanner, den beiden Zeichen Europas, solle jegliches Volk seine Ritterschaft schleunigst entsenden: Germanien, hitzig und wütig in Waffen ... Francien, behendester Ritterschaft Amme und Mutter ... England, das fruchtbare, reich an Männern und mit Schiffen bewehrt ...«[2]

So sendet der Kaiser Worte, an denen er sich selbst berauscht, in die geängstigte Christenheit, aber keine Soldaten. Er ruft seinen Sohn, König Konrad IV., auf zum Zug gegen die Tataren. Aber der siebzehnjährige Jüngling, dessen Macht der kaiserliche Vater so beschnitten hat, daß man von einem König mit beschränkter Haftung sprechen kann, ist nicht in der Lage, ein Reichsheer aufzustellen. Die Abwehrkraft des Reiches hat sich auf die Fürsten, namentlich auf die Bedrängten im Osten, verlagert, so wie nach dem Tode Kaiser Ludwigs des Frommen im Jahre 840 der Abwehrkampf gegen die Normannen vom erschlafften Karolingergeschlecht auf die kriegstüchtigen Herzogtümer überkommen war.

Dabei, und das muß zugestanden werden, hatte Friedrich II. gute Gründe, in Italien zu bleiben. Am 20. Juni 1241 schrieb der Kaiser an den Senat von Rom:

»Statt dessen begegnet Uns die Erinnerung an solcherlei vergangene Geschehnisse wie einst, während Wir zur Unterstützung des Heiligen Landes und zur Vernichtung der Sarazenen, die Unseren Glauben nicht weniger verfolgen als die Tataren, über das Meer fuhren, dieser Unser teuerster Vater (Papst Gregor IX.) Truppen der Mailänder und ihrer Anhänger, Untertanen des Reichs zusammenrief, in Unser Königreich Sizilien, während Wir jenseits des Meeres weilten, gewaltsam eindrang und, was noch scheußlicher anzuhören ist, durch seine Legaten allen Getreuen Christi untersagte, Uns in der Sache des gekreuzigten Christus Hilfe zu bringen oder zu gewähren.«³

Wie wahr! Friedrich spielt darauf an, daß der Papst, während Friedrich sich auf seinem Kreuzzug im Heiligen Land befand, mit seinen Schlüsselsoldaten in sein Königreich Sizilien eingefallen war und im Heiligen Land die Johanniter- und Tempelritter aufgerufen hatte, Friedrich als einem Gebannten keine Gefolgschaft zu leisten.

Uns aber ist auch erinnerlich, daß der Papst erst nach mehrmaligem Bruch von Friedrichs Eiden, auf denen sein König- und Kaisertum und sein Verhältnis zum Papst beruhte, zu diesen rigorosen Mitteln griff.

So verbluteten am 9. April 1241 auf der Walstatt zu Liegnitz Herzog Heinrich von Schlesien, ein Sohn der heiligen Hedwig und Vetter der heiligen Elisabeth von Thüringen, mit dreißigtausend Kämpfern, gebildet aus deutschem, polnischem und böhmischem Adel. Das Heer ist in seiner Mehrheit untergegangen, Herzog Heinrich selbst wurde erschlagen.

Ein Heer des Böhmenkönigs traf einen Tag später in Liegnitz ein. Es fand ein Heer von Toten. Gleichwohl war der schlesische Opfergang nicht sinnlos. Die Mongolen mußten von dem Widerstand so betroffen gewesen sein, daß sie einer Auseinandersetzung mit dem böhmischen Heer aus dem Wege gingen. Sie zogen nach Süden ab, wo sie den größten Teil Mährens verwüsteten. Vor den Mauern Wiens kehrten sie um und verzogen sich über Ungarn in die Weite des asiatischen Raums. Das Wunder wurde bewirkt durch den Tod des mongolischen Groß-Khans. So eilten die mongolischen Heerführer zurück, um die Macht im mongolischen Großreich neu zu verteilen.

Welche einmalige, historische Chance war vertan! Die Vision sei erlaubt: Friedrich wäre dem Ruf des Schicksals gefolgt, mit einem, wenn auch kleinen Heer, verstärkt durch die schwachen Kontingente seines Sohnes König Konrad, nach Osten gezogen und hätte sich dort mit dem Böhmenkönig vereinigt. Die staunende Welt hätte erlebt, wie die Tataren, so, wie es ja auch wirklich geschah, ihre Pferde nach Osten wandten, um wie ein Spuk, wie ein Nebelstreif, zu verschwinden.

Welch eine Legende, wenn die unbesiegbaren Mongolenheere vor dem Ruhm der unüberwindlichen kaiserlichen Majestät geflohen wären!

Dann wäre Friedrich tatsächlich der Messias, der Erretter-Kaiser gewesen, und kein Papst hätte es wagen können, ihn nicht vom Bann zu lösen. Auch die Könige des Abendlandes hätten ihm den Ruhm nicht streitig machen können, ihr erster Fürst zu sein. Mit Sicherheit hätte er seine Stellung zu den deutschen Reichsfürsten neu definieren können, zugunsten der deutschen Königsmacht.

Natürlich hatte dieser Weg neben unendlichem Ruhm auch unendliche Gefahren. Wie, wenn der Papst dennoch, im Bunde mit den Lombarden, ins sizilische Königreich eingefallen wäre? Wie, wenn Reichsitalien unter Mailands und Venedigs Führung das staufisch-apulische Joch abgeschüttelt hätte?

Schlimmer noch, wenn Friedrich II. mit seinem schwachen Heer tatsächlich auf die mongolische Übermacht gestoßen, und, wie Herzog Heinrich von Schlesien, gefallen wäre?

Aber hatte er sein Leben nicht oftmals um nichtigerer Dinge willen aufs Spiel gesetzt? Wir sehen ihn, wenige Jahre später bei Viterbo, in vorderster Kampflinie, zornentbrannt kämpfend, das eigene Leben nicht schonend, nur um das wortbrüchige Viterbo zu züchtigen.

Nein, die große Chance wurde vertan, weil sie nicht gesehen wurde. Der Fall Faenzas stand bevor oder hatte sich bereits vollzogen. Es galt, die Meere für die zum Konzil reisenden Prälaten zu sperren. Und der Kaiser wollte nach Rom ziehen, den alten, störrischen, den kaiserlichen Zielen sich widersetzenden Papst niederzuwerfen.

Deutschland war so weit für den Kaiser, Ungarn noch weiter, so daß er all dies nicht sehen konnte.

Dem widerspricht nicht, daß der Kaiser große Kenntnisse über die Mongolen gesammelt hatte. Ihre militärischen Operationen waren ihm bekannt. Die Einnahme von Kiew schildert er ebenso wie die Flucht des Ungarnkönigs Bela IV. und den Opfertod Herzog Heinrichs von Schlesien auf der Walstatt zu Liegnitz. All das berichtet er an König Heinrich III. von England in einem Brief vom 3. Juli 1241, in dem er ein fast ethnographisches Stenogramm über das Volk der Mongolen erstellt: »Denn dieses Volk ist wild und gesetzlos und kennt keine Menschlichkeit. Doch es hat einen Herrn (Batu-Khan) zum Führer, dem es gehorsam folgt, den es verehrt und den Gott der Erde nennt. Diese Leute sind, was den Körperbau betrifft, klein und untersetzt; aber kräftig, breitschultrig, ausdauernd und abgehärtet; beherzt und unerschrocken stürzen sie sich auf den Wink ihres Führers in jede Gefahr. Ihr Antlitz ist breit, ihr Blick finster, ihr Geschrei schrecklich, wie ihr Herz. Sie tragen Häute von Ochsen, Eseln oder Pferden, die sie durch eingenähte Eisenplatten zu Panzern machen, deren sie sich bis jetzt bedient haben. Aber bereits tragen sie auch, was Wir nicht ohne Seufzer sagen können, aus der Beute der besiegten Christen bessere und geeignetere Waffen, so daß wir bei dem Zorn Gottes mit unseren eigenen Waffen noch schimpflicher niedergemacht werden.«[4]

Wie vergiftet die Atmosphäre zwischen Päpstlichen und Kaiserlichen war, zeigt sich bei dem englischen Chronisten Matthäus von Paris:

»Es gab nämlich Leute, die sagten, daß der Kaiser diese Pest der Tataren aus freien Stücken angestiftet und durch diesen geschickten Brief den so abscheulichen Frevel nichtswürdigerweise zugedeckt habe und, auf die Alleinherrschaft über die ganze Welt bedacht, zum Umsturz des Christenglaubens nach dem Vorbilde des Luzifers oder des Antichrists mit keckem Ansturm sich verschwöre. Man widerspricht nämlich dem Brief, als ob er falsche Angaben enthalte ...« Abschließend meint der Chronist treuherzig: »... Doch sei es ferne, daß in einem menschlichen Leibe ein solches Übermaß an Schlechtigkeit sich verberge!«[5]

Trotz aller Detailkenntnis des Kaisers über das wilde Volk der Mongolen war sein Blick auf Rom, auf Italien gerichtet.

Der Pyrrhus-Sieg

Friedrich war bereit zum Marsch auf Rom. Doch noch einmal kam ein Vermittlungsversuch dem Papst wie dem Kaiser gleich ungelegen. Graf Richard von Cornwall, Schwager des Kaisers und Bruder des Königs von England, vom Heiligen Lande kommend, wollte in Rom Frieden stiften. Doch nach kurzer Zeit kam er resigniert zurück. Der päpstliche Hof war nicht bereit, hinter den Frieden von San Germano zurückzugehen. Vor allem bestand er darauf, daß dieser Frieden auch für die Lombarden gelten solle. Friedrich aber war nicht bereit, mit den Rebellen und »Ketzern« wider das Reich Frieden zu schließen. So waren zwei wichtige Wochen vertan.

Die Lage des Papstes in Rom hatte sich verschlechtert, Friedrich »ante portas« und in Rom Aufstand gegen den Papst. Die kaisertreuen Colonna hatten sich wieder erhoben und sich in ihren Türmen und Palästen in den Thermen des Constantin und dem Grabmal des Augustus verschanzt.

Friedrich zog heran. Seine Truppen vernichteten alles Land von Monte Albano und Farfa bis zum Lateinergebirge. Den Besitz der Grafen Conti, der Neffen des Papstes, ließ er zerstören und befahl, als Zeichen seines Haßes gegen den Papst die Besatzungen aufzuhängen. Gegen Ende August lagerte er mit seinem Heer in Grotta Ferrata. Von diesem Bergrücken hoffte er seinen Einzug in Rom zu halten. Die Stadt, in der Augusthitze kochend vor Angst, Hoffnung und Schrecken, lag vor dem Kaiser, ein Ziel, zum Greifen nahe! Das Ende des jahrzehntelangen Kampfes war gekommen, der Triumph unausweichlich. Ein neues Rom, ein neues Römertum würde entstehen unter dem Willen eines allmächtigen Cäsaren, Fürst und Gott in einem, ein modernes Spiegelbild der Antike. Und während der Kaiser in seinen Träumen schwelgte, sich mit dem karthagischen Helden Hannibal verglich, zerstörte der Papst noch einmal des Kaisers Hoffnungen.

Am 22. August des Jahres 1241 starb Gregor IX. und wich allen Erdenkämpfen, die er tapfer und stark getragen hatte, aus in die unerreichbare Freiheit des Todes. Voller Grimm rief Friedrich II. in einem Brief an Europas Fürsten dem toten Feinde nach: »Durch seine Schuld fehlte der Erde der Frieden.«[1]

Das Konklave des Schreckens

Ferdinand Gregorovius sagt in seiner »Geschichte der Stadt Rom«: »Um der Welt zu beweisen, daß er nur mit Gregor IX., nicht mit der Kirche Krieg geführt habe, stellte der Kaiser sofort seine Feindseligkeiten ein. Er kehrte im September nach Apulien zurück.«[1]

Dies ist auch die Mehrheitsmeinung der deutschen Geschichtsschreibung. Dennoch: Der Papst ist nicht Rom, nicht »Roma aeterna«, ist nicht allein die Kirche, auch wenn er als ihr allmächtiger Herr erscheint. Über Dauer und Zeit hinweg herrscht die Kurie. Sie ist das immerwährende, niemals versagende Gedächtnis einer Gemeinschaft von Hunderten planender Hirne, die den Sieg der »Ecclesiae triumphalis« immer wieder neu erdenken. Als Friedrich vor Monte Christo hundert Prälaten gefangennahm und sie in schreckliche Kerker schloß, war dies ein Verbrechen gegen den Papst wie gegen die gesamte Kurie. Einer Kurie, die wußte, daß ihr Schicksal eng mit der Autorität des Papstes zusammenhing. Dies nicht erkannt zu haben, gehört zu den fundamentalen Fehleinschätzungen des Staufers.

Papst Nikolaus II. hatte im Jahre 1059 das Recht der Papstwahl auf die Kardinäle beschränkt. Der noch von Papst Gregor IX. ernannte alleinige Senator von Rom, der kaiserfeindliche Matthäus Orsini, verjagte die kaisertreuen Colonna. Er ließ die Kardinäle in einer nicht verständlichen Brutalität mit Faustschlägen wie Vieh zusammentreiben, durch die Gassen schleifen und auf dem Palatin im Septizonium des Severus, ein Prachtbau einst, jetzt ein baufälliger Turm, in einen Beratungsraum einschließen.

Zehn Kardinäle, darunter der tapfere Colonna, der in die ihm jetzt feindliche Stadt zurückgekehrt war, befanden sich in kerkerartiger Haft, um unter diesen entwürdigenden Umständen einen neuen Papst zu wählen. Durch die Decken des Konklaveraumes regnete es, schlimmer noch: drang der Urin der Schergen des Senators ein, die das Dach des Konklaveraumes in teuflischer Absicht als Ort ihrer Notdurftverrichtung benutzten.

Gemäß den Regularien zur Papstwahl war eine Zweidrittelmehrheit nötig. Schließlich wählten fünf Kardinäle der Kaiserpartei den Mailänder Gottfried von Sabina. Die Gegenpartei erkor den – dem Kaiser verhaßten – Kardinal Romanus von Porto. Bei zweispältiger Wahl stand dem Kaiser nach altem Recht die Entscheidung zu. Er verwarf die Wahl des Romanus von Porto und bestätigte die Wahl des Gottfried von Sabina.

Es wäre den Kardinälen der kaiserlichen Partei vielleicht dennoch gelungen, eine Zweidrittelmehrheit zu erreichen, aber da starb einer von ihnen, der Engländer Richard von Sommercote. Die Soldaten warfen den sterbenden Kardinal in den Todeswinkel, verhöhnten und bespien ihn, und als die Purgative, die er genommen hatte, eine damals häufige Form medizinischer Behandlung, zu wirken begannen, zwangen sie den sterbenden Mann, auf dem Dach des Konklavegebäudes in aller Öffentlichkeit, im Angesicht der Ewigen Stadt, seine Notdurft zu verrichten.

Dann schwor der tollwütige Orsini, wenn nicht bald eine genehme Wahl stattfinde, werde er den Leichnam Papst Gregors IX. ausgraben lassen, ihn im Konklaveraum auf einen Thron setzen, damit durch den Verwesungsgeruch die halbtoten Kardinäle zugrunde gingen oder einen Papst wählten. Nach zwei Monaten, in der Hölle dieses Konklaves, einigten sich dann die Kardinäle auf den Mailänder Bischof Gottfried von Sabina, der als Coelestin IV. auf den Papstthron erhoben wurde.

All dem sah der Kaiser zu! Noch nie hatte es einen besseren Grund gegeben, Rom zu erobern, den größenwahnsinnigen Orsini abzusetzen und die geschändeten Kardinäle zu befreien.

Der Beifall der ganzen christlichen Welt wäre dem Kaiser gewiß gewesen. Er hätte im Glanze uralter Kaiserrechte den Frieden wiederhergestellt und ein Konklave einberufen, das in freier, unangefochtener Wahl der Christenheit einen neuen Papst geschenkt hätte. *All dies wurde versäumt!*

Die Kardinäle wählten in weiser Voraussicht den schwächsten, schon erkrankten unter ihnen, Gottfried von Sabina. Als Papst Coelestin IV. in die Papstgeschichte eingegangen, starb er schon am siebzehnten Tage nach seiner Wahl, noch ehe er die Weihen erhalten hatte. Eines tat der mutige Mann dennoch, er belegte den wahnwitzigen Orsini mit päpstlichem Bann, was leider ohne Auswirkung blieb.

Nach beendetem Konklave verließen die Kardinäle fluchtartig Rom und eilten nach Agnani. Drei kaiserfeindliche Kardinäle waren in Rom geblieben, außerdem, in stolzem Mute, der kaiserliche Kardinal Colonna. Den ließ der Orsini sogleich in den Kerker werfen. Der Streit zwischen den Häusern Orsini und Colonna beherrschte noch jahrhundertelang die römische Stadtgeschichte.

Das Kardinalskollegium blieb weiterhin gespalten. Vier Kardinäle weilten in Rom, vier in Agnani und zwei in kaiserlicher Haft. Zunächst ging das Ringen um den neuen Konklaveort, denn die Kardinäle in Agnani wollten in keinem Fall mehr nach Rom unter die Despotie des Matthäus Orsini.

Der Kaiser unternahm im Sommer 1242 einen erneuten Vorstoß gegen Rom zur Entlastung der kaisertreuen Kardinäle. Doch zu Ergebnissen kam es nicht, und im Winter 1242/43 war man genauso weit wie beim Tode Papst Gregors IX. Im Volk sang man Spottlieder: Man möge doch um die Papstkrone würfeln, wenn der Heilige Geist die Erleuchtung versage. Der Machtpolitiker Friedrich erkannte wohl, daß die Erosion päpstlicher Macht und Würde nicht vor der Kaiserkrone haltmachte.

Blickpunkt Deutschland

In Deutschland war es zu Machtverwerfungen gekommen. Hatten die Fürsten, die weltlichen wie die geistlichen, einem Abfall vom Kaiser widerstanden, so trafen jetzt Verschiebungen ein. Man konnte nicht ungestraft einhundert kirchliche Würdenträger in die Kerker werfen, ohne auf Dauer eine Solidarisierung der Prälaten zu bewirken. Auch war in Deutschland unvergessen, wie matt sich der Kaiser in der Mongolennot gezeigt hatte. Die Erzbischöfe von Mainz und Köln, wobei der Mainzer als Reichsverweser der mächtigste Mann im Königreich Deutschland war, hatten sich zu geheimem Bunde zusammengefunden. Bald traten der Erzbischof von Bremen sowie die Bischöfe von Straßburg und Lüttich der kaiserfeindlichen Gruppierung bei, und Landgraf Heinrich Raspe nahm zumindest eine schwankende Haltung ein. Der Kaiser entschloß sich, die Verhältnisse in Deutschland in eine neue Ordnung zu bringen.

Auf einem Hoftag zu Frankfurt, der getragen wurde durch die treue schwäbische Ministerialität, wurde der Mainzer Erzbischof seiner weltlichen Positionen enthoben. An seine Stelle trat als Reichsverweser der Landgraf Heinrich Raspe von Thüringen. Durch diese Erhöhung hoffte der Kaiser den Schwankenden sich neu zu verpflichten. Gleichzeitig wurde der König von Böhmen zum Mitregenten ernannt, mit dem Titel eines »Procurator Germaniae«.

So war auch der Böhme näher an den Kaiser gebracht, vor allem waren zwei Instanzen geschaffen, die sich gegenseitig überwachten. Das alles aber waren Notbehelfe. Die christliche Welt brauchte einen neuen Papst, einen kaiserfreundlichen, versteht sich, damit die desorientierten Menschen wieder verläßliche Fixpunkte bekamen. Aber bislang konnten sich die Kardinäle nicht einmal über den Wahlort, Rom oder Agnani, einigen.

Da warf der Kaiser ein neues As ins Spiel. Er entließ den Kardinal Otto von St. Nikolaus aus der Haft. Mit großem Aufwand und großen Geldmitteln erschien dieser in Agnani und nahm sofort die Stelle des in Rom gefangenen Kardinals Colonna als Führer der kaiserlichen Partei ein. Schnell gelang es diesem befähigten Manne, eine Entscheidung für Agnani als Wahlort zu erzielen.

Der Druck auf den Kaiser, den verhaßten Kardinal Johann von Präneste freizugeben, wurde stärker. Selbst der französische König ließ das Kardinalskollegium wissen, wenn es sich nicht schnell entscheide, würde sich Frankreich ein eigenes Kirchenoberhaupt erwählen.

Friedrich war schließlich durch die öffentliche Meinung gezwungen, den Kardinal Johann von Präneste freizugeben. Boten ritten zwischen Foggia und Agnani hin und her. Friedrich war bereit, einem friedfertigen Papst gegen Lösung vom Bann den Kirchenstaat zurückzugeben. Dafür erwartete er, daß der antikaiserliche Legat in der Lombardei, Kardinal Gregor von Montelongo, abberufen werde.

Für die Rückgabe des Kirchenstaates forderte der Kaiser ferner die Anerkennung der Reichsrechte in der Lombardei. Und wieder verlangte Friedrich von der Kirche, was diese nicht geben konnte. Eine kaiserliche Lombardei und ein kaiserliches Sizilien waren die Hebel, unter deren Druck auch der freigegebene Kirchenstaat zerbrechen mußte.

Doch auch in der Kurie wurde die Erkenntnis zwingend, daß ein neuer Papst gebraucht wurde. So wurde dann, zwei Jahre nach dem Tode Papst Gregors IX., am 24. Juni 1243 der Kardinal von San Lorenzo in Lucia, Sinibald Fiesco, Graf von Lavagna, einstimmig zum Papst gewählt. Er schien der Idealkandidat des Kaisers zu sein.

INNOCENZ IV. – PAPST UND ÜBERWINDER

Die Grafen von Lavagna waren hochfeudale, reichsunmittelbare Herren, die im kaisertreuen Parma reich begütert waren. Das Ziel, einen kaiserfreundlichen Papst zu haben, schien erreicht.

Friedrich soll, als er die Wahl Sinibald Fiescos zum Papst erfuhr, gesagt haben: »Ich habe einen guten Freund unter den Kardinälen verloren, denn kein Papst kann Ghibelline sein.«[1]

So interessant diese Botschaft klingt, Friedrich kann dieses Wort nicht gesagt haben. Denn dann müßte er die Erkenntnis gehabt haben, daß seine Politik papstfeindlich war und daß die Päpste und die sie tragende Kurie diesem Kaiser und seinen vielen Eidbrüchen auf immer in Gegnerschaft widerstehen mußten.

Die Päpste hatten die Unvereinbarkeit der gegenseitigen Standpunkte erkannt und danach folgerichtig auf den Untergang des Staufers hingewirkt. Friedrich aber glaubte, das Papsttum entweder mit Gewalt oder mit Tricks, Finten und lächelnden Listen überspielen zu können. Seiner Politik haftet zweifellos etwas spielerisches, hasardeurhaftes an. Manchmal glaubt man, daß sich hinter all dem martialischen Gehabe, den großen Reden, den dröhnenden Worten ein kleiner Junge verbirgt, der nicht glauben kann, daß der Ofen heiß ist und der dann betroffen und schmerzvoll auf seine verbrannten Finger schaut.

Der neue Papst, der zeugnishaft den Papstnamen Innocenz IV. annahm, in Bezug auf jenen dritten Innocenz, der sich »mehr als ein Mensch, weniger als Gott« gesehen hatte und der für sein Pontifikat die Suprematie des Papsttums erkämpft hatte, war ein anderer Gegner als der hochherzige, in heiliger Ekstase lebende Papst Gregor IX.

War Papst Innocenz IV. dem Kaiser genehm, so war er der Kurie lieb. Denn Innocenz IV., geborener Genuese, war es gewesen, der die genuesische Flotte für die Konzilteilnehmer gechartert hatte. Von 1228 an Vizekanzler der Kurie, von 1235 bis 1240 Rektor der Mark Ancona und schließlich päpstlicher Legat in Oberitalien, war er ein enger Vertrauter Gregors IX. gewesen. In seinen Anfängen Lehrer des kanonischen Rechts in Bologna, war er ein kühl-denkender Jurist. Selbst katholische Kreise sehen ihn so: »Von universalem päpstlichem Machtanspruch durchdrungen, war Innocenz IV. von erschreckender Bedenkenlosigkeit in der Wahl seiner

Mittel und von rücksichtsloser Standhaftigkeit und Folgerichtig-
keit in der Verwirklichung seiner Ziele.«[2]

Der Kaiser aber feierte seinen Papst. In der öffentlichen Kund-
gebung zur Papstwahl an die Fürsten der christlichen Welt, zeigt
der Kaiser seine hohe Erwartung in den Römischen Priester: »Da
dieser (Innocenz IV.) einer von den adeligsten Söhnen des Reiches
ist und sich in Wort und Werk Uns stets wohlgesinnt, gehorsam
und ergeben erzeigte, wird Unserem Throne auf Grund seiner aufrichtigen Gesinnung volles Vertrauen gegeben, daß er den allgemeinen Frieden, die Wohlfahrt des Reiches und die Einhelligkeit
Unserer Freundschaft in väterlichem Sinne pflegen wird, auf daß
Wir alle in ihm den Vater verehren und er selbst Uns als Sohn um-
arme.«[3]

Doch die Dankes- und Freudenfeste, die Friedrich im Königreich Sizilien feiern ließ, brachten dem Kaiser keine Verbesserung
seiner Position. Der Papst empfing die kaiserliche Delegation
nicht, mit dem Hinweis, daß er mit Gebannten keinen Umgang
pflege. Doch nach kurzer Zeit ließ er die Delegierten vom Bann lösen, um mit ihnen in Verhandlungen eintreten zu können. Dann
erklärte der Papst, der Kaiser möge zunächst den Kirchenstaat räumen, wie es seine Verpflichtung sei. Sofort verwiesen die kaiserlichen Gesandten auf das Versprechen der Kardinäle, gegen Freilassung Kardinal Johann von Pränestes, den päpstlichen Legaten und
Kaiserfeind, Gregor von Montelongo als Legaten aus der Lombardei abzuziehen. Der Papst erwiderte kühl, die von den Kardinälen
gegebenen Zusagen während einer Sedisvakanz könnten für den
neu erkorenen Papst nicht bindend sein.

Wenn dem so sei, erwiderten die Kaiserlichen, dann seien die
Zusagen an die Kardinäle, den Kirchenstaat zu räumen, ebenfalls
gegenstandslos.

Man stand sich wieder gegenüber auf dem Boden unvereinbarer
Gegensätze.

Auch die »großzügigen« kaiserlichen Vorschläge, die schon dem
greisen Papst Honorius III. seinerzeit in Veroli die Zornesröte ins
Gesicht getrieben hatten, für die besetzten Gebiete des Kirchenstaates dem Papst Pacht zu zahlen und vom Papst zu Lehen zu
nehmen, fanden natürlicherweise die Ablehnung von Papst und
Kurie.

Und das, obwohl Friedrichs Vorschlag sofort Geld in die leer-
gefegten päpstlichen Kassen gebracht hätte. Einen Schuldenberg

nie gekannten Ausmaßes hatte Papst Gregor seinem Nachfolger hinterlassen. Und obwohl die Gläubiger in den Wandelgängen des Laterans nach ihrem Gelde schrien, Innocenz IV. wurde keine Sekunde schwach, die Positionen des Papsttums zu opfern.

Zwar verhandelte man noch immer, doch die Blockade aller Überlegungen waren die Lombarden. Durch den Pakt Papst Gregors IX. mit Venedig, Genua, Piacenza und Mailand war Innocenz IV. festgelegt, keinen Frieden mit dem Kaiser zu akzeptieren ohne die Zustimmung der Städte. Der Papst konnte die Lombarden, seine einzig wirklichen Verbündeten, nicht fallenlassen, und Friedrich wollte auf jeden Fall die Unterwerfung der lombardischen Städteliga erzwingen. Ferner wollte er vom Kirchenstaat das Herzogtum Spoleto und die Mark Ancona als Landbrücke nach Oberitalien. Ein Ansinnen, dem kein Papst zustimmen konnte.

Da loderte die Kriegsfackel wieder auf!

Die Stadt Viterbo fiel vom Kaiser ab. Ob die Lombarden durch ihre Agenten hier gezündelt hatten, um einen Frieden mit dem Kaiser zu hintertreiben, oder die kaiserfeindlichen Kardinäle, ist nicht auszumachen.

Ein Mann aber tritt machtvoll in Erscheinung, der Kardinal Rainer von Viterbo, des Kaisers grimmiger Feind, entschlossen, seine Heimatstadt Viterbo in einem Überraschungscoup in seine Hand zu bringen. Die kaiserliche Besatzung flüchtete sich in die Burg, in der sie, wohlversorgt, Monate aushalten konnte.

Lesen wir einen Bericht Kardinal Rainers von Viterbo, um die Reaktion des Kaisers zu erkennen:

»Wie eine Löwin, der man ihr Junges genommen, und wie eine Bärin, der man die Kinder geraubt, fuhr er auf. Wie ein Wirbelsturm von Mitternacht brausend eilte er, in das Feuer des Zorns gehüllt, herbei zur Vernichtung der Stadt, wie ein Schnelläufer, ohne allen königlichen Pomp. Er kam aber auf rotem Roß, um der Erde den Frieden zu nehmen.«[4]

Doch kein Zorn half, die fest verschanzte Stadt zu nehmen. Der Kaiser selbst sprang vom Pferde und stürmte gegen den Feind. Aber die Stadt widerstand. Dann Aufbau von Belagerungsmaschinen und eine Woche später ein erneuter Sturm im Morgengrauen. Der Kaiser sah sich vor einem zweiten Brescia.

Da zeigte der Papst Verhandlungsbereitschaft. Freunde des Kaisers, der Graf von Toulouse und Kaiser Balduin von Konstantinopel, wirkten am päpstlichen Hof für einen Frieden. Dem Kardinal

Otto von St. Nikolaus, der sich in der Vergangenheit als Kaiserfreund erwiesen hatte, wurde die Beilegung des Konflikts anvertraut. Der Kaiser wollte weder ein zweites Brescia, noch eine monatelange Belagerung wie in Faenza, und verständigte sich rasch mit Kardinal Otto. Die kaiserliche Besatzung sollte freien Abzug erhalten und der Kaiser sich nach Apulien zurückziehen. Die Abzugsgarantie wurde von den Viterbiensern beschworen. Als dann jedoch die Kaiserlichen aus dem Kastell durch die Stadt abzogen, fiel der von Kardinal Rainer aufgehetzte Pöbel über die ermattete Besatzung her und metzelte sie nieder. Kardinal Otto von St. Nikolaus versuchte selbst mit seinem Leib die Kaiserlichen zu decken, doch die Volkswut fegte ihn hinweg. Kardinal Otto hatte redliches Spiel getrieben, der Schuldige war Kardinal Rainer von Viterbo, der nichts mehr fürchtete als einen Frieden mit dem Kaiser.

Friedrich II., der selbst viele Eide und Verträge gebrochen hatte, schrieb Kardinal Otto einen Brief, der ein erstaunliches Dokument menschlicher Unfähigkeit ist, den Balken im eigenen Auge zu erkennen:

»... Welches Ziel Unserer Erwartungen werden Wir noch suchen können, wenn die Treue der Menschen so vollständig verachtet wird ... Welche Bande unter den Menschen sollen Wir noch suchen, mit wem sollen Wir über die Schlichtung eines so großen Zwistes, über den Zusammenbruch fast der ganzen Erde verhandeln, nachdem das Versprechen eines heiligen Legaten ... leichtfertig vergewaltigt wird?«[5]

Die Abgrundtiefe von Friedrichs Haßenskraft zeigt sich in einem Aufschrei, den er getan haben soll: »... noch nach seinem Tode möge sich sein Gebein zur Zerstörung Viterbos erheben. Denn an dem Blute der Viterbienser könne er sich nicht satt trinken, wenn er nicht mit eigener Hand an die Stadt den Brand anlegte, und stünde er schon mit einem Fuße im Paradiese, so würde er ihn zurückziehen um der Rache an Viterbo willen.«[6]

Die Rochade

Friedrich konnte seinen Haß gegen Viterbo nicht ausleben. Dem Papst war der Vorfall von Viterbo unangenehm, denn was hier geschehen war, ob mit oder ohne sein Wissen, war glatter Rechtsbruch. So belegte er die Stadt mit einer Geldstrafe, ordnete die Freilassung der restlichen kaiserlichen Anhänger an, brachte aber gegenüber dem Kaiser zum Ausdruck, daß er mehr nicht tun könne, da er die Stadt Viterbo nicht gerne verlieren würde. Das ist typisch für Innocenz IV., er mißbilligte die Mittel, aber nicht die Tatsache, daß er durch diese Mittel in den Besitz der Stadt gekommen war.

Durch einen Eingriff von außen wurden die beiden Parteien wieder zu Verhandlungen gebracht, die unter dem Patronat des Königs von Frankreich standen. Friedrich näherte sich dem fünfzigsten Lebensjahr. Ein Leben im Sattel, im Kampf gegen Papst, Kirche und Lombarden, hatte an seinen Kräften gezehrt. Vertreten durch seine Gesandten, ging Friedrich bis an die Grenze seiner inneren Möglichkeiten. Durch eine Kompromißformel wurde erklärt, daß der Kaiser den päpstlichen Bann nicht mißachtet habe und deshalb, wie in der Bannbulle steht, nicht als Ketzer zu gelten habe.

Vielmehr sei er nicht in der gemäßen Form vom Faktum des Bannes unterrichtet worden. Er erkennt den Papst als seinen geistlichen Herrn an, und unterwirft sich wegen seiner dubiosen Haltung in die Beachtung oder Nichtbeachtung des Bannes einer vom Papst noch festzusetzenden Sühne. Er geht die Verpflichtung ein, alle gefangenen Prälaten freizusetzen und sie zu entschädigen. Später wurde von päpstlicher Seite die für damalige Verhältnisse phantastische Summe von vierhunderttausend Mark genannt. Weiter verpflichtete er sich, alle geschädigten Anhänger der Kirche wieder in ihren vollen Besitz zu bringen. Erscheint dies alles schon fast als eine Generalkapitulation, so sind die wirklich harten Fragen verschwommen paraphiert. Zum Beispiel die Frage der Räumung des Kirchenstaates und die Wiederherstellung der Reichsrechte in der Lombardei.

Man stand unter Zeitdruck. Kurz vor Ostern sollte der Frieden geschlossen sein, damit der Kaiser am Gründonnerstag nicht auf der traditionell verlesenen Liste der Gebannten erschien. Man stellte das Wünschen über die Wirklichkeit. So kam es, daß der Kaiser am Gründonnerstag 1244 nicht mehr auf der Gebanntenliste stand und der Papst ihn in seiner Predigt den »ergebenen Sohn der Kirche« nannte. Nun ward es der Welt offenbar, der Frieden war wiederhergestellt, die Lösung des Kaisers vom Banne mußte die logische Folge dieser Erklärung sein.

In feierlicher Form, seiner weltweiten Bedeutung gemäß, wurde das Dokument im Beisein der französischen Vermittler, des päpstlichen Hofes und der kaiserlichen Unterhändler beschworen und besiegelt.

Friedrich ließ im Königreich Sizilien die Glocken läuten.

Doch nun zeigten sich die Folgen dieses von Wunschdenken geprägten Vertrages.

Nirgendwo war festgelegt, zu welchem Zeitpunkt der Kaiser den Kirchenstaat zu räumen habe. Der Papst behauptete, vor der Lösung des Bannes, der Kaiser erwiderte, zuerst Lösung des Bannes, dann Freigabe des Kirchenstaates. Der Kaiser hatte von seinem Standpunkt aus Recht. Denn der Papst war ja jederzeit in der Lage, einen neuen Bann zu verhängen, wenn Friedrich den Kirchenstaat nicht räumte. Friedrich hingegen hätte bei Nichtlösung des Bannes erst durch eine aufwendige militärische Operation den Kirchenstaat rückerobern müssen.

Nun tauchten die Lombarden beim Papst auf und führten Klage. Sie verlangten, daß nur der Papst ohne Einschränkung über ihre Differenzen mit dem Kaiser zu entscheiden habe. Von Reichsrechten war da nicht mehr die Rede.

Der Papst, wollte er noch Frieden oder nur noch Zeitgewinn, änderte, scheinbar unverfänglich, den beschworenen Text und manipulierte die päpstliche Duldung der kaiserlichen Reichsrechte in der Lombardei heraus.

Sollte der Papst wirklich geglaubt haben, Friedrich und seine Juristen seien so dumm, die Textmanipulation in dem schon beschworenen Vertrag nicht zu bemerken? Oder glaubte er, Friedrich habe sich, als er in spontaner Freude über das scheinbare Gelingen des Friedens die deutschen Reichsfürsten zu einem Hoftag nach Verona eingeladen hatte, so in der Öffentlichkeit festgelegt, daß er die Vertragsmanipulationen hinnehmen mußte?

Da ist es doch wahrscheinlicher, daß der analytische Verstand Innocenz' IV., die Unvereinbarkeit der gegenseitigen Standpunkte erkennend, sich für den Bruch entschieden hatte und nur noch auf Zeitgewinn arbeitete.

Der Kaiser aber wollte den Frieden dennoch erreichen. So wuchs in ihm der Plan, der Frieden müsse zwischen Kaiser und Papst im persönlichen Gespräch gefunden werden, ohne Mittelsmänner und den darin enthaltenen Möglichkeiten zu Mißverständnissen.

Der Kaiser baute dem Papst goldene Brücken. Da er ihm nicht zumuten konnte, ihn auf dem Gebiet des von ihm besetzten Kirchenstaates zu treffen, erklärte er sich auf Wunsch des Papstes bereit, den Raum Narni und Rieti von seinen Truppen freizumachen. Die Kurie erklärte dann, Papst Innocenz IV. wolle nach Civita Castellano ziehen, um sich mit dem Kaiser in Narni zu treffen.

Gleichzeitig hatte der Kaiser, um dem Papst den Weg nach Civita Castellano zu öffnen, die Sperrung der nach Norden, Nordost und Nordwest führenden Straßen aufgehoben. Der Weg war jetzt frei für die wirklichen Ziele des Papstes. Am 28. Mai ernannte der Papst neue Kardinäle, durchweg kaiserfeindliche, dann begab er sich auf die Reise nach Civita Castellano, das er am 7. Juni 1244 erreichte. Am 9. Juni ernannte der Papst den dem Kaiser genehmen Kardinal Otto von St. Nikolaus zum Verhandlungsführer. Er sandte Boten an den Podestà von Genua, Filippo Vicedomini, führte noch neunzehn Tage Scheinverhandlungen mit dem Kaiser, und, als ihm am 27. Juni Boten meldeten, eine genuesische Flotte, an Bord drei Vettern des Papstes, ankere im Hafen von Civitavecchia, entschloß er sich zur Flucht. Gewappnet wie ein Ritter, begleitet von wenigen Getreuen und seinen drei Vettern, floh er durch die Nacht und erreichte am Morgen des 29. Juni den Hafen und die rettende genuesische Flotte.

Als am 29. Juni die Gesandten Friedrichs II., Kaiser Balduin, der Graf von Toulouse und die Hofrichter Petrus von Viena und Thaddäus von Suessa, in Civita Castellano erschienen, vernahmen sie von der Flucht des Papstes. Mehrmals mußten die päpstlichen Schiffe auf stürmischer See in Häfen Zuflucht suchen, doch am 7. Juli 1244 landete die Flotte glücklich im Hafen von Genua unter Glockenläuten und feierlichen Chören.

Drei Monate blieb der Papst in Genua im Kloster St. Andreas. Er suchte ein sicheres Asyl. Aber die Könige von England und Aragon, päpstliche Lehnsleute, und auch König Ludwig von Frankreich lehnten das teure Glück ab, dem Papst neue Heimstatt zu bieten. So entschied er sich für Lyon, das zwar nominell zum Reich gehörte, in der politischen Wirklichkeit aber einen hohen Grad von Selbständigkeit besaß.

Durch eine kühne Rochade hatte der Papst sich von der Dauerbedrohung befreit, durch kaiserliche Armeen, wie bei Gregor IX. in Rom, eingeschlossen zu werden und Objekt kaiserlichen Willens zu sein. In den Augen der Welt stieg Innocenz IV. zum Märtyrer auf, der seine Kirche vor der Bedrohung des staufischen Bedrückers befreit hatte.

Das Konzil von Lyon

Der Kaiser hatte das Bedrohliche der Situation für sich erkannt. Er sandte den Grafen von Toulouse dem Papst hinterher, ihn zur Umkehr und zu neuem, erweitertem Frieden zu bewegen. Aber der kühle Rechner Innocenz IV. hatte sich nicht durch einen Rundumschlag befreit, um sich erneut in kaiserliche Abhängigkeit zu begeben. Im August 1244 schrieb der Kaiser an seine Getreuen ein langes und ausführliches Rechtfertigungsdokument, darin er Kurie und Papst der Täuschung anklagte, aber es schien, als habe die christliche Welt allzu oft solche Deklamationen vernommen, um sie noch glauben zu können.

Der Papst entfesselte hingegen von Lyon aus äußerste Aktivitäten, die darin gipfelten, daß er am 3. Januar 1245 ein Konzil einberief, dessen Ziel die Absetzung des Kaisers war. Dieser wurde dazu nicht in der gesetzlich vorgeschriebenen Form eingeladen. Doch nochmals schien das Schicksal dem Kaiser einen Aufschub zu gewähren.

Die Atempause

Im Heiligen Land hatte sich eine Katastrophe ereignet. Entgegen Friedrichs II. Rat, den abgelaufenen Waffenstillstand mit dem Sultan von Kairo zu erneuern, hatten die Ritterorden im Heiligen Land dies in überheblicher Arroganz unterlassen. Daraufhin hatte der Sultan große Truppenkontingente von Chowaresmiern, deren Reich von Dschingis-Khan zerschlagen worden war, angeworben, mit ihnen Jerusalem erobert und zerstört und die christliche Herrschaft hinweggefegt.

Ein Schreckensschrei erfüllte das Abendland. Der Patriarch hatte Boten an Kaiser Friedrichs Hof in Foggia entsandt, und dem Patriarchen Albert von Antiochien war die Aufgabe zugefallen, den Frieden zwischen Papst und Kaiser herzustellen. Was Friedrich dem Papst durch den Patriarchen Albert anbot, war mehr als eine Unterwerfung. Es war die Flucht eines Mannes aus einem Dilemma in den Ruhm einer großen, überzeugenden Tat. Sein Angebot war:

Die Frage der Lombardei gänzlich dem Spruch des Papstes zu unterstellen, das Patrimonium ohne Wenn und Aber zurückzugeben. Er selbst wollte für drei Jahre ins Heilige Land gehen und es zurückerobern, um die christliche Herrschaft wiederherzustellen.

Er ging so weit, sich zu verpflichten, nur mit Genehmigung des Papstes zurückzukehren und wollte aller seiner Reiche verlustig gehen, wenn er diese Versprechungen nicht erfülle.

König Ludwig der Heilige von Frankreich, der selbst einen Kreuzzug gelobt hatte und dessen Abstand zum Papst daraus ersichtlich wird, daß er ihm das Asyl in Frankreich verweigert hatte, setzte sich für den Kaiser ein. Unter dem Druck dieses Tatbestandes und der daraus entstandenen öffentlichen Meinung, war Innocenz IV. gezwungen, die kaiserlichen Vorschläge anzunehmen. Denn er durfte weder als ein Friedensfeind erscheinen, noch als ein Mann, der nicht bereit war, der Christenheit die Heiligen Stätten zurückzugewinnen. So gab er, sicherlich schweren Herzens, am 6. Mai 1245 dem Patriarchen Albert von Antiochien den Auftrag, Friedrich II. nach der Erfüllung der Bedingungen vom Banne zu lösen.

Hatte Papst Innocenz IV. sein Konzil für den Juni 1245 nach Lyon einberufen, so hatte Friedrich für den gleichen Zeitraum einen Hoftag der deutschen Fürsten nach Verona bestellt. Er zog mit seinem Hofe und einem großen Heere von Foggia nordwärts. Sein Weg führte ihn durch den Kirchenstaat, an dem verhaßten Viterbo vorbei. Da wurde er wieder das Opfer seines Temperaments, seines unsäglichen Hasses.

Er versuchte, Viterbo im Handstreich zu nehmen. Als dies mißlang, verbrannte und verheerte er zwei Wochen lang das Umfeld der Stadt. Wie will man dieses Verhalten des Kaisers erklären, er, der gerade ein umfassendes, sich selbst aufgebendes Friedensangebot gemacht hatte, und der, ein Opfer seines blinden Hasses, sich selbst wieder unglaubwürdig gemacht hatte. Und dies geschah am gleichen Tage, am 6. Mai 1245, an dem Papst Innocenz IV. seine Lösung vom Banne angeordnet hatte. Wer sollte dem Kaiser, dem Manne solcher Widersprüche, noch glauben können?

Sein großer Feind, ebenfalls ein Hasser von archaischer Gewalt, hatte auf eine solche Tat Friedrichs gewartet. In den geifernden Flugschriften des Rainer von Viterbo wird Friedrich ins Unmenschliche verzerrt. Mit blutigem Griffel wird das Bild des Kaisers gezeichnet, des menschgewordenen Antichristen. Alles Negative im Leben Friedrichs wird aufgelistet. Seine Freundschaft mit den muslimischen Fürsten, von denen er Geschenke nahm. Daß er dadurch Jerusalem ohne Blutvergießen den Christen zurückgewann, wird nicht berichtet. Seine lockeren Redensarten, die These von den »drei Betrügern«, die leichtfertige Bemerkung über das

Weizenfeld, »daß hier einige tausend Erlöser heranwachsen«, werden plakatiert. Über die Sarazenenkolonie wird hergezogen, deren Krieger mit Vorliebe christliche Mädchen vor den Altären Gottes notzüchtigen, von den schönen Sarazeninnen berichtet, mit denen der Kaiser selbst Unzucht getrieben habe. Die drei Gemahlinnen des Kaisers werden präsentiert. Seine dritte Frau, die englische Isabella, die erst im Dezember 1241 gestorben war, die er in gomorrhäischen Kerkern gefangenhielt und zum Schluß vergiftete. Nichts bleibt unverzerrt, es ist die apokalyptische Zerschmetterung eines Menschenbildes. Noch durch die Jahrhunderte dröhnt Rainer von Viterbos furchtbare Stimme:

»Aber zu noch Schlimmerem reckte der Feind und Verfolger die Hände, gegen die Heiligen trug er den Krieg und bezwang sie. Gegen den Himmel erhoben, schleuderte er von der Feste des Himmels und von den Sternen herab die Heiligen des Höchsten und zerriß sie, der da hat drei Reihen Zähne im Rachen … So hat dieser neue Nimrod – rasender Jäger der Unzucht vor dem Herrn, der nur Worte der Lüge liebt – Ruchlose zu Dienern, die mit ihrer Bosheit den König ergötzen und mit Lügen den Fürsten … er, der Tyrannei Fürst, der Umstülper des kirchlichen Glaubens und Kultes, der Vernichter der Satzung, der Grausamkeit Meister, der Zeiten Verwandler, der Verwirrer des Erdrunds und der Hammer der ganzen Erde …«

Von Viterbo bis Lyon eifert die Stimme des zornigen Kardinals: »Habt kein Mitleid mit dem Ruchlosen! Werft ihn zu Boden vor der Könige Antlitz, daß sie ihn sehen und fürchten, im Handeln diesem zu folgen! Werft ihn hinaus aus dem Heiligtum Gottes, daß er nicht länger herrsche über das christliche Volk! Vernichtet Namen und Leib, Sproß und Samen dieses Babyloniers!«[1]

Da war es gesprochen, das furchtbare Wort, nach dem sich das Schicksal des staufischen Geschlechts erfüllen sollte.

Der Papst in Lyon hatte die Stimme Kardinal Rainers vernommen. Gespannt schaute er auf den Fürstentag, den der Kaiser zu Verona abhielt. Er wußte, daß die Erzbischöfe von Mainz, Köln, Trier und Bremen, ebenso wie der Reichsverweser Landgraf Hermann Raspe von Thüringen, der Böhmenkönig wie der Herzog von Baiern nicht in Verona erscheinen würden.

Der Kaiser mußte darin ein Scheitern seiner Politik im Königreich Deutschland sehen.

Um so mehr versuchte er jetzt, den einstmals abgesetzten Herzog Friedrich den Streitbaren von Österreich, der sich dort gegen den Willen des Kaisers etabliert hatte, an sich zu ziehen. War es nicht mit Waffen gelungen, Österreich der kaiserlichen Hausmacht einzuverleiben, so machte er jetzt den Versuch mit den Mitteln der Heiratspolitik.

Er lockte den in drei Ehen kinderlos gebliebenen Herzog damit, den österreichischen Herzogshut in eine erbliche Krone zu verwandeln. Dafür forderte er von Herzog Friedrich von Österreich dessen Nichte und Erbin zur Frau.

Die römische Kurie versuchte mit allen diplomatischen Mitteln diese Ehe und den damit verbundenen Machtzuwachs des staufischen Hauses im Südosten des Reiches zu verhindern.

Aber babenbergische Königsträume, päpstliche und kaiserliche Diplomatie scheiterten am festen Willen einer Frau. Eben jener Herzogsnichte Gertrud, die die Ehe mit dem Kaiser ausschlug – sei es aus religiösen, politischen oder moralischen Gründen – und wenig später, am 1. April 1246, Wladislaus von Mähren, den Sohn des böhmischen Königs, Wenzel I., und seiner Frau, Kunigunde von Schwaben, des Kaisers Cousine, heiratete.

Der Kaiser setzte seine Heiratspolitik fort und verlobte seine siebenjährige Tochter Margarethe, aus der Ehe mit der englischen Isabella, mit dem vierjährigen Markgrafen Albert II. dem Entarteten von Meißen. Ein Jahr zuvor hatte der Kaiser seine Tochter Constanze, aus der Ehe mit der Gräfin Bianca Lancia, mit dem griechischen Kaiser Johannes III. Dukas Vatatzes verheiratet.

Aber alle diese ehelichen Verbindungen vermochten den unerbittlichen Lauf des Schicksals nicht aufzuhalten. Zwar belehnte der Kaiser in Verona den österreichischen Herzog wieder mit den Fahnen seines Erbherzogtums, sah nochmals seinen Sohn, König Konrad IV., der ihm eine Abteilung schwäbischer Ritter zuführte, band seinen Schwiegersohn, den Tyrannen Ezzelino von Romano, mit dem er seine uneheliche Tochter Selvaggia verheiratet hatte, erneut an sich.

Ende Mai 1245 hatte Friedrich seinen Großhofrichter, Thaddäus von Suessa, nach Lyon entstandt, ein erprobter, treuer Mann, glänzender Rhetor und Jurist.

Der Kaiser aber zog nach Turin, so war es offensichtlich verabredet, um dem Konzil näher zu sein, wenn es doch noch zu einer Aussöhnung kommen sollte. Der Kaiser hatte sich in der kompromißlosen Konsequenz seiner Gegner, wie wir sehen werden, wiederum getäuscht.

Der Tag des Zorns

Denkt man an das Laterankonzil Papst Innocenz' III. im Jahre 1215, das mit vierhundertzwölf Erzbischöfen, Bischöfen und mit achthundert Äbten besetzt war, so waren in Lyon gerade mal hundertfünfzig Prälaten versammelt. Außer den Erzbischöfen von Mainz und Köln fehlte der gesamte deutsche Episkopat, ebenfalls die Bischöfe des Königreiches Sizilien. Der greise Erzbischof Berard von Palermo war als Vertreter des Kaisers anwesend. So beschränkte sich der Teilnehmerkreis hauptsächlich auf die Bischöfe Englands, Frankreichs und Spaniens. Auch die ungarischen Bischöfe waren nicht vertreten, so daß man schwerlich von einem allgemeinen Konzil reden konnte. Aber all das schien nicht wichtig. Das Urteil, das gefällt werden sollte, stand fest.

Vor allem bei den französischen Prälaten, die zum Teil bei Monte Christo in Gefangenschaft geraten waren, darf man eine starke Gegnerschaft gegen den Kaiser voraussetzen, ebenso bei den Spaniern, die zwar der Gefangenschaft entkommen waren, aber schon von Genua aus Papst Gregor IX. beschworen hatten, er solle mit allen Mitteln gegen den Kaiser vorgehen. Der Zeitgenosse, Matthäus von Paris, schildert eindrucksvoll das Konzil und seinen Verlauf:

»Als nun der Herr Papst schon viele Prälaten, wenn auch nicht alle, versammelt hatte, begab er sich am Montag (26. Juni 1245) ... in das Refektorium der Mönche von St. Justus zu Lyon. Es war auch Thaddäus von Suessa zugegen ... Ritter und Lehrer der Rechte und Großhofrichter des Kaisers ... Um den Frieden und die frühere Freundschaft wiederherzustellen, bot er im Namen seines Herrn zuversichtlich an, daß er ganz Romanien, das ist das griechische Kaisertum, zur Einheit mit der Römischen Kirche zurückführen, sich den Tataren, Chowaresmiern und Sarazenen und anderen Verächtern der Kirche als getreuer Streiter Christi mit Macht entgegenstellen und im Heiligen Lande, das sich bereits in großer Gefahr befinde, persönlich und auf eigene Kosten die Ordnung nach Kräften wieder herbeiführen wolle. Endlich werde er das der Römischen Kirche Entzogene zurückgeben und jeglichen Schaden wieder gutmachen.«[1]

Die Antwort des Papstes ist aufschlußreicher als alle furchtbaren Verdammungen, die er über Friedrich II. aussprechen wird. Nun wird offenbar, daß Friedrich zu oft in den Jahrzehnten seiner Herrschaft getäuscht, überlistet, zu oft seine Eide gebrochen und seinen moralischen Kredit als Herrscher und Mensch verloren hatte. Hier die Antwort des Papstes:

»O wieviel, wieviel wurde schon versprochen, aber niemals und zu keiner Zeit gehalten! Aber auch dies wird, das ist sicher, nur versprochen, um die bereits an die Wurzel gelegte Axt aufzuhalten, wenn erst die Kirchenversammlung getäuscht und aufgelöst wird.«[2]

Am folgenden Mittwoch wurde weiterverhandelt. Der Papst zählte die Sünden, die Eidbrüche, die Ketzereien auf, alle Gesetzesbrüche, namentlich die Freundschaft des Kaisers mit Sarazenenfürsten und den schamlosen Verkehr mit sarazenischen Buhlerinnen.

Was nützte es, daß Thaddäus von Suessa mannhaft für seinen Kaiser eintrat. Es gelang ihm nur durch Einfluß der englischen Prälaten, einen Verhandlungsaufschub von zwei Wochen zu erlangen.

Am 17. Juli 1245 war der Tag des Urteils. Der Papst auf erhöhtem Throne, das Kirchenschiff der Kathedrale von Lyon war gefüllt mit Erzbischöfen, Bischöfen und Äbten. Noch einmal plädierte Thaddäus für seinen Herrn. Vor allem leugnete er die Rechtmäßigkeit des Konzils, als er erklärte: »So appelliere ich, Thaddäus von Suessa, Großhofrichter des kaiserlichen Hofes, in meiner Eigenschaft als bevollmächtigter Vertreter des römischen Reiches an einen zukünftigen Papst und ein in Wahrheit allgemeines Konzil, zu dem alle katholischen Könige, Fürsten und Prälaten, von der Person des Kaisers nicht erst zu reden, geladen werden müssen.«[3]

Der Papst aber erklärte die Kirchenversammlung für ausreichend und beschlußfähig und sprach:

»Friedrich, der hervorragendste weltliche Fürst, solchen Zwiespalts und Aufruhrs Urheber … war ferner in verabscheuungswürdiger Freundschaft mit den Sarazenen verbunden … nahm ihre Sitten an und hält sie zu seinen täglichen Diensten bei sich; nach ihrem Brauche schämte er sich nicht, seinen Gemahlinnen von königlichem Geblüt Eunuchen als Wächter zuzuweisen … Den Herzog (Ludwig) von Baiern herrlichen Angedenkens, der der Römischen Kirche besonders ergeben war, ließ er, wie bestimmt versichert, unter Mißachtung der christlichen Religion durch Assassinen töten. Und dem Vatazes (Kaiser von Griechenland), diesem Feinde Gottes und der Kirche, der aus der Gemeinschaft der Gläubigen mitsamt seinen Beiständen, Ratgebern, Günstlingen durch die Exkommunikation ausgeschlossen wurde, gab er seine Tochter zur Gattin ... Außerdem hat er in diesem Königreich Sizilien, das der besondere Besitz des heiligen Petrus ist und das dieser Fürst vom Apostolischen Stuhle zu Lehen hatte, bereits zu solcher Verarmung und Verknechtung der Geistlichen und der Laien gebracht, daß sie fast nichts mehr besitzen, fast alle anständigen Menschen daraus vertrieben sind, und diejenigen, die noch dort verblieben sind, unter geradezu sklavischen Bedingungen zu leben und die Römische Kirche, deren Leute und Vasallen sie hauptsächlich sind, vielfach zu beleidigen und feindlich zu bekämpfen gezwungen sind ...«[4]

Der Papst beendete seine Verdammung des Kaisers mit den Worten:

»Deshalb haben Wir Uns ob der angeführten und vieler anderen abscheulichen Frevel mit Unseren Brüdern und mit der heiligen Kirchenversammlung beraten, und weil Wir, obwohl unwürdig, Christi Stellvertreter auf Erden sind und Uns in der Person des heiligen Petrus gesagt ist: ›Was immer Du auf Erden binden wirst, das wird auch im Himmel gebunden sein; was immer du auf Erden lösen wirst, das wird auch im Himmel gelöst sein!‹ (Matth. 18, 18), so erklären Wir den besagten Fürsten, der sich des Kaisertums, der Königreiche und jeglicher Ehre und Würde so unwürdig gemacht hat, der seiner Frevel halber von Gott verworfen ist, um nicht ferner zu regieren, für einen Menschen, der von Gott in seinen Sünden verstrickt und verdammt und aller Ehren und Würden vom Herrn beraubt ist, und entsetzen ihn durch Unseren Urteilsspruch. Alle, die ihm durch den Eid der Treue verpflichtet sind, lösen Wir für immer von diesem Eide, verbieten kraft apostolischer Vollmacht strengstens, daß in Zukunft jemand ihm als König oder Kaiser gehorche, und erklären, daß alle, die ihm von jetzt an als ihren Kaiser oder König einen Rat erteilen, Beistand leisten oder eine Gunst erweisen, eben dadurch schon der Exkommunikation unterliegen. Jene aber, denen es obliegt, für das Reich einen Kaiser zu wählen, sollen ungehindert die Wahl eines Nachfolgers vornehmen. Über das Königreich Sizilien werden Wir mit dem Beirate Unserer Brüder so verfügen, wie Wir es für zweckmäßig halten ...«

»... Der Herr Papst aber und die anwesenden Prälaten verfluchten mit angezündeten Kerzen in der Hand den Kaiser, der nicht mehr Kaiser genannt werden soll, auf schreckliche Weise, ließen sodann ihre brennenden Kerzen sinken und löschten sie aus, während sich die Sachwalter des Kaisers bestürzt entfernten.«[5]

Über die im Dämmerlicht versinkende Kathedrale zu Lyon aber hallte der Schrei des kaiserlichen Großhofrichters Thaddäus von Suessa: »Dies ist der Tag des Zornes, des Unglücks und des Elends!«

Die Erosion der Macht

Einhundertachtundzwanzig Jahre waren vergangen, seitdem Kaiser Heinrich IV. auf den Eisfeldern von Canossa den Papst angefleht hatte, ihn vom Banne zu lösen.

Hier aber war nicht nur ein Bannfluch gegen einen Kaiser ergangen. Vielmehr hatte Papst Innocenz IV. die Träume der Päpste Gregors VII. und Innocenz' III. von einem cäsarischen Papsttum in der Rolle des Weltenrichters vor der staunenden Welt erfüllt. Die Absetzung Kaiser Friedrichs II. erschütterte Europas Adels- und Fürstenwelt. Sie war nicht vergleichbar mit der Absetzung des Welfen, Kaiser Ottos IV. Dieser war ein Geschöpf des Papstes gewesen, als dieser ihn fallenließ, war sein Kaisertum zerbrochen.

Die Kaiserzeit Friedrichs II. war eine jahrzehntelange Epoche, deren Glanz über Europa erstrahlte.

Das Absetzungsdekret des Papstes hatte Friedrich II. tief getroffen, aber er schien in ihm auch neue Freiheiten zu erkennen. »Lange genug war ich Amboß, jetzt will ich Hammer sein«, rief er. Aber das blieben starke Worte. Welchen Hammer sollte er auch schwingen? Als er seinen Kampf gegen Papst Gregor IX. begann, stand hinter ihm die Macht des Reiches. Jetzt waren die drei großen rheinischen Erzbischöfe von Mainz, Köln und Trier offen in das Lager der Kurie gegangen. In der Lombardei war seine Macht weit hinter den Status Kaiser Barbarossas zurückgefallen. Das übrige Italien hatte er mit einer Militärdiktatur terroristischen Ausmaßes überzogen, und wie weit man sich auf solche Untertanen verlassen kann, sollte er bald erfahren.

So begnügte er sich mit einer Briefoffensive an die Fürsten und Könige und stellte ihnen an seinem Schicksal das künftige Schicksal der europäischen Herrscher vor Augen, wenn es dem Papst gelänge, ihn zu überwinden.

Sein besonderes Bemühen galt dem französischen König, der ja zum Kreuzzug rüstete. Ihn bat er um Vermittlung beim Papst.

Wenn dieser ihn absolviere, wolle er gemeinsam mit König Ludwig ins Heilige Land ziehen. Der fromme König Ludwig, von heiligem Eifer erfüllt, intervenierte sofort beim Papst, die Lyoner Beschlüsse aufzuheben.

Eine mißliche Situation für den Papst. Den französischen König durfte er sich nicht noch zusätzlich zum Feinde machen. Sicher wären dann auch die Vorbehalte Englands gegen den päpstlichen Lehnsherrn aufgebrochen. So mußte er auf Zeitgewinn arbeiten. Er erklärte im Sommer 1245, auf dem Osterfest des Jahres 1246 werde er eine entscheidende Erklärung abgeben. Bis dahin hoffte der Papst, neue politische Verhältnisse geschaffen zu haben. Mit welchen Mitteln, davon hatte der fromme König Ludwig keine Ahnung.

Der Kaiser ging auf einem anderen Feld in die Offensive, die, wenn konsequent geführt, die Kurie in Bedrängnis hätte bringen können. In einem Brief vom Februar 1246 an die Fürsten der Welt, machte der Kaiser den revolutionären Vorschlag, im Sinne einer Reformation die Kirche zurückzuführen in die Werte altchristlicher, evangelischer Armut. Ein Vorschlag, nicht ohne Rückhalt beim niedrigen Klerus und vor allem beim Volk.

Diese Gedanken beherrschten ja das Jahrhundert, wurden vorgelebt von den Bettelorden der Franziskaner und Dominikaner. Die weibliche Armutsbewegung der Beginen wurde von gleichen Idealen getragen. Der Gedanke der Renovatio der Kirche, vom Kaiser machtvoll vertreten, hätte zu einer Verinnerlichung der Kirche führen und ihren weltlichen Machtanspruch reduzieren können.

Hatte Friedrich II. in einem Brief an König Ludwig von Frankreich über die päpstliche Machtpolitik geschrieben: »… Bei Uns beginnt es, aber Ihr wißt, daß es bei Euch endet, da sie, wenn Unsere Macht erst einmal zerschlagen ist, keinen Widerstand mehr erwarten.«[1]

Am 26. Februar 1246 ruft er den Fürsten der Welt zu: »Denn die, die jetzt den Namen Geistliche führen: gemästet durch die Almosen der Väter, unterdrücken sie die Söhne, und sie, selbst Söhne Unserer Untertanen, vergessen den Stand ihrer Väter und geruhen weder dem Kaiser noch den Königen irgendwelche Ergebenheit zu erzeigen, sobald sie zu apostolischen Vätern geweiht werden … Aber Wir sind weder die ersten noch die letzten, die priesterlicher Mißbrauch so anfeindet und von der Höhe herabzustürzen versucht. Und das bewirkt Ihr, wenn Ihr den Heuchlern der Heiligkeit gehorcht, deren Habsucht hofft, daß sich der ganze Jordan in ihr Maul ergieße. (Hiob 40, 23) ... Wahrhaftig, die gewaltigen Einkünfte, mit denen sie sich durch Aussaugung vieler Reiche bereichern, wie Ihr selbst wißt, bringen sie zu Raserei ... Je freigebiger Ihr diesen Armen die Hände entgegenstreckt, um so gieriger greifen sie nicht nur nach den Händen, sondern auch nach den Armen ... Es war immer Unseres Willens Absicht, die Geistlichen jeden Ranges dahin zu führen, und am meisten die höchsten, daß sie als solche auch am Ende verharren, wie sie in der ursprünglichen Kirche gewesen sind; in apostolischem Lebenswandel die Demut des Herrn nachahmend. Denn solche Geistliche pflegen die Engel anzuschauen, von Wundern zu glänzen, Kranke zu heilen, Tote zu erwecken und durch Heiligkeit, nicht aber durch Waffen, sich Könige und Fürsten zu unterjochen. Diese hingegen sind der Weltlichkeit ergeben, von Genüssen trunken, setzen Gott hintan; durch den Zustrom an Schätzen wird ihre Frömmigkeit erstickt. Solchen also die schädlichen Schätze zu entziehen, mit denen sie sich zu ihrem Verderben beladen, ist ein Werk christlicher Nächstenliebe.«[2]

Dieser Brief, der den folgenden, reformsuchenden Jahrhunderten zur Richtschnur diente, der in seiner Anklage des Weltklerus aus der Feder Martin Luthers stammen könnte, offenbart anschaulich die Realitätsferne dieses doch als rationalistisch gepriesenen Kaisers.

In dem gleichen Brief spricht er von einem oberflächlichen Frieden zwischen Papst und Kaiser und hat immer noch nicht zur Kenntnis genommen, daß das Tischtuch zwischen ihnen zerschnitten ist. Er hat nicht die Stimme des Papstes vernommen, der auf die Verteidigungsrede des Thaddäus von Suessa sagt: »O wieviel, wieviel wurde schon versprochen, aber zu keiner Zeit gehalten! Aber auch dies wird, das ist sicher, nur versprochen, um die bereits an die Wurzel gelegte Axt aufzuhalten, wenn erst die Kirchenversammlung getäuscht und aufgelöst ist.«

Noch immer glaubt er an die »Möglichkeit eines oberflächlichen Friedens« zwischen Kaiser- und Papsttum, der »von mächtigen Vermittlern« bewirkt werden soll. Und während er diesen Frieden erhofft, fordert er die Kirche zu evangelischer Armut auf, ruft er den Königen zu, die Einkünfte der Kirche zu stoppen, ihr die schädlichen Schätze zu entziehen.

Wer solche Thesen verkündete, durfte auf Gefolgschaft im

Kampfe gegen die unersättliche Römische Kurie hoffen, niemals aber auf einen »oberflächlichen Frieden« mit Papst und Kurie. Es ist durchgehende Kirchengeschichte, daß die Kirche, wenn Menschen für sich und ihre Gemeinschaften ein Leben in Armut führen wollten, diese unterstützte, sofern sie nicht gegen Glaubensgrundsätze und den Primat von Kirche und Papst antraten. Wer aber die Armut der Kirche selbst forderte, verfiel dem Bannstrahl, wenn nicht dem Feuertode wie der arme Arnold von Brescia († 1155).

Ein kaiserlicher Reformator an der Spitze der Armutsbewegung des 13. Jahrhunderts, ein kaiserlicher Erneuerer der Kirche, das wäre vielleicht eine durchsetzbare Idee gewesen, nicht aber das gleichzeitige Schielen nach einem oberflächlichen Vermittlungsfrieden.

Friedrichs Klage war nicht neu. Schon auf dem Konzil von Lyon hatte ein englischer Prälat sich gegen die rigorosen Kirchensteuern gewandt. Eine kraftvolle Vertretung dieser Armutsforderungen hätte die englischen Barone an die Seite des Kaisers getrieben, die genau wie ihr schwacher König darunter litten, Kirchenlehen zu sein.

In Frankreich hatten sich viele Barone in einem Bunde vereint, zur Abwehr des Klerus aus der weltlichen Gerichtsbarkeit. Stolz erklärten Fürsten, wie zum Beispiel der Herzog von Burgund oder der Graf der Bretagne, in ihren Bundesartikeln, daß das Königreich Frankreich »nicht durch geschriebenes Recht, noch durch die Anmaßung der Geistlichkeit, sondern durch kriegerische Kraft erworben ward; daß sie, der Adel des Landes, die ihnen entrissene Gerichtsbarkeit wieder an sich nähmen und daß die durch Habsucht reich gewordene Geistlichkeit zur Armut zurückzuführen sei.«[3]

Natürlich konnte Kaiser Friedrich II. eine solche Kirchenreformation nicht durchführen, da es ihm ja nicht um wirkliche religiöse Inhalte ging. Seine Kirchenschelte über die reiche Kirche war für ihn ein Mittel der Politik. Als Ordnungsfanatiker, der er war, bejahte er auch das Ordnungssystem der Kirche als ein Mittel zur Führung der Menschen auf Erden. Nur sollte es eine Kirche unter der Hoheit des Kaisers sein und nicht eine Macht, die sich als Weltenrichter sah.

Ferdinand Gregorovius urteilt treffend: »Die Entsetzung des Papstes von dem höchsten Richteramt über die fürstliche Gewalt und die Rückführung der Kirche auf den unpolitischen Urzustand durch die Säkularisation ihres Besitzes: dies war die Reform, die der große Kaiser forderte, aber nur als Ansicht auszusprechen vermochte.«[4]

Solche Gedanken gegen den Papst und die Kurie als Ansicht auszusprechen und sie nicht kämpferisch betreiben zu können, mußte mit dem Untergang des Kaisers enden.

Der Gegenkönig

Es war kein leichtes Unterfangen der päpstlichen Diplomatie, einen Gegenkönig zum Staufer in Deutschland aufzubauen. Zu lange hatte das staufische Haus regiert, zu stark lebte in Deutschland die Vorstellung, das gottgegebene Königsgeschlecht seien die Staufer.

Das erste Menetekel eines Sinneswandels war das Fernbleiben der Erzbischöfe von Mainz und Köln auf dem Hoftag zu Verona, aber ihre Teilnahme am Konzil von Lyon.

Von Mainz und Köln aus schwärmten päpstliche Boten, vor allem Mitglieder der Bettelorden, durch das Land und verkündeten Bannfluch und Absetzung des Kaisers. Die Hand der Kurie faßte noch schärfer zu. Bischöfe, die den Mainzer und Kölner Erzbischöfen nicht folgten, wurden abgesetzt. So die Bischöfe von Worms und Regensburg, die Äbte der ehrwürdigen, in karolingischen und vorkarolingischen Zeiten gegründeten Klöster von Ellwangen, Reichenau, Kempten und St. Gallen. Der größte Teil Südwestdeutschlands stand unter Interdikt. Unvorstellbar die seelischen Ängste der Menschen. Verlust aller Sakramente, der Taufe, der Kommunion, weder Eheschließungen noch kirchliche Begräbnisse fanden statt. Schrecken lag über dem Land, und die verängstigten Menschen beugten sich.

Dem päpstlichen Legaten, Bischof Philipp von Ferrara, war es unter Teilnahme des Erzbischofs von Köln gelungen, Landgraf Heinrich Raspe auf die päpstliche Seite zu ziehen und ihn zum Gegenkönigtum zu bewegen. Die Sinnesänderung wurde bewirkt durch fünfundzwanzigtausend päpstliche Silbermark und einen großzügigen Ehedispens, den der Papst dem Landgrafen erteilte. Hermann Raspe, ein verbitterter Mann, der in drei Ehen kinderlos geblieben war, wollte sein Geschlecht, das mit ihm erlosch, in den Ruhm der Königs- und Kaiserkrone erheben. Auch wenn auf diesen Kronen der fahle Glanz von Verrat und Treulosigkeit lag.

Außer Gold, Ehedispens und päpstlicher Privilegien hatte wohl eine Andeutung des Bischofs von Bamberg, der von Lyon kommend dem Landgrafen mitteilte, er könne die Krone bedenkenlos nehmen, denn der Kaiser werde sehr bald nicht mehr unter den Lebenden sein, dessen Bereitschaft zum Gegenkönig verstärkt.[1]

Dieser Ausspruch bekommt besondere Bedeutung, wenn wir uns erinnern, daß der Papst dem französischen König gesagt hatte, er werde zu Ostern 1246 eine entscheidende Erklärung abgeben. Jedenfalls wurde der Landgraf Heinrich Raspe am 22. Mai 1246 unter Mitwirkung der drei rheinischen Erzbischöfe von Mainz, Trier und Köln und seiner eigenen Stimme in Veitshöchheim, nahe Würzburg, zum König gewählt. Als weitere Wähler werden genannt: die Bischöfe von Straßburg, Metz und Speyer.[2]

Am 5. August errang der Gegenkönig Heinrich Raspe in der Nähe von Frankfurt einen Sieg über den Kaisersohn, König Konrad IV. Der Sieg war erkauft durch päpstliches Geld. Kurz vor der Schlacht traten zwei Drittel des staufisch-schwäbischen Heeres zu Heinrich Raspe über. Einem der schwäbischen Anführer und Fürsten hatte der Papst das Herzogtum Schwaben versprochen. Heinrich Raspe meldete stolz seinen Sieg an Mailänder und Genuesen und forderte sie auf, der Sache der Kirche und des Reiches treu zu bleiben.

Dann fiel das Schicksal Heinrich Raspe selbst in den Arm. Bei der Belagerung Nürnbergs erkrankte er, mußte seinen Feldzug gegen König Konrad abbrechen und starb am 16. Februar 1247 auf der Wartburg.

Es gelang dem Papst, nochmals einen Gegenkönig zu etablieren. Aber kein Reichsfürst stellte sich dazu zur Verfügung. So mußte er sich mit einem einfachen Grafen, dem neunzehnjährigen Wilhem von Holland, begnügen. Sein Machtgebiet reichte nie über die Territorien der drei rheinischen Erzbischöfe hinaus. Im November 1248 gewählt, aber erst nach dem Tode König Konrads IV. am 21. Mai 1254 anerkannt, regierte er bis zum Januar 1256.

Das Attentat

Nicht ohne Grund hatte der Papst dem französischen König erklärt, er wolle Ostern 1246 eine wichtige Entscheidung abgeben. In das gleiche Konzept paßte die Nachricht des Bischofs von Bamberg an Heinrich Raspe, er möge sich der Königswahl stellen, da der Kaiser bald nicht mehr auf der Erde weilen werde. Der Papst hatte beste Informationen. Erstmalig in der Papstgeschichte, denn das Zeitalter der Renaissance-Päpste war noch nicht angebrochen, wurde ein Papst zum Konspirator eines politischen Attentats.

Schon kurz nach Beginn des verhängnisvollen Konzils von Lyon hatte sizilische »Polizei« in einem Kloster bei Parma Dokumente gefunden, die auf einen Attentatsversuch gegen den Kaiser hinwiesen. Im Mittelpunkt stand der von Friedrich selbst zum Podestà von Parma ernannte Orlando von Rossi, ein Schwager des Papstes, den der Kaiser gerade darum besonders in seine Gunst einbinden wollte. Aber die Bindung des Orlando an den Papst erwies sich als stärker.

Friedrich II. begab sich eilends nach Parma. Orlando von Rossi hatte durch schnelle Flucht ein stilles, aber eindringliches Schuldgeständnis hinterlassen. Als neuen Podestà setzte der Kaiser den Apulier Tibaldo Francesco, einen Mann ausgewiesener Treue, ein. Dann trieb es den Kaiser nach Grosseto, wo er den langjährigen Generalkapitän der Toscana, Pandolfo Fasanella, wegen Unregelmäßigkeiten aufsuchte, die jedoch nicht gravierend waren, so daß er ihn in Gnaden an seinem Hof hielt. Er ersetzte ihn durch seinen natürlichen Sohn Friedrich von Antiochien, den man bald den König der Toscana nannte. Immer mehr ging Friedrich dazu über, die Führungspositionen in Italien durch Familienmitglieder zu besetzen. Ein Vorgehen, das sich bald rechtfertigen sollte.

Am Samstag vor Ostern 1246 traf ein Eilbote des kaiserlichen Schwiegersohns, des Grafen Richard von Caserta, in Grosseto ein, mit der Nachricht eines zentralen Aufstands gegen Macht und Leben des Kaisers, geplant für den Ostersonntag.

Ferner sollten der Kaisersohn, König Enzio in Cremona, und der kaiserliche Schwiegersohn, Markgraf Ezzelino von Romano, in Verona ermordet werden. Mittelpunkt der mörderischen Revolte waren der päpstliche Schwager Orlando von Rossi und der noch soeben in Gnaden entlassene Pandolfo Fasanella sowie Jacob von Morra, zuletzt Generalvikar der Mark. Auch der gerade vom Kaiser eingesetzte Podestà von Parma, Tibaldo Francesco, galt neben Orlando von Rossi als Haupt der Verschwörung. Ihm hatte die Kurie die Krone Siziliens zugesagt.

Pandolfo Fasanella und Jacob von Morra, alarmiert durch das nächtliche Erscheinen des Eilboten, des Grafen von Caserta, waren aus Grosseto geflohen. Ebenso Tibaldo Francesco, der aus Parma entwich.

Die Truppen, mit denen der grimme Kaiserfeind Kardinal Rainer von Viterbo in das sizilische Königreich einmarschierte, wurden von deutschen Soldrittern geschlagen. Es handelte sich um eine umfassende Aktion. Als dann aber der von den Verschwörern bereits Totgesagte als rächender Kaiser erschien, brach der Aufstand zusammen. Die Burgen von Sala und Capaccio, ferner die Stadt Altavilla, noch in der Hand der Rebellen, wurden von Kaisertreuen eingeschlossen. Die Stadt Altavilla wurde erobert und bis auf die Grundmauern zerstört. Kaum glaublich die Nachricht, daß, wer mit den Verschwörern im vierten und fünften Grade verwandt war, geblendet und verbrannt wurde.[1]

Die Burg von Capaccio verteidigte sich noch einige Tage, fiel dann aber den Belagerungsmaschinen des Kaisers und dem Wassermangel in glühender Julihitze zum Opfer. Erstaunt fand der Kaiser unter den einhundertfünfzig Gefangenen die Hauptärädelsführer, auch jenen Tibaldo Francesco, der ihm die sizilische Königskrone entreißen sollte.

Um sein schreckliches Urteil juristisch zu begründen, schuf der Kaiser eine seiner gewagten Rechtskonstruktionen. Er behauptete, die Rebellen seien seine Söhne und ihr Anschlag gegen sein Leben sei Vatermord. Dafür aber befahl das römische Recht die härtesten Strafen. Der Kaiser schreibt an Alfons, den ältesten Sohn König Ferdinands III. von Kastilien und späteren deutschen König:

»… Denn Wir handeln nicht ungerecht, wenn Wir die töten, die Uns ermorden wollten; wenn Wir sie, die Wir in väterlicher Liebe wie Söhne aufzogen, vernichten, wenn Wir sie, die Wir als treulose Vatermörder bei ihren treulosen Anschlägen ertappten, in das nahe Meer werfen …« (in Ledersäcken, mit Schlangen eingenäht).[2]

Der Magister Terrisius berichtet über den gleichen Vorgang: »Den Attentätern wurden also zunächst ihre leiblichen Augen geblendet, die ihnen der Teufel innerlich verfinstert hatte, sie wurden an Pferdeschwänzen durch den Staub geschleift; weil sie ihn mit unschuldigem Blute zu besudeln gedachten, einige aber wurden lebendig ins nahe Meer geworfen, da sie den Getreuen den Kelch der Bitternis kredenzten, in die Luft wurden sie gehängt deswegen, weil sie die Luft mit der Verbreitung ihres schändlichen Vorhabens verpesteten; schließlich aber verbrannte sie das Feuer als letzte Strafe, weil sie dabei ertappt wurden, das Feuer der Treue ganz auszulöschen.«[3]

Tibaldo Francesco entging dem sofortigen Martertod. An ihm,

in dem der Kaiser ja nicht nur den Rebellen und Verräter, sondern auch den Thronräuber sah, vollzog er ein besonderes Martyrium. Er wurde verstümmelt und geblendet; unter unaufhörlichen Martern, von denen er auch an Sonntagen nicht verschont blieb, wurde er wie ein Tier, einen an ihn adressierten Papstbrief an der Stirn, damit man sah, wer der große Verräter wider den Kaiser war, durch das Königreich geführt, bis daß der Tod ihn erlöste. Und der Kaiser verkündete: »Laßt die Strafe dieses Verruchten durch des Auges Anblick, der den menschlichen Sinnen mehr Eindruck macht als was durchs Ohr geht, Eure Geister und Sinne belehren, damit kein Vergessen hinwegnehme, was ihr gesehen, und ihr gerechten Gerichts Erinnerung bewahrt.«[4]

Im Norden hatten König Enzio und Ezzelino von Romano mit blutiger Hand den aufkeimenden Aufstand erstickt. Über Parma raste eine Razzia, die alle Papstfreunde und Verwandten Innocenz' IV. aufgriff und verjagte. Was sonst mit ihnen geschah, berichten die Quellen nicht. Wahrscheinlich blieben sie am Leben, damit noch immer, wenigstens in Friedrichs spekulativem Gehirn, eine Brücke zu kaiserlich-päpstlichen Verhandlungen offenblieb. Der Aufstand war zwar zusammengebrochen, doch Abfall und Verrat schwelten weiter.

Friedensillusionen

Friedrichs Situation war fatal. In Deutschland waren die drei wichtigen rheinischen Erzbistümer von ihm abgefallen. Der damit verbundene Verlust der Rheinschiene gehört mit zu den Vorboten des Untergangs des staufischen Geschlechts. In dem Versuch, den italienischen Einheitsstaat zu schaffen, hatte Friedrich II. nicht nur die unerbittliche Gegnerschaft des Papstes gegen sich heraufbeschworen, nein, er mußte seine bisher straffe Zentralverwaltung in eine Schreckensherrschaft verwandeln.

Am unsichersten waren die Kommunen, die in Parteiungen aufgespalten waren. Gelang es, in einer Stadt der Papstpartei die Übermacht zu erlangen, so riß das, in einem Dominoeffekt, eine ganze Reihe kaiserlicher Städte auf die päpstliche Seite, und umgekehrt. War mit Mühe eine abgefallene Stadt niedergerungen, so brach in drei anderen, geschürt von den päpstlichen Propagandisten der Bettelorden, der Aufstand gegen den Kaiser und sein Regiment wieder auf. In fruchtlosen Kämpfen verzehrte sich so seine

Macht. Dennoch, der großen Worte immer noch mächtig, schwor er: »Das aus der Scheide gerissene Schwert … nicht eher wieder einzustoßen, als bis die das Imperium aufreizende Hydra der Rebellion, welche der wiedergeborenen Köpfe Verderben im Übermaß aufbläht, machtvoll gestraft sei.«[1]

Das Mißtrauen des Kaisers steigerte sich. Jede Stadt, die er betrat, mußte ihm Geiseln stellen. Aber auch dieses System wandte sich gegen ihn. Denn die Städte wurden durch dieses Verfahren in geheimnisvoller Weise miteinander verflochten. Geiseln von Como wurden zur Bewachung nach Siena gegeben. Geiseln von Spoleto nach Poggibonsi und San Gimignano gebracht. Die Geiseln aus Alessandria führte der Kaiser mit seinem Hoflager mit sich. Die Geiseln von Lodi und Reggio kamen erst nach Cremona, dann nach Pavia und weiter nach Savona und von dort nach Apulien. Geiseln von Parma kamen in die Kerker von Reggio oder Modena.[2]

So zogen dauernd Geiselzüge durchs Land, tragische Prozessionen der Unterdrückung, aber auch einer zwangsweise durchgeführten Kommunikation der Unterdrückenden mit den Unterdrückten, die trotz aller Gegnerschaft einen Nenner hatten, Italiener zu sein.

Nur durch permanente Steigerung des Schreckens ließ sich die kaiserliche Herrschaft halten. Der Kaiser rühmte in seinen Manifesten, daß er dreihundert Mantuaner längs des Ufers des Po habe aufhängen lassen. Den Abfall Reggios erstickte er, indem er hundert Empörer öffentlich hinrichten ließ. Diese Verbrechen stehen für hundert andere.

Überschaut man diese Schreckenstaten, so versteht man, warum hochadelige Männer wie Orlando von Rossi, Pandolfo Fasanella, Jacob von Morra, Tibaldo Francesco, alles Männer aus dem Vertrauenskreis Friedrichs II., zu Empörung und Aufstand fanden. Man kann ja nicht nur über Empörer klagen, sondern man muß auch auf den sehen, der durch seine Taten aus ehemals treuen Männern Rebellen macht.

Dazu hatte der dauernde Kampf auch die Geldmittel des reichen Siziliens aufgezehrt, hingegen der Papst noch im Gelde schwamm. Seine Macht war so groß, daß es ihm in den meisten Regionen des Abendlandes gelang, anstatt des Zehnten den Zwanzigsten einzutreiben. Die Inhaber von Kirchenpfründen in Deutschland, meistens mit Männern des Papstes besetzt, mußten ungeheure Abgaben aufbringen, einmal zur Erlangung und zweitens zur Beibehaltung ihrer Pfründen. Dieses System wurde sehr rasch auch auf die nichtdeutschen Kirchen übertragen.

Abfall in Deutschland, Italien in permanenten Rebellionen und die Kassen leer, das war die Position des Kaisers in den Jahren 1247 bis 1249.

Wiederum versuchte er den Weg der Vermittlung. Nie und zu keiner Zeit hatte er begriffen, daß er seit dem Tode Papst Gregors IX. für den neuen Papst Innocenz IV. und die Kurie kein Verhandlungspartner mehr war. Sein Vertrauenskapital war im Taktieren, Finassieren und in immer wieder gebrochenen Eiden vertan. Er hatte das Wort des Papstes auf dem Konzil von Lyon wohl vernommen, aber nie verstanden: »O wieviel, wieviel wurde schon versprochen, aber niemals und zu keiner Zeit gehalten!«[3]

Dieses Papstwort ist das eigentliche Todesurteil über Kaiser Friedrich II., und nicht die bedrängenden und beschwörenden Formeln des Absetzungsdekrets.

Als Vermittler hatte Friedrich II. wiederum den ihm wohlgesonnenen König von Frankreich, Ludwig den Heiligen, ausersehen. Er erneuerte sein Angebot, direkt ins Heilige Land überzusetzen, um die dortigen Kräfte des Sultans zu binden. Der König der Franzosen sollte, so entlastet, mit seinem Kreuzheer nach Damiette ziehen, um direkt gegen Kairo vorzugehen.

Was er nun anbot, glich einer Kapitulation: Er erklärte sich bereit, für immer im Morgenland zu bleiben, zugunsten seines Sohnes König Konrads IV. auf sein Kaisertum zu verzichten, um so den Weg freizumachen zu einem Frieden zwischen Papst und Reich. Trotz des Fehlschlags der Generalrebellion zu Ostern 1246, mit dem Mordplan gegen den Kaiser und seinen Sohn König Enzio sowie seinen Schwiegersohn Ezzelino von Romano, hatte »der im Sitzen handelnde Papst«, so nannte er sich einmal, das Ende des großen Aktionisten Friedrichs II. erkannt.

Erst auf das fast zornige Drängen des Franzosenkönigs gab der Papst die Antwort: »Der Fürst möge am dritten Orte, unbewaffnet und ohne Gefolge, vor sein Angesicht treten; er wolle dann die Bannlösung erwägen, die natürlich nur unter ausdrücklicher Anerkennung der Konzilbeschlüsse erfolgen könne.«[4]

Das bedeutete: eventuelle Lösung vom Banne, aber ewigen Kronverlust für sich und sein ganzes, zu Lyon verfluchtes Geschlecht.

Italien – der totale Staat

Der Mann, der sich eben noch in die Resignation eines Rückzuges ins Morgenland flüchten wollte, fand wieder zu neuen Taten. Er reorganisierte Italien so, daß fast überall Söhne oder kaiserliche Schwiegersöhne das Land regierten.

Im Norden regierte der Schwiegersohn, Markgraf Ezzelino von Romano. Manfred, den Sohn der Bianca Lancia, verheiratete er mit einer Tochter des Grafen Amedeus von Savoyen. Dadurch verschwägerte er sich dem Thomas von Savoyen, den er wiederum durch ein Generalvikariat an sich band. In der mittleren Lombardei herrschte König Enzio und, nach dessen Ausfall, der Markgraf Pallavicini. Thomas von Savoyen regierte die Westlombardei, die später aufgeteilt wurde zwischen dem Markgrafen Lancia und dem Markgrafen von Caretto. Über die Toscana wurde Friedrich von Antiochien, ebenfalls ein natürlicher Sohn des Kaisers, gesetzt. Der Kaisersohn Richard von Theate war Herr über Spoleto, der Romagna und der Mark. Über Viterbo, das aus den Händen Kardinal Rainers wieder zum Kaiser gefunden hatte, wurde der neunjährige Heinrich (Carlotto), der Sohn aus der Ehe mit Isabella von England, gesetzt.

Das Generalkapitanat über die Insel übte Walter von Manupello aus, dem der Kaiser seine jungen Schwiegersöhne Thomas von Aquino und Richard von Caserta als Räte zur Seite stellte, in dem Glauben, nur noch in eigener Blutsbindung Sicherheit und Treue zu finden.

Aus dieser scheinbaren Sicherheit zog der Kaiser im Frühjahr 1247 von Sizilien aus, mit der kühnen Idee, über Burgund nach Lyon zu ziehen und den Papst, gütlich oder schiedlich, zum Frieden zu zwingen.

Durch die neuen verwandtschaftlichen Beziehungen zum Hause Savoyen reichte des Kaisers Einfluß fast bis vor die Tore Lyons. Friedrich weilte schon in Turin, und die Wolken kaiserlicher Macht ballten sich bereits über Lyon zusammen.

Da erreichte ihn ein Hilfeschrei seines Sohnes Enzio. Das kaiserliche Parma war von den Guelfen, den Päpstlichen, überfallen und zurückerobert worden. Wieder war der Schwager des Papstes, Orlando von Rossi, die tragende Figur im Kampf um die Macht in Italien. König Enzio belagerte eine Burg der Aufständischen bei Brescia, Friedrich von Antiochien bei Perugia, und der Kaiser weilte in Turin.

Da entschloß sich ein Trupp von siebzig guelfischen Rittern Parmas, die zwei Jahre vorher mit Orlando von Rossi ins sechzig Kilometer weite Piacenza geflohen waren, zu einem kühnen Handstreich. Der Kaiser hatte die Außenbefestigungen Parmas schleifen lassen und die Stadt nur mit einer Zitadelle bewehrt. Hatten die guelfischen Ritter Parmas im nahen Piacenza erfahren, daß einer der Hauptleute der Besatzung eine Hochzeit feierte und der Wein seit dem Morgen in Strömen floß?

Jedenfalls sprengte die todesmutige Ritterschar in die Stadt, säbelte die berauschte Besatzung samt dem kaiserlichen Podestà nieder und stürmte die Zitadelle. Gut geplant erschienen wenige Stunden später zweihundert, dann weitere vierhundert guelfische Verbündete und sicherten die zwischen Parma und dem Fluß Taro gelegenen Sumpfniederungen.

Durch einige Überlebende erhielt König Enzio die Schreckensbotschaft. Er gab sofort die Belagerung bei Brescia auf, war bald in seinem Hauptquartier in Cremona und erschien mit den dortigen Milizen und den Aufgeboten von Pavia und anderer kaiserlicher Städte am Tarofluß. Anstatt mit seiner Übermacht die Stadt sofort zu stürmen, schlug er ein Lager auf und verschanzte sich. Erst nach diesem entscheidenden Fehler rief er nach dem Kaiser.

Dieser erkannte, daß es hier nicht nur um Parma, sondern um die ganze Lombardei, vielleicht sogar um ganz Italien ging. Es hieß, der päpstliche Feldherr und Legat, Gregor von Montelongo, nahe mit einem Heer aus Mailand, bei dem auch der Papstschwager, Orlando von Rossi, sein sollte. Aus allen antikaiserlichen Städten eilten Hilfstruppen nach Parma, so daß der Kaiser, als er sich mit Ezzelino von Romanos Truppen vereinigt hatte, zwei Wochen später vor einem Parma stand, dessen Verteidigungskräfte sich beachtlich erhöht hatten. Aber auch die kaiserlichen Truppen massierten sich. Friedrich von Antiochien eilte mit seinen Toscanern herbei; des Kaisers Heer, mit dem er nach Lyon hatte ziehen wollen, zusammengesetzt aus Siziliern, Sarazenen und deutschen Soldrittern, traf ein, dazu ein Aufgebot burgundischer Ritter, so daß der Kaiser über eine beträchtliche Heeresmacht gebot. Warum er die unbefestigte Stadt nicht stürmte, bleibt unverständlich. Hatte er die vergebliche Belagerung von Brescia, die langwierige Belagerung Faenzas vergessen, oder war das Selbstbewußtsein des Kaisers aufgerieben, daß er den Angriff auf die unbefestigte Stadt nicht wagte und den scheinbar sicheren Weg der Belagerung wählte? Oder hatte die eigene Schicksalsuhr in seiner Brust bereits das Ende eingeläutet?

Die Niederlage von Parma

Friedrich, der den Angriff auf Parma nicht wagte, ließ vor der Stadt eine Belagerungsstadt aus Holz- und Steinhäusern errichten. Da er angekündigt hatte, Parma vom Erdboden auszutilgen, nannte er seine neue Stadt im Hinblick auf seinen künftigen Sieg »Victoria«. Nach dem Vorbild antiker Städtegründer ließ er den Raum für die neue Stadt mit einer Pflugschar festlegen. Sie wurde mit Mauern, Gräben, acht Toren und Zugbrücken versehen, es wurde durch einen Kanal die Stadtbewässerung hergestellt und an dem neuen Fluß Mühlen erbaut. Hier errichtete der Kaiser eine der wenigen Kirchen in seiner Regierungszeit., St. Victor, dem Sieger geweiht. Aber auch Häuser, Markt, Paläste und Villen für seine Sarazeninnen, von Eunuchen bewacht, wurden erstellt. Der ganze Hofstaat mit Kanzlei, Staatsschatz, Gerichten und der exotische Tierpark wurden nach Victoria verlegt. In Luxus und Ruhe wollte der Kaiser hier Aushungerung und Fall von Parma erwarten.

Diese ungeheure Verschwendung an Geld, Gütern, Material und menschlicher Arbeitskraft wurde betrieben, während Italien im Aufstand und das Geld in den kaiserlichen Kassen knapp war.

In Piemont war der Markgraf Bonifaz von Montferrat, der sich kürzlich dem Kaiser unterworfen hatte, den Beschwörungen des Papstes gefolgt, war erneut abgefallen und hatte Turin, mit Ausnahme des kaiserlichen Palastes und seiner Besatzung, erobert. Doch es gelang dem zwanzigjährigen Friedrich von Antiochien, die Stadt zurückzuerobern. Zur gleichen Zeit kämpfte des Kaisers Sohn, Richard von Theate, bei Interamme ein päpstliches Heer nieder, und der kaiserliche Statthalter in der Mark, Richard von Castiglione, trieb südlich von Ancona den päpstlichen Legaten, Bischof Marcellin von Arezzo, in eine vernichtende Niederlage.

Die Chronisten sprechen von viertausend erschlagenen päpstlichen Streitern; vor allem von der Gefangennahme des Bischofs Marcellin, der das Martyrium erleiden mußte. Nach mehrmonatiger Kerkerhaft des Bischofs gab der Kaiser den Befehl, ihn zu erhängen.

Kardinal Rainer von Viterbo schildert den Todesgang des Bischofs: Die sarazenischen Teufel des Kaisers hätten zunächst die heiligen Hände und Füße des Bischofs gefesselt, ihn dann an den Schweif eines Pferdes gebunden und ihn durch den Kot zum Richtplatz geschleift. Während dessen sang der gemarterte Bischof das Tedeum. Da sei das fromme Pferd stehengeblieben und auch durch Stockhiebe nicht vorwärtszutreiben gewesen. Erst als die Sarazenen den weiteren Gesang des Bischofs verhinderten, habe das Pferd den heiligen Mann zum Richtplatz geschleift. Dann wurde er unter den verschiedensten Qualen gehängt und nach drei Tagen durch Bettelmönche beerdigt. Die heidnischen Sarazenen aber gruben den Leichnam wieder aus, besudelten ihn und hängten ihn erneut an den Galgen.[1]

Das Verbrechen an dem Bischof erschütterte die christliche Welt, und in Würzburg wurde das Kreuz gegen den Kaiser gepredigt. Auch in Florenz brach der Kampf der päpstlichen Guelfen gegen die kaiserlichen Ghibellinen aus. Er hatte zur Folge, daß sich Guelfen und Ghibellinen je nach Machtlage gegenseitig aus den Städten vertrieben. Die jeweils Vertriebenen verstärkten dann die kaiserlichen oder päpstlichen Heere. So war jegliche Ordnung aus Italien entwichen und ein Kampf aller gegen alle entbrannt, der auch noch nach dem Tode des Kaisers zum Fluch Italiens wurde.

Was nützten da die Siege der kaiserlichen Söhne und Statthalter, während indessen das Land zerbrach? Der Kaiser aber feierte in seiner Stadt Victoria, verschwendete Zeit, Männer und Geld und wartete auf den künftigen Sieg über das verhaßte Parma. So ritt denn der Kaiser, als sei er gar nicht im Kriege, mit seiner Hofgesellschaft auf die Jagd mit Falken, Habichten und Bussarden.

Was der Kaiser wohl nie ganz bedacht hatte, war die Durchlässigkeit von Nachrichten zwischen den Fronten. So hatten die eingeschlossenen und hungernden Parmenser erfahren, daß König Enzio im Zuge kleinerer militärischer Aufgaben sich außerhalb der Lagerstadt befand. Und der Kaiser hatte sich, es war der 18. Februar 1248 und ein außergewöhnlich milder Vorfrühlingstag, schon im Morgengrauen mit seinem sechzehnjährigen Sohn Manfred, begleitet von der üblichen Hofgesellschaft und einer Escorte von fünfzig Rittern, zur Wasservogeljagd in die Sumpf- und Auenlandschaft beiderseits des Taroflusses begeben.

Nur der Markgraf Lancia weilte mit einer schwachen Besatzung in der Lagerstadt. Da unternahmen die Parmenser einen Scheinangriff nach Süden. Der Markgraf führte einen Gegenangriff und entblößte dabei die Lagerstadt fast von allen Truppen. Das war die Stunde des Gregor von Montelongo, die Seele des Widerstandes in der Stadt. Er brach mit seinen Truppen, gefolgt von den hungernden Parmensern und deren Weibern und Kindern, in die kaiserliche Belagerungsstadt Victoria ein, zündete sie an und metzelte die Kaiserlichen nieder. Dreitausend Gefangene und fünfzehnhundert Tote soll die Katastrophe gekostet haben, bei der des Kaisers Vertrauter, der gefeierte Großhofrichter Thaddäus von Suessa, erschlagen wurde.

Der ganze Staatsschatz fiel in Feindeshand. Aber nicht nur Gold, Silber, Perlen und Prachtgewänder gingen verloren, auch die Insignien kaiserlicher Macht, das Zepter und das sizilische Königssiegel. Die schwere Prunkkrone fiel in die Hände eines Zwerges, wegen seiner kleinen Beine »Cortopasso« (Kurzschritt) genannt, der sie im Triumph nach Parma brachte. Auch der Prachtband von Friedrichs II. Falkenbuch, »De arte venandi cum avibus«, gehörte zur Beute. Vor allem wurden die riesigen Lebensmittelvorräte in die hungernde Stadt gebracht und, als besonderer Trimph, der Fahnenwagen Cremonas.

Es war des Kaisers tiefste Niederlage. Nicht nur wegen des Verlustes an Macht, Soldaten, Freunden, des gesamten Staatsschatzes, was den Kaiser in eine schlimme Finanzkrise trieb. Schlimmer noch war der Verlust des Nimbusses seiner Unbesiegbarkeit. Von der Götterhöhe, zu der er sich und die Seinen ihn erhoben hatte, stürzte er hart zur Erde, allen sichtbar ein sterblicher Mensch.

Hatte man in seiner Jugend seine Zähigkeit, seine Ausdauer im Kampf und zu Pferde gerühmt, jetzt zeigte der Zweiundfünfzigjährige, daß er davon nichts verloren hatte. Im Angesicht der Flammen Victorias jagte der Kaiser mit wenigen Getreuen nach Borgo San Donnino und von dort in einem Gewaltritt nach Cremona, eine Strecke von sechzig Kilometern Luftlinie. Er traf tief in der Nacht – seit dem frühen Morgen im Sattel – in Cremona ein und bildete aus Mannschaften von dort und Pavia ein neues Heer.

Vier Tage nach der Katastrophe überschritt der Kaiser wieder den Po in Richtung Parma. Die Truppen des päpstlichen Legaten Gregor von Montelongos, welche die Pobrücke bei Bugnos stürmen sollten, die von König Enzio verteidigt wurde, stoben in wilder Flucht nach Parma. So konnte König Enzio an die hundert Schiffe, die dem noch immer hungernden Parma Lebensmittel bringen sollten, erbeuten. Dabei konnte er dreihundert Gefangene machen, die er, gemäß väterlichem Vorbild, rechts und links des Po aufhängen ließ.

Zornig verwüstete der Kaiser das Umland von Parma. Aber zu einer neuen Belagerung kam es nicht. Der Grund war einfach. Der Verlust des Staatsschatzes hatte den Kaiser zahlungsunfähig gemacht. Und zum Krieg gehörte, heute wie damals, Geld.

Doch ein kleiner Triumph erblühte dem Kaiser. Bei einem Gefecht mit andrängenden Parmensern besiegte der Markgraf Lancia die angreifenden guelfischen Ritter, nahm deren sechzig gefangen, über hundert wurden erschlagen, unter ihnen des Papstes Schwager, Orlando von Rossi, den man förmlich in Stücke hieb ... »unser berüchtigter langjähriger Verräter, Haupt und Schwanz der ganzen Gegenpartei«.[2]

Im Februar 1249 weilte der Kaiser wieder in Cremona, an dem er hing und das immer in Treue zu ihm stand. Cremona, das den knapp achtzehnjährigen König im Jahre 1212 rettend aufgenommen hatte, das mit ihm im Jahre 1237 den unerhörten Triumph von Cortenuova über Mailand gefeiert hatte und in dem er nun eine seiner tiefsten Lebenswunden empfing.

Hier hatte er mit Hilfe seines Pronotars und Logotheten, Petrus von Vinea, die kaiserliche Kanzlei wieder arbeitsfähig gemacht. Neue, unerhörte Steuern mußten ausgeschrieben werden, um den Verlust des Staatsschatzes auszugleichen. Vor allem die deutschen Soldritter, auf die sich des Kaisers Herrschaft stützte, mußten gelöhnt werden.

Denn seit dem Hoftag von Verona im Jahre 1245 hatten sich keine deutschen Reichsfürsten mehr mit ihrer Lehnsritterschaft in Italien sehen lassen. Italien war den deutschen Fürsten so fern wie dem Kaiser das Königreich der Deutschen. Wenn er deutsche Waffenkraft brauchte, dann blieb ihm nur der Rückgriff auf deutsche Soldritter.

Und in diesem Rechnen und Planen um eine neue finanzielle Staatsgrundlage offenbarte sich, daß des Kaisers Freund, der Mann, der nach Dante »die Schlüssel zu seinem Herzen besaß«, ihn zwar nicht an den Papst verraten, aber um Geld und Gut betrogen hatte. Petrus von Vinea, kein Verräter, schlimmer, ein Dieb. Wie tief der Kaiser getroffen war, zeigt sich daran, daß er nicht, wie sonst seine Gewohnheit, laute Anklagen erhebt.

Es ist, als schäme er sich, daß ihm solches widerfahren konnte.

An seinen Schwiegersohn, den Grafen Richard von Caserta, schreibt er über Petrus, den er einen zweiten Simon nennt: »der, daß er Geldbeutel hätte und sie füllte, der Gerechtigkeit Stab in eine Schlange verwandelte«. Und über Größe und Ausmaß schreibt er im gleichen Brief, Petrus von Vinea habe »durch gewohnheitsmäßiges Prellen das Imperium jener Gefahr zugejagt, durch die der Kaiser wie das Reich nach Art der ägyptischen Streitwagen zugleich mit der Heerschar Pharaos in die Tiefe des Meeres verschwunden wäre«.[3]

Ein Petrus von Vinea, der dem Kaiser zugesungen hatte: »Wer nämlich vermöchte mit vollem Odem eines so übermächtigen Fürsten Herrlichkeiten kund zu tun, in dessen Brust alle Habe der Tugenden einströmt, auf den die Wolken Gerechtigkeit regneten und über ihm tauten die Himmel von oben? … Wahrlich, es verehren ihn Erde und Meer und bejubeln geziemend die Lüfte, ihn, der der Welt als wahrer Kaiser von der göttlichen Hoheit verliehen, als des Friedens Freund, der Liebe Schutzherr, des Rechts Begründer, der Gerechtigkeit Bewahrer, der Macht Sohn, die Welt in beständiger Einwirkung verwaltet …

Es lebe also, es lebe des heiligen Friedrichs Name im Volke, es wachse ihm die Glut der Verehrung von den Untertanen entgegen, ja die Mutter der Treue selbst, ein Vorbild der Unterwerfung, entflamme die treue Tat.«[4]

Und nun werden diese Worte zu Asche. Gedanken, die den Kaiser, die sein Ego getragen hatten, aus denen er die Kraft, den messianischen Glauben an sich selbst gezogen hatte, verfielen zu Hohn und Staub. Der Verrat des Petrus von Vinea war schlimmer als das brennende Victoria.

Weitere Schicksalsschläge, die den persönlichen Bereich des Kaisers betrafen, hatte das Leben für ihn bereit. Etwa zur gleichen Zeit, in der die Unterschleife des Petrus von Vinea aufbrachen, wurde ein persönliches Attentat auf den Kaiser verübt. Sein Leibarzt, den er mit eigenen Geldern aus der Gefangenschaft Parmas freigekauft hatte, bereitete ihm einen Gifttrank. In der Gefangenschaft war der Leibarzt, dem Friedrich viele Jahre vertraut hatte, vom päpstlichen Legaten bestochen und zu dem feigen Verbrechen angestiftet worden.

Bei einem leichten Unwohlsein des Kaisers hatte er diesem ein Bad gerichtet und ihm einen vergifteten Trank gereicht. Der mißtrauisch gewordene Kaiser befahl dem Arzt, den Trank zu kosten. Voller Schrecken verschüttete der Arzt den Becher mit seinem vergifteten Inhalt. Er wurde sofort von den Wachen ergriffen, der Giftbecher einem zum Tode Verurteilten gereicht, der, nachdem er getrunken hatte, sofort starb.

Der Arzt wurde unter langen Martern hingerichtet. Petrus von Vinea wurde geblendet und, den Kaiser und seine Strafen kennend, zerschmettert der blinde Mann seinen Schädel an den Mauern der Reichsburg San Miniato.

Den Giftmordversuch des Papstes an ihm benutzte der Kaiser zu einem großen Manifest an die Könige und Völker. Er schreibt im Frühjahr 1249: »Hört Ihr Völker, die die Welt erfüllen, die furchtbare, in aller Welt unerhörte Niedertracht. … Kürzlich nämlich … hat dieser Priester, dieser große Hüter, der friedfertige Lenker Unseres Glaubens versucht … durch geheime Anschläge Unser Leben zu vernichten. Und mit Unserem Leibarzt, der seinerzeit in Parma eingekerkert war, hat er mit seinem Legaten … unmenschlich und ruchlos ausgemacht, daß dieser Uns nach seiner Rückkehr in Form eines Heiltrankes Gift zu trinken gebe … Dies wurde im einzeln sowohl durch ihn, der auf frischer Tat ertappt, nicht leugnen konnte, wie auch durch aufgefangene Briefe, die diesen Handel ausdrücklich erwähnten, Uns und vielen an Unserem Hofe weilenden Großen zur klaren Gewißheit …« Und mit Zorn ruft der Kaiser: »Denn um ihren Übermut niederzudrücken, wollen Wir die hochheilige Kirche, Unsere Mutter, mit würdigeren Lenkern versehen und sie, wie es Unserem Amte zukommt und wie Wir es in aufrichtiger Neigung im Sinne haben, zur Ehre Gottes zum Besseren gestalten.«[5]

Im März 1249 brach Friedrich II. von Cremona auf. Es war ein bitterer Rückblick. Der Fall und die Niederlage von Victoria, der Freund, Thaddäus von Suessa, kämpfend gefallen und der noch schlimmere Verlust des Petrus von Vinea an die menschliche Habgier. Bald nach des Kaisers Ankunft in Neapel starb sein Sohn, Graf Richard von Theate, wohl im Juli 1249. Vorher hatte er noch einen Sieg über den päpstlichen Feldherrn Hugo Novellus errungen.

König Enzio residierte als Vertreter des Kaisers in der Lombardei. In Cremona hatte er sich mit einer Nichte des Markgrafen Ezzelino von Romano, dem blutigen Tyrannen und Waffengefährten im Kampf gegen die Lombarden, verheiratet.

König Enzio, des Kaisers Lieblingssohn mit der geheimnisvollen schwäbischen Adelsdame, wahrscheinlich eine Tochter des Herzogs von Spoleto aus dem Hause Urslingen, fiel bei einem unbedeutenden Scharmützel am 26. Mai 1249 bei Fossalta in der Nähe von Modena in die Hände der Bologneser. Die führten den blondlockigen König in goldenen Ketten in ihre Stadt. Er sollte die Freiheit nie wieder erlangen. Er starb nach dreiundzwanzigjähriger Gefangenschaft im Jahre 1272 und überlebte den Sturz der staufischen Dynastie. Mit König Enzio schied derjenige Staufer aus den Kämpfen in Italien aus, der nach Friedrichs Tod vielleicht das Schicksal der Dynastie hätte wenden können. Der edle Mann errang die Liebe der Bologneser, namentlich der Damen, die seinen schwermütigen Kanzonen träumerisch lauschten. Vielleicht diesem, in dem sein eigenes Schicksal anklingt:

>»Zeiten kommen, die führen zu Sternen
Zeiten die sich in Abgründe senken,
Zeiten zu lauschen, Zeiten zu lernen
Zeiten zu reden und Zeiten zu denken.«

Der Kaiser unternahm jegliche Anstrengung, die Freiheit für Enzio wieder zu erlangen. Er schreibt voller Selbstbewußtsein und imperialer Attitüde an die Bologneser:
»Bedenkt also vorsorglich und beachtet sorgfältig, daß Wir, wenn auch die Erhabenheit Unseres Reiches einige Stürme erlitten zu haben scheint, dennoch nach Gottes gerechtem Beschluß viele von denen, die es wagten, rebellisch gegen Unsere Macht zu sein, mittels der Gerechtigkeit zu Tod und Strafe geführt haben, um allen Menschen des Jahrhunderts ein warnendes Beispiel vorzuführen ... Darum befehlen Wir Euch bei Verlust Unserer Gnade, Unseren geliebten Sohn Heinrich (Enzio), den König von Sardinien und Gallura, mitsamt Unseren anderen Getreuen aus Cremona und Modena und allen übrigen, die Ihr gefangen habt, nach Empfang dieses Schreibens aus dem Kerker zu entlassen.«[6]
Da diese Drohung nicht ausreichte, den Sinn der Bologneser zu ändern, lockte der Kaiser mit Geld und versprach, für die Freigabe Enzios einen silbernen Ring um die Stadt zu legen. Das Selbstbewußtsein der Stadt, aber auch das Schwinden kaiserlicher Autorität drückt sich in einem Antwortschreiben der Bologneser an den Kaiser aus:
»Wißet außerdem, daß Wir den König Enzio festhielten, festhalten und festhalten werden, wie es Uns von Rechts wegen zusteht.«

Dann erinnerten sie den Kaiser an ein altes Sprichwort, das sagt: »Oft wird der Eber auch von einem kleinen Hund festgehalten.«[7]

Wie sehr die Gefangenschaft des Sohnes den Kaiser bedrückte, zeigt eine Reflektion des Minoriten Salimbene von Parma, der unter den zehn Mißgeschicken, die Friedrich II. im Laufe seines Lebens erleiden mußte, schreibt:

»Sein neuntes Mißgeschick war, daß sein Sohn, König Enzio, von den Bolognesern gefangen wurde; und das war recht und billig, weil er die Prälaten, die zum Konzil Gregors IX. fuhren, auf hoher See gefangengenommen hatte. Daher mußte es so kommen, daß der Kaiser den Schmerz des Schwertes fühlte wegen seines Sohnes, der in solcher Zeit von seinen Feinden gefangengenommen wurde. Damit war ihm alle Hoffnung auf seinen Sieg genommen.«[8]

DIE NEIGE DER ZEIT

Geht man davon aus, daß im Riesenreich des Kaisers niemals vollkommene Ruhe geherrscht hatte, daß hier Rebellionen, dort Widersprüche aufflackerten, bedenkt man den beständigen Gegensatz zwischen Papst und Kaiser, die ständigen Unruhen in der Lombardei, die nie endenden Probleme im deutschen Königreich, so darf man sagen, daß sich das letzte Regierungsjahr des Kaisers in relativer Stabilität darstellte.

Der Kaiser hatte den Spätsommer des Jahres 1249, gebeutelt von seinen Schicksalsschlägen, in Apulien, im geliebten Foggia verbracht und neue Lebenskraft geschöpft. In den Laubwäldern am Monte Vulture hatte er seiner Jagdleidenschaft gefrönt. Hatte er sich noch einmal an der edlen Geometrie von Castel del Monte erfreut, das er wie eine Krone weithin sichtbar über die apulische Landschaft gesetzt hatte?

Ja, der Kaiser dachte in diesen Tagen sogar an eine neue Eheverbindung mit der Tochter Herzog Albrechts I. von Sachsen (1212–1260), sogar an einen Zug in die Lombardei und nach Deutschland. Dort hatte König Konrad IV., gestärkt durch seine 1246 geschlossene Ehe mit Elisabeth von Baiern, sich nicht nur gegen die rheinischen Erzbischöfe behaupten, sondern deren Gegenkönig, den Grafen Wilhelm von Holland, besiegen können. Gleich erfreulich die Lage in Norditalien. Von Verona bis zum Brennerpaß beherrschte der kaiserliche Schwiegersohn Ezzelino von Romano mit blutiger Gewalt das Geschehen, und der mit dem Kaiserhaus versippte Graf von Savoyen hielt die Alpenübergänge nach Burgund in der Hand. Der Nachfolger des ritterlichen Königs Enzio, der Markgraf Uberto Pallavicini, ein harter Machtmensch, breitete über die mittlere Lombardei eine Art von Friedhofsruhe. Es gelang ihm sogar, die Truppen von Parma nahe der ehemaligen Lagerstadt Victoria zu schlagen. Dreitausend Parmenser sollen gefallen oder in Gefangenschaft gewandert sein, und, Triumph für das kaiserliche Herz, der parmensische Fahnenwagen wurde erbeutet – eine Rache für Victoria.

Im Kirchenstaat, in der Mark Ancona, besiegten die Feldherrn des Kaisers die päpstlichen Schlüsselsoldaten, und die Städte der Romagna und der Mark Ancona unterwarfen sich der kaiserlichen Gewalt.

Frankreich und sein Königshaus gingen auf Abstand zum Papst, als im April 1250 König Ludwig IX. der Heilige im Nildelta bei Mansurah besiegt und in Gefangenschaft geraten war. Nicht zu Unrecht lasteten die Franzosen dem Papst an, durch seine unerbittliche Feindschaft zum Kaiser dessen Hilfe für den französischen Kreuzzug verhindert zu haben.

König Ludwig hatte von Akkon aus seine Brüder, die Grafen von Artois und Poitou, angewiesen, beim Papst auf einen Frieden mit Friedrich zu drängen, denn nur dessen Beziehungen im Morgenland könnten das Heilige Grab erretten. »Wahrlich, im Busen Friedrichs ruht unser Hoffen«, so schrieb der König.[1] Andernfalls, so drohte der französische König, werde er den Papst aus Lyon vertreiben. So weit war Ludwig der Heilige noch nie gegangen.

Unter dem Eindruck dieser Konsequenz suchte der Papst beim englischen König Asyl. Doch auch der versagte sich der päpstlichen Bitte. Zu sehr hatten sich die päpstlichen Steuereintreiber verhaßt gemacht. Zu bedenkenlos hatte der Papst geistliche und weltliche Mittel im Kampf gegen Friedrich mißbraucht. Vor allem der päpstliche Mordanschlag auf den Kaiser bedrückte die Menschen tief und lehrte sie, den Papst mit neuen Augen zu sehen.

So schien es fast eine Art Prophetie, was Friedrich seinem Schwiegersohn, dem griechischen Kaiser Johannes III. Dukas Vatatzes von Nicäa, Ende des Jahres 1248 schrieb:

»Von Unseren Triumphen … möget Ihr wissen, daß Wir, obwohl Unseren Siegeslauf manche wütende Empörung und durchtriebene Schlauheit bisher verzögert hat, durch das Wirken des Herrn der Heerscharen, der mit den Schwertern der Gerechtigkeit die Wege der Könige bereitet, bereits in den Bezirken Ausoniens (Kampaniens) weilen und das ruhmvolle Ende Unseres Beginnens durch die Übergabe Liguriens schon demnächst erwarten.«[2]

Doch sollte diese scheinbare Konsolidierung der kaiserlichen Situation keinen verleiten, an ein Einlenken der päpstlichen Politik zu glauben. Unversöhnlich erklärte der Papst einem seiner Kardinäle:

»Ferne sei es, einem Manne oder seinem Schlangengezücht weiterhin das Zepter über das christliche Volk zu belassen, den übermäßiges Glück so aufgeblasen hat, daß er vergaß, daß er von Menschen abstammt, unmenschlich gegen Menschen wütet, die seine tierische Wut vernichtet wie die Schafe und sich dadurch gegen den Schöpfer der Menschheit erhebt, dessen Antlitz er in dem Menschlichen verachtet und in der Kreatur vernichtet. Deswegen soll sich jeder, der die Gerechtigkeit liebt, freuen, daß an dem Feinde aller für alle Vergeltung geübt worden ist und sich die Hände im Blute des Sünders waschen.«[3]

Da griff ein Größerer in den Kampf zweier, zu Tode verfeindeter Weltmächte und ihrer unerbittlichen Vollstrecker ein: *der Tod!*

Ein schwerer Anfall von Dysenterie hatte den Kaiser auf einem längeren Jagdausflug überrascht. So plötzlich und elementar muß dieser Anfall gewesen sein, daß man ihn nicht in das nahe, nur zwölf Kilometer entfernte Lucera oder nach Foggia brachte. In einem kleinen Anwesen namens Fiorentino legte man den kranken Mann nieder. Als er den Namen des Ortes erfuhr, man hatte ihm prophezeit, daß er an einem Ort mit einem Blumennamen sterben würde, ein Grund, warum er Florenz immer gemieden hatte, und er sein Lager vor einer zugemauerten Tür mit eisernen Türflügeln sah (ebenfalls Teil der Prophetie), wußte er, daß der Spruch des Sehers sich an ihm erfüllte: »Hier ist der Ort Meines Endes, das Mir vorbestimmt ist. Der Wille des Herrn geschehe.« Und Matthäus von Paris setzte die Worte: »Um diese Zeit aber starb Friedrich, der größte unter den Fürsten der Erde, das Wunder und der Verwandler der Welt.«[4]

Der Cäsar und sein Tod

Stirbt ein großer Mensch oder einer, der als groß gilt, weil er sich selbst zum Maßstab über Gut und Böse erhebt, einer, der sich aus eigenem Willen zum Richter über Tod und Leben aufschwingt, einer, für den andere Menschen nur Rohstoff sind zum Dom seiner phantastischen Träume, verläßt ein solcher Mensch die Zeitlichkeit, nachdem er achtunddreißig Jahre in ihr agiert hat, fast immer als Täter, selten als Opfer, dann breitet sich eine große Stille, ein dumpfes Verlassenheitsgefühl aus. Und selbst seine Feinde werden von einer seltsamen Leere erfaßt, denn sie verlieren den Mittelpunkt ihres Hassens, den Kern ihres Widerstandes, gegen den sich ihr Kämpfen und Wollen gerichtet hatte.

Doch will es dem Heutigen, der einen Millionen Menschenleben verschlingenden Weltkrieg erlebte, nicht gelingen, in Friedrich II. die große Lichtgestalt zu erblicken, wie die Historie oftmals zeichnet, die das Recht gehabt hätte, die Völker zur Schlachtbank zu treiben. Die Verbrechen eines Hitler und Stalin unterscheiden sich

von denen eines Friedrich II. von Hohenstaufen nur durch die
Quantität, nicht durch die Qualität des zugefügten Leides.

Doch wird man den Kaisersohn Manfred, den Fürsten von Tarent, verstehen, der dem Bruder König Konrads IV. von Deutschland in gemeinsamem Sohnesschmerz schrieb:

»Die Sonne der Völker, die Leuchte der Gerechtigkeit ist untergegangen, untergegangen der Hort des Friedens! Ein reicher Trost
ist uns geblieben: glücklich und siegreich lebte unser Herr Vater bis
ans Ende.«[1]

Wissen wir auch wenig von seiner letzten Stunde, so erinnern
wir uns doch eines Briefes vom 21. August 1215, den der damals
Einundzwanzigjährige an das Generalkapitel der Zisterzienseräbte
schrieb. Darin heißt es:

»Wir glauben nämlich, daß die Heiligkeit dieses verehrungswür-
digen Ordens so groß ist … daß Ihr alles, was Ihr von Unserem
Schöpfer erbitten zu müssen meint … aus der Fülle seiner Erbar-
mungen erhalten werdet.«[2]

Und so ruft Friedrich den heiligen Vätern der Zisterzienser zu:
»… Und beschwören Euch in aller Inständigkeit, Ihr möget Uns in
Eure Bruderschaft aufnehmen und in Eure heilige Gebetsgemein-
schaft einschließen.«[3]

Erinnern wir uns, daß Friedrich II. in seiner späteren Rechtsauffassung nach dem Grundsatz »commodum et utilitas«, Vorteil und
Nützlichkeit, verfuhr, so darf man vermuten, daß er hier, im geistlichen Bereich, nach dem gleichen Zweckmäßigkeitsgrundsatz verfuhr und sich von der Gebetsgemeinschaft der Zisterzienser den
größten geistlichen Vorteil versprach.

So ließ er sich denn, als er den unabwendbaren Tod nahen fühlte, mit der Kutte eines Zisterziensermönches bekleiden, um den
Tod im Schutze dieser mächtigen Gebetsgemeinschaft zu erfahren.
Der getreue Freund der ersten Stunde, der greise Erzbischof Berard von Palermo, überwand als Priester und Kirchenfürst die Barrieren, die der päpstliche Bannfluch dem sterbenden Kaiser errichtet hatte. Er reichte dem scheidenden Freund die Sterbesakramen-
te und sprach gegen den päpstlichen Willen das erlösende »Absol-
vo te«!

Im Bestattungsritus Friedrichs II. zeigt sich wiederum die Dop-
pelnatur des Kaisers. Er nahm den Tod entgegen im armutsvollen
Zisterzienserhabit, ganz der christliche Kaiser, der die Welt überwindet und allen Erdenglanz hinter sich läßt. Doch wird er, als er

in Palermo im roten Porphyr-Sarkophag aus Cefalú zur letzten Ruhe gelangt, eingehüllt in den Mantel des Weltenherrschers, umhüllt von einem arabischen Seidengewand, ausgestattet mit geheimnisvollen kufischen Schriftzügen und den Emblemen der Weltherrschaft.

Das Testament des Kaisers

Der Kaiser testierte: »... solange Wir kräftig und bei Unversehrtheit der Sprache und des Gedächtnisses, zwar krank am Körper, aber geistig gesund sind ...

Zweitens: Wir bestimmen daher Konrad, gewählten König der Römer und Erben des Königreiches Jerusalem, Unseren lieben Sohn, zu Unserem Erben im Imperium und in allen erkauften und wie immer erworbenen Gütern und besonders im Königreich Sizilien. Wenn dieser ohne Söhne sterben sollte, möge Unser Sohn Heinrich ihm folgen. Während Konrad in Deutschland weilt oder sonst außerhalb des Königreiches, setzen Wir den oben erwähnten Manfred zum Statthalter des genannten Konrad in Italien und besonders im Königreich Sizilien ein ...

Drittens: Desgleichen verleihen Wir und sichern Unserem Sohn, dem genannten Manfred, den Prinzipat von Tarent zu ... Desgleichen verleihen Wir demselben die Stadt Monte St. Angelo mit der ganzen Apanage und allen Städten, Burgen und Gütern ... Diesem Manfred teilen wir zum Lebensunterhalt zehntausend Goldunzen zu.

Viertens: Desgleichen bestimmen Wir, daß Unser Enkel Friedrich (der Sohn König Heinrichs [VII.] und der Babenbergerin Margarete) die Herzogtümer Österreich und Steiermark erhalten soll, die er von genanntem König erhalten und anerkennen soll; diesem Friedrich bestimmen Wir als Lebensunterhalt zehntausend Goldunzen zuzuteilen.

Fünftens: Desgleichen bestimmen Wir, daß Unser Sohn Heinrich (der Sohn der Isabella von England) das Königreich Arelat oder das Königreich Jerusalem erhalten soll, welches von beiden der genannte Konrad will, das Heinrich erhalte: diesem Heinrich bestimmen wir als Lebensunterhalt hunderttausend Goldunzen zuzuteilen.

Desgleichen bestimmen Wir, daß hunderttausend Goldunzen bereitgestellt werden sollen für Unser Seelenheil zur Hilfe für das

Heilige Land gemäß Anweisung des genannten Konrad und anderer edler Kreuzfahrer.«

Und nun stellt Friedrich sein ganzes politisches Leben und Wirken, seinen Kampf gegen Papst und Kurie, ja selbst seinen sizilischen Zwangsstaat auf den Kopf:

»Achtens: Desgleichen bestimmen Wir, daß allen Kirchen und Klöstern ihre Rechte zurückerstattet werden und sie sich ihrer gewohnten Freiheit erfreuen.

Neuntens: Desgleichen bestimmen Wir, daß die Menschen Unseres Königreiches frei seien und ausgenommen von allen allgemeinen Steuern, wie sie zu sein pflegten zur Zeit des König Wilhelms II. (1153–1189), Unseres Vetters. (Eine Zeitrückversetzung von über sechzig Jahren.)

Zehntens: Desgleichen bestimmen Wir, daß die Grafen, Barone und Ritter und andere Lehnsträger des Königreichs sich ihrer Rechte und Gerechtsame erfreuen, die sie zur Zeit des genannten Königs Wilhelm zu haben pflegten an Steuern und anderem.«

Und nun folgt die scheinbare Umkehr gegenüber Rom!

»Siebzehntens: Desgleichen bestimmen Wir, daß der Heiligen Römischen Kirche, Unserer Mutter, alle ihre Rechte zurückerstattet werden, unbeschadet in allem und alles des Rechts und der Ehre des Imperiums, Unserer Erben und anderer Unserer Getreuen, wofern die Kirche selbst die Rechte des Imperiums zurückerstattet.« [1]

Und selbst auf dem Totenbett bleibt Friedrich seiner gespaltenen Natur treu, wenn er einmal alle Rechte der Kirche zurückerstattet, aber zum anderen testiert: »Wofern die Kirche selbst die Rechte des Imperiums zurückerstattet.« Was soll dieser Satz? Welche Rechte hat die Kirche dem Imperium geraubt?

Fast scheint es, daß der Sterbende seinen Erben mit diesem Satz einen neuen Grund zum Kampf mit der Kirche geben will. Oder ist ihm das Taktieren, das Fallenstellen, so zur Natur geworden, daß er sich auch im Tode nicht mehr ändern kann? Dennoch bleibt dieses Testament die Aufgabe aller kaiserlichen Positionen.

Die deutsche Geschichtsschreibung war immer bemüht, Kaiser Friedrich II. als unbesiegt im Kampf mit dem Römischen Papsttum darzustellen. Wenn er nur nicht gestorben wäre, dann wäre ihm der Triumph über Papst Innocenz IV. sicher gewesen. Waren doch die Indikatoren für einen kaiserlichen Sieg im Jahre 1250 so aussichtsreich wie nie zuvor.

Friedrich II. hat, den nahen Tod vor Augen, seine politische Lage realistischer gesehen als seine gelehrten Verteidiger, namentlich
die des 19. Jahrhunderts. Sein Testament ist die klare Anerkennung
päpstlicher Macht, der Macht der Kirche im weitesten Sinne und
im Königreich Sizilien: Rückkehr zu den Lehnsstrukturen, die er
so sehr bekämpft hatte, auf den Grundlagen der Rechte zur Zeit
König Wilhelms II. von Sizilien.

Und auch im fernen Deutschland hatte sich, als Friedrich starb,
das ganze Episkopat dem Willen des Papstes gebeugt.[2]

Rottet aus Namen und Leib, Samen und Sproß dieses Babyloniers

Der Tod Kaiser Friedrichs II. und sein Testament, das ja eine Rückführung der Kirche in ihre angestammten Rechte testierte, genügte dem Papsttum und der Kurie nicht. Außer Namen und Leib
mußten Samen und Sproß des staufischen Geschlechts vernichtet
werden.

Der einzige, der nach Kraft und Gabe, nach Statur und Zauber
der Erscheinung das Staufererbe in Italien hätte wahren können,
König Enzio, des Kaisers Ebenbild, saß in Bologna gefangen. Es
gereicht den Bolognesern zur Ehre, daß sie ihn im Palazzo del Podestà in ritterlicher Haft hielten. Er konnte Besuche empfangen,
und die Gunst zweier bologneser Edeldamen schenkte ihm die
Töchter Magdalena († nach 1273) und Konstanze († nach 1273).

Es war sein Schicksal, daß er den Untergang seines Hauses in
dreiundzwanzigjähriger Gefangenschaft miterleben mußte, aus der
ihn der Tod im Jahre 1272 erlöste.

Sein Bruder und Erbe des Reichs, König Konrad IV., war nach
Italien geeilt, um den Kampf gegen Papst und Kurie aufzunehmen.
Der junge Mann war durch die Schwere der Verantwortung früh
verdüstert. Ihm fehlte das Strahlende, das Hochgemute der Staufer.
Der Sohn der syrischen Isabella, im fernen Deutschland aufge-
wachsen, war an südliches Klima nicht gewöhnt und starb 1254 im
Feldlager bei Lavello. Das böse Gerücht ging um, sein Halbbruder
Manfred, Fürst von Tarent, habe ihn umbringen lassen. Weitere
Gerüchte umgaben den strahlenden Manfred. So, er habe König
Heinrich, den Sohn der englischen Isabella, durch den schwarzen
Großkämmerer Siziliens, Johannes Morus, dem Tode überliefert.
Fast schien es, das Staufergeschlecht vernichte sich selbst. Der Kai-

sersohn Friedrich von Antiochien, Generalvikar der Toscana, fiel im Jahre 1256 im Kampf um Foggia gegen den päpstlichen Feldherrn Kardinal Ottoviano degli Ubaldini.

Aber noch einmal erstrahlte die Sonne der Staufer. Der Sohn Friedrichs II. und der schönen Bianca Lancia, Manfred, wurde im Jahre 1258 zum sizilischen König gewählt und am 10. August in Palermo gekrönt. Wiederum versammelten sich Dichter, Sänger und Gelchrtc um den königlichen Thron Siziliens, klangen Lieder auf, schallten Jagdschrei und Falkenruf.

König Manfred nahm die Universität Neapel unter seinen besonderen Schutz. Ihm verdanken wir es, daß das naturwissenschaftliche Werk seines Vaters »de arte venandi cum avibus« (Die Kunst mit Vögeln zu jagen) auf uns überkommen ist. Nach einem Sieg König Manfreds, bei Montaperti an der Arbia über die Florentiner, rückte die römische Kaiserkrone ins Blickfeld des Staufers.

Aber über den Staufern stand unerbittlich das Wort: »Rottet aus Namen und Leib, Samen und Sproß dieses Babyloniers.«

Papst Innocenz IV., der Bezwinger des Kaisers, beendete sein kurzes Pontifikat am 17. Dezember 1254. Sein Nachfolger, Papst Alexander IV. (1254–1261), setzte die antistaufische Politik seines Vorgängers fort. Im Jahre 1255 belehnte er den englischen Prinzen Edmund mit dem Königreich Sizilien, doch zerschlug sich dieser Plan am Willen des englischen Parlaments.

Erst der französische Papst Urban IV. (1261–1264) fand die Schwertfaust, die die Staufer endgültig vernichten sollte. Karl von Anjou (1266–1287), Bruder des französischen Königs Ludwig des Heiligen, bot er die Krone Siziliens an. Am 6. Februar 1266 stellte sich König Manfred bei Benevent Karl von Anjou zur Entscheidungsschlacht. Als die Schlacht schon verloren war, ließ sich König Manfred von einem alten, weinenden Diener seines kaiserlichen Vaters wappnen und warf sich in die Schlacht. Nach Tagen erst fand man die Leiche des Königs, die auch im Tode die staufische Schönheit nicht verloren hatte.

Die Rache des Anjou war von gleicher Grausamkeit, mit der die Staufer gegen ihre Feinde gewütet hatten. Die Gattin König Manfreds, die vierundzwanzigjährige Helene von Epiros, die mit ihren zwei Söhnen und ihrer Tochter in die Hände Karl von Anjous fiel, hatte die Gnade, nach fünfjähriger Kerkerhaft zu sterben. Ihre Tochter Beatrice wurde in Castel del Ovo zu Neapel nach achtzehnjähriger Kerkerhaft durch den Seesieg des aragonesischen Admirals Roger Loria über die Flotte Karls von Anjou im Gefangenenaustausch freigegeben. Die Söhne König Manfreds, Friedrich und Enzio, verfaulten in Ketten und Kerkern Karls von Anjou. Als sie nach dreißig- oder vierzigjähriger Kerkerhaft die Freiheit erlangten, waren sie zerbrochene, lebensunfähige oder erblindete Menschen.

Ein staufischer Abgesang

Aber noch war der Traum vom staufischen Glanz nicht erloschen. Konradin von Hohenstaufen, Sohn des Friedrichsohnes König Konrads IV. mit Elisabeth von Baiern und direkter Enkel des Kaisers, versuchte noch einmal das staufische Königsheil. Zog sein Großvater einst, der »Puer Apuliae«, von Süden nach Norden, um das Reich zu gewinnen, so zog sein Enkel umgekehrt von Norden nach Süden, zum Wagestück um die höchste der Kronen.

Der kaum fünfzehnjährige Konradin, begleitet von seinem drei Jahre älteren Freund, dem Markgrafen Friedrich von Baden, zog über Schwaben, dann den ehemals kaisertreuen Städten folgend über Verona, Pavia, Pisa, Siena durch Italien. Noch einmal sah die altgewordene Welt einen hochgemuten Jüngling, der Sendung und Traum über Klugheit und Politik stellte. Und seinem Tun stellte er das Wort voran: »Daß jenes herrliche Geschlecht, dem wir angehören, in unserer Person nicht entarte.«[1]

Die Herzen flogen dem Jüngling zu. Zu hart lastete die blutige Faust des Anjou auf Italien. Der Ghibellinenanhang ganz Italiens versammelte sich um Konradin.

Auch Rom, der ghibellinische Teil von Rom, jauchzte dem Jüngling zu. Das guelfische, das päpstliche Rom schwieg. Konradins Vetter, Heinrich von Kastilien, Senator der Ewigen Stadt, übergab ihm die jubelnde Stadt. In Lucera erhoben sich die Sarazenen gegen den verhaßten Karl von Anjou, ja ganz Apulien schien für eine Weltenstunde wieder staufisch.

Aber nach wenigen Wochen zerbrach der kühne Traum am Wirklichkeitssinn Karls von Anjou. Kurz vor dem Eintritt Konradins und seiner Getreuen ins Königreich Sizilien, stellte sich Karl von Anjou, ein erprobter Feldherr, am Fuße der Abruzzen im August 1268 zum Kampf.

Der Jüngling Konradin wurde gefangengenommen und mit ihm die Reste seines Geschlechts, die ihm noch anhingen: Heinrich von Kastilien, Konradin von Caserta, Thomas von Aquino und mehrere Lancias. Konradin von Caserta blieb zweiunddreißig Jahre lang im Kerker von Castel del Monte, Heinrich von Kastilien blieb zwanzig Jahre lang eingekerkert. Thomas von Aquino wurde dem Henker übergeben. Die Lancias, der Sohn Friedrich und der Vater Galvano, wurden hingerichtet. Konradin, unehelicher Sohn König

Konrads IV. wurde zusammen mit seiner Mutter in Lucera, auf Befehl Karls von Anjou, getötet.

Das Urteil gegen den letzten legitimen Kaiserenkel, Konradin von Hohenstaufen, wurde in Neapel verhängt. Vier Richter sprachen das Urteil. Drei plädierten auf Freispruch, wie es sich für einen ehrenvoll im Kriege Gefangenen gehört. Ein Richter erkannte auf Tod.

Am 29. Oktober 1268 wurde auf dem Campo Moricinio, der heutigen Piazza del Mercato, zu Neapel das Urteil an Konradin und seinem Freund, dem Markgrafen Friedrich von Baden, vollstreckt. Konradin verzieh seinem Henker, seine letzten Worte galten seiner Mutter, Elisabeth von Baiern, die er um Verzeihung bat ob des Kummers, den er ihr zufügen mußte. Dann legte der einzig unschuldige Staufer, mit der Leichtigkeit und Würde der Jugend, deren Herz noch dem Traum und nicht dem Leben verhaftet ist, den Kopf auf den Richtblock. Während Karl von Anjou mit grimmiger Befriedigung zusah, wie das Urteil vollstreckt wurde, als das Henkersschwert aufblitzte und das blonde Haupt des königlichen Jünglings zu Boden sank, da, so berichtet die Sage – um das Unerträgliche erträglicher zu machen – sei ein Adler vom Himmel herabgestoßen, habe seine Schwinge in das königliche Blut getaucht und es emporgetragen zu den Göttern.

Mit Konradin war die Dynastie der Staufer vernichtet. Wen kann akribische Genealogie befriedigen, wenn man feststellt, daß doch einige entfernte Staufersprößlinge dem Massaker des Anjou entkommen sind. Zum Beispiel ein Konrad, Sohn Friedrichs von Antiochien. Zwei Söhne dieses Konrad finden wir in Nachfolge auf dem erzbischöflichen Stuhl von Palermo. In Rom und Mittelitalien blühte das Haus Antiochien bis zum Ende des 15. Jahrhunderts. Auch die Kaisertochter Margarethe, als Gattin des Markgrafen Alberts II. von Meißen, überlebte, und ihr Sohn, Friedrich der Freidige (1291–1324), war Anfang des 14. Jahrhunderts für kurze Zeit Träger staufischer Hoffnungen.

Konstanze, die Tochter König Manfreds aus erster Ehe, entging durch ihre Vermählung mit König Peter III. von Aragon (1276–1285) den Vernichtungsbefehlen. Ihr Lebenstriumph war, nach der Vertreibung Karls von Anjou und seiner Franzosen durch die sizilische Vesper, daß sie und ihr Mann in Palermo im Jahre 1282 zu Königen von Sizilien gekrönt wurden. Doch das strenge Wort der sibyllinischen Prophetie, das uns der Minorite Salimbene von Parma überliefert hat, bleibt bestehen: »Mit ihm wird auch das Imperium enden.«[2]

In Summa

»Wie faß ich diesen, ewig sein Angesicht wechselnden Proteus, der alle Eide bricht und niemals ernstgemeinte Vorschläge macht ...?«[1]

Und in fast jedem Biographen Friedrichs II. steigt dieses Horazwort, dieser Aufschrei des Papstes Innocenz IV. auf:

»Wie faß ich diesen, ewig sein Angesicht wechselnden Proteus?«

Der widersprüchlichsten Menschen einer, von dem uns die Geschichte berichtet.

Wie wertet man Leben und Leistung eines Herrschers?

Doch so, indem man seiner Anfänge gedenkt, seines Weges, seiner Ziele, ob und mit welchen Mitteln er diese erreichte und schließlich, was von seinen Taten übrigblieb.

Friedrich II. war ein Mensch, dem in frühester Jugend die Liebe, menschliche Wärme, das Urvertrauen in sich und die Welt versagt blieb. Sobald er denken konnte, erkannte er, daß er nur ein Instrument in der Hand von Mächtigen war, die ihre Zwecke, aber nicht die seinen und die des Reiches, verfolgten.

So blieb ihm nur der Rückzug ins eigene Ich. Dieses Ich war Mittelpunkt und Universum, war seine Religion und der Maßstab seines Handelns.

So mußte, als sein Ich zerbrach, auch sein Reich, ja sein Geschlecht untergehen.

Sein italischer Zwangsstaat verging mit ihm. Den Gedanken der Freiheit, den er so gehaßt und verketzert hatte, konnte er nicht zerstören. Lombardische Bürgerfreiheit war ihr stolzester Ausdruck in dieser Zeit.

Sein Erbland, sein geliebtes sizilisches Königreich, fiel in die Hände Karls von Anjou, der den traurigen Ruhm hatte, ein ebenso blutiger Tyrann zu sein wie Friedrich II. von Hohenstaufen.

Und Deutschland, dieses Germanien, das ihm unermüdlich die kriegerischen Männer geliefert hatte, um seine Machtträume zu erfüllen, fiel in die kaiserlose, die schreckliche Zeit, der erst Rudolf von Habsburg (1273–1291) eine neue Hoffnung setzte.

Die deutschen Königsrechte hatte er teilweise geopfert für seine römisch-antiken Cäsarenträume. Daß die Entwicklung der deutschen Territorialstaaten, durch Friedrich eingeleitet, nicht nur Verlust war, sondern für Deutschland den Gewinn einer bunten, kulturellen Vielfalt brachte, haben wir erst heute zu erkennen gelernt.

Aber das war nicht das Ziel staufischer Politik, sondern bestenfalls ein Abfallprodukt.

Sein Großvater, Kaiser Friedrich I., stellte nach langem und unheilvollem Kampf mit dem Papst im Frieden von Venedig des Jahres 1177 die Einheit von Kirche und Kaisertum wieder her, die im Kreuzzug des Kaisers und in seinem Kreuzfahrertod ihren Höhepunkt fand. Nach Friedrichs II. Tod wurde die Einheit des geistlichen und des weltlichen Schwertes als Ausdruck der Gemeinsamkeit zwischen Kaiser und Papst nicht mehr erreicht. Die christliche Kaiseridee des Mittelalters, von der Friedrich II. sich abwandte um eines vergottenden römischen Cäsarentums willen, hatte in ihm ihr Ende gefunden.

Als Staatsmann erreichte er keines seiner Ziele. Mit ihm ging unter, was er erstrebt, was er gestaltet, aber auch das, was er als Erbe übernommen hatte.

Für einen kurzen Augenblick hat er Italien die Vision einer künftigen Einheit gezeigt. Vielleicht ist das der Grund, warum die Italiener, trotz aller Unterdrückung, in »Federico secondo« einen der ihren sehen, obwohl sie ihn in den Jahrzehnten seiner Herrschaft ununterbrochen bekämpft hatten.

Die Genesis berichtet uns, daß Eva dem Adam den Apfel vom Baume der Erkenntnis gab, um zu erkennen, was *Gut* und *Böse* ist. Dieser Erkenntnistrieb hat den Menschen das Erdenrund erforschen lassen, mehr noch, die »Terra incognita« in der eigenen Brust. Und das ist das faszinierende an Friedrich II. von Hohenstaufen, wir erkennen ihn nie in einem gültigen Bild. Wir fassen ihn nicht, »diesen ewig sein Angesicht wechselnde Proteus«.

Friedrich Nietzsche hat ihn zu Recht einen Rätselmenschen genannt. Ein nie zu lösendes Geheimnis menschlicher Verstrickung und Widersprüchlichkeit.

Da zieht einer gegen die Sarazenen zu Felde und nimmt doch ihre Sitten, ihre Gebräuche, ihre Philosophie und ihre Frauen an. Da nennt sich einer volltönend »einen katholischen Fürsten«. Ein Zeitgenosse aber traf das Gefühl der Zeit dem Kaiser gegenüber, als er schrieb: »Deshalb hatten der Papst und alle anderen Christen, die es erfuhren, große Besorgnis und großen Verdacht, daß er zum Glauben Mohammeds übertreten wolle. Alle Leute aber versicherten fest, daß er nichts glaube und daß er nicht mehr wisse, welchen Glauben er vernichten und welchen er wählen und halten wolle.«[2]

Und ein arabischer Zeitgenosse weiß: »... Aus seinen Reden entnahm man, daß er ›Aeternist‹ war, das heißt, daß er an die Ewigkeit der Welt, aber nicht der Seele glaubte – und sich aus Spaß zum Christentum bekannte.«[3]

Wie verwirrt muß die christlich-katholische Welt gewesen sein, wenn der Kaiser von arabischen Gelehrten solche Briefe empfängt: »O König, den Allah zum wahren Glauben führen möge! Du hast gefragt: ›Welches ist das Ziel der theologischen Wissenschaft, und welches sind die unumgänglich notwendigen Voraussetzungen zu dieser Wissenschaft, wenn sie überhaupt Voraussetzungen hat?‹«[4]

Wer soll einen Kaiser verstehen, der siebenmal unter heiligsten Schwüren den Päpsten versprach, das Königreich Sizilien nie mit dem Imperium zu vereinen und der dann, nach seinen siebenfach gebrochenen Eiden, die Welt nicht mehr verstand, weil sie ihm nicht mehr glauben konnte.

Was soll man denn noch von ihm glauben, wenn außer der Geschichte mit den drei Betrügern, Jesus, Mohammed und Moses erzählt wird, der Kaiser habe beim Anblick eines Kornfeldes, auf das Sakrament der Kommunion anspielend, ausgerufen: »Wieviel Götter reifen hier«, und beim Anblick eines Priesters, der einem Sterbenden die letzte Wegzehrung brachte, geseufzt habe: »Wie lange wird solcher Schwindel noch währen?«[5]

Und unterstellt man, daß es sich hier um bösartige Verleumdungen seiner kirchlichen Gegner handelt, so behandelt er in seinen Briefen christliche Glaubenswerte, wie wir sehen werden, mit, sagen wir es vorsichtig: Frivolität.

Ein solcher Staatsmann mußte sein Zeitalter verwirren, erschrecken. Legitime Macht aber gründet sich auf Verständnis, auf innere Anerkennung der allgemeinen Wertordnungen.

Aber priesen ihn seine Lobredner nicht als den Mann der Justitia, des Rechtes?

Schaut man genauer hin, so ging es Friedrich II. nie um das Recht, sondern um die Einhaltung seiner Gesetze, um die Befolgung seiner Ordnungen. Das Bild vom Rechtsfanatiker stimmt nicht, er war ein Ordnungsfanatiker. Und da er ja selbst kaum Bindungen hatte, Bindungen an Gott, an die Religion und ihre gesetzten Hierarchien, so war sein Ego das Ordnungssystem seiner Welt, das er mit äußerster Brutalität zusammenhalten mußte.

Wenn man ihn, den nach rückwärts gewandten antiken Cäsar, der das Bild des christlich-abendländischen Kaisers hinter sich gelassen hatte, den ersten Renaissance-Menschen genannt hat, dann

kann dies nur Geltung haben, als daß er der Urvater jener schreck-
lichen Tyrannen, der Malatestas, Malaspinas, der Scaliger, der Bor-
gias ist, die die Gewalt ihres zügellosen Willens über Italien legten
und der seine erste Ausprägung in dem kaiserlichen Schwiegersohn Ezzelino von Romano fand, der über fünzigtausend Menschen in seinem Machtbereich umbringen, martern und zerstören
ließ, um seine Macht zu behaupten.

Das Bild des Rätselmenschen paßt, wenn wir ihn wiederfinden
als Poet, namentlich als Mäzen der sizilischen Dichterschule, und
der große Dante bescheinigt ihm im Volgare, der Volkssprache, eine sizilische Dichtkunst mitgeschaffen und mitgefördert zu haben.

Und auch das Bild des Kaisers, der um sich die gelehrten Geister
seiner Zeit versammelte, der gleichsam dem großen Thomas von
Aquino den Weg wies, die Werke des Aristoteles neu und gereinigt
der christlichen Welt zu vermitteln, paßt in das Bild des Rätselmenschen, dessen Leben eingebunden ist in das Geheimnis seines
Egos.

Dazu gehört, wenn er dem Magister Michael Scotus († 1235),
der in seinen letzten Lebensjahren zu Kaiser Friedrichs II. Hof
gehörte, gelehrte Fragen stellt und schreibt: »Noch niemals haben
Wir etwas gehört von jenen Geheimnissen, die dem Ergötzen des
Geistes wie der Weisheit dienen, nämlich von Paradies, Fegefeuer
und Hölle, von den Grundlagen der Erde und ihren Wunderbar-
keiten.«

Man bedenke, und hier haben wir unseren ganzen Friedrich,
»Paradies, Fegefeuer und Hölle«, die den mittelalterlichen Menschen zutiefst bewegenden Phänomene der christlichen Jenseits-
und Zukunftsschau, dienen für ihn zum Ergötzen des Geistes. Dies
mußte den Zeitgenossen als Frivolität erscheinen. Und er fragt
weiter:

»... wieviele Himmel es gibt, und wer ihre Lenker sind. Und wie
weit nach wahrem Maß ein Himmel entfernt ist vom anderen, und
was da noch außerhalb des letzten Himmels ist. In welchem Himmel Gott seinem Wesen nach ist, das heißt, in seiner göttlichen Majestät, und wie er auf dem Himmelsthron sitzt, wie er umringt ist
von Engeln und Heiligen, und was die Engel und Heiligen ständig
tun im Angesicht des Herrn?«[6]

Das Versammeln von Gelehrten und Wissenschaftlern um den
königlichen Thron gehörte zum durchgängigen Bild der Antike
und des Mittelalters. Am klarsten sichtbar an Karl des Großen Ge-

lehrtenschule, seiner Akademie, an der so große Namen aufleuchten wie Alkuin († 804), Paulus Diaconus († nach 799) oder Theodulf von Orleans († 821).

Von Alkuin verlangte Karl Auskunft über »den vagabundierenden Lauf der am Himmel herumirrenden Sterne«. Dem irischen Mönch Dungal von St. Denis sandte der wißbegierige Herrscher einen Aufsatz zur Beurteilung, der aus Bibelstellen das Wesen des Nichts und der Finsternis zu ergründen suchte.

Wir sehen, alle die im 19. Jahrhundert so hochgelobten Eigenschaften Friedrichs II. entsprechen in Wirklichkeit dem seit Jahrhunderten erprobten und geforderten Verhaltenskodex des Fürsten.

Nur, und das muß man dem Staufer zugestehen, ist er ein Meister der herrscherlichen Selbstdarstellung. Dennoch, sein Philosophentum, seine Liebe zu den Künsten wirken drapiert, kaschiert, Versatzstücke auf der Bühne seines Lebensdramas.

So hat sich diese Biographie nur am Rande mit dem »Philosophen«, mit dem fürstlichen Dichter befaßt. Das Maß, mit dem er gemessen werden muß, ist das des Staatsmannes, ist seine Herrscherpersönlichkeit.

Die Frage ist zu stellen: Was hat er den Menschen und Völkern, die er beherrschte, gegeben, und was hat er ihnen genommen?

Die das Jahrhundert bewegende Idee der Bürger- und Stadtfreiheit, wie sie sich in den lombardischen Städten darstellte, war für ihn nur Unbotmäßigkeit oder gar Ketzerei.

Natürlich ist er nicht zu messen an modernen demokratischen Freiheitsbegriffen. Aber er muß in den Vergleich gestellt werden zu König Ludwig IX. (der Heilige) von Frankreich, zu Kaiser Otto I. (der Große) oder Kaiser Heinrich II. (der Heilige). Besser noch zu seinem Großvater, Kaiser Friedrich I. (Barbarossa), der einen aussichtslosen Kampf beenden, und im Jahre 1177 mit dem Papst den Frieden von Venedig schließen konnte. Der Barbarossa, der anläßlich dieses Friedens erklärte: »Die ganze Welt möge deutlich erkennen, daß Uns – auch wenn Wir im Glanze der Würde und des Ruhmes des Römischen Imperiums stehen – dennoch die römische Würde nicht die Eigentümlichkeit des Menschengeschöpfes von Uns nimmt und die kaiserliche Majestät nicht die Fehler des Nichterkennens ausschließt.«[7]

Hier bekennt sich ein Kaiser zur Menschlichkeit des Irrtums.

Kaiser Friedrich II. aber sah schon in der Kritik am Kaiser den Tatbestand der »Ketzerei« erfüllt.

Wie ein Licht in der Nacht erhellen diese beiden Aussagen die Wesensverschiedenheit zweier Menschen, beide im höchsten weltlichen Amt des Abendlandes. Friedrich Barbarossa, der sich in souveräner Größe zum Irrtum bekennt, und sein Enkel Friedrich II., der vor der Selbstvergottung nicht zurückschreckt.

Als Baumeister tritt er nur durch Errichtung von Kastellen und Wehranlagen in Erscheinung, und es ist nicht erstaunlich, daß er, neben der Lagerkirche von Victoria, nur als Erbauer einer einzigen Kirche, der von Altamura, dokumentiert ist.

Über zweihundert Festungswerke ließ er innerhalb von zehn Jahren errichten, so daß Thomas von Gaeta, ein alter sizilischer Hofbeamter, ihm zurief: »Um Gottes willen, Herr, legt eine Pause ein, und errichtet Eure Bauten im Königreich nicht alle gleichzeitig! Bringt zunächst einmal ein Gott wohlgefälliges Werk, wie es die allerchristlichen Könige von Sizilien, Eure Vorfahren, gehalten haben, die sogar mitten im Kriege Kirchen und Klöster errichteten.«[8]

Um so mehr rühmt der Chronist: »Weitläufige Paläste von höchster Schönheit ließ er errichten. Auf den Bergen und in den Städten wurden Türme und Burgen von einem Ausmaß erbaut, als ob er glaubte, täglich von Feinden umlagert zu sein.«[9]

Und so zwingt sich die Frage auf: Ist dieser uferlose Burgenbau nicht der Angstausdruck einer ungeschützten, gefährdeten Kindheit, die sich nie mehr in Abhängigkeit verlieren will?

Die Architektur von Friedrichs Kastellen ist von verblüffender Einfachheit. Ein Vier- oder Rechteck, gesichert von vier Türmen, die sich gegenseitig Flankenschutz gaben. Ein einfaches, leicht und in großer Zahl produzierbares Verteidigungssystem, das seine Varianten meist durch Geländevorgaben erhielt.

Nur einmal ist Friedrich II. von diesem einfachen Konzept abgewichen, als er das apulische Land mit dem Castel del Monte schmückte.

»Als weithin sichtbares, die unermeßliche Ebene beherrschendes Wahrzeichen nennt es das Volk das ›Belvedere‹ oder den ›Balkon Apuliens‹. Man könnte es noch passender als die Krone Apuliens nennen. Denn gleich einer Mauerkrone ruht dieses Schloß auf jenem Hügel. Wie das Diadem des Hohenstaufenreiches, das herrliche Land krönend, erschien es mir, wenn es die Abendsonne von Purpur funkeln ließ«, sagt Gregorovius.

Nochmals hat Friedrich versucht, sich ein Denkmal seiner
cäsarischen Weltvorstellung zu schaffen, im Brückentor von Capua, dem Eingang zum Königreich. Der gewaltige Torbogen, geschmückt mit den Skulpturen des Petrus von Vinea und des
Thaddäus von Suessa, ist eingestürzt, so wie das Reich des Staufers.

Die beschädigten, aber noch erkennbaren Skulpturen der beiden
engsten Helfer des Kaisers geben uns Auskunft über die Monu-
mentalität dieses Bauwerkes. Die Skulptur des Kaisers ist am stärksten beschädigt. Die Hände und ein großer Teil des Unterkörpers
sind zerstört. Der Kopf ist vom Hals gerissen, so daß wir kein
Bildnis haben von dem Menschen, der sich bis an die Sterne ver-
gotten ließ. Lediglich die Büste von Barletta vermittelt ein schwa-
ches Abbild dessen, was der Kaiser einmal war. Aber vielleicht findet der suchende Blick zwischen der Kaiserbüste von Barletta mit
dem zerstörten Gesicht, das aber dennoch die Leiden des Lebens
zeigt, und der Totenmaske der staufischen Urmutter Hildegard
von Egisheim über zwei Jahrhunderte zurück den Widerschein
staufischen Angesichts.

Ist auch der Kaiser in die Bildlosigkeit der Götter entwichen, ein
Denkmal hat er uns hinterlassen, in dem sein geistiges Konterfei
am deutlichsten sichtbar wird:

Das Falkenbuch

Beim Sturm auf die kaiserliche Lagerstadt Victoria im Jahre 1248
erbeuteten die Parmenser nicht nur den kaiserlichen Kronschatz,
sondern auch des Kaisers Falkenbuch »De arte venandi cum avibus«, »die Kunst, mit Vögeln zu jagen«.

Um 1265/66 wurde Karl von Anjou, den sich der Papst ausge-
sucht hatte, das sizilische Stauferreich zu zerschlagen, von einem
Mailänder Bürger namens Wilhelm Bottatius das Falkenbuch zum
Kaufe angeboten. Der Kaisersohn König Manfred ließ aus den hin-
terlassenen väterlichen Konzepten das Werk neu erstellen. Diese
Manfred-Handschrift ist dann auf verschlungenen Pfaden in die
»Biblioteca Apostolica Vaticana« gelangt. Leopold von Ranke
(1795–1886) rühmt Friedrich II. als einen Ornithologen von Rang.
Für Friedrich war die Falkenbeize eine so große Kunst, daß er den
vollkommenen Falkner für die höchsten Regierungsämter befähigt
hielt, weil nur die Summe der besten Charaktereigenschaften den

idealen Falkner ergibt. Er hat diese Auffassung in die politische Tagesarbeit umgesetzt.

Er gibt uns in seinem Falkenbuch Einblick in seine geheimen Seelengründe, wenn er schreibt:

»Die Menschen können sich der Vierfüßler mit Gewalt und durch andere Mittel bemächtigen; die Vögel aber, die hoch in den Lüften kreisen, können nur durch das Ingenium des Menschen gefangen und abgerichtet werden.«[10] Und Carl A. Willemsen führt dazu aus: »Der Triumph des menschlichen Geistes über das freieste und flüchtigste Tier, die jedesmal von neuem zu bestehende Machtprobe, ob der auf die Beute geworfene Greifvogel ... auf die Faust zurückkehrt, nicht weil er die Freiheit verachtet, sondern weil er zurückkehren muß unter dem Zwang des menschlichen Ingeniums, das ihn gleichsam, wie an einer unsichtbaren Langfessel hält.«[11]

Zeigt uns in dieser Sicht unser Proteus sein wahres Gesicht? Ängste, als Knabe erlitten unter den Söldnern Marquard von Anweilers und des Wilhelm Capparone, die sich sublimieren zum geistigen Kampf um die Macht. Geistige Kräfte, die den Falken aus der Freiheit der Lüfte zurückholen auf die menschliche Faust. In Friedrichs politische Wirklichkeit umgesetzt, der beständige Kampf mit der höchsten Macht des Zeitalters, dem omnipotenten Papsttum.

Darum müssen alle Eide gebrochen werden, muß aus jedem Frieden ein neuer Krieg entfesselt werden, damit ein einziger, in vielen Ängsten geschlagener Geist, sich einmal strahlend erhebe in den ewigen Himmel des nie mehr zu zerstörenden Sieges.

Anhang:

Zeitstenogramm
Anmerkungen
Bemerkungen zu den Literaturhinweisen
Literaturhinweise
Personenregister

Zeitstenogramm:

1186 Heinrich VI., Sohn Kaiser Friedrichs I. Barbarossa, und Constanze von Sizilien heiraten in Mailand. Heinrich VI. erwirbt damit die Anwartschaft auf die Krone Siziliens.

1187 Im Oktober erobert Sultan Saladin von Ägypten Akkon, Jerusalem mit dem Heiligen Grab. Dies ist der Anlaß zum dritten Kreuzzug.

1189 Am 11. Mai Aufbruch des Kreuzfahrerheeres von Regensburg aus, unter Führung Kaiser Friedrichs I. Barbarossa. Im November stirbt König Wilhelm von Sizilien kinderlos. Damit sind Heinrichs VI. Thronansprüche auf Sizilien relevant.

1190 Kaiser Friedrich I. Barbarossa ertrinkt am 10. Juni in Kleinasien im Flusse Saleph.
Lübecker und Bremer Kaufleute gründen im Heiligen Land den Deutschen Orden (zunächst nur als Krankenpflege-Orden).

1191 Am 15. April krönt Papst Coelestin III. Heinrich und seine Frau Constanze zu Kaisern. Heinrich zieht nach Süden, Sizilien zu erobern. Durch eine Seuche im deutschen Heer bricht die Belagerung Neapels zusammen. Auch Heinrich erkrankt und kehrt nach Deutschland zurück. Seine Frau Constanze wird vom sizilischen Gegenkönig Tancred von Lecce gefangengenommen. Die Hohenzollern werden Burggrafen von Nürnberg.

1192 Fürstenverschwörung gegen Kaiser Heinrich VI. unter maßgeblicher Beteiligung Heinrichs des Löwen.
Nach der Gefangennahme des englischen Königs Richard Löwenherz bricht die Verschwörung zusammen. Das Millionenlösegeld, das Heinrich VI. für die Freigabe Richard Löwenherz' erpreßt, erhöht die kaiserliche Macht so, daß die innerdeutsche Fürstenopposition erlischt.

1194 Im Februar, nach Erhalt der riesigen englischen Lösegeldsumme, wird Richard Löwenherz entlassen, nachdem er sich unter die Oberlehnsherrschaft des Kaisers gestellt hat.
Ebenfalls im Februar stirbt der sizilische Gegenkönig Tancred von Lecce.
Am 25. Dezember wird Heinrich VI. im Dom zu Palermo zum König von Sizilien gekrönt.
Einen Tag später, am 26. Dezember, wird der Thronfolger Heinrichs VI. in Jesi bei Ancona geboren. Zunächst wird er von seiner Mutter Constanze Constantin genannt, später nach seinen beiden Großvätern Friedrich Roger. Dies ist der spätere Kaiser Friedrich II.

1195 Auf einem Hoftag zu Bari wird Constanze als Regentin eingesetzt und Deutsche in höchste Führungspositionen berufen.
Im Juli kehrt Heinrich VI. nach Deutschland zurück, um die Thronfolge zu regeln und den versprochenen Kreuzzug vorzubereiten.
Im Dezember schlägt er den Reichsfürsten vor, ihre Reichslehen in Erblehen umzuwandeln. Dafür verlangt er von ihnen, einem staufischen Erbkönigtum zuzustimmen. Zunächst sagen die Fürsten zu. Ein Jahr

später ziehen sie ihre Zusage zurück. Das Recht der Königswahl erscheint ihnen machtpolitisch wichtiger als die Erblichkeit ihrer Lehen. Am 6. August stirbt in Braunschweig Heinrich der Löwe, der große Widersacher der Staufer.

1196 Im Dezember wählen die Reichsfürsten den Sohn des Kaisers, Friedrich, zum deutschen König. Es beginnt die Blütezeit des Bürgertums in den flandrischen Städten. Besonders Gent und Brügge, aber auch Venedig, Pisa, Mailand und Genua blühen auf.

1197 Das deutsche Kreuzfahrerheer ist schon zum Zug nach Palästina aufgebrochen, da verzögert ein Aufstand in Sizilien den Abmarsch des Kaisers. Er stirbt überraschend im Alter von einunddreißig Jahren am 28.9. in Messina.

1198 Im Januar stirbt der neunzigjährige Papst Coelestin III. Am gleichen Tag wird der siebenunddreißigjährige Graf Lothar von Segni als Innocenz III. zum Papst gewählt. – Im März wird der zwanzigjährige Bruder Kaiser Heinrichs VI., Philipp von Schwaben, auf Drängen einiger Reichsfürsten zum deutschen König gewählt. Eine Regentschaft für den schon 1196 gewählten vierjährigen Friedrich erscheint inopportun.
Am Pfingstsonntag wird Friedrich in Palermo zum König von Sizilien gekrönt.
Im Juni wird der Sohn Heinrichs des Löwen als Otto IV. als Gegenkönig zu Philipp von Schwaben gewählt. Er wird im Juli in Aachen gekrönt. (Am rechten Ort.)
Philipp wird im September in Mainz gekrönt. (Am falschen Ort, aber mit den echten Insignien.)
Im November stirbt Constanze, Kaiserin und Königin von Sizilien, Mutter Friedrichs, und bestellt Papst Innocenz III. zum Vormund ihres Sohnes.
Höhepunkt des mittelalterlichen Minnesangs unter Walther von der Vogelweide.
Der Deutsche Orden (gegründet 1190) wird geistlicher Ritterorden mit Sitz in Akkon, Palästina.

1201 Im März gibt Papst Innocenz III. seine neutrale Haltung im deutschen Thronstreit auf zugunsten des Welfen Otto IV. – Philipp von Schwaben und sein Anhang werden gebannt.
Friedrich in der Obhut des Grafen Gentile Manupello, Bruder des Bischofs und Kanzlers von Sizilien, Walter von Pagliara, in der Burg Castellamare.

1202 Im Bürgerkrieg in Deutschland zwischen Staufern und Welfen favorisiert sich Philipp von Schwaben. Baubeginn des Freiburger Münsters, vollendet 1536. Einführung der arabischen Zahlen in Italien durch Leonardo Pisano Fibonacci.

1204 Baubeginn der Kathedrale von Molfetta, Apulien. Vereinigung byzantinischer, sarazenischer und romanischer Stilelemente.

1205 Wolfram von Eschenbachs »Parzival-Epos« entstanden.

1206 Der letzte deutsche Großkapitän, Wilhelm Capparone, wird aus Sizilien vertrieben.

1207 Sängerkrieg auf der Wartburg. Die heilige Elisabeth von Thüringen in Ungarn geboren.

1208 Im Juni ermordet der Pfalzgraf Otto von Wittelsbach aus persönlichen Gründen König Philipp in Bamberg.
Im November wird Otto IV. in Frankfurt nochmals zum König gewählt. – Am 26. Dezember wird Friedrich II. mündig und regierungsfähig.

1209 Der fünfzehnjährige Friedrich heiratet im August gemäß päpstlicher Vorstellungen die fünfundzwanzigjährige Constanze von Aragon, Witwe des Ungarnkönigs Emmerich. Im Oktober wird Otto IV. in Rom zum Kaiser gekrönt. Unter Bruch aller Abmachungen und Verträge mit Papst und Kurie marschiert er nach Süden, um Sizilien zu erobern und Friedrich II. zu vertreiben.

1210 Im November belegt Papst Innocenz III. Kaiser Otto IV. mit dem Kirchenbann und schlägt, auf Anraten des französischen Königs Philipp August, den Staufer Friedrich zum deutschen König vor.
Gottfried von Straßburg schreibt den »Tristan«.

1211 Im September wählen die deutschen Fürsten Friedrich II. in Nürnberg zum deutschen König (nach Mitteis sogar zum Kaiser) und erklären Otto IV. für abgesetzt. Darauf kehrt Otto IV. eilends nach Deutschland zurück. Friedrichs erster Sohn, Heinrich, geboren.

1212 Im Januar bietet eine Gesandtschaft der deutschen Fürsten Friedrich in Palermo die deutsche Krone an.
Im März (Palmsonntag) beginnt Friedrichs abenteuerliche Fahrt nach Deutschland, nachdem sein kleiner Sohn Heinrich zum König von Sizilien gekrönt und Friedrichs Frau Constanze zur Regentin ernannt worden ist.
Im April, am Ostersonntag, steht Friedrich zum ersten und einzigen Mal vor Papst Innocenz III. Er leistet ihm den Lehnseid für Sizilien, gelobt die Trennung von Regnum und Imperium und, nach erfolgter Kaiserkrönung, Sizilien an seinen Sohn Heinrich abzutreten. Berard von Castacca, Erzbischof von Bari, später von Palermo, wird auf päpstlichen Wunsch Friedrichs Berater und Begleiter.
Im Juli heiratet Otto IV. die fünfzehnjährige Beatrix, die Tochter des ermordeten Königs Philipp von Schwaben, um den staufischen Anhang an sich zu ziehen. Aber Beatrix stirbt nach wenigen Tagen.
Im September erreicht Friedrich II. Konstanz, knapp vor Otto IV., und geht von dort nach Basel.
Im Oktober hält Friedrich seinen ersten Hoftag in Hagenau im Elsaß. Der Kanzler Kaiser Otto IV., Bischof Konrad von Scharfenberg, tritt zu Friedrich über.
Im November Treffen Friedrichs II. mit dem späteren französischen König Ludwig VIII. in Vaucouleurs bei Tours. Für das Versprechen, weder

mit Otto IV. noch dessen Onkel, dem englischen König Johann Ohneland, einen Separatfrieden zu schließen, erhält er von Frankreich zwanzigtausend Silbermark.

Am 9. Dezember Krönung Friedrichs II. in Mainz mit provisorischen
Reichsinsignien. Die echten sind noch in Händen Ottos IV.

Baubeginn der Kathedrale von Reims.

1213 Otto IV. heiratet Maria, die Erbtochter des Herzogs Heinrichs I. von
Brabant, um dessen niederdeutschen Anhang an sich zu binden.

Am 12. Juli zu Pfingsten bestätigt Friedrich II. in der Goldenen Bulle zu
Eger die territorialen Rechte des Papstes in Mittelitalien. Er verzichtete
– wie sein Vorgänger Otto IV. – auf die Spolien- und Regalienrechte und
auf die königliche Einwirkung bei Bischofswahlen.

Ferner gewährte er den deutschen Fürsten eine Reihe von Privilegien als
Preis für seine Wahl. In der Goldenen Bulle von Eger wird ein Ausgangspunkt für die spätere Territorialstaatenbildung in Deutschland
gesehen.

1214 Am 27. Juli besiegt König Philipp August von Frankreich bei Bouvines
(Lille) das Heer Kaiser Ottos IV. und seiner englischen Verbündeten.

Im Dezember überläßt Friedrich II. im Vertrag von Metz König Waldemar von Dänemark deutsche Gebiete jenseits der Elbe.

1215 Am 25. Juli wird Friedrich II. in Aachen (am rechten Ort) mit den echten Reichsinsignien zum zweitenmal gekrönt. Der Einundzwanzigjährige gibt dabei spontan ein Kreuzzugsversprechen, das er aber erst drei-
zehn Jahre später einlöst.

Im November eröffnet Papst Innocenz III. das vierte Laterankonzil. Beschlossen wird die Transsubstantiationslehre. Der Anspruch Friedrichs
auf die deutsche Krone wird anerkannt.

In England: Einführung der »Magna Charta Libertatum«.

Friedrich II. gewährt seinem Parteigänger Walther von der Vogelweide
ein Lehen.

1216 Erneut verspricht Friedrich II. dem Papst, das Königreich Sizilien bei
seiner Kaiserkrönung seinem Sohn Heinrich zu übertragen.

Am 16. Juli stirbt Papst Innocenz III. Sein Nachfolger ist Papst Honorius III. – Friedrich läßt seine Frau Constanze und seinen Sohn Heinrich
nach Deutschland kommen. Friedrich II. ernennt seinen fünfjährigen
Sohn zum Herzog von Schwaben. Wenig später, nach dem Aussterben
der Zähringer, überträgt er ihm auch das Rektorat über Burgund. Heinrich, der gekrönte König von Sizilien, ist deutscher Reichsfürst geworden.

1217–1218 Kreuzzug des ungarischen Königs Andreas, Vater der heiligen
Elisabeth.

1218 Otto IV. stirbt, noch nicht sechsunddreißigjährig, auf der Harzburg.

1220 Am 23. April wird der achtjährige Heinrich auf einem Hoftag zu
Frankfurt »überraschend« von den deutschen Fürsten zum König gewählt.

Drei Tage später, am 26. April, macht Friedrich II. zum Dank den geistlichen Fürsten große Zugeständnisse (Confoederatio cum principibus ecclesiasticis).

Im August zieht Friedrich nach Rom und wird dort am 22. November von Papst Honorius III. zum Kaiser gekrönt. Im Dezember kehrt Friedrich II. nach achtjähriger Abwesenheit in das Königreich Sizilien zurück. Durch das Gesetzeswerk der »Assisen von Capua« holt er die meisten der seit 1189 der Krone entfremdeten Lehen zurück.

1221–1225   Rückeroberung und Unterwerfung Siziliens.

1222   Friedrich II. erreicht bei Papst Honorius III. in Veroli einen Aufschub des Kreuzzugstermins bis zum Sieg über die Inselsarazenen. – Am 23. Juni stirbt Kaiserin Constanze.

1223   Am 14. Juli stirbt König Philipp August von Frankreich. Sein Nachfolger ist König Ludwig VIII.

In Ferentino gelobt der Kaiser dem Papst, den Kreuzzug bis zum Jahre 1225 bzw. 1227 durchzuführen.

Bei dieser Besprechung wird das Eheprojekt mit Isabella (Jolanthe) von Brienne, Erbin des Königreiches Jerusalem, eingeleitet. – Der Palast von Foggia wird erbaut.

1224   Umsiedlung der Inselsarazenen auf das Festland. Die Sarazenensiedlung bei Lucera entsteht. – Friedrich gründet seine Staatsuniversität in Neapel.

1225   Der Kreuzzugstermin verstreicht. Der Kaiser muß sich im Vertrag von San Germano unter hohen Geldstrafen und der Androhung des Bannes verpflichten, den Kreuzzug bis zum August 1227 anzutreten.

Am 8. November heiratet Friedrich II. Isabella (Jolanthe) von Brienne, Erbin des Königreiches Jerusalem.

Am 29. November heiratet Friedrichs Sohn, der deutsche König Heinrich (VII.), Margarethe von Österreich.

Baubeginn des Stephansdomes in Wien.

1226   In der Goldenen Bulle von Rimini erhält der Deutsche Orden das Recht zur Schaffung eines eigenen Ordenslandes in Preußen.

Deutschordensmeister Hermann von Salza als Unterhändler des Kaisers in Deutschland. Dort wirbt er für den geplanten Kreuzzug.

Am 5. September stirbt Ludwig VIII., ihm folgt Ludwig IX. der Heilige als König von Frankreich.

Am 3. Oktober stirbt Franz von Assisi. (Giovanni Bernadone)

1227   Papst Honorius III. stirbt am 13. März. Ihm folgt Papst Gregor IX., Verwandter des Papstes Innocenz III. aus dem Hause der Grafen von Segni, bekannt geworden als Kardinal Hugo(lin) von Ostia.

Anfang September Abfahrt der Kreuzfahrerflotte. Friedrich kehrt krank zurück und wird mit dem Bann belegt.

Dschingis-Khan gestorben.

1228   Am 25. April Friedrichs II. Sohn Konrad geboren. Friedrichs Frau, Isabella (Jolanthe) von Brienne, stirbt sechs Tage nach der Geburt im Alter von siebzehn Jahren.

Am 28. Juni bricht Friedrich II. als Gebannter zum Kreuzzug auf. Am 7. September Ankunft des Kaisers in Akkon. – Spaltung und Uneinigkeit im Kreuzfahrerheer.

Franz von Assisi heiliggesprochen.

1229 Am 18. Februar schließt Friedrich II. mit Sultan Malik el-Kamil einen Vertrag, der Jerusalem, Bethlehem und Nazareth kampflos an die Christen übergibt.

Am 18. März Friedrichs II. Selbstkrönung zum König von Jerusalem. – Am 1. Mai verläßt Friedrich II. das Heilige Land und landet am 10. Juni in Brindisi.

Päpstliche Truppen (Schlüsselsoldaten) werden verjagt, und in drei Monaten ist Friedrich wieder Herr im Königreich Sizilien.

Walther von der Vogelweide gestorben.

1230 Am 28. August löst der Papst im Frieden von San Germano den Kaiser vom Bann. – Die Lombardenfrage wird in diesem Frieden nicht gelöst.

Das kaiserliche Jagdschloß Gravina di Puglia wird erbaut.

1231 Im Mai erläßt König Heinrich (VII.) in Deutschland das »Statutuum in favorem principum«. Darin wird die Stellung der weltlichen Fürsten der der geistlichen gleichgestellt.

Im August verkündet Friedrich II. die »Konstitutionen von Melfi«. Sie sind Grundlage eines zentralistisch organisierten Zwangsstaates. Der Papst, als Oberlehnsherr Siziliens, erhebt dagegen Protest.

Im November Reichstag in Ravenna. Die lombardischen Städte sperren die Alpenpässe und verhindern die Teilnahme der deutschen Fürsten. Der Reichstag muß verschoben werden.

Am 17. November Tod der heiligen Elisabeth.

Papst Gregor IX. verbietet die »Libri naturales« des Aristoteles.

1232 Im März Verkündung der neuen Ketzergesetze Friedrichs II. in Ravenna. Zu Ostern Hoftag in Aquileja. Dort wird König Heinrich tief gedemütigt wegen seiner fürstenfeindlichen Politik. Die Erweiterung der Fürstenrechte im »Statutum in favorem principum« werden vom Kaiser bestätigt.

1233 Aufstände in Sizilien und Italien. Friedrich eilt dem bedrängten Papst zu Hilfe.

Friedrich II. gibt den Bau des Castells von Capua in Auftrag.

Der *Sachsenspiegel* des Eike von Repgow entsteht.

1234 Ein Hoftag unter König Heinrich (VII.) in Frankfurt verurteilt ungerechte Ketzerverfolgung (Konrad von Marburg).

Am 5. Juni bannt Papst Gregor IX. auf Wunsch des Kaisers dessen Sohn, König Heinrich (VII.).

Im September verbündet sich König Heinrich (VII.) mit kaiserfeindlichen Städten und schließt im Dezember ein gegen den Kaiser gerichtetes Bündnis mit Städten der Lombardei.

1235 Im Mai bricht Friedrich II. ohne Heeresmacht, aber mit einem exotischen Gefolge, nach Deutschland auf. In Regensburg verlobt er seinen

Sohn, Konrad IV., mit Elisabeth, der Tochter des Baiernherzogs Otto II. Am 2. Juli wird König Heinrich (VII.) von seinem Vater in der Kaiserpfalz Wimpfen in Haft genommen. Anschließend wird über ihn Gericht gehalten. Er wird als König abgesetzt.

Am 15. August wird auf dem Reichstag zu Mainz der »Mainzer Landfrieden« verkündet. Erstes – auch in deutscher Sprache – niedergeschriebenes Gesetz.

Vorher, am 15. Juli, heiratet Friedrich II. in Worms in dritter Ehe die einundzwanzigjährige Prinzessin Isabella von England.

Beschluß der deutschen Fürsten, mit dem Kaiser einen Lombardenfeldzug zu führen. – Der Welfe Otto I. wird Herzog von Braunschweig-Lüneburg.

Im Winter 1235/36 Aufenthalt auf den staufischen Gütern im Elsaß, Pfalz Hagenau.

1236   Am 1. Mai Teilnahme des Kaisers bei der Erhebung der Gebeine der heiligen Elisabeth.

Der Kaisersohn Heinrich (VII.) wird als Gefangener über Venedig nach Apulien gebracht. Dort für vier Jahre in Rocca San Felice bei Venosa festgesetzt, dann nach Nicastro, einem Bergkastell in Kalabrien gebracht. Er stirbt im Jahre 1242 in Gefangenschaft.

Im Sommer verläßt Friedrich Deutschland und zieht in die Lombardei. Er verbündet sich mit Ezzelino von Romano, dem Markgrafen von Verona, gegen die Lombarden.

Im November bricht Friedrich II. den Lombardenfeldzug ab und zieht nach Wien.

1237   Anfang des Jahres Einzug in Wien. Enthebung des Babenbergers Friedrich des Streitbaren von der Herzogswürde. Wahl von Friedrichs Sohn Konrad IV. zum römischen König und Nachfolger im Kaiseramt.

Pfingsten Hoftag zu Speyer. Erneute Wahl Konrads IV. zum römischen König.

Mitte September erscheint Friedrich II. in Verona mit einem Heer von zwölftausend Mann.

Am 1. Oktober ergibt sich Mantua.

Am 27. November Sieg über die Lombarden bei Cortenuova. Das Angebot Mailands zur bedingungslosen ewigen Treue lehnt Friedrich II. ab und fordert die bedingungslose Kapitulation.

1238   Im Juli Hoftag in Verona. Am 3. August Beginn der Belagerung Brescias, die im Oktober erfolglos abgebrochen werden muß.

Im Oktober wirft Papst Gregor IX. dem Kaiser den Bruch des Friedens von San Germano vor. Zur gleichen Zeit vermählt Friedrich seinen Sohn Enzio mit Adelasia, der Erbin zweier großer Provinzen Sardiniens. Er ernennt Enzio zum König von Sardinien unter Mißachtung der päpstlichen Lehnsoberhoheit über Sardinien.

Der Sultan Malik el-Kamil gestorben.

1239 Im März erwägt der Papst eine erneute Bannung des Kaisers. Der stellt die päpstliche Autorität in Frage, indem er das Kardinalskollegium gleichberechtigt neben den Papst stellt.
Am 20. März wird Friedrich zum zweitenmal gebannt.
Hermann von Salza, der treue Vermittler zwischen Kaiser und Papst, stirbt zu Barletta.
Am 21. Juni stellt Papst Gregor IX. Friedrich in einem Manifest als Antichrist dar.
König Enzio wird zum Statthalter von ganz Italien ernannt.

1240 König Enzio marschiert im Januar in den Kirchenstaat. Der Kaiser selbst wendet sich gegen Rom. Papst Gregor IX. gelingt es, noch einmal die Römer auf seine Seite zu ziehen. Der Kaiser unterläßt den Angriff auf Rom und kehrt ins sizilische Königreich zurück. Feldzug in der Romagna. Eroberung Ravennas. Beginn der Belagerung Faenzas.

1241 Am 14. April Faenza gefallen.
Am 3. Mai Seesieg der kaiserlichen Flotte bei Monte Christo.
Gefangennahme von hundert Prälaten und Verhinderung des Papstkonzils. Neuer Feldzug gegen Rom. – Am 22. August Tod Papst Gregors IX.
Tatareneinfall in Schlesien. Herzog Heinrich von Schlesien, Vetter der heiligen Elisabeth, fällt auf der Walstatt bei Liegnitz.
Friedrich rückt wieder in den Kirchenstaat ein.
Am 25. Oktober Beginn des Schrecken-Konklaves. Nach wochenlanger unwürdiger Behandlung der Konklavekardinäle wird der Mailänder Gaufridus als Papst Coelestin IV. gewählt. Er stirbt bereits nach siebzehn Tagen. Eine Sedisvakanz von zweiundzwanzig Monaten folgt.
Am 1. Dezember stirbt die dritte Frau Kaiser Friedrichs II., die siebenundzwanzigjährige Isabella von England.

1242 Friedrich II. marschiert bis in die Nähe Roms. Dort bleibt er bis Mai 1243.

1243 Am 25. Juni wird der Genuese Sinibald Fiesco als Papst Innocenz IV. einstimmig gewählt.
Verhandlungen zwischen Kaiser und Papst scheitern. Thomas von Aquin tritt in den Orden der Dominikaner ein.

1244 Am 31. März vorläufiger Friedensvertrag zwischen Papst und Kaiser, der am Einspruch der Lombarden scheitert. Am 28. Juni entzieht sich Papst Innocenz IV. einem Treffen mit dem Kaiser durch Flucht nach Genua und von dort nach Lyon, wo er für den 24. Juni ein Konzil einberuft.
Im August geht Jerusalem für immer für das Christentum verloren.
Friedrich II. bietet in einer praktischen Unterwerfung an, für drei Jahre ins Heilige Land zu ziehen und die Heiligen Stätten zu befreien, den Kirchenstaat zu räumen und die Lombardenfrage in die alleinige Entscheidung des Papstes zu stellen.
Der Papst ordnet daraufhin für den 6. Mai 1245 die Lösung Friedrichs II. vom Banne. Dennoch scheitert die Versöhnung, weil Friedrich Rache an Viterbo übt und damit seinen Friedenswillen unglaubwürdig macht.

1245 26. Juni Beginn des Konzils zu Lyon. Fast gleichzeitig hält der Kaiser
      einen Reichstag zu Verona. Dort scheitert das Eheprojekt des Kaisers
      mit der Babenbergerin Gertrud von Österreich.
      Am 17. Juli erklärt der Papst Kaiser Friedrich II. für abgesetzt. Die Un-
      tertanen werden des Treueids entbunden.
      Albertus Magnus lehrt an der Universität von Paris.

1246 Zu Ostern wird ein Mordplan gegen Friedrich II. und König Enzio auf-
      gedeckt. Die Hauptverschwörer erleiden grausame Todesstrafen.
      Im Mai wird Landgraf Heinrich Raspe als Kandidat des Papstes zum
      König in Deutschland gewählt. König Konrad IV. heiratet am 1. Sep-
      tember Elisabeth von Baiern und verstärkt dadurch seine süddeutsche
      Position. Österreich und Steiermark werden nach dem Tode Herzog
      Friedrichs des Streitbaren als Reichslehen eingezogen und von General-
      kapitänen verwaltet.

1248 Am 18. Februar wird Friedrichs Lagerstadt Victoria vor Parma von den
      Belagerten überfallen und ausgeraubt. Der sechste Kreuzzug unter Kö-
      nig Ludwig IX. von Frankreich beginnt. Dauer bis 1254. König Ludwig
      gerät 1250 bei Mansurah in Gefangenschaft.
      Beginn der Bauarbeiten am Kölner Dom sowie an der Saint Chapelle in
      Paris.

1249 Im Februar werden die Unterschlagungen des Petrus von Vinea offenbar,
      der in der Kerkerhaft Selbstmord begeht.
      Mordversuch an Friedrich II. durch seinen Leibarzt.
      Am 26. Mai Gefangennahme König Enzios durch die Bologneser.
      Um diese Zeit beginnen die Aufzeichnungen der »Carmina burana« und
      der nordischen Sagen.

1250 Im August unterliegt der neue Gegenkönig Wilhelm von Holland dem
      Stauferkönig Konrad IV.
      Ende November infektiöse Darmerkrankung Friedrichs II. Der Kaiser
      regelt in seinem Testament die Erbfolge in seinen Reichen.
      Am 13. Dezember stirbt Kaiser Friedrich II. im apulischen Fiorentino.
      Im Dom zu Palermo wird er beigesetzt. Konrad IV., seit 1237 deutscher
      König, übernimmt die Herrschaft. Sein Halbbruder Manfred regiert das
      Königreich Sizilien.

1252 König Konrad IV. zieht nach Sizilien. – Am 25. März wird sein Sohn
      Konrad (der spätere Konradin) aus der Ehe mit Elisabeth von Baiern ge-
      boren.

1254 Am 21. Mai stirbt König Konrad an der Malaria. Am 7. Dezember stirbt
      Papst Innocenz IV., ihm folgt am 12. Dezember Papst Alexander, wie-
      derum ein Graf von Segni.

1257 In einer Doppelwahl werden in Deutschland Alfons von Kastilien und
      Richard von Cornwall zu Königen gewählt.

1258 Manfred wird in Palermo zum König von Sizilien gekrönt.

1265 Im April belehnt der französische Papst Clemens VI. Karl Anjou mit
      dem Königreich Sizilien.

1266 Am 6. Januar wird Karl von Anjou in Rom zum König von Sizilien gekrönt. Er muß die Wahrung der Kirchenfreiheit und die Trennung des sizilischen Königreiches vom Imperium beschwören.

Am 26. Februar verliert König Manfred in der Schlacht von Benevent Leben und Thron an Karl von Anjou.

1268 Der sechzehnjährige Konradin, Enkel Kaiser Friedrichs II., zieht über die Alpen, um das Stauferreich wieder zu erobern.

Im August wird er in der Schlacht von Tagliacozzo von Karl von Anjou besiegt, gefangengenommen, und am 29. Oktober, mit seinem Freund Friedrich von Baden, auf dem Marktplatz von Neapel in Gegenwart Karl von Anjous hingerichtet.

1272 Tod König Enzios nach dreiundzwanzigjähriger Gefangenschaft, in der er den Untergang des staufischen Hauses miterlebte.

Anmerkungen

Das vereinsamte ICH

1 v. d. Steinen, W.: Staatsbriefe Kaiser Friedrich II., S. 61/62 (1923). Nachfolgend: Steinen, Staatsbriefe genannt.
2 Steinen: Staatsbriefe, S. 69/70
3 Wolf, G.: Stupor Mundi, S. 785–788 (1966).

Die Ahnen

Normannische Tat und staufischer Traum
1 Haller, Johannes: Heinrich VI. und die Römische Kirche (1962), S. 41, 45
2 Wies, Ernst W.: Kaiser Friedrich I. Barbarossa – Mythos und Wirklichkeit (1990), S. 32–36

Konrad III., der erste Staufer als deutscher König
1 Fris, Otto: Gesta Frederici (1986), II, 2

Der Erb- und Weltreichplan Kaiser Heinrichs VI.
1 Ann. Casinenses (2. Fassung) SS. XIX.314; Haller: Heinrich VI. (1962), S. 73
2 RI IV 3, Nr. 152 (Acera 21.5.1191); Baaken, G.: Unio Regni ad Imperium; QFIAB 52 (1972), S. 219–295; Stürner, Wolfgang: Kaiser Friedrich II. (1992), Teil 1, S. 36
3 Baaken, G.: Die Verhandlungen zwischen Kaiser Heinrich VI. und Papst Coelestin III. in den Jahren 1195–1197, DA 27 (1971), S. 457–513; Stürner: Friedrich II. (1992), S. 61
4 Annales Marbacenses, ed. Bloch, MGH SS rer. Germ. 9 (1907), S. 68
5 Haller: Kaiser Heinrich VI. (1992), S. 191–192
6 wie oben, S. 192
7 Annales Marbacenses, ad 1197, MGH SS rer. Germ. 9, S. 70, Chronica regia Coloniensis ad 1197, MGH SS rer. Germ. 18, S. 160

Spielball des Schicksals

1 Salimbene von Parma, bearbeitet von A. Doren, 1., 2. Bd. (1914); MGH SS XXXI S. 42 f.; G.d.V. 93/94
2 Collenuccio, Pandolfo: Compendio delle historie del regno di Napoli (1593) S. 76
3 Richard von San Germano, ad. 1197, ed. Garufi, Muratori 7, 2 (1936–38) 19
4 Gesta Innocenti, c. 23, PL 214 XXXVIII AB, c. 33, XLIA (Brief Innocenz' vom 3.7.1201; siehe Richard von San Germano ed. Garufi 91
5 Winkelmann, E.: Jahrbücher der deutschen Geschichte. Philipp von Schwaben und Otto von Braunschweig, Bd. I (1873), Bd. II (1878)
6 Zum Kaisertitel Constanzes, DDKs, 41 ff. ed. Kölzer 127 ff.; Die Urkun-

den der Kaiserin Constanze (Constantiae Imperatricis diplomata) MGH Diplomata. Die Urkunden deutscher Könige und Kaiser 11, 3 (1990)

Papst Innocenz III. – der Richter des Abendlandes
1 Gesta Innoc. III. 51 ff. S. XVIII ff.; Hauck, S. 713
2 Gesta Fred. II. 32
3 Reg. I., 27, 335, S. 306; Reg. de neg. imp. 107, S. 1109; Hauck, A.: Kirchengeschichte Deutschlands 4. Teil (1913) S. 715/16
4 Wies: Karl der Große (1986) S. 244
5 Reg. I., S. 21; 356 S. 331; Hauck, S. 716/17
6 Reg. de neg. imp. 29, S. 1028; 31, S. 1034; Reg. I. 38, S. 32; XV, 189, S. 173; Hauck, S. 717
7 Innoc. III., Sermo II. in consecratione pontificis, PL 217, S. 653–650; Tillmann, H.: Papst Innocenz III. (1954) S. 15–17; Stürner: Friedrich II., S. 68; Hauck, S. 717
8 GdV 95; S. 63 ff. Reg. Innoc. III., über die Reichsfrage 1198–1209
9 Reg. de neg. imp. 51, S. 1051; Chron. reg. Col. zu 1201, S. 198; Hauck, S. 734
10 Chron. reg. Col., S. 198; Ann. s. Gereon, S. 303; Hauck, S. 737
11 Ann. Stad. ad. 1202, S. 353 f.
12 Reg. de neg. imp. 81, S. 1087; 106, s. 1108; Hauck, S. 741
13 Reg. X, 19, S. 116
14 Chron. reg. Col. ad. 1206, S. 223 f. und 1208; Hauck, S. 744/45
15 Tillmann, H.: Das Schicksal der päpstl. Rekuperationen nach dem Friedensabkommen zw. Philipp v. Schwaben und der Röm. Kirche, HJb. 45 (1931); Haller: Papsttum, Bd. 3 (1952) S. 234
16 Reg. de neg. imp. 154, S. 1145; Hauck, A., S. 752–753

Der verwaiste König – oder das Mündel des Papstes
1 Stürner: Friedrich II., S. 90; Innoc. III., Epp. I, S. 570 f., ed. Hageneder, S. 829–831; Gest. Innoc. c. 33 (Brief v. 3.7.1201) PL 214 LVII
2 Gesta. Innoc. III., c. 9, PL 214 XXII–XXIV, c. 23, XXXIX; Der Brief der Fürsten aus Speyer: RNI 14; ed. Kempf, S. 36 f.; Stürner: Friedrich II., S. 91
3 Text und teilw. Übersetzung bei Hampe: Aus der Kindheit Friedrich II., S. 592 ff.; Heinisch, Klaus J.: Ks. Friedrich II. WBD 1968, S. 9–11
4 BR 560; HB I, S. 78–79; Heinisch: Ks. Friedrich II., S. 12, 13
5 Hampe: Kindheit, S. 588
6 Reg. Inn. VI, 71 vom Mai 1203; Hampe: Kindheit, S. 588
7 BR 5982; HB I, S. 124–126; Heinisch, S. 14

Charakterbilder
1 Hampe: Kindheit, S. 592 ff.
2 Hampe: Kindheit, S. 592
3 Kantorowicz, nachf. Kanto., S. 601
4 Kanto., S. 536; croniche de viterbo (ed. Egidi), Arch. soc. Rom. XXIV (1901) S. 300 ff.

Heiratspläne
1 BR 6008; HB I, S. 131–133; Heinisch, S. 22–24

Der junge König
1 Hampe: Betr. z. Geschichte Ks. Friedrich II., in: Histor. Vierteljahreszeitschrift IV. (1901) S. 161–194; Heinisch, S. 25/26

Kaiser Otto IV. und die Hybris
1 Reg. VI, 163, S. 177; Hauck, S. 755
2 C.I. II S. 36, Nr. 31
3 Hauck, S. 765/66
4 Braunschw. Reimchronik 6628–6670
5 Böhmer: Acta, S. 629 f., Nr. 920; Hauck, S. 766/67
6 RNI 179
7 Cäsarius, Dial. X, 24, S. 236
8 Burchard von Ursberg, ad. 1211, MGH SS rer. Germ. 18, S. 100 f.; Richard von San Germano, ad. 1211, ed. Garufi, S. 33 f.; Stürner, S. 128
9 Gebhardt, Hrsg. Grundmann, H.: Handbuch d. deutschen Geschichte Bd. V, S. 30, DTV 1979

Zwei Männer auf dem Prüfstand der Geschichte
1 Kanto., S. 54
2 G.d.V. 95, S. 63 ff. (Reg. Innocenz III. über die Reichsfrage 1198–1209); Heinisch, S. 19

Auf den Flügeln des Glücks
1 BR 2311; HB V, S. 161–163; Heinisch, S. 401
2 Thomas von Pavia, MGH SS 22, S. 511
3 Wahl: Wandler der Welt. Friedrich, der sizilische Staufer, München 1948, S. 29
4 Annales S. Pantaleonis, ad. 1211–1212, MGH SS rer. Germ. 18, S. 232–234; Chron. reg. Col. ad. 1211–1212, S. 188 f.; Burchard von Ursberg, ad. 1212, MGH SS rer. Germ. 16, S. 108 f.; Stürner, S. 152–153
5 MGH Const. 2.55, Nr. 44 (19.12.1212); Cartellieri, A.: Philipp August, Kg. v. Frankreich, 1899–1922, 4, S. 330–336; Stürner, S. 155
6 Cronica Reinhardsbrunnensis, ad 1213; MGH SS 30, 1, S. 581 f.; Cronica Erfordensis, ad 1212–1213, MGH SS rer. Germ. 42, S. 212
7 Fris, Otto: Gesta Frederici I., Brief Ks. Friedrichs I. an Otto, Darmstadt 1986
8 Wies: Ks. Friedrich Barbarossa, München 1990, S. 16
9 Wehrli, M.: Deutsche Lyrik d. Mittelalters, 1962, S. 223
10 Heinisch, S. 28
11 HB I, 224, 225; Heinisch, S. 30

Die deutsche Krone und ihr Preis
1 BR 714; HB I, S. 283–285; Heinisch, S. 31
2 Conrad de Fabaria, MG SS II, S. 170

Bouvines und die Folgen
1 Reineri Annales, ad 1214–1215, MGH SS 16, S. 672 f.; Guillelmus Armoricus, ad. 1215 u. 1218, ed. Delaborde, S. 300 f. c. 207; Chronica regia Coloniensis, ad. 1218; Stürner, S. 167

Die Krönung in Aachen und das erste Kreuzzugsgelübde
1 Wies: Friedrich I., S. 206
2 MG SS XVI, 673, Reineri Annales
3 MG SS XVI, 673, Reineri Annales

Der Tag des Papstes
1 BR 866; HB I, S. 469–470; Stürner, S. 38
2 LThK 1957, S. 312, Bd. 10
3 LthK, S. 817, Bd. 6
4 BR 866; HB I, S. 469–470; Heinisch, S. 38–39

Die Diplomatie eines Wortbruchs
1 Wahl, S. 54

Das Fiasko von Damiette
1 Runciman, Steven: Geschichte der Kreuzzüge, 1978, S. 390
2 Pernoud, Régine: Die Kreuzzüge in Augenzeugenberichten, 1980, S. 279 bis 280

Das Abenteuer der Kaiserkrönung
1 BR 972; HB I, S. 584; WA I, S. 151, 127 ff.; Heinisch, S. 41–43
2 BR 1143; HB I, S. 802–805; WA I, S. 180, 156 ff.; Heinisch, S. 52–53
3 Wahl, S. 73
4 BR 1204; HB I, S. 7; Heinisch, S. 69

Sizilien – das Land der Verheißung
1 G.d.V. S. 358 ff., auch S. 350 ff.; Heinisch, S. 84

Die Waffe der Gesetze
1 Hampe: Hist. Zeitschrift 146, 1932, S. 441–475
2 Gebhardt, Bd. 4, S. 27
3 Wahl, S. 503
4 Rycc. de S. Germano ad 1221, ed. Gaudenzi, p. 104; MG SS XIX, 341
5 BR 1295; HB II, S. 139–140; Heinisch, S. 61

Die Ausschaltung der Seemächte
1 Annal. Januens. MG SS XVIII. S. 121 ff., ad 1204/05; BFW 12370; HB I, S. 172; Kanto. II. Bd., S. 48–49
2 BF 1179 HB I, S. 868; Annal. Januens. MG SS XVIII, S. 139; Kanto. Bd. II, S. 49
3 Annal. Januens. MG SS XVIII, S. 146

Flotten- und Wirtschaftspolitik
1 Ignoti Monachi Cist. S. Maria de Ferraria Chronica et Ryccardi de S. Germano Chronica priora ed. Gaudenzi Napoli 1888, S. 38
2 WA I, S. 630, Nr. 811 ad 1238, XII.25
3 Maschke, E.: Die Wirtschaftspolitik Ks. Friedrich II. im Königreich Sizilien, aus Wolf: Stupor Mundi

Minarette in Italien
1 BR 6925; HB IV, S. 405–406; MG Epp. pont. I, S. 398; Heinisch, S. 66–67
2 BR 2034; HB IV, S. 457–458; Heinisch, S. 68
3 Kanto., S. 124

Die Gründung der Universität Neapel
1 BR 1537; HB II, S. 450–453; Petr. de Vin. III, 11 (S. 402–406); Heinisch, S. 69–70
2 BR 1537; HB II, S. 450–453; Petr. de Vin. III, 11 (S.. 402–406); Heinisch, S. 70–71
3 BR 2314; HB IV, S. 498–499; Heinisch, S. 76

Judengesetzgebung
1 Kanto., S. 245
2 Strauss, R.: Die Juden im Königreich Sizilien unter Normannen und Staufern, Heidelb. Abh. H. 30, 1910; Kanto., S. 245
3 BR 1320; WA I, S. 221, 205
4 BR 2034; HB IV, S. 457–458; Heinisch, S. 68
5 Kanto., S. 318
6 Wolf, G.: Friedrich II. und die Juden, S. 783, in: Stupor Mundi WBD 1966
7 Kanto., S. 247

Friedrich II. und die Ketzer
1 Burckhard, Jacob: Die Kultur der Renaissance in Italien, 1928, S. 5
2 Burckhard, Jacob: Die Kultur der Renaissance in Italien, 1928, S. 5
3 BR 1942; HB IV, S. 300–303; MG Const. II., S. 195 ff.; Übers. bei Kampers: Friedrich II., S. 89–91; auch Heinisch, S. 240–243
4 Siehe oben
5 MG Const. II. no. 210, S. 283
6 Thomasin von Zirklaria: Der wälsche Gast, ed. H. Rückert, 1852; Heinisch, S. 245
7 Petr. de Vin. V, 2 (ed. Iselius) II, S. 4.43; Heinisch, S. 246

Der Vertrag von San Germano
1 Wahl, S. 99
2 BR 1359; HB II, S. 206–207; WA, S. 231 (213); Heinisch, S. 115

Die Braut mit der Krone Jerusalems
1 BR 6547; HB II, S. 394–395; MG Epp. pont. I, 163 s.; Heinisch, S. 117

2　Gestes de Chiprois (Chron. de Terre Sainte 91); cf. Grousset, 273 f.; Heinisch, S. 118

3　MG SS XXVI, 471 s. (Ex Chronico S. Martini Turon)

Die Lombardei und das Spiel mit der Zeit
1　Wolf: Stupor mundi, S. 338
1a Kanto., S. 138
2　BR 1593; HB II, S. 548–549; Petr. de. Vin. III, S. 76
3　BR 1677; HB II, S. 678–680; Heinisch, S. 133
4　MG SS XXXI, S. 14 f.; Heinisch, S. 137
5　BR 6662; HB II, S. 708–710; MG Epp. pont. I, 256 s; Heinisch, S. 139

Papst Gregor IX. und die erste Bannung Kaiser Friedrichs II.
1　Amari: Bibl. I, S. 260; Blochet, S. 53 f.; Heinisch, S. 141
2　Mur. RISS III, S. 576; Wahl, S. 141; Heinisch, S. 141
3　BR 6711; HB III, S. 23–30; Epp. pont. I, 281 ss.; Heinisch, S. 142–144
4　BR 1715; HB III; Heinisch, S. 145–146
5　wie oben
6　BR 1715; HB III, S. 32–34; MG SS XXVIII, S. 59; G.d.V. 75, S. 4; Heinisch, S. 144–156
7　BR 1716; HB III, S. 48–50; MG SS XXVIII, 59 s.; G.d.V. 75, S. 4–7; cf. MG SS XXVIII, S. 121; Heinisch, S. 156–158
8　wie oben
9　BR 2438; HB III, S. 50–51; Petr. de. Vin. I, S. 23: Heinisch, S. 159–160

Der Kreuzzug unter Bann und Fluch
1　BR 1731; HB III, S. 65–66; Heinisch, S. 164–166
2　wie oben
3　BFW 6737; MG Epp. pont. I no. 831, S. 731; Kanto., S. 167
4　Grousset 280 (Jamal ed-Din, übers. Blocher), Rev. or. lat. 1902, S. 528
5　Abu l'Fida 1273 bis 1331, S. 104
6　Grousset 302, Reinaud, Chron. arabes., S. 429; Heinisch, S. 171
7　Amari, Michele: Biblioteca arabo-sicula. Versione italiana. Tom. II, 261 (cap. LIII), Torino-Roma 1880/81
8　HB III, S. 106; Heinisch, S. 183

Die Selbstkrönung
1　Kanto., S. 182
2　BR 1738; HB III, S. 93–99; MG Const. II, S. 162–167, Übersetzung bei v. d. Steinen: Staatsbriefe, S. 27–31; Heinisch, S. 173
3　wie oben
4　wie oben
5　wie oben
6　BR 1740; HB III, S. 102–110; Heinisch, S. 179–187
7　MG SS XXVIII, 123 s.; G.d.V. 75, S. 13 ff.; Heinisch, S. 189

  8 Ms. de Rothelin, zit. bei Grousset, 278; Continuatio Guilelmi de Tyro c. 19
     (Recueil des historiens des croisades, hist. occ. II [1859], 526)
  9 Pseudo-Yafi b. Amari: Bibl. II. 265; Heinisch, S. 190
 10 Die Kreuzzüge in Augenzeugenberichten, Hrsg. R. Pérnoud, DTV 1980,
     S. 289–290

Das Königreich in Flammen
  1 MG SS XXVIII, S. 67; G.d.V. 75, S. 19 f., Roger von Wendover
  2 Hampe, Karl: Die Aktenstücke zum Frieden von San Germano 1230, Ber-
     lin 1926, IV, 10 (109) MG Epp. sel. IV; Heinisch, S. 222
  3 Wahl, S. 286

Sieger und Besiegter
  1 BR 1822; HB III, S. 226–228; Hampe: Aktenstücke III. 20 (79) ff.; Hei-
     nisch, S. 222–224
  2 Zit. n. Wahl, S. 192
  3 Schaller, H. M.: Kaiser Friedrich II., Verwalter der Welt (1991), S. 40

Die Konstitutionen von Melfi
  1 Kanto., S. 210
  2 Kanto., S. 211
  3 MG Epp. pont. I, 357 s (5.7.1231); Heinisch, S. 228
  4 Libri I, tit. XXXI De observatione justitie; HB IV, S. 33–34; Heinisch,
     S. 229
  5 Felten, J.: Papst Gregor IX., 1886, S. 137–139
  6 Chron. Sic. breve; HB I, S. 905
  7 BR 1875; WA I, 784, 614; Heinisch, S. 225–239
  8 Libri III, tit. XXIII De uxore non ducenda sine permissione curie; HB IV,
     S. 134–135; Heinisch, S. 234–235
  9 BR 2036; HB IV, S. 458–459; Heinisch, S. 235–236
 10 BR 1905; HB IV, S. 233–235; Petr. de. Vin VI, 7; WA I, 799, 622 f.; Heinisch,
     S. 236–237
 11 Libri III, tit. XXV De morte baronis nuncianda imperatori; HB IV,
     S. 135–136; Heinisch, S. 237

Deutsche Querelen und lombardischer Freiheitswille
  1 MG SS XVIII, 177 s.; Barthol. Scribae Ann. ad ann. 1225–1248

Der Sohn des Kaisers
  1 Mitteis, Friedrich: Der Staat des hohen Mittelalters (1980), S. 344
  2 Kanto., S. 350
  3 Kirn, Paul: Stupor Mundi, S. 217

Der Aufstand des Sohnes
  1 Annales Stadenses, in: MG SS XVI, S. 352–373; vergl. BB, S. 248–253

Der Absturz
1 Zit. nach Wahl, S. 306
2 Zit. nach Wahl, S. 308
3 BR 7076; HB IV, S. 536–537; Heinisch, S. 288–289
4 BR 2087; HB IV, S. 539–540; Heinisch, S. 289
5 BR 2075; HB IV, S. 524–526; Heinisch, S. 303–304
6 BR 7070; HB IV, S. 530–531; Heinisch, S. 305
7 MG SS XXII, S. 348 (Gotifredi Viterb. Contin. Funiacensis et Eberbacensis; cf. MG SS XVIII, S. 470 (Ann. Placent. Gib.); XIX, S. 61 (Roland Pat. Chron.); Heinisch, S. 302

Kaiser – Richter – Vater
1 Zit. nach Wahl, S. 313
2 BR 2067; HB V, S. 888; Heinisch, S. 307
3 HB I, S. 905 f.; Heinisch, S. 308
4 MG SS XIX, S. 61 (Roland Pat. Chron.); Heinisch, S. 308
5 BR 3268; HB VI, S. 28–29; WA II, 32 (37); v. d. Steinen: Staatsbriefe, S. 85–86; Heinisch, S. 309
6 BR 3271; HB VI, S. 31–32; Heinisch, S. 310
7 wie oben
8 BR 3269; HB VI, S. 29–30; Heinisch, S. 311–312
9 wie oben
10 Mitteis, S. 352
11 Ehrismann: Gesch. d. dtn. Lit. b. z. Ausgang des MA. II (3), S. 66; Heinisch, S. 308

Die englische Heirat
1 MG SS XXVIII, 70 s.; G.d.V. 75, S. 25–27; Heinisch, S. 283–284
2 wie oben
3 BR 2063; HB IV, S. 503–506; Heinisch, S. 284–285
4 MG SS XIX, S. 61 (Roland Pat. Chron.); Heinisch, S. 308
5 MG SS XXVIII, 71 ss. 131; G.d.V. 75, S. 27–32; Heinisch, S. 291–294
6 wie oben
7 wie oben
8 MG SS XXVIII, S. 73, 131; G.d.V. 75, S. 32 f.; Heinisch, S. 294
9 Zit. b. Höfler, C.: Kaiser Friedrich II. (1844), S. 159 Anm. 2; Heinisch, S. 295

Friedrich II. und seine Frauen
1 Seidler, E.: Der Neugeborenenversuch Friedrich II. von Hohenstaufen, DÄ Nr. 39/26.9.1964
2 Summa Theologica, Bd. I, quaestio 92.1, zit. nach der dt. Ausgabe, hg. von der Albertus Magnus Akademie, Heidelberg/München/Graz/Wien/Salzburg 1951, Bd. 7
3 De vulgari eloquio I, c. 12, ed. Ludw. Bertalot, Friedrichsdorf 1912
4 Heinisch, S. 107

5 Matth. Paris. MG SS XXVIII, S. 188 f.; Kanto., S. 374
6 Decker-Hauff: Das staufische Haus, in: Ktlg. Die Zeit der Staufer, Bd. III, S. 339–374

Der Mainzer Reichslandfrieden von 1235
1 Kanto., S. 376
2 Kanto., S. 377
3 BR 2159; HB IV, S. 880–881; MG SS XXVIII, S. 134; G.d.V. 75, S. 42; Heinisch, S. 364
4 Chron. reg. Colon. MG SS Oktav, S. 267; Kanto., S. 378
5 MG Const. II no. 204, S. 274 f.; BFW 14727; Kanto., S. 379

Die Wahl König Konrads IV. in Wien im Jahre 1236
1 MG Connstt. I Nr. 159, S. 220; Lautemann, W.: Geschichte in Quellen, Bd. II, München 1970, S. 397; Wies: Kaiser Friedrich Barbarossa, 1990, S. 106

Die Schlacht von Cortenuova und das Übermaß des Triumphes
1 Wahl, S. 354
2 MG SS XXVIII, S. 134; G.d.V. 75, S. 41 f.; Heinisch, S. 364
4 BR 2311; HB V, S. 161–163; Heinisch, S. 401
5 MG SS XXVIII, S. 146; G.d.V. 75, S. 60 f.; Heinisch, S. 403–404
3 HB V, S. 163 n. 1; cf. Muratori, Antiq. Ital. Diss. XXVI, vol. II, S. 491; Felten, S. 262, Anm. 6.; Heinisch, S. 402

Die Zusammenfassung aller Kräfte
1 Kanto., S. 420
2 Kanto., S. 421
3 Wies: Friedrich Barbarossa, 1990, S. 151

Der Papst – die Seele des Widerstandes
1 BR 2427; HB V, S. 282–284; Pet. d. Vin. I, S. 6; Heinisch, S. 414–415
2 wie oben
3 Muratori 3, 582, 2; Fehling, F.: Kaiser Friedrich II. und die Kardinäle in den Jahren 1227–1239, Hist. Studien, Heft XXI, Berlin 1901

Die zweite Bannung Kaiser Friedrichs II.
1 HB III, S. 219; Felten, S. 285–286
2 BR 7226 a; HB V, S. 286–289; Heinisch, S. 417–419, Bannspruch gekürzt
3 BR 2428; HB VI, S. 275–277; Heinisch, S. 421–423
4 v. d. Steinen: Staatsbriefe, S. 62–65; Heinisch, S. 424–427
5 wie oben

Die Ruhe vor dem Sturm
1 Albert v. Beham und Regesten Papst Innocenz IV. Hrsg. v. C. Höfler, 1847, S. 3

Der Angriff auf den Kirchenstaat
1 (Matth. 3, 3) BR 2750; HB V, S. 663–665; Petr. de Vin. I. S. 22; Heinisch, S. 465
2 v. d. Steinen: Staatsbriefe, S. 69–70
3 wie oben
4 Aus: Deutsches Archiv für die Erforschung des Mittelalters, 11, (1954), S. 166–190, von R. Kloos, auch: Stupor Mundi, Hrsg. v. G. Wolf, S. 365, 1966

Das Wunder von Rom
1 MG SS XXV, S. 304 (Rich. Sen. IV, 9); MG SS XXVIII, S. 153; G.d.V. 94, S. 3; vgl. Holder-Egger: Italien. Prophetien II, S. 336 ff.; MG SS XXIV, S. 219 (Chron. Mantuana); vgl. Holder-Egger, a.a.O., S. 337 und 339; Heinisch, S. 471
2 Kanto., S. 470
3 Ann. de Dunst. (ed. Luard III, 153); zit. b. Felten, S. 335 n. 3; Heinisch, S. 472
4 Kanto., S. 470
5 Kanto., S. 475
6 HB V, S. 845–846 (16.3.1240), vgl. Felten, S. 335 f.; Heinisch, S. 472
7 Mur. RISS III, S. 587 (Vita Gregorii); Felten, S. 336, Heinisch, S. 472

Orientierungen – Desorientierungen
Ein Konzil, das ins Wasser fiel
1 Kanto., S. 495; Matth. Paris. MG SS XXVII, S. 180 f., bes. S. 181, 27 ff.; Kern: Gottesgnadentum, S. 37
2 BR 3145; HB V, S. 1089–1090; Heinisch, S. 491–492
3 BR 3185; HB V, S. 1098–1100; Heinisch, S. 493–496
4 BR 3139; HB V, S. 1037–1041; Petr. de Vin. I, S. 34; Heinisch, S. 485 bis 489
5 BR 3205; HB V, S. 1123–1125; v. d. Steinen: Staatsbriefe, S. 71–74; Heinisch, S. 501–504
6 MG SS XXVIII, S. 217; G.d.v. 75, S. 129 f.; Heinisch, S. 504–506
7 MG SS XXVIII, S. 217; G.d.v. 75, S. 130; Heinisch, S. 505
8 Wittenberg, F.: Die Hohenstaufen im Munde der Troubadours, Diss. Münster, 1908, S. 80 f. u. S. 107; Heinisch, S. 477–478
9 Wittenberg, S. 67 f. u. S. 100 f.; Heinisch, S. 478

Der Mongolensturm
1 BR 3211; HB V, S. 1143–1146; Petr. de Vin. I, S. 29; Heinisch, S. 509–511
2 Kanto., S. 505
3 BR 3210; HB V, S. 1139–1143; Petr. de Vin. I, S. 30; Heinisch, S. 506
4 BR 3216; HB V, S. 1148–1154; MG SS XXVIII, 210 ss.; G.d.V. 75, S. 114 ff.; Heinisch, S. 513–519
5 MG SS XXVIII, S. 213; G.d.V. 75, S. 122 ff.; Heinisch, S. 519–520

Der Pyrrhus-Sieg
1 BR 3225; HB V, 1165–1167; Petr. de Vin. I, 11; v. d. Steinen: Staatsbriefe, S. 83–85; Heinisch, S. 522

Das Konklave des Schreckens
1 Gregorovius: Gesch. d. Stadt Rom i. MA, Bd. II, 1988, S. 385

Innocenz IV. – Papst und Überwinder
1 Gregorovius: Gesch. d. Stadt Rom im MA, Bd. II, S. 390
2 LThK, Bd. 5, S. 690, 1986
3 BR 3370; HB VI, S. 98–99; Heinisch, S. 536
4 Kanto., S. 536
5 BR 3396; HB VI, S. 140–142; Heinisch, S. 546
6 WA I, 720 (567); Kanto., S. 537; Heinisch, S. 545

Die Atempause
1 Kanto., S. 544–546

Der Tag des Zorns
1 MG SS XXVIII, 257 ss.; G.d.V. 75, S. 175 ff.; Heinisch, S. 594
2 wie oben
3 BR 7552; HB VI, S. 319–327 (321, 325, 326); MG Epp. pont II, 88 ss.; MG SS XXVIII, 262 ss.; Heinisch, S. 599
5 MG SS XXVIII, 266 ss.; G.d.V. 75, S. 185 ff.; Heinisch, S. 600–601
4 wie oben

Die Erosion der Macht
1 BR 3495 u. 3510; HB VI, S. 333–337 u. 348; WA II, S. 43 (44 ff.); Mur. RISS IX, 653 ss.; cf. MG SS XXVIII, 276 ss.; Heinisch, S. 603–605
2 v. d. Steinen: Staatsbriefe, S. 91–93; Heinisch, S. 605–608
3 Gregorovius: Gesch. d. Stadt Rom im MA, Bd. II, 1, S. 398
4 Gregorovius: Gesch. d. Stadt Rom im MA, Bd. II, 1, S. 399

Der Gegenkönig
1 Zit. nach Wahl, S. 463
2 Böhmer: Regesta Imperii V. a. 1246

Das Attentat
1 Kanto., S. 579
2 BR 3565; HB VI, S. 438–440; Petr. de Vin. II, S. 20; Heinisch, S. 613
3 BR 3569; WA I, S. 725 (570 f.); Heinisch, S. 613
4 Kanto., S. 580

Friedensillusionen
1 WA I, no. 427, S. 365
2 Kanto., S. 571

3 MG SS XXVIII, 257 ss.; G.d.V. 75, S. 175 ff.; Heinisch, S. 594
4 Zit. nach Wahl, S. 469

Die Niederlage von Parma
1 Brief des Rainers v. Viterbo, BF 3666 a, BFW 13657; Kanto., S. 597
2 BF 3682, HB VI, S. 609; BF 3703; WA I. no. 935, S. 710; Kanto., S. 602
3 Schreiben an Richard von Caserta: BF 3764; HB VI, S. 700; Kanto., S. 608
4 Lobrede auf den Kaiser des Petr. de Vin. v. d. Steinen: Staatsbriefe, S. 102 bis 104
5 BR 3767; HB VI, S. 705–707; v. d. Steinen: Staatsbriefe, S. 100–102; Heinisch, S. 620–622
6 BR 3777; HB VI, S. 737–738; Heinisch, S. 627–628
7 BR 13721; HB VI, S. 738–739; Heinisch, S. 628
8 Salimbene von Parma: Chronik. Nach der Ausgabe der MG bearbeitet von A. Doren, 1.–2. Bd.; G.d.V. Bd. 93/94, Leipzig 1914 (nachfolgend: Salimbene)

Die Neige der Zeit
1 Zit. nach Wahl, S. 489
2 BR 3600; HB VI, S. 684–686; v. d. Steinen: Staatsbriefe, S. 94–96; Heinisch, S. 622–624
3 BR 8031; HB VI, S. 650; MG Epp. pont. II, S. 416; vgl. Höfler: Ks. Friedrich II. Ein Beitrag zur Berichtigung der Ansichten über den Sturz der Hohenstaufen, S. 263, München 1844; Heinisch, S. 635
4 Matth. v. Paris: Chronica maiora, in: MG SS XXVIII, S. 133–322, in Ausw., Grandaur u. Wattenbach, in: G.d.V. Bd. 75, 1890

Der Cäsar und sein Tod
1 HB VI, S. 811; vgl. Schaller: Ks. Friedrich II., 1991, S. 83; Heinisch, S. 637
2 BR 824; WA I, S. 131 (110 f.); Heinisch, S. 33–34
3 siehe oben

Das Testament des Kaisers
1 MG Const. II., Nr. 274
2 Hauck, S. 883

Ein staufischer Abgesang
1 Kanto., S. 619
2 Salimbene: Chronik. Nach der Ausgabe der MG bearbeitet von A. Doren, 1.–2. Bd.; G.d.V. Bd. 93/94, Leipzig 1914

In Summa
1 MG SS XXVIII, 257 ss.; G.d.V. 75, S. 175 ff.; Heinisch, S. 594–595
2 Ms. de Rothelin, zit. b. Grousset 278; Continuatio Guilhelmi de Tyro, c. 19 (Recueil des historiens des croisades hist. occ. II, 1859, S. 526)

3 Pseudo Yafi b. Amari, Michele: Biblioteca arabo-sicula. Bd. II, S. 254 (1880/81)

4 Amari, M.: Questions philos. f.; Mehren, A. F.: Correspondance du philosophe soufi Ibn Sab in abd Quel-Haqq avec l'empereur Frédéric de Hohenstaufen, in: Journal asiatique, 7ième série, tome XIV, Paris 1879, S. 341–454

5 Kanto., S. 554

6 Haskins, Charles Homer: Studies in mediaeval Culture, 1929, S. 292 ff.; Hampe, K.: Kaiser Friedrich als Fragensteller, S. 52–66, in: Kultur- und Universalgeschichte, 1929

7 Romoaldi Archiepiscopi Salernitani Chronico (Darmstadt 1986), S. 353

8 Heinisch, S. 375

9 Zit. nach Wahl, S. 214

10 Willemsen, Carl A.: Die Kunst mit Vögeln zu jagen (1988), S. 16

11 siehe oben

Bemerkungen zu den Literaturhinweisen

Noch immer ist Friedrich von Raumers sechsbändiges Werk von 1829: »Geschichte der Hohenstaufen und ihre Zeit« ein unverwüstliches Geschichtsdokument, unerreicht in seiner Materialfülle.

Auch Ernst Kantorowicz's »Kaiser Friedrich der Zweite« gehört zur unverzichtbaren Literatur über diesen Kaiser, wenn auch seine hymnische Betrachtung sich mitunter von der Objektivität entfernt.

Als neuestes Werk ist herauszustellen Wolfgang Stürner: »Kaiser Friedrich II., 1. Teil, Die Königherrschaft in Sizilien und Deutschland.« Der 2. Teil wird noch im Jahre 1994 erwartet. Eine kenntnisreiche Arbeit auf dem neuesten Stand der Forschung.

Ganz besonders fühle ich mich Klaus J. Heinisch zu Dank verpflichtet, der mit seinem Buch »Kaiser Friedrich II. in Briefen und Berichten seiner Zeit« ein Fundament meiner Arbeit ausmacht.

Johannes Lehmann bringt in seinem 1985 erschienenen Buch »Die Staufer – Glanz und Elend eines deutschen Kaisergeschlechts« einen zusammenfassenden Überblick der gesamten Epoche.

Wichtig für den, der sich intensiver mit den Staufern befassen will, ist der 1977 erschienene fünfbändige Staufer-Katalog der Stuttgarter Ausstellung »Die Zeit der Staufer«. Er bietet in Wort und Bild die umfassendste Information zum Thema.

Als Herausgeber bringt Gunther Wolf in dem Werk »Stupor Mundi« (1966) in 36 Beiträgen eine Vielzahl bedeutender Fachgelehrter zu Wort, die Teilbereiche der Stauferproblematik abhandeln. In ihrer Gesamtheit bieten sie ein eindrucksvolles Bild von Zeit und Menschen.

Literaturhinweise

Quellen

Acta Imperii inedita seculi XIII. et XIV. – Urkunden und Briefe zur Geschichte des Kaiserreichs und des Königreichs Sizilien, 2 Bde., ed. E. Winkelmann (Innsbruck 1880–1885)

Albert von Beham und Regesten Papst Innocenz IV., ed. C. Höfler (Stuttgart 1847)

Albert von Stade, Annales, ed. J. M. Lappenberg, MGH SS 16 (Hannover 1859)

Annales Ianuae, ed. G. H. Pertz, MGH SS 18 (Hannover 1863), 1–356

Annales Marbacenses, ed. H. Bloch, MGH SS rer. Germ. 9 (Hannover–Leipzig 1907)

Annales S. Pantaleonis, ed. G. Waitz, MGH SS rer. Germ. 18 (Hannover 1880), 197–299

Arnold von Lübeck, Chronica Slavorum, ed. J. M. Lappenberg, MGH SS rer. Germ. 14 (Hannover 1868)

Böhmer, J. F., neubearbeitet von Baaken, G.: Regesta Imperii IV3, Die Regesten des Kaiserreiches unter Heinrich VI., 1165 (1190)–1197. 2 Bde. (Köln–Wien 1972–1979)

Böhmer, J. F.: Regesta Imperii V, 1–3: Die Regesten des Kaiserreiches unter Philipp, Otto IV., Friedrich II., Heinrich (VII.), Konrad IV., Heinrich Raspe, Wilhelm und Richard, 1198–1272. Nach der Neubearbeitung und dem Nachlaß J. F. Böhmers, neu hrsg. u. ergänzt von Jul. Ficker u. E. Winkelmann, Bd. 1–3 (Innsbruck 1881–1901), zit. BR

edd. Böhmer, J. F./Ficker, J.: Acta Imperii selecta. Urkunden deutscher Könige und Kaiser mit einem Anhang von Reichssachen (Innsbruck 1870)

Braunschweigische Reimchronik, ed. L. Weiland, MGH Deutsche Chroniken 2 (Hannover 1877), 430–574

Breve chronicon de rebus Siculis, ed. J.-L.-A. Huillard-Bréholles (Paris 1852), zit. HB 1, 2

Burchard von Ursberg, Chronik, edd. O. Holger-Egger und B. von Simson, MGH SS rer. Germ. 16 (Hannover–Leipzig 1916)

Caesarius von Heisterbach, De vita et actibus Domni Engelberti Coloniensis archiepiscopi et martiris, ed. F. Zschaeck, Publikationen der Gesellschaft für rheinische Geschichtskunde 43, 3 (Bonn 1937), 223–328

Chronica regia Coloniensis, ed. G. Waitz, MGH SS rer. Germ. 18 (Hannover 1880), 1–196

Collenucio, Pandolfo: Compendio de le istoria del regno di Napoli (1593), ed. A. Saviotti, Scittori d'Italia 115 (Bari 1929)

Constitutiones (zit. MG Const.)

Cronica S. Petri Erfordensis moderna, ed. O. Holger-Egger, MGH SS rer. Germ. 42 (Hannover-Leipzig 1899), 117–398

Cronica Reinhardsbrunnensis, ed. O. Holger-Egger, MGH SS 30, 1 (Hannover 1896), 490–656

Deutsche Chroniken I–VI (zit. MG DCH)

Die Taten Friedrichs I. oder richtiger: Cronica, von Otto von Freising und Rahewin, übersetzt von Adolf Schmidt, hrsg. von Franz-Josef Schmale (WBD 1980)

Die Urkunden der Kaiserin Constanze (Constantiae Imperatricis diplomata) MGH Diplomata. Die Urkunden deutscher Könige und Kaiser 11, 3, ed. Th. Kölzer (Hannover 1990)

Epistolae saeculi XIII e regestis pontificum selecta (zit. MG Epp. pont.)

Gestes de Chiprois (Chron. de Terre Sainte 91) cf. Grousset

Gottfried von Viterbo, Pantheon, ed. G. Waitz, MG SS 22 (Hannover 1872), 107–307

Guillelmus Armoricus, Gesta Philippi Augusti, Euvres de Rigord et de Guillaume le Breton, ed. H. F. Delaborde, 1. Chroniques (Paris 1882), 168–333

Hullard-Bréholles, J.-L.-A. (Hrsg.): Historia diplomatica Friderici secundi sive Constitutiones, privilegia, mandata, instrumenta quae supersunt istius imperatoris et filiorum eius. Accedunt epistolae paparum et documenta varia. 6 Bände (in 11 Teilen) sowie ein Bd.: Préface et introduction (Paris 1852–1861; Nachdruck Turin 1963), zit. HB

Innocentius III, Regestum Innocenti III papae super negotio Romani imperii, ed. F. Kempf, Miscellanea historiae pontificiae 12 (Rom 1947), Zit. RNI

Italienische Quellen über die Taten Kaiser Friedrichs I., Otto Morenas und seiner Fortsetzer Buch über die Taten Friedrichs, eines unbekannten Mailänder Bürgers Erzählung über die Unterdrückung und Unterwerfung der Lombardei, aus Oberts Genueser Annalen, aus der Chronik des Erzbischofs Romuald von Salerno, Brief über den Kreuzzug Kaiser Friedrichs I., übersetzt von Franz-Josef Schmale (WBD 1986)

Lautemann, W.: Geschichte in Quellen, Bd. II (München 1970)

Magnus von Reichersberg, Chronicon, Continuatio, ed. W. Wattenbach, MGH SS 17 (Hannover 1861), 523–534

Matthäus von Paris. Auszug aus der größeren Chronik. Nach der Ausgabe der MGH übers. von Georg Grandauer und W. Wattenbach (Leipzig 1890). Die Geschichtsschreiber der deutschen Vorzeit 75

Monumenta Germaniae historica:

Muratori, Ludovico Antonio, Scriptores rerum Italicarum I–XII, Milano 1723 ff. (zit. MUR. RISS.)

Petrus von Vinea, Epistolarum libri VI, ed. Joh. Rud. Iselius, tom. I–II (Basileja 1740) (zit. Petr. d. Vin.)

Reineri Annales, ed. G. H. Pertz, MGH SS 16 (Hannover 1859), 651–680

Richard von San Germano: Ryccardi de Sancto Germano Notarii Chronica, ed. C. A. Garui (Bologna 1936–1938)

Ries, Robert: Die Regesten der Kaiserin Constanze, in: Quellen und Forschungen aus italienischen Archiven und Bibliotheken 18 (1926), 30 bis 100

Roger von Wendover: Flores Historiarum, ed. H. G. Hewlett, RS 84, 1–3 (London 1886–1889)

Rolandinus Patavinus, Chronica, ed. Ph. Jaffé, MG SS 19 (Hannover 1866), 32–147

Sächsische Weltchronik, ed. L. Weiland, MGH Deutsche Chroniken (Hannover 1877), 1–384

Salimbene von Parma, Chronica, ed. O. Holger-Egger, MG SS 32 (Hannover 1905–1913)

Scriptores rerum Germanicarum I–XXXII (zit. MG SS)

Scriptores rerum Germanicarum, nova series I–X (zit. MM SS NS)

Scriptores rerum Germanicarum in usum scolarum (zit. MG SS in usum)

Simonsfeld, Henry: Jahrbücher des Deutschen Reiches unter Friedrich I. Erster Band: 1152–1158, Neudruck (Berlin 1967)

Thomas von Pavia (Tuscus), Gesta imperatorum et pontificum, ed. E. Ehrenfeuchter, MGH SS 22 (Hannover 1872), 483–528

Thomasin von Zirklaria: Der wälsche Gast, ed. H. Rückert (1852)

Wattenbach, Wilhelm/Schmale, Franz-Josef: Deutschlands Geschichtsquellen im Mittelalter. Vom Tode Kaiser Heinrichs V. bis zum Ende des Interregnums (Darmstadt 1976)

Winkelmann, E.: Jahrbücher der Deutschen Geschichte. Philipp von Schwaben und Otto IV. von Braunschweig. 2 Bde. (Leipzig 1873–1878)

Winkelmann, E.: Jahrbücher der Deutschen Geschichte 21. Kaiser Friedrich II. 2 Bde. (Leipzig 1889–1897)

Geschichts-, Nachschlage- und Sammelwerke

Böhler, Johannes: Deutsche Geschichte, Bd. 1–6 (Berlin 1954)

Boockmann, Hartmut: Stauferzeit und spätes Mittelalter, in: Das Reich und die Deutschen. Deutsche Geschichte in zehn Bänden (Berlin 1987)

Cartellieri, Alexander: Weltgeschichte als Machtgeschichte, 5 Bände (Aalen 1972)

De Boor, Helmut/Killy, Walter (Hrsg.): Die deutsche Literatur – Vom Mittelalter bis zum 20. Jahrhundert (München 1988)

Der große Brockhaus, Bd. I–XII (Wiesbaden 1977)

Fleckenstein/Fuhrmann/Leuscher: Deutsche Geschichte, 3 Bde. (Göttingen 1985)

Gebhardt, Bruno: Handbuch der deutschen Geschichte, Bd. I–XVII (München 1973)

Giesebrecht, Wilhelm: Geschichte der deutschen Kaiserzeit, 6 Bde. (Meersburg 1929/30)

Graupner, Will: Kleine Geschichte Siziliens (München–Berlin 1988)

Haller, Johannes: Das Papsttum. Idee und Wirklichkeit, Bd. I–IV (Hamburg 1965)

Handbuch der europäischen Geschichte, 7 Bde., Hrsg. Th. Schieder (Stuttgart 1987)

Handbuch der historischen Stätten Deutschlands, Bd. I–XII (Kröner 1965–1989)

Hauck, Albert: Kirchengeschichte Deutschlands, Dritter u. Vierter Teil (Leipzig 1906)

Höfer, Josef/Rahner, Karl: Lexikon für Theologie und Kirche, 12 Bde. (Freiburg 1959)

Huch, Ricarda: Römisches Reich deutscher Nation, 3 Bde. (Berlin 1934)

Kupisch, Karl: Kirchengeschichte, 5 Bde. (Stuttgart 1974)

Mann, Golo/Nitschke, August (Hrsg.): Propyläen Weltgeschichte, Bd. I–X (Gütersloh 1979)

Nitzsch, Karl Wilhelm: Geschichte des deutschen Volkes bis zum Augsburger Religionsfrieden, Hrsg. Bruno Opalka (Stuttgart 1959)

Osman, Nabel: Kleines Lexikon deutscher Wörter arabischer Herkunft (München 1982)

Petri, Franz/Droege, Georg (Hrsg.): Rheinische Geschichte, Bd. 1,1, 1,2, 1,3, 2 (Düsseldorf 1983)

Plechticha, Heinrich (Hrsg.): Deutsche Geschichte, Bd. 2, 3, 4 (Gütersloh 1982)

Tichy, Franz: Italien (1985)

Schuchert, August: Kirchengeschichte, 2 Bde. (Kempen/Ndrh. 1956)

»Zeit der Staufer«, Katalog Stuttgart 1977, Bd. III
1. Schreiner, Klaus: Die Staufer als Herzöge in Schwaben
2. Löwe, Heinz: Die Staufer als Könige und Kaiser
3. Neu, Elisabeth: Münzen und Geld in der Stauferzeit
4. Gamber, Ortwin: Die Bewaffnung der Stauferzeit
5. Tüchle, Hermann: Die Kirche und die Christenheit
6. Kubach, Hans Erich: Die Kirchenbaukunst der Stauferzeit in Deutschland
7. Eggers, Hans: Deutsche Dichtung in der Stauferzeit
8. Sauerländer, Willibald: Die bildende Kunst in der Stauferzeit
9. Nitschke, August: Die Naturerkenntnis im Zeitalter der Staufer
10. Eickhoff, Ekkehard: Die Bedeutung der Kreuzzüge für den deutschen Raum
11. Schreiner, Klaus: Die Staufer in Sage, Legende und Prophetie
12. Borst, Arno: Die Staufer in der Geschichtsschreibung
13. Migge, Walter: Die Staufer in der Literatur
14. Löcher, Karl: Die Staufer in der bildenden Kunst
15. Schreiner, Klaus/Hofacker, Hans Georg: Spätmittelalterliche und neuzeitliche Stauferüberlieferung in Schwaben und Württemberg
16. Brune, Thomas/Baumunk, Bodo: Wege der Popularisierung
17. Decker-Hauf, Hansmartin: Das Staufische Haus

Borst, Arno (Hrsg.): Das Rittertum im Mittelalter, Darmstadt 1976
1. Huizinga, Johan: Die politische und militärische Bedeutung des Rittergedankens am Ausgang des Mittelalters (1921)
2. Painter, Sidney: Die Ideen des Rittertums (1935)
3. Erdmann, Karl: Fortbildung des populären Kreuzzuggedankens (1935)
4. Sandberger, Dietrich: Die Aufnahme in den Ritterstand in England (1937)
5. Otto, Eberhard: Von der Abschließung des Ritterstandes (1940)
6. Ganshof, François Louis: Was ist Rittertum? (1947)
7. Die ritterlich-höfische Kultur (1949)
8. Kuhn, Hugo: Soziale Realität und dichterische Fiktion am Beispiel der höfischen Ritterdichtung Deutschlands (1952)
9. Fasoli, Gina: Grundzüge einer Geschichte des Rittertums (1958)
10. Borst, Arno: Das Rittertum im Hochmittelalter. Idee und Wirklichkeit (1959)
11. Mor, Carlo Guido: Das Rittertum (1964)
12. Bumke, Joachim: Der adelige Ritter (1964)
13. Köhler, Erich: Die Rolle des niedrigen Rittertums bei der Entstehung der Trobadorlyrik (1966)
14. Wohlfeil, Rainer: Ritter – Söldnerführer – Offizier. Versuch eines Vergleiches (1966)
15. Duby, Georges: Die Ursprünge des Rittertums (1968)

16. Winter, Johanna Maria van: Die mittelalterliche Ritterschaft als »classe sociale« (1971)
17. Fleckenstein, Josef: Zur Bedeutung der großen Mainzer Hoftage von 1184 und 1188 (1972)
18. Johrendt, Johann: Milites und Militia im 11. Jahrhundert in Deutschland (Originalbeitrag)

Wolf, Gunther: »STUPOR MUNDI«. Zur Geschichte Friedrichs II. von Hohenstaufen (Darmstadt 1966)
1. Wolf, Gunther: Einleitung
2. Brackmann, Albert: Kaiser Friedrich II. in mythischer Schau (1941)
3. Kantorowicz, Ernst: »Mythenschau« Eine Erwiderung (1930)
4. Brackmann, Albert: Nachwort. Anmerkung zu Kantorowicz' Erwiderung (1930)
5. Baethgen, Friedrich: Besprechung von Ernst Kantorowicz' »Kaiser Friedrich II.« (1960)
6. Hampe, Karl: Das neueste Lebensbild Kaiser Friedrichs II. (1932)
7. Grundmann, Herbert: Kaiser Friedrich II. 1194–1250 (1935)
8. Grabmann, Martin: Kaiser Friedrich II. und sein Verhältnis zur aristotelischen und arabischen Philosophie (1936)
9. Brackmann, Albert: Kaiser Friedrich II. (1937)
10. Kirn, Paul: Die Verdienste der Staufischen Kaiser um das Deutsche Reich (1941)
11. Spörl, Johannes: Besprechung von R. Wahl: »Wandler der Welt«, Friedrich II., der sizilische Staufer (1949)
12. Schneider, Reinhold: Zur Geschichte Friedrichs II. von Hohenstaufen (1950)
13. Borsari, Silvano: Friedrich II. und der byzantinische Osten (1951)
14. Näf, Werner: Frühformen des »Modernen Staates« im Spätmittelalter (1951)
15. Caramella, Santino: Die Philosophie Friedrichs II. (1952)
16. Gabrieli, Francesco: Friedrich II. und die Kultur des Islams (Rivista storica italiana 64)
17. Giunta, Francesco: Die Politik Friedrichs II. gegen die Ketzer (Atti del Convegno, 1952)
18. Kantorowicz, Ernst: Kaiser Friedrich II. und das Königsbild des Hellenismus. Marginalia miscellanea (1952)
19. Sestan, Ernesto: Die historische Bedeutung der »Constitutio in favorem principum« (Atti del Convegno, 1952)
20. Mitteis, Heinrich: Der Ausklang des Lehnzeitalters: Das Deutsche Reich (H. Mitteis: Der Staat des hohen Mittelalters, Weimar 1962)
21. Grundmann, Herbert: Friedrich II. und das Geistesleben seiner Zeit (Gebhardts Handbuch der deutschen Geschichte Bd. 1, Stuttgart 1954)

22. Kloos, Rudolf M.: Nikolaus von Bari, eine neue Quelle zur Entwicklung der Kaiseridee unter Friedrich II. (1954)
23. Klingelhöfer, Erich: Die Reichsgesetze von 1220, 1231/32 und 1235: Ihr Werden und ihre Wirkung im deutschen Staat Friedrichs II. (1955)
24. Schrader, Erich: Zur Deutung der Fürstenprivilegien von 1220 und 1231/32 (Neufassung)
25. Tierney, Brian: Die konziliare Theorie am Hofe Friedrichs II. (Cambridge 1955)
26. Baethgen, Friedrich: Kaiser Friedrich II. 1194–1250 (1956)
27. Kantorowicz, Ernst: Zu den Rechtsgrundlagen der Kaisersage (1957)
28. Kloos, Rudolf M.: Ein Brief des Petrus de Prece zum Tode Friedrichs II. (1957)
29. Schaller, Hans Martin: Friedrich II. als mittelalterlicher Herrscher (1958)
30. Schönbauer, Ernst und Otto: Die Imperiumspolitik Kaiser Friedrichs II. in rechtsgeschichtlicher Beleuchtung (Aalen 1959)
31. Schaller, Hans Martin: Das Relief an der Kanzel von Bitonto: ein Denkmal der Kaiseridee Friedrichs II. (1963)
32. Cohn, Norman: Kaiser Friedrich II. als Messias (1961)
33. Titschke, August: Friedrich II. Ein Ritter des hohen Mittelalters (1962)
34. Wolf, Gunther: Die Testamente Kaiser Friedrichs II. (1962)
35. Marongiû, Antonio: Ein »Modellstaat« im italienischen Mittelalter: Das normannisch-staufische Reich in Sizilien (1963)
36. Wolf, Gunther: Kaiser Friedrich II. und die Juden. Ein Beispiel für den Einfluß der Juden auf die mittelalterliche Geistesgeschichte (1965)

Das Thema umfassende und begleitende Literatur

Amari, Michele: Biblioteca arabo-sicula. Versione italiana. Tom. I–II (Torino e Roma 1880/81)

Amari, Michele: Questions philosophiques adrées aux savants muselmans par l'empereur Frédéric II, in: Journal asiatique, Sième série, tome I (Paris 1853), p. 240–274

Baaken, G.: Die Verhandlungen zwischen Kaiser Heinrich VI. und Papst Clemens III. in den Jahren von 1195–1197, DA 27 (1971), S. 457–513

Baraclough, Geoffrey: Die mittelalterlichen Grundlagen des modernen Deutschlands (Weimar 1955)

Bogyay, Thomas von: Grundzüge der Geschichte Ungarns (Darmstadt 1990)

Bookmann, H.: Der Deutsche Orden. Zwölf Kapitel aus seiner Geschichte (München 1981)

Borst, Arno: Die Katharer (Stuttgart 1953)

Ders.: Lebensform im Mittelalter (Frankfurt/Main–Berlin 1979)

Ders.: Reden über die Staufer (Frankfurt/Main–Berlin–Wien 1981)

Bosl, Karl: Die Reichsministerialität der Salier und Staufer, 2 Bde. (Stuttgart 1950/51)

Ders.: Europa im Aufbruch. Herrschaft – Gesellschaft – Kultur vom 10. bis zum 14. Jahrhundert (1980)

Ders.: Frühformen der Gesellschaft im mittelalterlichen Europa (München 1964)

Boureaux, Alain: Kantorowicz – Geschichten eines Historikers (Stuttgart 1992)

Bühler, Johannes: Die Kulturgeschichte des Mittelalters (München 1947)

Bumke, Joachim: Höfische Kultur, Bd. 1, 2 (München 1986)

Ders.. Studien zum Ritterbegriff des 12. und 13. Jahrhunderts (Heidelberg 1964)

Burckhard, Jacob: Die Kultur der Renaissance in Italien (Leipzig 1925)

Cartellieri, A.: Philipp II. August. König von Frankreich, 4 Bde. (Leipzig 1899–1922)

Dante, Alighieri: Die göttliche Komödie, Übers. von F. v. Falkenhausen (Leipzig 1937)

Dempf, Alois: Sacrum Imperium (München–Berlin 1929) (2. Aufl. Darmstadt 1954)

Duby, Georges: Die drei Ordnungen. Das Weltbild des Feudalismus (Frankfurt 1981)

Ders.: Krieger und Bauern. Die Entwicklung von Wirtschaft und Gesellschaft im frühen Mittelalter (Frankfurt 1981)

Duby, Georges/Perrot, Michelle: Geschichte der Frauen, 2 Mittelalter, Hrsg. Christine Klapisch-Zuber (Frankfurt 1993)

Ehrismann, Gustav: Geschichte der deutschen Literatur bis zum Ausgang des

Mittelalters, II: Die mittelhochdeutsche Literatur (Schlußband) (München 1935), Handbuch des deutschen Unterr. an höheren Schulen VI, 2, 3

Engels, Odilo: Die Staufer (Berlin–Köln–Mainz 1927)

Fehling, Ferdinand: Kaiser Friedrich II. und die Kardinäle in den Jahren 1227–1239 (Berlin 1901), Histor. Studien, Heft XXI

Felten, Joseph: Papst Gregor IX. (Freiburg i. Br. 1886)

Geschichtsschreiber der deutschen Vorzeit, 2. Gesamt-Ausgabe: s. Innocenz III., Jahrbücher, Königschronik, Matthäus von Paris, Salimbene von Parma (zit. G.d.V.)

Goetz, Hans-Werner: Leben im Mittelalter. Vom 7. bis zum 13. Jahrhundert (München 1966)

Gregorovius, Ferdinand: Geschichte der Stadt Rom im Mittelalter, Bd. II, 1, Hrsg. Waldemar Kampf (München 1988)

Grousset, René: Histoire des croisades du royaume français de Jérusalem, t. III (Paris 1936)

Grundmann, Herbert: Religiöse Bewegungen im Mittelalter, mit Anhang: Neuere Beiträge zur Geschichte der religiösen Bewegungen im Mittelalter (Darmstadt 1977)

Ders.: Rotten und Brabanzonen. Söldnerheere im 12. Jahrhundert, in: Deutsches Archiv f. d. Geschichte des Mittelalters (Weimar 1942)

Gurjewitsch, Aaron J.: Das Weltbild des mittelalterlichen Menschen (München 1986)

Haller, Johannes: Heinrich VII. und die Römische Kirche (Darmstadt 1962)

Hampe, Karl: Die Aktenstücke zum Frieden von San Germano 1230 (Berlin 1926), MG Epp. sel. IV.

Ders.: Das neueste Lebensbild Kaiser Friedrichs II., in: Histor. Zeitschrift 146 (1932), S. 441–475; auch Stupor Mundi, S. 62–102

Ders.: Aus der Kindheit Kaiser Friedrichs II., in: Mitt. d. Inst. f. österr. Geschichtsforschung 22 (1901), S. 575–599 (zit. Miög)

Ders.: Kaiser Friedrich II. als Fragensteller, in: Kultur und Universalgeschichte. Walter Gortz zu seinem 60. Geburtstage (Leipzig 1927), S. 55–66

Ders.: Das Hochmittelalter (Karlsruhe 1963)

Ders.: Papst Innocenz IV. und die sizilische Verschwörung von 1246. Sitzungsbericht der Heidelb. Akad. d. Wiss. Phil-hist. Kl. 1923, 10 (Heidelberg 1923)

Ders.: Deutsche Kaisergeschichte im Zeitalter der Salier und Staufer, 11. Aufl., hrsg. von Friedrich Baethgen (Heidelberg 1963)

Haskins, Charles Homer: Studies in mediaeval Culture (Oxford 1929)

Heinisch, Klaus, Hrsg. u. Übersetzer; Kaiser Friedrich II. in Briefen und Berichten seiner Zeit (Darmstadt 1978)

Ders.: Kaiser Friedrich II. Sein Leben in zeitgenössischen Berichten, DTV (München 1988)

Höfler, Constantin: Kaiser Friedrich II. Ein Beitrag zur Berichtigung der Ansichten über den Sturz der Hohenstaufen (München 1844)

Holder-Egger, Oswald: Italienische Prophetien des 13. Jahrhunderts I–II, in: Neues Archiv 15 (1890), S. 141–178; 30 (1905), S. 321–386 u. S. 714 f.

Horst, Eberhard: Friedrich der Staufer. Eine Biographie (Düsseldorf 1975)

Hucker, B. U.: Die Chronik des Arnold von Lübeck als »Historia Regum«, DA 44 (1988), S. 98–119

Imkamp, W.: Das Kirchenbild Innocenz III. – 1198–1216 – (Stuttgart 1983)

Kampers, Franz: Kaiser Friedrich II. Der Wegbereiter der Renaissance (Bielefeld–Leipzig 1929), Monographien zur Weltgeschichte

Kantorowicz, Ernst: Kaiser Friedrich II. Bd. 1 und 2 (Ergänzungsband) (Berlin 1928), zit. Kanto.

Kapherr, Hans von: Die »unio regni ad imperium«. Ein Beitrag zur Geschichte der staufischen Politik, in: Deutsche Zeitschr. für Geschichtswiss. 1 (1889)

Kempf, F.: Das Papsttum und das Kaisertum bei Innocenz III. Die geistigen und die rechtlichen Grundlagen seiner Thronstreitpolitik (Rom 1954)

Kern, Fritz: Gottesgnadentum und Widerstandsrecht im früheren Mittelalter. Zur Entwicklungsgeschichte der Monarchie (Darmstadt 1980)

Ders.: Recht und Verfassung im Mittelalter (Darmstadt 1976)

Koch, Adolf: Hermann von Salza, Meister des Deutschen Ordens (Leipzig 1884)

Lambert, Mascolm: Ketzerei im Mittelalter (Freiburg i. Br. 1991)

Lehmann, Johannes: Die Staufer (1985)

Maschke, Erich: Das Geschlecht der Staufer, Ndr. (Aalen 1979)

Mayer, H. E.: Geschichte der Kreuzzüge (Stuttgart 1976)

Mitteis, Heinrich: Der Staat des hohen Mittelalters (Köln–Wien 1980)

Ders.: Lehnrecht und Staatsgewalt. Untersuchungen zur mittelalterlichen Verfassungsgeschichte (Weimar 1933) (Unveränderter Nachdruck 1958)

Mühlberger, Josef: Die Staufer. Aufstieg, Höhe und Ende (Rottweil 1966)

Nette, Herbert: Friedrich II. von Hohenstaufen

Norwich, J. J.: Die Normannen in Sizilien 1130–1194 (Wiesbaden 1971), engl.: The Kingdom in the Sun 1130–1194 (London 1970)

Oppl, Ferdinand: Friedrich Barbarossa (Darmstadt 1990)

Pernoud, Régine: Die Kreuzzüge in Augenzeugenberichten, Deutsch von Dr. Hagen Thürner, DTV (1980)

Ranke, Leopold von: Das Zeitalter der Kreuzzüge und das späte Mittelalter, Neudruck nach dem Text von 1887 (Berlin 1948)

Rassow, Peter: Honor Imperii – Die neue Politik Friedrich Barbarossas 1152–1159 (Darmstadt 1961)

Raumer, Friedrich von: Geschichte der Hohenstaufen und ihrer Zeit, 6 Bde. (Reutlingen 1828/29)

Roscher, H.: Papst Innocenz III. und die Kreuzzüge (Göttingen 1969)

Romanische Meistererzähler. Die hundert alten Erzählungen, Deutsch von Jacob Ulrich, ed. Friedrich Kraus (Leipzig 1905)

Runciman, Steven: Geschichte der Kreuzzüge (München 1978)

Salzer, Anselm: Illustrierte Geschichte der deutschen Literatur von den ältesten Zeiten bis zur Gegenwart, Bd. 1 (München 1912)

Schaller, Hans Martin: Kaiser Friedrich II. Verwandler der Welt (Göttingen–Zürich 1991), 3. Aufl.

Ders.: Politische Propaganda Kaiser Friedrichs II. und seiner Gegner. Eingeleitet und zusammengestellt (Germering b. München 1965), Histor. Texte, Mittelalter 1

Schramm, P. E.: Kaiser Friedrichs II. Herrschaftszeichen (Göttingen 1955)

Ders.: Kaiser, Rom und Renovatio (Darmstadt 1984)

Schramm, P. E./Mütherich, F.: Denkmale der deutschen Könige und Kaiser, Bd. 1. Ein Beitrag zur Herrschergeschichte von Karl dem Großen bis Friedrich II. – 768–1250 – (München 1962)

Seidler, Eduard: Der Neugeborenenversuch Friedrichs II. von Hohenstaufen. Versuch einer kritischen Deutung, in: Deutsches Ärzteblatt, Jg. 61 (1964), S. 2029–2932

Steinen, Wolfram von den: Das Kaisertum Friedrichs II. nach den Anschauungen seiner Staatsbriefe (Berlin–Leipzig 1922)

Ders.: Staatsbriefe Kaiser Friedrich des Zweiten (Breslau 1923)

Strauss, R.: Die Juden im Königreich Sizilien unter Normannen und Staufern. Heidelb. Abhandlungen, H. 30 (1910)

Stürner, Wolfgang: Friedrich II., 1. Teil: Die Königsherrschaft in Sizilien und Deutschland 1194–1220 (Darmstadt 1992)

Stürner, Wolfgang: Peccatum und potestas. Der Sündenfall und die Entstehung der herrscherlichen Gewalt im mittelalterlichen Staatsdenken (Sigmaringen 1987)

Sütterlin, Berthold: Die Politik Kaiser Friedrichs II. und die römischen Kardinäle in den Jahren 1239–1250, Heidelb. Abhandl. z. mittleren und neueren Geschichte 58 (Heidelberg 1929)

Thomas von Aquin: Summa Theologica, Bd. I, quaestio 92.1, zit. n. der dt. Ausgabe, hrsg. von der Albertus Magnus Akademie Heidelberg/München/Graz/Wien/Salzburg, Bd. 7 (1951)

Tillmann, H.: Papst Innocenz III. (Bonn 1954)

Vehse, Otto: Die amtliche Propaganda in der Staatskunst Kaiser Friedrich II. – Forschungen zur mittelalterl. u. neueren Geschichte (München 1929)

Wahl, Rudolf: Wandler der Welt – Friedrich II., der sizilische Staufer (München 1948)

Walther von der Vogelweide, hrsg. von Siegfried Beyschlag (Darmstadt 1971)

Weber, Hans: Der Kampf zwischen Papst Innocenz IV. und Kaiser Friedrich II. bis zur Flucht des Papstes nach Lyon (Berlin 1900), Histor. Studien

Weller, Karl: Zur Kriegsgeschichte der Empörung des Königs Heinrich gegen Kaiser Friedrich II., in: Württemberg. Vierteljahreszeitschrift f. Landesgesch. N.F. 4. Jg. (1895), S. 176–184

Wies, Ernst W.: Kaiser Friedrich Barbarossa – Mythos und Wirklichkeit (München 1990)

Willemsen, Carl A.: Kaiser Friedrich II. und sein Dichterkreis (Wiesbaden 1977)

Ders.: Über die Kunst mit Vögeln zu jagen (Frankfurt/Main 1979)

Winkelmann, Eduard: Geschichte Kaiser Friedrichs II. und seiner Reiche, 2 Bde. (Berlin 1863/65)

Wittenberg, Friedrich: Die Hohenstaufen im Munde der Troubadours, Diss. (Münster 1908)

Wolfhardt, Heinz: Die Welt der Ritterorden (Wien 1978)

PERSONENREGISTER

A. = Abt
B. = Bischof
Br. = Bruder
Eb. = Erzbischof
Gem. = Gemahl/ Gemahlin
Gf. = Graf
Gfn. = Gräfin
Geschr. = Geschichtsschreiber
Hg. = Herzog
Kg. = König
Kgn. = Königin
Kard. = Kardinal
Ks. = Kaiser
Ksn. = Kaiserin
Lgf. = Landgraf
Mgf. = Markgraf
P. = Papst
Pgf. = Pfalzgraf
S. = Sohn
Schw. = Schwester
T. = Tochter
V. = Vater
M. = Mutter
N = Verwandter (nepos)
bez. = bezeugt
L = Legat
P. = Papst

Adalbert (Albrecht), Eb. von Mainz 21
Adalbero,Eb. von Trier 21
Adelasia von Sardinien, Gem. Kg. Enzios 208
Adelheid, M. Kg. Enzios 187, 193
Adolf I., Eb. von Köln 28, 38f., 43, 66
Agnes von Böhmen 168
Agnes von Staufen, Gem. Heinrichs V. Pfg. bei Rhein 43
Agnes von Waiblingen, T. Ks. Heinrichs IV., Gem. Hg. Friedrichs I. 21, 77
Aimeric de Pegulhan, provenc. Troubadour 75
Alaman da Kosta 106
Albert, Patriarch von Antiochien 246f.
Albert, Gf. von Everstein 90
Albert I., Eb. von Magdeburg (auch Albrecht gen.) 77, 139
Albert II. (der Entartete), Mgf. von Meißen 249
Albert von Stade, Geschr. 170
Albrecht der Bär, Mgf. der Nordmark 22

Alexander IV., P. 282
Alexios II., byz. Ks. 27
Alfons, Gf. von Provence, Br. der Ksn. Constanze 62
Alice, Kgn. von Cypern 126
Alcibiades, athen. Staatsmann 14
Alkuin, A. von Tours, Gelehrter a. Hofe Karls des Großen 291
Almarich von Lusignan, Kg. von Cypern 140
Anaklet II., Gegen-P. 18
Angelo Malabranca, Podestà von Florenz 205
Andreas II., Kg. von Ungarn, V. d. hl. Elisabeth 90f.
Anna Komnene, Autorin der »Alexias« 16
Anselm, B. von Patti 60
Anseldus de Mari, Admiral 225
Archipoeta 74
Arnold II., B. von Chur 71
Azzo von Este, Mgf. 71

Balduin II., byz. Ks. 127, 241, 245
Batu Khan, Mongolenfürst, N. Dschingis Khan 228
Beatrix, Gfn. von Rethel, Gem. Kg. Rogers II. 15
Beatrix von Schwaben, Gem. Ks. Ottos IV. 63, 72
Beatrix von Burgund, Gem. Ks. Friedrichs I. 15, 82, 187
Bela IV., Kg. von Ungarn 205, 231
Berard, Gf. von Loreto 33
Berard von Castacca, Eb. von Bari, später Palermo 60, 69, 72, 90, 140, 208, 213, 250, 278
Berthold V., Hg. und Rektor von Burgund 90
Berthold V., Patriarch von Aquileja 156
Bianca Lancia, Mgfn. und M. von König Manfred 187, 249, 264, 282
Biancafiore, Blanchefleur, uneheliche T. Ks. Friedrichs II. 188
Bottatius, Wilhelm, Mailänder Bürger 293
Burchard, Propst von Ursperg, Geschr. 44, 66
Burckhardt, Jacob, Kultur- und Kunsthistoriker 117

Caesar, Gaius Julius, röm. Imperator 14
Caesarius von Heisterbach, Prior und Geschr. 66

Calamandrinus, spanischer Ingenieur 206
Chlodwig I., Frankenkg. 76
Clemens III., P. 25
Coelestin III., P. 25, 27, 36, 105
Coelestin IV., P. 235
Colonna, Kard. 196, 234ff.
Constanze von Sizilien, Gem. Ks.
    Heinrichs VI. 14f., 20, 23, 25, 27, 30f.,
    33f., 39, 45f., 59, 134, 156, 184, 186
Constanze von Aragon, Gem. Ks.
    Friedrichs II. 56, 62, 69, 90, 98, 109,
    181, 186f.
Constanze, T. d. Mgfn. Bianca Lancia,
    spätere Ksn. von Nicäa 187, 249
Constanze, T. Kg. Manfreds und Gem.
    Kg. Peters von Aragon 286
Cortopasso, Zwerg (Kurzschritt) 268

Dante Alighieri 185, 290
Desiderius, A. von Monte Cassino 17
Dipold von Schweinspoint, Gf. von
    Acerra 34, 46, 48, 52, 59f., 64
Dietrich I., Eb. von Köln 66
Dietrich, B. von Merseburg 43
Dietrich II., Eb. von Trier 172
Dietrich, B. von Utrecht 42
Döhrenbach, Grafen 171
Drogo, S. d. Tancred von Hauteville 16

Eberhard, Gf. von Diez 100
Eberhard, Gf. von Waldburg, Erzieher
    Kg. Heinrichs VII. 100
Eberhard II., Eb. von Salzburg 42, 156
Ekbert, B. von Bamberg 43
Elisabeth v. Thüringen, hl. 32, 170, 189,
    230
El Adil, Sultan 142
El Afdal, S. des Sultans Saladin 141
Engelbert I., Eb. von Köln 100, 181
Enzio (Heinz), Kg., unehelicher S.
    Friedrichs II. 188, 193, 208, 215, 259,
    261, 263ff., 267f., 271f., 281
Ezzelino von Romano 196f., 199, 206,
    249, 259, 261, 263f., 271, 275, 290

Fahr ed Din Jussuf, Emir 131f., 141ff.
Ferdinand, Gf. von Flandern 79
Filippo Vicedomini, Podestà 245
Frangipani, röm. Familie 138
Franz von Assisi, hl. 91
Friedrich I. (Barbarossa), Ks. 15, 21ff., 31,
    74, 77, 82, 99, 113, 118, 122, 155, 159,
    187, 191, 196, 198, 201, 206, 221, 253,
    288, 291f.
Friedrich II., Ks. und Kg. von Sizilien 7,
    13, 24, 27, 32ff., 39, 50, 65, 67ff., 75ff.,

80, 82f., 85f., 89, 92f., 95f., 98, 100,
    103ff., 113ff., 120, 122f., 126, 129f.,
    132f., 135f., 138f., 142, 146f., 149,
    151f., 159, 166, 169, 173, 178, 181f.,
    185, 187, 191, 193, 197, 199, 202, 205,
    207f., 210f., 213, 215f., 219, 222f., 226,
    228, 231, 233, 239, 242ff., 246f., 249f.,
    253f., 256, 263, 266, 268f., 271, 276f.,
    280ff., 287f., 290, 292
Friedrich von Büren, Riesgf. 20
Friedrich von Antiochien, unehel. S.
    Friedrichs II. 188, 259, 264ff., 281, 286
Friedrich, Mgf. von Baden 285f.
Friedrich der Freidige, Mgf. von Meißen
    286
Friedrich, Hg. von Lothringen 73
Friedrich von Pettorano, unehel. S. Ks.
    Friedrichs II. 187
Friedrich, Hg. von Rothenburg 22
Friedrich I., Hg. von Schwaben 21, 77
Friedrich II., Hg. von Schwaben, gen. der
    Einäugige 21
Friedrich II. (der Streitbare), Hg. von
    Österreich 195, 197, 248
Friedrich V. Hg. von Schwaben, Sohn
    Barbarossas 191

Gebhard von Arnstein, ksl. Heerführer
    195, 205
Gentile, Gf. von Manupello 48ff.
Gerhard, päpstl. Legat 52
Gerold von Lausanne, Patriarch von
    Jerusalem 132, 141, 145, 148
Gertrud von Sulzbach, T. Kg. Konrads
    III. 22
Gertrud von Supplinburg, T. Ks. Lothars
    III. 22
Gregor VII., P. 37, 253
Gregor IX., P. 111, 117, 132f., 146, 149,
    155, 159f., 195f., 210, 233ff., 239, 241,
    245, 250, 253, 263, 273
Gregor von Montelongo, Kard. 207, 213,
    237, 240, 265, 268
Guillelmus Porcus, Admiral 107
Guido von Präneste, Kard., Legat 41f.

Haller, Johannes 20, 24
Hampe, Karl 103
Hartwig II., B. von Augsburg 42
Hartwig II., Eb. von Bremen 42
Hauck, Albert 63
Heinrich II., Ks. 187, 201, 291
Heinrich IV., Ks. 21, 77, 103, 175, 253
Heinrich V., Ks. 21
Heinrich VI., Ks. und Kg. von Sizi-
    lien 14f., 23ff., 27f., 30ff., 38f., 41, 51,

65, 83, 98, 103, 105, 136, 140, 158,
186f., 191
Heinrich (VII.), Kg. 69f., 86, 90, 93, 95,
97, 100, 166ff., 172ff., 181, 186, 188,
191, 196ff.
Heinrich (Carlotto), S. Ks. Friedrichs II.
264, 281
Heinrich III., Kg. von England 137, 194,
231
Heinrich von Kastilien, Senator von Rom
285
Heinrich I. (der Zänker), Hg. von Baiern 176
Heinrich Berengar, S. Kg. Konrads III. 22
Heinrich I., Hg. von Brabant 43, 80
Heinrich I. (der Erlauchte), Mgf. von
Meißen 136
Heinrich, Gf. von Malta, Admiral d. siz.
Flotte 108f., 112, 125
Heinrich (Jasomirgott), Hg. von
Österreich 22, 198
Heinrich von Kalden, Reichsmarschall 29
Heinrich I., Eb. von Köln 183
Heinrich (der Löwe), Hg. von Sachsen
und Baiern 22f., 25, 198
Heinrich Raspe, Lgf. von Thüringen,
Gegen-Kg. 236, 248, 257f.
Heinrich V., Pfg. bei Rhein 43, 80
Heinrich II., Gf. von Sayn 171
Heinrich II., Hg. von Schlesien 230f.
Heinrich X. (der Stolze), Hg. von Baiern
21f.
Heinrich II., B. von Straßburg 73
Heinrich I., Kg. von Cypern 140
Hermann V., Mgf. von Baden 170f.
Hermann I., Lgf. von Thüringen 28, 42f.,
66, 71, 136
Hermann von Salza, Deutschordens-
meister 97f., 121ff., 126, 132, 141,
146f., 155f., 196, 199
Hildegard von Egisheim, staufische
Stammutter, Gem. Friedrichs von
Büren 20, 293
Hohenlohe, gräfl. Bruderpaar Gottfried
und Heinrich 170f.
Honorius III., P. 89, 93, 97, 120, 129, 131,
155, 240
Hugolin von Ostia, Kard., später P.
Gregor IX. 44, 99, 102, 131
Humfried, Normannenfürst 16

Ibn Abbad, Emir 55
Imre (Emmerich), Kg. von Ungarn 186
Innocenz II., P. 18f.
Innocenz III., P. 31, 35ff., 39f., 43, 45ff., 52,
62, 64f., 78, 83, 85, 87, 90, 97, 102, 123,
131, 133, 155, 250, 253

Innocenz IV., P. 203, 237, 239, 241, 243ff.,
247, 253, 263, 280, 282
Isabella (Jolanthe von Brienne), 2. Gem.
Ks. Friedrichs II. 62, 125f., 136, 147,
181, 186
Isabella von England, 2. Gem. Ks.
Friedrichs II. 62, 173, 181, 186, 193,
248

Jacob von Morra 259, 262
Jacob, Gf. von San Severino 101
Jacob Ben Abbamari 116
Jacob von Bitry, B. von Akkon 131
Joachim von Fiore, A. des Klosters S.
Giovanni in Fiore 13
Johann von Brienne, Tit.Kg. von
Jerusalem 91f., 125ff., 130, 152f.,
Johann, Eb. von Capua 126
Johann (Ohneland), Kg. von England 74,
78f.
Johann von Präneste, Kard. 237, 240
Johann I., Eb. von Trier 42
Johanna von England, Gem. von Kg.
Wilhelm II. von Sizilien 20
Johannes, B. von Cefalú 60f.
Johannes von Elemosina, Geschr. 91
Johannes Morus, Großkämmerer von
Sizilien 281
Johannes, Kard.B. von Sabina 157
Johann Vatazes, Ks. von Nikäa 206, 249,
276
John Stuart Mill, Philosoph 114
Juda ben Salomon Cohen, jüd. Gelehrter
116
Judith (Welfin), Gem. Hg. Friedrichs II.
21

Kantorowicz, Ernst 55, 112, 116, 169, 186
Karl der Große, Kg. und Ks. 75, 82, 103,
116, 146, 201
Karl von Anjou, Kg. von Sizilien 228,
282, 285ff., 293
Konrad III., Kg. von Deutschland 21, 77
Konrad IV., Kg. von Deutschland 127,
136, 172, 175, 188, 197, 206, 214, 217,
229f., 249, 258, 263, 275, 278, 281, 285
Konrad II., B. von Konstanz 72
Konrad von Marburg 32, 170f., 179
Konrad der Rote, Hg. von Lothringen
176
Konrad, Doppel-B. von Speyer und
Metz, Kanzler 72, 74, 100
Konrad von Urslingen, Hg. von Spoleto
187
Konrad Lgf. v. Thüringen,
Deutschordensmeister 221f.

Konrad von Winterstetten 100
Konradin von Hohenstaufen 285f.
Kunigunde Ksn. 187

Leo IX., P. 17
Leonardo da Vinci 14
Leopold IV., Mgf. von Österreich 22
Leopold VI., Hg. von Österreich und
    Steiermark 90f., 119, 156
Leopold, Eb. von Mainz (Worms) 42
Liudolf, Hg. von Schwaben 176
Lothar III. von Supplinburg, Ks. 18f., 21
Lucius III., P. 24
Ludolf, Eb. von Magdeburg 42
Ludwig (der Fromme), Ks. 37, 146, 229
Ludwig VIII. (der Löwe), Kg. von
    Frankreich 79
Ludwig IX. (der Heilige), Kg. von
    Frankreich 173, 181, 223, 247, 254,
    263, 276, 291
Ludwig I., Hg. von Baiern 71, 81, 92, 98,
    135, 170
Ludwig III., Lgf. von Thüringen 28, 136
Ludwig IV., Lgf. von Thüringen 96, 132f.,
    135f., 189

Maimonides, jüd. Philosph 116
Maione di Bari, Kanzler Kg. Rogers II.
    19
Makrizi, arab. Geschr. 131, 144f.
Malik el Kamil 91f., 131f., 142f., 145, 148,
    151, 206
Malik el Moazzim, Sultan von Damaskus
    131f., 142f.
Manfred, Kg. von Sizilien, S. Ks.
    Friedrichs II.187, 264, 267, 278, 281f.,
    293
Manna, Geliebte Ks. Friedrichs II. 188
Marcellin, B. von Arezzo 266
Margarethe von Österreich, Gem. Kg.
    Heinrichs (VII.) 168, 181, 198
Margaretha, Gem. des Gf. von Acerra,
    unehel. T. Ks. Friedrichs II. 188
Maria (Mathilde) von Antiochien 188
Marquard von Anweiler, Reichstruchseß
    27, 29, 31, 34, 46ff., 105, 185, 294
Matthäus Orsini, Senator von Rom 234f.
Matthäus von Paris, engl. Geschr. 203,
    226, 232, 250, 277
Mechthild von Magdeburg, Mystikerin
    31
Michael Scotus, Magister 290
Moses Ben Salomon 116

Nietzsche, Friedrich 14, 288
Nikolaus I., P. 37

Nikolaus II., P. 17, 234
Nikolaus von Bari 13, 216

Odo von Montbeliard, Konnetabel 141,
    152
Orlando von Rossi 207, 259, 262, 264f.,
    269
Ottaviano degli Unbaldini, Kard. 281
Otto I. (der Große), Ks. 176, 201, 291
Otto II. Ks. 182, 187
Otto II., Hg. von Baiern 175, 214
Otto IV., Ks. 35, 38f., 41f., 45f., 62ff., 68,
    72ff., 85f., 97, 101, 106, 134f., 253
Otto, Hg. von Braunschweig-Lüneburg
    152, 166, 193, 195
Otto, B. von Freising 22, 74, 82
Otto VII., Hg. von Meranien 66, 71, 156
Otto von St. Nikolaus, Kard. 236, 242,
    245
Otto von Wittelsbach, Pgf.,
    Königsmörder 45, 62
Otto I., B. von Würzburg 100
Ottokar, Kg. von Böhmen 42f., 66

Pandolfo Fasanella 259, 262
Paganus de Parisio, Gf. von Butera 60
Parisius, Eb. von Palermo 69
Paulus Diakonus 291
Paul, Gf. von Cicala 61
Pelagius, Kardinallegat 91ff., 153
Peter II., Kg. von Aragon 55, 286
Peter, Gf. von Celano 33
Petrus von Eboli 24
Petrus von Vinea 114, 163, 196, 245,
    269ff., 293
Philipp, B. von Ferrara, päpstl. Legat 257
Philipp von Ibelin 140
Philipp von Schwaben, Kg. 27f., 33, 35,
    38f., 41ff., 47, 62f., 65, 72, 77
Philipp II. Augustus, Kg. von Frankreich
    66, 74, 78ff., 85, 126
Pietro Tiepolo, Podestà v. Mailand 199ff.,
    203, 223

Raimund VII., Gf. von Toulouse 241,
    245f.
Rainald von Dassel, Eb. von Köln,
    Kanzler 23, 122
Rainald von Spoleto, Heerführer 153
Rainer, Kard. von Viterbo 55, 227, 241f.,
    247f., 260, 264, 267
Ralph, Patriarch von Tyros 126
Ranke, Leopold von, Historiker 293
Reiner von Lüttich, Geschr. 83
Richard, Gf. von Acerra 29
Richard, Gf. von Ajello 101

Richard von Aquila, Gf. von Fondi 60
Richard, Gf. von S. Bonifacio 70
Richard, Gf. von Caserta 259, 264, 270
Richard von Castiglione, kaiserl.
Statthalter in der Mark 266
Richard, Gf. von Celano 101
Richard, Gf. von Cornwall, Br. des engl.
Kgs. 232
Richard von Filangieri, Marschall 141,
158
Richard I. (Löwenherz), Kg. von England
26, 31, 39
Richard von Montenero, Justitiar 160
Richard, Gf. von Theate, unehel. S.
Friedrichs II. 188, 219, 264, 266
Richenza, Ksn., Gem. Ks. Lothars III. 22
Robert, Gf. von Artois 223
Robert Guiscard, Hg. von Apulien 16f.
Roffred von Benevent, Jurist 103
Roger I., Eroberer Siziliens, Br. Robert
Guiscards 18
Roger II., Kg. von Sizilien 15, 18f., 46,
103, 107, 163
Roger Borsa, S. Robert Guiscards 18
Roger, Gf. von Aquila 101
Roger von Wendover, engl. Geschr. 153,
181, 183f.,
Rollo, Normannen-Hg. 15
Romanus, Kard. von Porto 234
Rudolf, Westfranken-Kg. 15
Rudolf, Gf. von Habsburg 73, 221, 287
Ruthina von Volvesolsen, unehel. T.
Friedrichs II. 188

Salimbeme von Parma, Franziskaner-
Mönch 100, 130, 273
Sancha, Prinzessin von Aragon 56
Selvaggia, unehel. T. Friedrichs II. 188,
249
Siegfried II., Eb. von Mainz 42, 44, 96
Siegfried III., Eb. von Mainz 75, 198
Siegfried, B. von Regensburg 156,
Sinibald Fiesco, Kard., späterer P.
Innocenz IV. 196
Stephan III., P. 23
Stephan Laugton, Kard. 78
Herzogin von Spoleto, Gem. Konrads
von Urslingen, Hg. von Spoleto 184
Stürner, Wolfgang 35

Tancred, Kg. von Sizilien 20, 25, 48
Tancred von Hauteville 16
Thaddäus von Suessa 114, 196, 208, 245,
249, 251, 253, 255, 268, 271, 293

Theodulf, B. von Orleans 291
Theophanu, Ksn. 182, 187
Thomas von Aquin, hl., Kirchenlehrer
31, 185, 290
Thomas von Aquino, Gf. von Acerra 141,
188, 264
Thomas von Celano, Gf. von Molise 101
Thomas, Kard.B. von Capua 156
Thomas von Gaeta 292
Thomas, Kard.Priester von S. Sabina 157
Thomas, Gf. von Savoyen 264, 275
Tibaldo Francesco 259f., 262

Uc de S. Ciri, Troubadour 228
Ulrich, Gf. von Kyburg 73
Ulrich von Sachs, A. von St. Gallen 71
Ulrich von Türheim, Epiker 180
Urban IV., P. 282
Violante, unehel. T. Friedrichs II., spätere
Gfn. von Caserta 187

Waldemar, Kg. von Dänemark 81
Walter, Gf. von Brienne, päpstl. Feldherr
46, 48, 52, 127
Walter von Manupello, Generalkapitän
264
Walter von Pagliara, B. von Troia,
Kanzler 34, 46ff., 51f., 55, 60, 65, 105,
112
Walther von der Vogelweide 44, 74f., 77,
82
Werner von Bolanden, Reichstruchseß 73
Wilhelm Capparone, Großkapitän 34, 46,
51, 105, 185
Wilhelm I. (der Böse), Kg. von Sizilien
18ff., 24, 59
Wilhelm Eisenarm, Gf. von Apulien
16
Wilhelm der Eroberer, Kg. von England
15
Wilhelm Francisius, Lehrer Friedrichs II.
49, 53, 185
Wilhelm I., Gf. von Holland 90
Wilhelm II., Gf. von Holland, dt. Kg.
258, 275
Wilhelm, Mgf. von Montferrat 70
Wilhelm II. (der Gute), Kg. von Sizilien
20, 24f., 163
W=Guilhelm Figueira, Troubadour 227
Wilhelm, Gf. von Salesbury 79
Wladislaus von Mähren, S. Kg. Wenzels I.
von Böhmen 249
Wolfger, B. von Passau 43f.
Wolfger, Patriarch von Aquileja 64
Wolf, Gunter 15

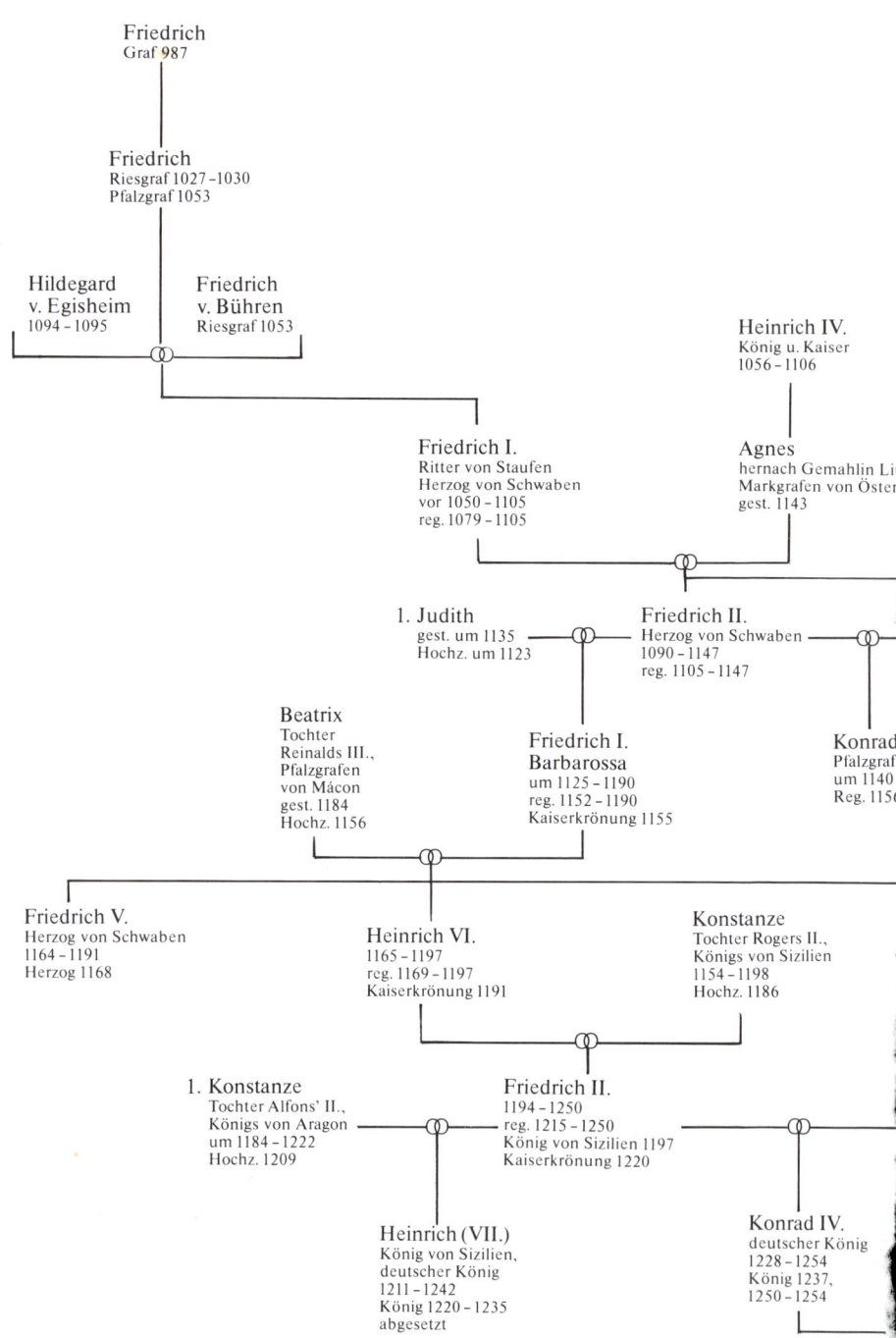